Wissenschaftliche Untersuchungen
zum Neuen Testament · 2. Reihe

Herausgegeben von
Martin Hengel und Otfried Hofius

99

Michael Gese

Das Vermächtnis des Apostels

Die Rezeption der paulinischen Theologie
im Epheserbrief

Mohr Siebeck

Die Deutsche Bibliothek – CIP-Einheitsaufnahme

Gese, Michael:
Das Vermächtnis des Apostels: die Rezeption der paulinischen Theologie im
Epheserbrief / Michael Gese. – Tübingen: Mohr Siebeck, 1997
   (Wissenschaftliche Untersuchungen zum Neuen Testament: Reihe 2; 99)
   ISBN 3-16-146844-9

© 1997 J. C. B. Mohr (Paul Siebeck) Tübingen.

Das Werk einschließlich aller seiner Teile ist urheberrechtlich geschützt. Jede Verwertung außerhalb der engen Grenzen des Urheberrechtsgesetzes ist ohne Zustimmung des Verlags unzulässig und strafbar. Das gilt insbesondere für Vervielfältigungen, Übersetzungen, Mikroverfilmungen und die Einspeicherung und Verarbeitung in elektronischen Systemen.

Das Buch wurde von Gulde-Druck in Tübingen auf alterungsbeständigem Werkdruckpapier der Papierfabrik Niefern gedruckt und von der Großbuchbinderei Heinr. Koch in Tübingen gebunden.

ISSN 0340-9570

Für Gabriele

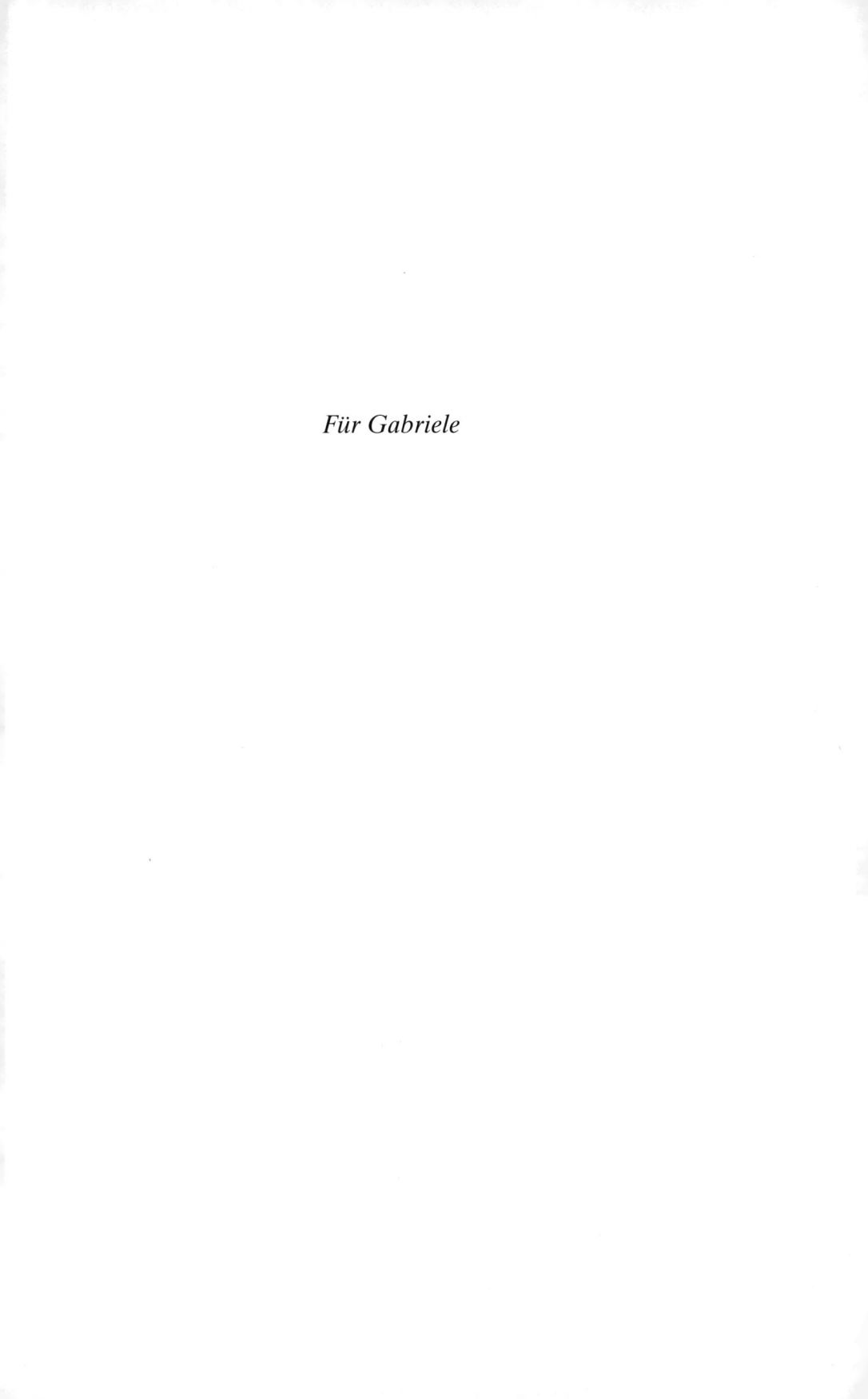

Vorwort

Die vorliegende Untersuchung ist die leicht überarbeitete Fassung meiner Dissertation, die im September 1995 von der Evangelisch-theologischen Fakultät der Eberhard-Karls-Universität Tübingen angenommen wurde. An dieser Stelle möchte ich mich besonders bei meinem Doktorvater Prof. Dr. O. Hofius bedanken, der mir in meinem Studium ein guter Lehrer gewesen ist. Er hat das Thema der Arbeit angeregt und die Entstehung mit Interesse begleitet. Besonders hilfreich waren für mich seine Verbesserungsvorschläge für die Drucklegung. Mein herzlicher Dank gilt auch Herrn Prof. Dr. Dr. h.c. P. Stuhlmacher, der das Zweitgutachten erstellt hat und mir weitere Anregungen für die Veröffentlichung gegeben hat. Danken möchte ich auch Herrn Prof. Dr. Drs. h.c. M. Hengel DD, der zusammen mit meinem Doktorvater, Prof. Dr. O. Hofius, gerne bereit war, die Arbeit in die Reihe „Wissenschaftliche Untersuchungen zum Neuen Testament" aufzunehmen. Ebenfalls danke ich dem Verleger, Herrn G. Siebeck, für die Ermöglichung des Druckes sowie seinen Mitarbeitern für die freundlichen Hinweise bei der Erstellung der Druckvorlage.

Schlierbach, den 10. September 1997   Michael Gese

Inhaltsverzeichnis

Erster Hauptteil: Einführung in die Fragestellung   1

  I. Zweifel an der paulinischen Autorschaft des Epheserbriefes   1
  II. Zur Annahme pseudepigraphischer Verfasserschaft   8
    1. Pseudepigraphie in der Antike   9
    2. Pseudepigraphie in der alttestamentlich-jüdischen Tradition   10
    3. Pseudepigraphie in der neutestamentlichen Briefliteratur   12
  III. Die aus dem gegenwärtigen Forschungsstand resultierende Fragestellung   14
    1. Überblick über den Zusammenhang:
       Der Epheserbrief und die Paulusschule   14
    2. Präzisierung der Fragestellung aufgrund der Forschungslage   18
    3. Methodische Vorgaben für den Gang der Untersuchung   24

Zweiter Hauptteil: Die Arbeitsweise des Epheserbriefes   28

  I. Das Briefformular des Epheserbriefes   28
    1. Der briefliche Charakter der paulinischen Theologie   28
    2. Der Briefanfang des Epheserbriefes im Vergleich zu den Paulusbriefen   30
       a) Das Präskript   30
       b) Die Briefeingangseulogie   31
       c) Die Danksagung (Proömium)   32
    3. Der Briefschluß des Epheserbriefes im Vergleich zu den Paulusbriefen   34
    4. Das Briefcorpus des Epheserbriefes im Vergleich zu den Paulusbriefen   37
    5. Ergebnis   38
  II. Die Orientierung am Kolosserbrief   39
    1. Thematische Vorüberlegung   39
    2. Beobachtungen zur Rezeption im Epheserbrief   42
    3. Die Bezüge zum Kolosserbrief im Briefaufbau   46
    4. Die charakteristische Neugestaltung im Epheserbrief   49

5. Ergebnis	52
III. Die Zitate und Anspielungen aus den Paulusbriefen	54
1. Vorbemerkungen	54
2. Die Frage einer Abhängigkeit des Paulus und des Epheserbriefes von dem gleichen Traditionsgut	56
3. Die Frage nach mündlicher oder schriftlicher Abhängigkeit von der Paulustradition	63
4. Die Belege aus den Paulusbriefen	76
5. Die Bearbeitung der Anspielungen durch den Verfasser des Epheserbriefes	79
a) Die Bearbeitung in formaler Hinsicht	79
b) Die Bearbeitung in thematischer Hinsicht	81
6. Ergebnis	83
IV. Der Stil des Epheserbriefes	85
1. Thematische Vorüberlegungen	85
2. Die Prägung des Stils durch die Aufnahme von Zitaten und Anspielungen	87
a) Tautologien und parallele Wendungen	87
b) Dichter Sprachstil, Häufung von Genitivverbindungen	88
3. Die Prägung des Stils durch Überarbeitung von Zitaten und Anspielungen	89
a) Die Korrektur	89
b) Die Kommentierung	89
4. Weitere Stilmittel aufgrund der Verarbeitung paulinischer Tradition	93
a) Die Verdoppelung vorgegebener Schemata	93
b) Das Anakoluth	95
5. Die Prägung des Stils durch die Intention des Verfassers	98
a) Eph 3,3f als Hinweis auf die Intention des Verfassers	98
b) Die Auswirkung der Intention auf den Stil	99
6. Ergebnis	100
V. Die Verwendung des Alten Testaments	101
VI. Ergebnisse aus der Untersuchung der Arbeitsweise	105

Dritter Hauptteil:
Die theologischen Unterschiede und Weiterbildungen — 108

I. Das Heilsgeschehen	108
1. Vorüberlegungen	108
2. Die zeitliche Differenzierung in Eph 2,11-18	111
a) Zur Gliederung von Eph 2,11-18	111

      b) Die Trennung zwischen der Situation der Adressaten
         und der Heilstat Christi   112
      c) Die Trennung von Heilstat und Heilswort   117
   3. Die Objektivierung des Heilsgeschehens in Eph 2,14-16   125
      a) Das Heilsgeschehen als Wesensbestimmung der Person Christi   125
      b) Die Beschreibung der Heilstat Christi: Die Gesetzesaussage   128
      c) Die Beschreibung der Heilstat Christi: Der Aufbau der
         Neuschöpfungs- und Versöhnungsaussage   131
      d) Das Verständnis der Neuschöpfung   134
      e) Das Verständnis der Versöhnung   137
      f) Ergebnis   141
   4. Die eigenen Akzente im Verständnis der Rechtfertigung in Eph 2,1-10   146
      a) Die Trennung von Versöhnung und Rechtfertigung   146
      b) Die Partizipation am Heil in Eph 2,5.6   147
      c) Die Interpretation der Rechtfertigung durch den Verfasser
         in Eph 2,8-10   160
      d) Ergebnis   169
II. Die Heilsgemeinde   171
   1. Die Verankerung der Ekklesiologie im Heilsgeschehen:
      Die Formel ἐν Χριστῷ   171
   2. Die Kirche als Leib Christi   175
      a) Die traditionsgeschichtliche Entwicklung der Leibvorstellung   175
      b) Die Ausgestaltung des Leibbildes nach Eph 4,7-16 und Eph 1,22f   184
   3. Die Kirche als Tempel Gottes   195
      a) Traditionsgeschichtliche Überlegungen   195
      b) Die Darstellung Eph 2,19-22   198
      c) Die Anklänge an die Tempelmetaphorik in Eph 3,17-19   203
      Anhang: Zur Darstellungsform von Eph 4,4-6   204
      d) Ergebnis   205
   4. Die Kirche als Braut Christi   206
   5. Ergebnis   210
III. Der Heilsplan   212
   1. Vorüberlegungen   212
   2. Der Heilsplan nach Eph 1,3-14   214
      a) Ansätze im paulinischen Denken   214
      b) Die Weiterführung durch den Verfasser des Epheserbriefes   217
      c) Ergebnis   221
   3. Das Motiv der Kraft Gottes Eph 1,19ff   223

4. Die Offenbarung des Mysteriums nach Eph 3,1-13 228
   a) Die Ansätze in der paulinischen Tradition 228
   b) Die neue Interpretation durch den Verfasser des Epheserbriefes 234
5. Ergebnis 238
IV. Paulus als Apostel des Heilsmysteriums 240
  1. Die Verarbeitung paulinischer Aussagen zu Amt und Person 240
  2. Das Apostolatsverständnis im Epheserbrief 243
  3. Das Bild des Apostels und das Selbstverständnis des Verfassers 246
  4. Ergebnis 247

Vierter Hauptteil: Anlaß und Ziel des Epheserbriefes 250

I. Die Verarbeitung und Weiterführung der paulinischen Tradition 250
  1. Vorüberlegungen 250
  2. Die Situation nach dem Tod des Paulus 251
  3. Die Ergebnisse der vorangehenden Untersuchungen
    im Hinblick auf die Situation 255
  4. Der Epheserbrief als theologischer Abschluß der paulinischen Tradition 263
II. Das Verhältnis zum Kolosserbrief 266
III. Der Epheserbrief als theologisches Vermächtnis der Paulusschule 271

Literaturverzeichnis 277

Stellenregister 290
Personenregister 305
Sachregister 308
Register der zentralen griechischen Begriffe 319

Erster Hauptteil

Einführung in die Fragestellung

I. Zweifel an der paulinischen Autorschaft des Epheserbriefes

Die Zweifel an der paulinischen Autorschaft des Epheserbriefes lassen sich weit in die Geschichte zurückverfolgen. Schon Erasmus von Rotterdam war der ungewöhnliche Stil des Epheserbriefes im Unterschied zu den übrigen Paulusbriefen aufgefallen[1]. Doch zu einer wirklichen Ablehnung dessen, daß Paulus der Verfasser des Epheserbriefes gewesen sei, kommt es erst im 19. Jhdt. So äußerten zunächst E. Evanson (1792)[2] und L. Usteri (1824)[3] ihre Bedenken gegenüber der paulinischen Autorschaft des Epheserbriefes. Ihre Argumente – die unpersönliche Haltung des Briefes wie die große Nähe zum Kolosserbrief – wurden von W. M. L. de Wette[4] aufgenommen und zu einer umfassenden Kritik der Echtheit des Epheserbriefes ausgeweitet. Für ihn kann der Epheserbrief nicht von Paulus stammen, denn es findet sich darin manches, „was dem Apostel fremd ist oder seiner nicht recht würdig scheint, in Schreib-... und Denkart"[5]. Mit dieser radikalen Kritik war ein Streit entfacht, der bis in die Mitte unseres Jahr-

---

[1] Vgl. das vielzitierte Wort: „Certe stilus tantum dissonat a ceteris Pauli epistolis, ut alterius videri possit, nisi pectus atque indoles Paulinae mentis hanc prorsus illi vindicarent", ERASMUS VON ROTTERDAM, Annotationes in Novum Testamentum, Basel 1519, 413; zitiert nach: J. SCHMID, Der Epheserbrief 1, Anm. 3.

[2] So die Darstellung der Forschungsgeschichte bei H. MERKEL, Der Epheserbrief 3161f.

[3] L. USTERI, Entwicklung des Paulinischen Lehrbegriffes 2f; vgl. auch H. MERKEL, a.a.O. 3162.

[4] W. M. L. DE WETTE, Lehrbuch; vgl. auch H. MERKEL, a.a.O. 3162.

[5] W. M. L. DE WETTE, a.a.O. 263.

2 *Einführung in die Fragestellung*

hunderts nichts an Schärfe eingebüßt hatte[6]. Erst in neuerer Zeit scheint die Diskussion abzuklingen. Die Argumente gegen die Echtheit haben sich immer weiter durchgesetzt. Nur einige wenige Exegeten halten an der paulinischen Autorschaft des Epheserbriefes fest. Der Kommentar von H. Schlier[7] mag als der letzte eindrucksvolle theologische Entwurf gelten[8], der die Authentizität des Briefes vertritt und die Unterschiede gegenüber dem Stil der anerkannten Paulusbriefe auf die veränderte Lebenssituation des Apostels zurückführt. Der Brief ist nach Schlier eine „Weisheitsrede"[9], die der alternde Apostel in „geheimnisvoller Sprache ... am Rande seiner Tage" niedergeschrieben habe[10]. Auch die ausführlichen Sprachuntersuchungen von E. Percy[11], die wertvolle Einzelbeobachtungen enthalten, sind von dem apologetischen Interesse geleitet, die paulinische Verfasserschaft nachzuweisen. Schließlich hat A. van Roon[12] nochmals den Versuch unternommen, die Authentizität des Epheserbriefes aufzuzeigen. Um den mit dieser Annahme verbundenen Schwierigkeiten aus dem Weg zu gehen, stellt er die These auf, Paulus habe einen ersten Entwurf angefertigt, der dann von zwei Schreibern zum Kolosser- bzw. Epheserbrief ausformuliert worden sei[13]. Die Flucht zu einer doppelten Sekretärshypothese macht darauf aufmerksam, unter welchen Prämissen allenfalls eine paulinische Autorschaft noch aufrecht erhalten werden kann[14]. So hat sich die *Annahme der Pseudonymität* des Epheserbriefes in der deutschsprachigen Forschung fast vollständig durchgesetzt[15].

Mit dem Hinweis auf den gegenwärtigen Forschungsstand darf die pseudepigraphische Abfassung des Epheserbriefes als gesicherte Arbeitshypo-

---

[6] Eine ausführliche Darstellung der Geschichte der Kritik bietet H. MERKEL, Der Epheserbrief 3162-3176.
[7] H. SCHLIER, Eph.
[8] Vgl. E. KÄSEMANN, Das Interpretationsproblem 253. Die engagierte Erwiderung Käsemanns vermag die exegetischen Verdienste Schliers jedoch nicht in der angemessenen Weise zu würdigen.
[9] H. SCHLIER, Eph. 21, 28.
[10] H. SCHLIER, a.a.O. 28.
[11] Vgl. E. PERCY, Die Probleme; sowie: ders., Zu den Problemen des Kolosser- und Epheserbriefes 178-194.
[12] Vgl. A. VAN ROON, The Authenticity.
[13] Vgl. A. VAN ROON, a.a.O. 429f.
[14] Vgl. dazu K. M. FISCHER, Rezension A. VAN ROON 504-506.
[15] Insbesondere in der angelsächsischen Welt halten noch einige Exegeten an der Authentizität des Epheserbriefes fest. Genannt seien hier: M. BARTH, Ephesians; F. F. BRUCE, The Epistle to the Colossians, to Philemon, and to the Ephesians. Vgl. dazu auch den Forschungsbericht von H. MERKEL, Der Epheserbrief 3159.

these gelten. Darum sollen im folgenden nur die wesentlichen Hauptargumente gegen eine paulinische Verfasserschaft, nicht aber die gesamte Diskussion der Forschung vorgestellt werden[16].

So ist zunächst auf einige *sprachliche und stilistische Eigentümlichkeiten* aufmerksam zu machen. Dabei ist der Gebrauch von Hapaxlegomena[17] jedoch im Vergleich zu den anerkannten Paulusbriefen rein zahlenmäßig nicht übermäßig hoch[18]. Auffällig sind dagegen einige für Paulus ungewöhnliche Wortverbindungen. So begegnet im Epheserbrief mehrfach die sonst ungebräuchliche Wendung ἐν τοῖς ἐπουρανίοις (Eph 1,3; 1,20; 2,6; 3,10; 6,12) statt des üblichen Ausdrucks ἐν οὐρανῷ/οὐρανοῖς (1Kor 8,5; 2Kor 5,1; Phil 3,20; so auch Kol 1,5.16.20; 4,1)[19]. Anstelle von σατανᾶς (Röm 16,20; 1Kor 5,5; 7,5; 2Kor 2,11; 11,14; 12,7; 1Thess 2,18) benutzt der Verfasser des Epheserbriefes διάβολος (Eph 4,27; 6,11). Auch auf die pluralische Verwendung von ἔργα ἀγαθά (Eph 2,10) wird gerne hingewiesen[20].

Sind diese sprachlichen Eigentümlichkeiten noch nicht besonders aussagekräftig, so unterscheidet sich doch der Stil des Epheserbriefes deutlich von demjenigen der sonstigen Paulusbriefe[21]. Überlange und ungelenke Satzkonglomerate[22], Reihungen von Partizipien[23] sowie aneinandergefügte Infinitive[24], in Genitivverbindungen angehäufte Synonyme[25] und ein sich oftmals wiederholender Präpositionsgebrauch[26] vermitteln den Eindruck einer schleppenden und umständlichen Formulierungsweise. Dies paßt

---

[16] Eine ausführliche Darstellung für und wider die Echtheit findet sich bei folgenden Autoren: 1.) Vertreter der Echtheit: E. PERCY, Probleme 179-359; J. SCHMID, Der Epheserbrief; 2.) Vertreter der nachpaulinischen Entstehung: J. GNILKA, Eph. 13-18; W. G. KÜMMEL, Einleitung 314-320; C. L. MITTON, The Epistle 4-44; J. MOFFATT, Introduction 375-389.

[17] Eine ausführliche Liste sämtlicher Hapaxlegomena findet sich bei J. MOFFATT, Introduction 386, sowie bei J. SCHMID, Der Epheserbrief 131f.

[18] Das heben mit Recht J. SCHMID, Der Epheserbrief 133, sowie E. PERCY, Probleme 179f, hervor.

[19] Vgl. aber auch Eph 3,15; 5,9.

[20] Vgl. W. G. KÜMMEL, Einleitung 318.

[21] Vgl. dazu E. PERCY, Probleme 185-191.

[22] So Eph 1,3-14; 1,15-22; 2,1-7 (mit Anakoluth); 3,1-7 (mit Anakoluth); 3,8-12; 3,14-19; 4,11-16 u.a.m.

[23] So Eph 1,3-5: εὐλογήσας, προορίσας; 1,13: ἀκούσαντες, πιστεύσαντες; 2,12; 2,14-16; 4,14-16; 5,19-21; 6,18-20.

[24] So Eph 3,16-18; 4,22-24.

[25] So besonders auffällig Eph 1,19: κατὰ τὴν ἐνέργειαν τοῦ κράτους τῆς ἰσχύος αὐτοῦ.

[26] So Eph 1,3ff: κατά ... κατά; Eph 4,12: πρός ... εἰς ... εἰς; Eph 4,13: εἰς ... εἰς ... εἰς.

schlecht zu der sonst so prägnanten und zupackenden Art, in der Paulus seine Leser anspricht[27].

Neben sprachlichen und stilistischen Eigentümlichkeiten spielt die *literarische Nähe zum Kolosserbrief* in der Diskussion um die Authentizität eine große Rolle. Kaum zwei andere neutestamentliche Briefe weisen untereinander eine solche Vielzahl sprachlicher Parallelen auf, wie sie zwischen Epheser- und Kolosserbrief bestehen[28]. Nach C. L. Mitton begegnet über ein Drittel der Worte des Kolosserbriefes im Epheserbrief wieder[29]. Diese Übereinstimmung ist sehr unterschiedlich gewertet worden. Nach Meinung einiger Ausleger könnten die Berührungen auf denselben Verfasser hindeuten[30], während andere darin ein Argument gegen einen gemeinsamen Autor sehen[31]. Mit Recht ist von Mitton u.a. hervorgehoben worden, daß die sprachlichen Übereinstimmungen[32] ganz verstreut und oftmals bei sachlicher Differenz auftauchen[33]. Darum können die Gemeinsamkeiten nicht als thematisch sich überschneidende Ausführungen ein und desselben Autors erklärt werden. Es muß vielmehr eine *literarische Abhängigkeit* bestehen. Ein anderer als der Autor des Kolosserbriefes hat dessen Brief wohl als Vorlage benutzt. Mit Ausnahme von J. Coutts[34], der den Kolosserbrief als eine nachträgliche Kurzfassung des Epheserbriefes verstehen will, geht die moderne Forschung deshalb allgemein von der *Priorität des Kolosserbriefes* aus[35]. Mitton[36] macht deutlich, daß der Autor des Epheserbriefes paulinische Begriffe (so z.B. μυστήριον, οἰκονομία,

---

[27] E. PERCY, Probleme 191-202, will in einem Vergleich mit der paulinischen Diktion zeigen, daß es sich bei den genannten Stileigentümlichkeiten nicht um qualitative, sondern um quantitative Differenzen gegenüber den anerkannten Paulinen handelt. Man wird Percy darin Recht geben müssen, daß diese Indizien noch nicht zu einem Beweis der Pseudonymität ausreichen. Dennoch bleibt diese Häufung der Stileigentümlichkeiten auffällig.

[28] Bereits H. J. HOLTZMANN, Kritik der Epheser- und Kolosserbriefe, hat das Verhältnis beider Briefe zueinander eingehend untersucht.

[29] Vgl. C. L. MITTON, The Epistle 57: „so that more than a third of the words reappear in Ephesians".

[30] So insbesondere die Forscher, die beide Briefe für paulinisch halten: J. SCHMID, Der Epheserbrief 430; K. STAAB, Eph. 118. E. HAUPT, Eph. 69, nimmt für den Kolosserbrief und den Epheserbrief denselben Verfasser an, schwankt aber in der Beurteilung der Echtheit der Briefe, vgl. a.a.O. 80-82.

[31] Sehr klar stellt E. PERCY, Probleme 372-433, beide Möglichkeiten dar.

[32] Eine Auflistung der sprachlichen Gemeinsamkeiten findet sich bei C. L. MITTON, The Epistle 279-315; s. auch die Beschreibung 55-97.

[33] Zu den inhaltlichen Differenzen vgl. C. L. MITTON, The Epistle 82-97.

[34] Vgl. J. COUTTS, The Relationship 201-207.

[35] Vgl. dazu die Darstellung der Forschung bei P. POKORNÝ, Eph. 6-8. Ausführlich mit dieser Fragestellung beschäftigt sich W. OCHEL, Die Annahme.

[36] Vgl. C. L. MITTON, The Epistle 68-74.

ἐκκλησία) in einer Weise versteht, die über Paulus hinausgeht, während der Kolosserbrief in der Verwendung dieser Begriffe Paulus näher steht. Aufgrund dieser gedanklichen Weiterentwicklung muß der Epheserbrief vom Kolosserbrief abhängig sein[37].

Die Erkenntnis einer solchen *inhaltlichen Fortentwicklung* des theologischen Denkens hat die neutestamentliche Forschung mehr und mehr zur Überzeugung der *Pseudonymität* des Epheserbriefes gebracht[38]. Bei unbefangener Betrachtung[39] der Perspektive dieses Briefes läßt sich erkennen, daß der Verfasser auf die Person des Paulus zurückblickt und die Zeit des Apostels wie von einem späteren Zeitpunkt aus schildert. Rein äußerlich fällt hierbei schon die *Situationslosigkeit* dieses Schreibens auf. Weder der Anlaß zur Abfassung des Briefes noch die Situation der Adressaten treten deutlich hervor. Das ist ein wesentlicher Unterschied zu allen anerkannten Paulusbriefen. Der Verfasser des Epheserbriefes scheint seine Leser nur vom Hörensagen zu kennen. Es fehlt jede Charakterisierung der Empfängergemeinde[40]. Aber auch die Darstellung der Person des Paulus bleibt in diesem Brief blaß und farblos. An keiner Stelle tritt dem Leser ein lebendiger Charakterzug des Apostels entgegen. Stammte dieser Brief aus seiner Hand, müßte seine Persönlichkeit konkret greifbar sein. Aus der Wendung „die heiligen Apostel und Propheten" (Eph 3,5) spricht statt dessen eine Ehrerbietung, wie sie im Mund von Paulus selbst nicht vorstellbar ist. Viel eher legen es diese Beobachtungen nahe, daß ein Schüler nach dem Tod des Paulus diesen Brief unter dessen Namen verfaßt hat[41].

---

[37] Somit bestätigt sich das Urteil von M. DIBELIUS/H. GREEVEN, Eph. 83, daß das „Verhältnis von Eph zu Kol ... den Punkt dar(bietet), von dem aus die Echtheitsfrage zu entscheiden ist".
[38] Paradigmatisch sei hier die Überzeugung von R. SCHNACKENBURG, Eph. 21f, genannt, dem sich die Entstehung des Briefes in nachpaulinischer Zeit „als hermeneutischer Schlüssel für die Gesamtinterpretation erwiesen" hat.
[39] Einige Exegeten können den Epheserbrief deshalb nicht für pseudonym halten, weil von ihnen Pseudonymität mit Fälschung gleichgesetzt wird. Aufschlußreich ist dafür das Urteil A. JÜLICHERs, Einleitung 140: „Gewiss wäre die gesamte Haltung des Briefs gut verständlich, wenn ein Pauliner um 90 oder 100 der Verfasser ist, aber es fragt sich bei dem allgemein gehaltenen Schreiben ja nur, ob es als paulinisches, wie es sich uns doch gibt, *unbegreiflich* ist, und ob es nach Zweck, Form und Gedankengehalt gut begreiflich wird unter der Annahme eines späteren 'Fälschers'".
[40] Selbst die Ortsadresse ist umstritten. In den ältesten Handschriften ist sie nicht bezeugt, so daß es durchaus denkbar wäre, daß der Epheserbrief gar nicht nach Ephesus gerichtet war. Dies könnte die mangelnde Charakterisierung der Empfänger erklären. Vertreter der Echtheit heben hervor, daß Paulus diesen Brief an eine ihm unbekannte Gemeinde geschrieben habe. Dennoch bliebe das Problem, warum die Selbstdarstellung des Paulus ebenfalls so blaß und farblos wirkt. Zum Problem der Ortsadresse vgl. E. BEST, Recipients and Title 3247-3279.
[41] Vgl. dazu P. POKORNÝ, Eph. 34-43.

Mögen die sprachlichen und stilistischen Indizien wie auch der Vergleich mit dem Kolosserbrief keinen letztgültigen Beweis für die Pseudonymität des Epheserbriefes erbringen, so weisen die verschiedenen Indizien gemeinsam auf einen *Perspektivenwechsel*, der sich von den Paulusbriefen zum Epheserbrief hin vollzieht[42]. Das aber macht deutlich, daß hier ein Verfasser schreibt, der auf das Werk des Weltapostels zurückblickt. Eindeutig brachte diesen Sachverhalt schon J. Moffatt auf den Punkt: „The separate items of difficulty in the thought and expression may be explained, but the cumulative impression which they make is that of a writer who occupies a later standpoint of its own."[43]

Aus den genannten Gründen gilt es nach dem gegenwärtigen Stand der Forschung als gesichert, daß der Epheserbrief nicht von Paulus selbst geschrieben wurde, sondern von einem anderen verfaßt wurde. Doch was mag der Grund für eine solche pseudepigraphische Abfassung gewesen sein? Hat der Verfasser sich in die paulinische Tradition stellen wollen, oder hat er die paulinische Autorität nur geborgt, um Eigenes eindrucksvoller darstellen zu können? Muß man sein Werk als Fälschung ablehnen, oder läßt sich dieser Brief als eine Korrektur, Ergänzung oder Weiterführung der paulinischen Theologie verstehen? Es ist deutlich, daß sich aus der Erkenntnis der Pseudonymität zugleich eine *neue Fragestellung* ergibt: Das *Verhältnis des Epheserbriefes zu Paulus* muß geklärt werden. Erst wenn dieses Verhältnis genau untersucht ist, läßt sich der Grund und die Absicht dieses pseudonym verfaßten Briefes erkennen.

Nun ist sicherlich mit Recht hervorgehoben worden, daß der Epheserbrief „als das Einzelzeugnis einer nur in diesem Brief zu findenden Theologie" verstanden werden müsse[44]. Diese Forderung ergibt sich notwendig aus der Erkenntnis der Pseudonymität dieses Briefes. Doch es darf dabei nicht übersehen werden, daß der Autor dieses Briefes mit dem paulinischen Pseudonym *bewußt* den Bezug zu Paulus gesucht hat. Er wollte sein Schreiben als Paulusbrief gelesen wissen. Diesem Bezug, der vom Autor selbst beabsichtigt worden ist, muß darum notwendigerweise zuerst nachgegangen werden. Erst wenn eine Klärung des Verhältnisses zwischen Paulus und dem Epheserbrief erreicht ist, kann auch die Eigenständigkeit des unbekannten Verfassers herausgearbeitet werden. Nun zeigt sich, daß

---

[42] In der vorliegenden Untersuchung wird dieser Perspektivenwechsel immer wieder deutlich zutage treten und dadurch die These der pseudepigraphischen Abfassung dieses Briefes mehr und mehr erhärten.
[43] J. MOFFATT, Introduction 388.
[44] A. LINDEMANN, Aufhebung 11.

eine solche Klärung bislang noch nicht erfolgt ist. Die bisher unternommenen Versuche haben zu stark divergierenden Ergebnissen geführt[45]. Darum muß die Forderung, die Merkel für alle künftige Forschung am Epheserbrief aufstellt, „daß der Eph(eserbrief) seine eigene Sache unverstellt nur dann sagen darf, wenn er aus der Vormundschaft des Paulus entlassen wird"[46], als vorschnell abgelehnt werden. Gerade das kann nicht das Programm sein, solange das Verhältnis beider Größen zueinander nicht geklärt ist. Der vom Autor des Epheserbriefes durch das Pseudonym selbstgewählte Bezug zu Paulus darf nicht als „Vormundschaft" diskreditiert werden. *Der eigene Standpunkt des Epheserbriefes kann nur dort erkannt werden, wo das Verhältnis zu Paulus bestimmt ist.*

Ein kurzer Blick in die Sekundärliteratur stellt die Widersprüchlichkeit der bisherigen Forschung schnell vor Augen. Wird dem Epheserbrief auf der einen Seite bescheinigt, „das theologische Erbe des Apostels zu bewahren"[47], so hebt man auf der anderen Seite hervor, daß dieser Brief „trotz aller Paulinismen ein so unpaulinisches Gepräge" trägt[48]. Solche gegensätzlichen Positionen mögen erstaunen, machen aber darauf aufmerksam, daß hier die Forschung noch nicht zu einem endgültigen Ergebnis gelangt ist. Der Grund für diese Widersprüchlichkeit dürfte vor allem in der Tatsache zu vermuten sein, daß durch den Streit um die Echtheit des Briefes eine vorurteilsfreie Verhältnisbestimmung bislang stark beeinträchtigt war. Es läßt sich jedenfalls erkennen, daß die festgestellten unpaulinischen Elemente des Epheserbriefes zugleich als Argumente gegen die Echtheit dieses Briefes eingesetzt wurden[49]. Umgekehrt galten die Motive der Kontinuität zwischen Paulus und dem Epheserbrief gleichzeitig als Plädoyer für die Echtheit des Briefes[50]. Die Echtheitsfrage überschattete damit aber jede Verhältnisbestimmung.

---

[45] Zur Darstellung des Forschungsstandes vgl. unten 14ff.
[46] H. MERKEL, Der Epheserbrief 3245.
[47] F. MUSSNER, Petrus und Paulus 95.
[48] F. HAHN, Taufe und Rechtfertigung 103.
[49] So wertet etwa W. G. KÜMMEL, Einleitung 319, die theologischen Unterschiede zwischen Paulus und dem Epheserbrief als Indiz für eine „deutlich im Widerspruch zu Paulus stehende(n) ... Theologie des Eph(eserbriefes)". So richtig es ist, daß die Unterschiede gegen eine Abfassung des Epheserbriefes durch Paulus sprechen, so geschieht doch durch die Wertung als „Widerspruch" eine Präjudizierung der Verhältnisbestimmung beider Größen.
[50] So untersucht F. J. STEINMETZ, Protologische Heilszuversicht, die eschatologischen Konzeptionen von Paulus und den Deuteropaulinen und arbeitet die Gemeinsamkeiten heraus. Leider macht er seine Ergebnisse nicht für das Bestehen und Weiterwirken einer paulinischen Tradition in den Deuteropaulinen fruchtbar, sondern beläßt es bei einem Plädoyer für die Rechtgläubigkeit der Deuteropaulinen.

Da in jüngerer Zeit die Diskussion um die Autorschaft des Epheserbriefes abgeklungen ist und sich die Annahme der Pseudonymität weithin durchgesetzt hat, kann das „Paulinisch-Unpaulinische" des Epheserbriefes[51] jetzt vorurteilsfrei in den Blick kommen. Wie die jüngsten Kommentare zeigen, ist die Frage nach einer paulinischen Schultradition im Epheserbrief wieder im Fluß[52]. Es kommt hinzu, daß auch für den Kolosserbrief und die Pastoralbriefe Untersuchungen über ihr Verhältnis zu den anerkannten Paulusbriefen vorliegen[53], so daß eine entsprechende Untersuchung für den Epheserbrief an der Zeit ist.

Eine solche Untersuchung hat die *Pseudonymität des Epheserbriefes zur Voraussetzung*. Sie muß sich also, bevor sie sich der eigentlichen Verhältnisbestimmung und der Frage nach paulinischer Tradition im Epheserbrief widmet, Rechenschaft über das Phänomen der Pseudepigraphie geben. Erst anschließend soll über den Stand der Forschung informiert werden, so daß von daher dann die leitenden Fragen der Untersuchung formuliert werden können.

II. Zur Annahme pseudepigraphischer Verfasserschaft

Pseudepigraphie wird in der Regel als eine ethisch bedenkliche Praxis gewertet, bei der ein Fälscher sich mit fremden Federn habe schmücken wollen[54]. Dabei wird oft von der Voraussetzung ausgegangen, daß ein solches pseudepigraphisches Werk wie etwa der Epheserbrief gegenüber seinem literarischen Vorbild an Originalität und Eigenständigkeit weit zurückfallen müsse, daß es das Werk eines Epigonen sei, der die ursprüngliche Botschaft, wenn nicht verfälschen, so allenfalls nur verwässern konnte. Eine genauere Betrachtung zeigt jedoch, daß die Pseudepigraphie ein höchst vielschichtiges Phänomen ist, das aus unterschiedlichsten Motiven herrührt. Aus diesem Grund sollen die verschiedenen Motive

---

[51] Vgl. P. POKORNÝ, Eph. 16.
[52] Vgl. P. POKORNÝ, Eph. 15-21.
[53] Vgl. G. LOHFINK, Paulinische Theologie; P. MÜLLER, Anfänge; W. TRILLING, Literarische Paulusimitation; P. TRUMMER, Corpus Paulinum – Corpus Pastorale; ders., Die Paulustradition; M. WOLTER, Die Pastoralbriefe.
[54] Beispiele dafür nennt N. BROX, Falsche Verfasserangaben 81-105. P. POKORNÝ, Das theologische Problem 496, spricht von „zweifelhaften Praktiken", einer „*pia fraus*".

der Pseudepigraphie kurz umrissen werden, um so das Phänomen der pseudepigraphischen Verfasserschaft des Epheserbriefes besser beurteilen zu können.

1. Pseudepigraphie in der Antike

In der antiken Literatur begegnet ein breites Spektrum pseudepigraphischer Schriften unterschiedlichen Charakters. H. R. Balz macht darauf aufmerksam, daß sich neben der bewußten Fälschung, die zur Verunglimpfung von Personen und Meinungen Andersdenkender führen sollte[55], eine ganze Reihe weiterer Motive belegen lassen: Es gab unbeabsichtigte Verwechslungen von Autoren oder irrtümliche Zuschreibungen im nachhinein[56]. Doch auch der Wunsch, ein verloren geglaubtes Schriftstück wieder zurückzuerhalten[57], führte dazu, dieses nach den eigenen Vorstellungen zu rekonstruieren[58]. Ein weiteres Motiv für die Entstehung pseudepigraphischer Literatur, das im Blick auf den Epheserbrief interessant sein kann, liegt nach N. Brox im *persönlichen Lehrer-Schüler-Verhältnis* des antiken Lehrbetriebs begründet. So legte die Achtung vor dem Meister es nahe, Werke unter dessen Namen herauszugeben und den eigentlichen Verfassernamen zu verschweigen[59]. Die Schüler brachten ja mehr oder weniger die Gedanken ihres Lehrers in schriftliche Form, während große Schulhäupter oftmals nur mündlich lehrten[60]. Durch die Verfasserangabe wurde damit der geistige Autor benannt, auf den der Inhalt des Werkes letztlich zurückging. Eine solche Zuschreibung wurde vom antiken Menschen wohl nicht als Fälschung empfunden. Als Beleg für eine solche Einschätzung nennt Brox Porphyrios, der die angeblichen Schriften des Pythagoras in Fälschungen und authentische Werke unterteilt. Als authentisch bezeichnet Porphyrios dabei die Bücher jener Leute, „welche zur Gruppe des

---

[55] H. R. BALZ, Anonymität und Pseudepigraphie 414, bezieht sich dabei auf eine Nachricht von Diogenes Laertius, Vitae Philosophorum 10,3 (Ausgabe von H. S. LONG, SCBO Bd. 2, 495), der 50 Briefe erwähnt, die von dem Stoiker Diotimos in Umlauf gebracht wurden, um Epikur unmöglich zu machen.
[56] Vgl. H. R. BALZ, Anonymität und Pseudepigraphie 411; N. BROX, Falsche Verfasserangaben 46.
[57] In der urchristlichen Literatur läßt sich als entsprechendes Beispiel der apokryphe Laodicenerbrief nennen, der auf die Erwähnung in Kol 4,16 hin nachträglich als Paulusbrief entstanden ist. Vgl. W. SCHNEEMELCHER in: E. HENNECKE/W. SCHNEEMELCHER, Neutestamentliche Apokryphen Bd. 2, 42.
[58] Vgl. N. BROX, Falsche Verfasserangaben 45f.
[59] Vgl. N. BROX, a.a.O. 50.
[60] So läßt Platon in seinen Werken immer Sokrates auftreten und ihn die entscheidenden philosophischen Aussagen formulieren.

Pythagoras, zu seiner Partei und zu den Erben seines Wissens gehörten"[61]. Daraus läßt sich folgern, daß das Interesse offensichtlich weniger an der tatsächlichen Authentizität als vielmehr an der sachlichen Zuordnung lag. Dies aber läßt den Schluß zu, daß der Begriff des geistigen Eigentums in der Antike zwar durchaus vorhanden, aber anders als heute nicht auf den faktischen Autor, sondern auf den *geistigen Urheber* bezogen wurde[62].

2. Pseudepigraphie in der alttestamentlich-jüdischen Tradition

Verschiedene Motive der Pseudepigraphie begegnen auch in der alttestamentlich-jüdischen Tradition. Wie Brox beschreibt, gibt es hier zum einen *autoritative Größen*, denen bestimmte Literaturgattungen zugeordnet werden. So gilt Mose als der Gesetzesvermittler Israels schlechthin. Was darum an Gesetzen in Israel Geltung hat, wird auf Mose zurückgeführt, auch wenn historische Beziehungen völlig ausgeschlossen sind. Die Gestalt des Mose steht somit als Garant für die Gültigkeit der Gesetze. Ganz entsprechend wird David zur integrativen Symbolfigur der Psalmendichtung Israels. Ihm werden nicht nur viele Psalmen zugeschrieben, auch der Psalter als solches gilt als sein Buch. Eine weitere prägende Größe begegnet in Salomo, auf den die Weisheit Israels zurückgeführt wird[63]. Mit diesen Namen verbindet sich dabei nicht mehr die historische Persönlichkeit, vielmehr sind die Namen zum *geistigen Kristallisationspunkt* der jeweiligen Tradition geworden[64].

Neben einer solchen sekundären Zuschreibung begegnet ein anderes Motiv pseudepigraphischer Verfasserschaft in der prophetischen Tradition. Gerade die Prophetie bildet den Ausgangspunkt der neueren Untersuchung von D. G. Meade[65]. Nach Meade ist das Phänomen der Pseudonymität im *Verhältnis von Offenbarung und Tradition* verankert[66]. Anhand des Traditionsprozesses im Jesajabuch zeigt er auf, wie die prophetische Verkündigung Jesajas von seinen Schülern in eine gewandelte geschichtliche Zeit

---

[61] So das mir leider nicht zugängliche Zitat bei N. BROX, Falsche Verfasserangaben 73.
[62] Vgl. zu dieser Fragestellung: N. BROX, a.a.O. 68-70; W. SPEYER, Religiöse Pseudepigraphie 195-263.
[63] Vgl. N. BROX, a.a.O. 41f.
[64] Als Parallele könnte ein Phänomen in der heidnischen Antike angesehen werden, das H. R. BALZ, Anonymität und Pseudepigraphie 414, beschreibt: Anonyme Werke wurden demnach den Hauptvertretern der jeweiligen Gattung zugeschrieben. So führte man epische Werke auf Homer, Fabeln auf Äsop, Genealogien auf Hesiod zurück etc. Vgl. dazu auch N. BROX, Falsche Verfasserangaben 45.
[65] Vgl. D. G. MEADE, Pseudonymity and Canon.
[66] Vgl. D. G. MEADE, a.a.O. 15.

neu ausgelegt, seine Zionstheologie fortgeführt und vertiefend erweitert wird. Hinter diesem Traditionsprozeß steht der Gedanke, daß die Offenbarung des Gotteswortes, das an Jesaja ergangen ist, nicht hinfällig wird, sondern sich in der kommenden Geschichte auswirkt und erfüllt. Zwischen den Polen von „*Vergegenwärtigung*" und „canon-consciousness" entwickelt sich die Tradition, die durch die Abhängigkeit von vorgängiger Offenbarung an Jesaja und die Teilhabe an weitergehender Offenbarung bei Deutero- und Tritojesaja gekennzeichnet ist: „*The anonymous/pseudonymous expansion of the Isaianic corpus is a recognition that Isaiah had become part of the tradition, and the resultant literary attribution of that corpus must be regarded more as a claim to authoritative tradition by the participants in the process, and less a claim to actual authorship by Isaiah of Jerusalem.*"[67]

Meade überträgt dieses Prinzip auf weitere biblische Traditionskreise, etwa die Weisheitsliteratur und die Apokalyptik. Überall stößt er darauf, daß der Name des Pseudonyms nicht eine literarische Fiktion zum Ausdruck bringt, sondern den *Anspruch auf jeweilige autoritative Tradition*[68]. Für den Bereich der Apokalyptik hat schon M. Hengel darauf aufmerksam gemacht, daß der Offenbarungsanspruch die apokalyptischen Schriften nötigt, an die Heroen der Vorzeit als traditionsbestimmende Norm anzuknüpfen und deshalb „*als Pseudepigrapha mit dem Namen der Autoritäten der normativen Vergangenheit*" aufzutreten[69]. Auch für Hengel ist das Entscheidende „*der religiöse Traditionsstrom*, der immer wieder neue literarische Form gewinnt, für die dann die pseudepigraphische Form eine Selbstverständlichkeit ist, weil nicht die Individualität des Schreibers, sondern die Gestalt des religiösen Heros, an dessen Überlieferung und Geist man allein gebunden ist, die entscheidende Norm darstellt"[70].

Wesentlich für den Ansatz von Meade ist das *Denken in Traditionskreisen*, wodurch es gelingt, Pseudonymität als einen Ausdruck für den Ursprung und die Norm eines Traditionsprozesses zu verstehen. Im Neuen Testament sieht Meade diesen Gebrauch fortgeführt.

---

[67] D. G. MEADE, a.a.O. 43.
[68] Vgl. D. G. MEADE, a.a.O. 105: „*Therefore we can conclude that in the prophetic, wisdom, and apocalyptic traditions, literary attribution is primarily an assertion of authoritative tradition, not literary origins.*"
[69] M. HENGEL, Anonymität 267 (im Original gesperrt, hier kursiv wiedergegeben).
[70] M. HENGEL, a.a.O. 277f.

3. Pseudepigraphie in der neutestamentlichen Briefliteratur

In den Briefen des Neuen Testaments lassen sich sicherlich einige der schon genannten Motive für die Pseudepigraphie wiederfinden. Allein die Tatsache, daß ein nicht geringer Teil von Briefen des Corpus Paulinum wohl pseudepigraphisch abgefaßt ist, legt die Vermutung nahe, daß diese Schriften durch einen Schülerkreis entstanden sind, der – in Parallele zum antiken Schulbetrieb – den eigenen Autorennamen verschweigt, um den Meister für eine neue Zeit zu Wort kommen zu lassen[71]. Dennoch trägt die pseudepigraphische Abfassung im neutestamentlichen Schrifttum einen entscheidend eigenen Akzent. Es ist der enge Zusammenhang der urchristlichen Verkündigung mit der im konkreten Heilsereignis Jesu Christi ergangenen Offenbarung Gottes. Nicht das hohe Alter der Überlieferung garantiert den Wert dieser Schriften, sondern die Zugehörigkeit ihrer Tradenten zu jenem Personenkreis, der die endgültige und einmalige Offenbarung Gottes in Jesus Christus erfahren hatte. Die apostolischen Zeugen werden zum *Garanten der Wahrheit*. Damit ist die „normative Verkündigung ... an diese Zeit und an diesen Raum gebunden"[72]. Auch die nachfolgende Generation muß sich auf apostolische Überlieferung berufen. Durch pseudonyme Abfassung scheint sie gerade die Verbindung zur apostolischen Zeit zu suchen. Wie H. R. Balz herausstellt, ist „die entscheidende Voraussetzung für die neutestamentliche Pseudepigraphie ... die Setzung des Apostolischen als Norm"[73].

Mag die *normative Bedeutung der ersten Zeugen* als grundlegendes Motiv der urchristlichen Pseudepigraphie allgemein anerkannt sein, so wird die Frage, ob dieser formalen Rückbindung auch eine inhaltliche theologische Verbindung entspricht, sehr verschieden beurteilt. Für P. Pokorný ist eine solche Entsprechung eher unwahrscheinlich: „Wichtiger als das gewählte Pseudonym selbst war die Zugehörigkeit des angeblichen Verfassers zur apostolischen Zeit."[74] Im Kolosser- und Epheserbrief erkennt Pokorný eine gewisse inhaltliche Beziehung zu dem paulinischen Pseudonym, die er auf das antike Lehrer-Schüler-Verhältnis zurückführt[75].

---

[71] Vgl. P. POKORNÝ, Das theologische Problem 490.
[72] P. POKORNÝ, a.a.O. 495.
[73] H. R. BALZ, Anonymität und Pseudepigraphie 420.
[74] P. POKORNÝ, Das theologische Problem 495.
[75] Vgl. P. POKORNÝ, Das theologische Problem 490. In seinem Kommentar zum Epheserbrief bescheinigt Pokorný inzwischen dem Epheserbrief einen größeren inhaltlichen Bezug zu Paulus und ist der Meinung, daß dieser Brief „das paulinische Erbe interpretierend bewahrt" (ders., Eph. 265).

Anders beurteilt dies Meade. Er sieht den eigenen Akzent der neutestamentlichen Pseudepigraphie durchaus in Kontinuität zur alttestamentlichen Überlieferung. In der neutestamentlichen Rückbindung der Tradition an die Offenbarung in Jesus Christus erkennt er das schon alttestamentlich vorgeprägte Verhältnis von Offenbarung und Tradition, das er für die Entstehung der Pseudepigraphie verantwortlich macht. Hier wie dort bewegt sich pseudepigraphisches Schrifttum zwischen den Polen von „*Vergegenwärtigung*" und „canon-consciousness". Auch hier stellt Meade fest, daß sich die Pseudepigraphie in verschiedenen Traditionskreisen wiederfinden läßt. Der paulinische Traditionskreis ist dabei ein wesentlicher Bereich neutestamentlicher Traditionsbildung. Das paulinische Pseudonym gilt nicht nur als Ausweis für Apostolizität, sondern belegt zugleich die *inhaltliche Zugehörigkeit* zur paulinischen Tradition, wie sie etwa durch Paulusschüler fortgeführt wird. Charakteristisches Merkmal der paulinischen Tradition ist dabei die Abfassung in Briefen. Es ist die typische Form des paulinischen Evangeliums, das in Briefform Gestalt gewinnt: „*The epistolary framework is part of the Pauline tradition itself, i. e. the characteristic Pauline method of mediating his apostolic presence. Therefore the literary attribution of Ephesians and the Pastorals must be regarded primarily as an assertion of authoritative Pauline tradition, not of literary origins.*"[76]

In der pseudepigraphischen Abfassung des Epheserbriefes läßt sich für Meade der Anspruch erkennen, daß dieser Brief das *Erbe der paulinischen Theologie für die kommende Generation* festhalten möchte. Auch wenn es seiner Meinung nach zu hart wäre, den Epheserbrief als das Testament des Paulus zu bezeichnen[77], so deutet doch das Bild, das dieser Brief von Paulus als dem gefangenen Apostel kurz vor seinem Lebensende zeichnet, darauf hin, daß der Verfasser diesen Brief dem Apostel in seiner letzten Gefangenschaft zugeschrieben wissen möchte. „The author may have looked upon his work, then, as an attempt to secure the heritage of Paul after his passing. In that sense the pseudepigraphic framework of the letter is quite understandable."[78] Die Pseudonymität des Epheserbriefes hätte dann aber die besondere Aufgabe, die inhaltliche Intention zu unterstützen; sie wäre ein Ausdruck für den Anspruch dieses Briefes, das Erbe der paulini-

---

[76] D. G. MEADE, Pseudonymity and Canon 161; vgl. dazu auch H. R. BALZ, Anonymität und Pseudepigraphie 429f.
[77] Vgl. D. G. MEADE, a.a.O. 153: „It may be too strong to depict Ephesians as a testament."
[78] D. G. MEADE, a.a.O. 153.

schen Verkündigung zu bewahren. Die pseudepigraphische Form würde damit dem theologischen Inhalt des Briefes korrespondieren.

Treffen die Thesen von Meade zu, dann hätte die pseudepigraphische Abfassung eine wesentliche Bedeutung für die Intention des Epheserbriefes. Nur eine Befragung des Epheserbriefes nach seinem Verhältnis zu Paulus kann dies überprüfen. Insofern stellt die Untersuchung der Rezeption paulinischer Theologie im Epheserbrief die entscheidende Voraussetzung dafür dar, den Zweck und das Ziel des Epheserbriefes zu beurteilen.

III. Die aus dem gegenwärtigen Forschungsstand resultierende Fragestellung

1. Überblick über den Zusammenhang: Der Epheserbrief und die Paulusschule

Die intensiven Forschungen zum Thema Pseudepigraphie in den vergangenen Jahren haben also gezeigt, daß in der Moderne die Frage des geistigen Eigentums anders beurteilt wird, als das in der Antike der Fall war. Pseudepigraphische Abfassung darf darum nicht von vornherein mit Fälschung gleichgesetzt werden. Pseudepigraphie konnte auch ein durchaus legitimes Mittel sein, durch welches ein Verfasser die geistige Bezugsgröße seines Werkes angab. Im Unterschied zur Neuzeit war für die Antike das Bewußtsein vom Wert der Überlieferung von so hoher Bedeutung, daß die Herkunft einer Tradition für entscheidender erachtet wurde als die individuelle Person eines Autors. Für die neutestamentliche Literatur hat sich dabei nicht wie üblich das Alter der Tradition, sondern die Norm des Apostolischen, der Zeugenschaft, als Garant für die Wahrheit herauskristallisiert.

In seiner Berufung auf Paulus als Traditionsnorm steht der Epheserbrief nicht alleine da. Im Neuen Testament gibt es mehrere Schriften, die ein paulinisches Pseudonym tragen: Der Kolosserbrief, der 2. Thessalonicherbrief und die Pastoralbriefe lassen sich mit dem Epheserbrief zu einer Gruppe zusammenfassen, die sich auf Paulus als den Garanten für die Wahrheit ihrer Tradition beruft. Man hat hinter diesen Briefen deshalb einen einheitlichen Traditionskreis vermutet und diesen als Paulusschule zu umschreiben versucht. Der Begriff „Paulusschule" ist in der Forschung

Die aus dem Forschungsstand resultierende Fragestellung 15

schon recht alt[79], wurde insbesondere von H. Conzelmann[80] erneut aufgenommen und hat sich in der Gegenwart zur Bezeichnung der pseudopaulinischen Schriften weitgehend durchgesetzt[81]. Dabei spielt nun weniger der formale Bezug zu Paulus aufgrund der Pseudonymität eine Rolle als vielmehr die Tatsache, daß in diesen Schriften „wesentliche Motive der paulinischen Theologie lebendig geblieben" sind[82]. Darum legt es sich nahe, diese Briefe nicht nur als Einzelzeugnisse zu betrachten, sondern hinter ihnen „eine lebendige Tradition" zu vermuten, „die in einer Schule gepflegt wurde"[83]. Im Blick auf die Entstehung des Kolosserbriefes stellt sich E. Lohse vor, daß „in den paulinischen Gemeinden und im Kreise der Schüler des Apostels ... seine Briefe immer wieder gelesen und studiert worden" sind und sich daraus eine „paulinische Schultradition" entwickelt habe[84]. So geht ein großer Teil der Forschung davon aus, daß nach dem Tod des Paulus dessen theologisches Erbe in einer Art *Paulusschule* weitergewirkt habe. Nach der Vermutung von Conzelmann, Lohse u.a. wird diese paulinische Schultradition „in Ephesus als dem Mittelpunkt der paulinischen Mission in Kleinasien ihren Ort gehabt haben und im Kreise der Schüler des Apostels gepflegt und weiterentwickelt worden sein"[85].

Die Vorstellung von einer Paulusschule ist jedoch keineswegs so einheitlich, wie es sich zunächst vermuten ließe. Ein Blick in die Sekundärliteratur zeigt, wie unterschiedlich das Modell der Paulusschule eingeschätzt wird. Einen sehr weitgehenden Entwurf hat Conzelmann[86] vorgelegt, indem er annimmt, daß Paulus nach dem Vorbild der hellenistisch-jüdischen Weisheitsschulen regelrecht einen Lehrbetrieb organisiert habe, „wo man 'Weisheit' methodisch betreibt, bzw. Theologie als Weisheitsschulung treibt"[87]. Schon zu Lebzeiten des Paulus habe diese Institution wohl in Ephesus bestanden. In manchen Abschnitten der anerkannten Paulusbriefe meint Conzelmann deshalb, einen Niederschlag der paulini-

---

[79] J. ROLOFF, Die Kirche 222, Anm. 1, verweist auf H.-J. HOLTZMANN, Die Pastoralbriefe 117, der bereits 1880 als erster den Begriff „Paulusschule" gebraucht.
[80] Vgl. H. CONZELMANN, Paulus und die Weisheit. Vgl. auch ders., Die Schule des Paulus.
[81] Vgl. G. BORNKAMM, Paulus 102; H.-M. SCHENKE, Das Weiterwirken des Paulus 233.
[82] R. BULTMANN, Theologie des Neuen Testaments 530, in bezug auf Kolosser- und Epheserbrief.
[83] J. GNILKA, Eph. 11.
[84] E. LOHSE, Kol. 255.
[85] E. LOHSE, a.a.O. 254; vgl. H. CONZELMANN, Die Schule des Paulus 88ff; H. LUDWIG, Der Verfasser 213.
[86] S. H. CONZELMANN, Paulus und die Weisheit, sowie ders., Die Schule des Paulus.
[87] H. CONZELMANN, Paulus und die Weisheit 233.

schen Lehrtätigkeit wiederzufinden[88]. Auch den Diatribenstil der echten Briefe will er auf die Disputationen der Schule zurückführen[89]. Zurückhaltender äußert sich Lohse[90], der davon ausgeht, daß die Paulusschüler nach dem Tod des Apostels wohl in Ephesus dessen Briefe intensiv studiert und das theologische Erbe in eigenen Briefen weiterentwickelt hätten[91].

H. M. Schenke[92] verbindet dagegen die Existenz der Paulusschule mit der Sammlung der Paulusbriefe. Schenke möchte sich diese Schule als eine sehr vielgestaltige Größe vorstellen, die aufgrund der Paulus-Legende nach dessen Märtyrertod einen „Prozeß der Sammlung, Redigierung und Verbreitung der aus den Ablagen wieder hervorgeholten Paulusbriefe" durchgeführt habe[93]. In kritischer Auseinandersetzung mit Schenke ist dagegen A. Sand[94] der Meinung, daß Paulus wohl nicht erst nach seinem Tode aufgrund der über ihn kursierenden Legende der Vergangenheit entrissen worden sei, sondern schon zu Lebzeiten Mitarbeiter hatte, die seine Arbeit unterstützten. Diese „dürften es gewesen sein, welche die Korrespondenz mit Paulus bewahrten, um sich einerseits an ihr zu orientieren,

---

[88] Vgl. H. CONZELMANN, Paulus und die Weisheit 235-240; sowie ders., 1Kor. 81, 202, 222f.
[89] Vgl. H. CONZELMANN, Paulus und die Weisheit 233. In ähnlicher Weise vermutet auch H. LUDWIG, Der Verfasser 210-227, die Existenz einer Paulusschule. Gegen Conzelmanns Konzeption hat sich W. H. OLLROG, Paulus und seine Mitarbeiter 115-118, gewandt mit der These, die Mitarbeiter des Paulus seien durchaus eigenständige Theologen gewesen, mit denen Paulus in regem Austausch gestanden habe. Sie dürften nicht zu unmündigen Schülern degradiert werden. Zusammen mit Gesandten aus den einzelnen Gemeinden haben sie entscheidend an der paulinischen Mission mitgewirkt. „Einen Schülerkreis des Paulus, der (etwa in Ephesus) die paulinische Schultradition pflegte, hat es ... nicht gegeben" (a.a.O. 233). Die späteren deuteropaulinischen Briefe sind darum auch „nicht Produkte eines für sich existierenden Schülerkreises, sondern der paulustreuen Gemeinden" (ebd.).
[90] E. LOHSE, Der Kolosserbrief und die paulinische Theologie, in: ders., Kol. 249-257.
[91] Vgl. E. LOHSE, a.a.O. 254.
[92] Vgl. H.-M. SCHENKE, Das Weiterwirken des Paulus 233-247.
[93] H.-M. SCHENKE, a.a.O. 240. Schenke ist der Meinung, daß die an den verschiedenen Orten – in Rom, Thessalonich, Galatien und Philippi – aufgefundenen Korrespondenzstücke jeweils zu einem Brief zusammengestellt wurden. Die Tatsache, daß es zwei Korintherbriefe gibt, erklärt Schenke damit, „daß die Pauluskorrespondenz in Korinth nicht auf einmal, sondern etappenweise aus der Versenkung wieder auftauchte" (a.a.O. 241). In Korinth vermutet Schenke nun eine größere Schule, die mit der Sammlung der redigierten Paulusbriefe beschäftigt war, während er für Ephesus eine Schule annimmt, die sich in der Abfassung deuteropaulinischer Briefe geübt habe. So ist Schenke zu fragen versucht, „ob es etwa einmal einen typisch 'europäischen' (mehr konservierenden) und einen typisch 'asiatischen' (mehr aktualisierenden) Paulinismus gegeben" habe (a.a.O. 244).
[94] Vgl. A. SAND, Überlieferung und Sammlung.

Die aus dem Forschungsstand resultierende Fragestellung 17

um andererseits auch selbst auf der Basis der Paulustradition literarisch tätig zu werden"[95].

Über die Stellung der Mitarbeiter wurde in neuerer Zeit verstärkt nachgedacht. So wird vermutet, daß gerade sie es waren, die später als Leiter in den paulinischen Gemeinden das theologische Erbe des Apostels aufrecht erhalten haben[96]. Als Frucht ihrer Lehrtätigkeit wäre dann die Entstehung der deuteropaulinischen Briefe zu verstehen[97]. Daß die Entwicklung innerhalb der Paulusschule durchaus unterschiedlich verlief, zeigen die Unterschiede zwischen Kolosser- und Epheserbrief einerseits und den Pastoralbriefen andererseits[98]. Ob man diese divergierenden Linien der Paulusschule als 'Rechts-' und 'Linkspaulinismus' bestimmen und daraus die weitergehende Folgerung ziehen darf, die Pastoralbriefe seien „als eine Art Korrektiv oder sogar als Antithese" zum Kolosser- und Epheserbrief zu begreifen[99], müßte eigens geprüft werden.

Wie der kurze Forschungsüberblick zeigt, liegt hinsichtlich der Vorstellung einer Paulusschule noch *kein einheitliches Ergebnis* vor[100]. Dies hat seinen Grund darin, daß bisher *einerseits* das Abhängigkeitsverhältnis der deuteropaulinischen Briefe von Paulus noch nicht eindeutig geklärt ist: Kannten die Autoren Paulus persönlich, hatten sie seine Briefe vorliegen oder orientierten sie sich an einer mündlichen Paulustradition? Wie hoch ist der tatsächliche Anteil paulinischer Tradition in ihren Briefen? Haben sie die paulinische Theologie adäquat wiedergegeben, oder wird sie von ihnen bewußt oder unbewußt abgeändert? *Andererseits* ist aber auch das

---

[95] A. SAND, a.a.O. 19.
[96] Vgl. dazu P. POKORNÝ, Eph. 15ff; E. BEST, Recipients and Title 3264ff; W. H. OLLROG, Paulus und seine Mitarbeiter 234f.
[97] E. BEST, a.a.O. 3265, widerspricht deshalb der von SCHENKE u.a. vertretenen Annahme, die paulinische Theologie sei innerhalb kürzester Zeit wieder in Vergessenheit geraten.
[98] Vgl. dazu U. LUZ, Erwägungen zur Entstehung des „Frühkatholizismus", insbes. 99-101, der die Unterschiede zwischen den Pastoralbriefen und dem Epheserbrief herausarbeitet. P. TRUMMER, Corpus Paulinum – Corpus Pastorale 131ff, setzt für die Entstehung der Pastoralbriefe die Kenntnis des Kolosser- und Epheserbriefes voraus. P. MÜLLER, Anfänge 321-325, macht auf die Wirksamkeit unterschiedlicher Interpretationen innerhalb der Paulusschule aufmerksam. Vgl. auch R. MORGAN, The Significance 327f.
[99] A. LINDEMANN, Aufhebung 255.
[100] Gegen A. LINDEMANN, Paulus 37 Anm. 12, der in bezug auf die Auseinandersetzung Conzelmann – Ollrog der Meinung ist, daß „der Streit mehr um das Stichwort 'Schule' geht als um die damit bezeichnete Sache". Obige Darstellung dürfte jedoch deutlich gemacht haben, wie verschiedenartig der Begriff Paulusschule gefüllt wird. Vgl. dazu auch P. MÜLLER, Anfänge 272, Anm. 17.

Verhältnis der deuteropaulinischen Briefe zueinander noch nicht geklärt: Repräsentieren diese Briefe eine in sich kongruente Paulustradition, oder muß mit unterschiedlichen Ausprägungen oder sogar konkurrierenden Richtungen innerhalb der Paulusschule gerechnet werden? Erst wenn sowohl die *Abhängigkeit von Paulus* als auch das *Verhältnis der deuteropaulinischen Briefe zueinander* genau bestimmt sind, werden sich präzise Aussagen über das Bestehen einer Paulusschule machen lassen.

Damit ist aber zugleich auch der weitere *Rahmen der vorliegenden Untersuchung* abgesteckt. Wenn sie sich das Ziel gesetzt hat, die *Rezeption paulinischer Theologie im Epheserbrief* zu klären, dann sind ihre Ergebnisse für die Frage nach einer Paulusschule hilfreich. Umgekehrt zeigt der Blick auf den weiteren Horizont der Paulusschule, daß bei einer solchen Untersuchung nicht nur das Verhältnis des Epheserbriefes zu den anerkannten Paulusbriefen, sondern auch zu den übrigen deuteropaulinischen Briefen geklärt werden sollte. Nur so kann die Bedeutung des Epheserbriefes für die paulinische Tradition erkannt werden. Aufgrund sprachlicher und inhaltlicher Verwandtschaft wird insbesondere das Verhältnis zum Kolosserbrief eine Rolle spielen müssen.

2. Präzisierung der Fragestellung aufgrund der Forschungslage

Inwieweit im Epheserbrief die Theologie des Paulus rezipiert und weiterverarbeitet wird, ist in der exegetischen Literatur sehr kontrovers diskutiert worden. Blickt man auf die ältere Forschung, so zeichnet sich dort noch ein Konsens ab: Der Epheserbrief wurde einheitlich in Kontinuität zu Paulus interpretiert. So sind nach R. Bultmann im Epheserbrief „wesentliche Motive der paulinischen Theologie lebendig geblieben", wenn auch ein „gewisser Doktrinarismus und eine Moralisierung im Verständnis des Heils ... sich ... nicht leugnen" lassen[101]. Auch H. Conzelmann sieht im Epheserbrief die Weiterführung paulinischer „Denkarbeit"[102]. Der Brief sei ein Dokument, „in dem das Erbe des Meisters mit ungewöhnlicher Kraft lebendig ist"[103]. Erst E. Käsemann stellt in seiner Skizze „Paulus und der Frühkatholizismus"[104] einen entscheidenden Bruch zwischen Paulus und den nachpaulinischen Schriften heraus. Der Epheserbrief als das wesentliche Dokument der frühkatholischen Zeit

---

[101] R. BULTMANN, Theologie des Neuen Testaments 530.
[102] H. CONZELMANN, Theologie 339.
[103] H. CONZELMANN, Eph. 88.
[104] Vgl. E. KÄSEMANN, Paulus und der Frühkatholizismus.

bediene sich zwar paulinischer Motive[105], habe aber gerade die eschatologische Naherwartung, die den hermeneutischen Schlüssel für das paulinische Denken darstelle, völlig verändert. Aus dem nahen Kommen Christi werde die „sakramentale Präsenz Christi in der Kirche für die Welt"[106]. Eine solche Veränderung sei als „Vertauschung des Schwerpunktes" zu werten[107], was sich darin äußere, daß im Epheserbrief „die Rechtfertigungs- und Kreuzestheologie ... durch den Lobpreis der von der Erde in den Himmel wachsenden Kirche ... paralysiert" werde[108].

Dieser Entwurf, der zwischen Paulus und dem Epheserbrief einen einschneidenden Umbruch feststellte, wurde für die Forschung der Folgezeit wegweisend. Die meisten Untersuchungen bemühten sich nun, den Umbruch genauer zu lokalisieren und die Diskontinuität gegenüber Paulus aufzuzeigen. Besonderes Augenmerk erfuhr dabei das Herzstück der paulinischen Theologie, die *Rechtfertigungslehre*, und ihre Rezeption im Epheserbrief. So hat etwa D. Lührmann die Rechtfertigungslehre des Epheserbriefes eingehend mit Paulus verglichen und festgestellt, hier hätten sich „nicht nur Akzente verschoben", sondern das „theologische Denken" gehe „von anderen Ansätzen aus"[109]. Auch nach F. Hahn ist im Epheserbrief innerhalb der Rechtfertigungslehre die „für Paulus so entscheidende Korrelation zur πίστις aufgegeben"[110] und damit „die paulinische Gesamtkonzeption zerbrochen"[111].

Hinsichtlich der *Eschatologie* sind ebenfalls erhebliche Differenzen gegenüber Paulus festgestellt worden. Während noch F. J. Steinmetz stark die Kontinuität der Deuteropaulinen im Verhältnis zu Paulus betont, indem er auf Äquivalente verweist, durch die die eschatologische Spannung ganz im Sinne des Paulus zum Ausdruck gebracht würde[112], hat nach A. Lindemann „der Verfasser des Epheserbriefes den 'eschatologischen Vor-

---

[105] Vgl. E. Käsemann, a.a.O. 248.
[106] E. Käsemann, a.a.O. 246.
[107] E. Käsemann, a.a.O. 247.
[108] E. Käsemann, a.a.O. 242.
[109] D. Lührmann, Rechtfertigung und Versöhnung 448. D. Lührmann betont: „Was für *Paulus* Tradition ist, wird im *Eph*(eserbrief) zum Interpretament, was für *Paulus* Interpretament ist, wird im *Eph*(eserbrief) zur Tradition" (ebd.).
[110] F. Hahn, Taufe und Rechtfertigung 103.
[111] F. Hahn, a.a.O. 104. Vgl. dazu auch die Position von U. Luz, Rechtfertigung bei den Paulusschülern 375, der herausarbeitet, daß im Epheserbrief zwar das sola gratia aufrechterhalten, „aber seine polemische Funktion als Krisis aller menschlichen Selbstansprüche ... verkürzt" sei. Darum habe „die Rechtfertigungslehre im Epheserbrief keine dominierende Stellung mehr" (ebd.).
[112] Vgl. F. J. Steinmetz, Protologische Heilszuversicht 129.

behalt' preisgegeben"[113]. Das Zeitverständnis des Epheserbriefes sei völlig ungeschichtlich, denn sein „Augenmerk" richte sich „allein auf die Existenz der Christen, auf das 'Jetzt' der Kirche"[114]. Der Meinung von Steinmetz widerspricht Lindemann energisch, und er betont, die ganze Theologie des Briefes basiere „auf der grundlegenden Aussage, daß die Vollendung bereits geschehen ist, daß es keine Entwicklung auf ein noch Ausstehendes mehr gibt"[115].

Auch für die *Ekklesiologie*[116] und das *Paulusbild*[117] des Epheserbriefes wurden entsprechende Untersuchungen vorgelegt. Sie ließen deutlich die einzelnen Unterschiede des Epheserbriefes zu Paulus vor Augen treten. Man wertete diese Differenzen als Widersprüche zur paulinischen Theologie. Somit schien die Diskontinuität des Epheserbriefes gegenüber Paulus bestätigt zu sein. Symptomatisch dafür ist das Urteil Lindemanns, der bestreitet, daß der Verfasser des Epheserbriefes ein direkter Schüler des Paulus gewesen sein könne: „Sollte ein Theologe, der unmittelbar 'zu Füßen des Paulus' gesessen haben müßte, dort nicht einmal die grundlegende Bedeutung der Rechtfertigungslehre erkannt haben? Der Verfasser des Epheserbriefes kennt diese Lehre zwar, aber sie hat für seine Theologie keinerlei Bedeutung."[118]

Gegen Ende dieser Forschungsperiode, die auf verschiedenen theologischen Gebieten die Diskontinuität des Epheserbriefes gegenüber Paulus hervorhob, legte H. Merklein eine Untersuchung zur Rezeption paulinischer Theologie im Epheserbrief vor[119]. Hinter der formalen Beobachtung, daß der Epheserbrief im Vergleich zum Kolosserbrief wieder stärker paulinische Terminologie gebrauche, vermutet Merklein ein theologisches Programm, das er mit dem Stichwort '*Paulinisierung*' umreißt. Er versteht darunter, daß Kolosser- und Epheserbrief „nicht die paulinische Theologie ... interpretierend weiterentfalten, sondern daß sie nicht-paulinische theologische Vorstellungen als zu interpretierende Basis mit Hilfe paulinischer Theologumena paulinisieren"[120]. Eine solche Paulinisierung wird von Merklein als ein doppelter Vorgang beschrieben. Sie zeige sich darin,

---

[113] A. LINDEMANN, Aufhebung 252.
[114] A. LINDEMANN, a.a.O. 237.
[115] A. LINDEMANN, a.a.O. 239.
[116] Vgl. etwa H. MERKLEIN, Christus und die Kirche.
[117] Vgl. etwa A. LINDEMANN, Paulus 40-42; sowie G. SCHILLE, Das älteste Paulus-Bild 60-68.
[118] A. LINDEMANN, Aufhebung 254.
[119] Vgl. H. MERKLEIN, Paulinische Theologie 25-69.
[120] H. MERKLEIN, a.a.O. 38.

daß (a) die Person des Paulus selbst zum Gegenstand der christlichen Botschaft gemacht werde, der Apostel selbst ein „integraler Bestandteil der gegenwärtigen Verkündigung" sei[121]; sie zeige sich aber auch darin, daß (b) „Traditionen vorwiegend hellenistisch-judenchristlichen Ursprungs ... mit Hilfe paulinischer Gedanken gedeutet" werden[122]. Nach der abschließenden Beurteilung Merkleins ermöglicht die Paulinisierung „die Rezeption auch ... nicht-paulinischer Traditionen im Sinne des apostolischen Evangeliums"[123]. Mit diesem Programm einer Paulinisierung nimmt Merklein einerseits die Ergebnisse der verschiedenen Einzeluntersuchungen auf, die einen theologischen Bruch zwischen Paulus und dem Epheserbrief festgestellt haben, und er versucht andererseits, dies mit den zahlreichen unbestreitbaren Paulinismen des Epheserbriefes in Einklang zu bringen.

In jüngster Zeit ist man mit der Behauptung eines tiefgreifenden Bruches zwischen Paulus und dem Epheserbrief zurückhaltender geworden und versucht, den Epheserbrief wieder mehr in die *Nähe* der paulinischen Theologie zu rücken. Zu diesem Umschwung hat sicherlich auch die wachsende Skepsis gegenüber den alternativ vorgeschlagenen religionsgeschichtlichen Einflüssen beigetragen[124]. So geht P. Pokorný neuerdings davon aus, daß es sich im Epheserbrief um „logische Entwicklungen der paulinischen Theologie handelt"[125]. Auch nach J. Roloff findet im Epheserbrief eine „Weiterentwicklung und Aktualisierung" theologischer Gedanken statt, die die Paulusbriefe als „Ausgangsbasis" haben. Damit sei der Epheserbrief als ein Stadium innerhalb eines „theologischen *Interpretationsprozesses*" zu verstehen[126]. Doch hierzu gibt es bislang nur vereinzelte Äußerungen. Es fehlt eine eingehende Untersuchung, die sich dem Verhältnis zwischen Paulus und dem Epheserbrief widmet – gerade unter dem Gesichtspunkt eines geschichtlich bedingten Interpretationsprozesses.

---

[121] H. MERKLEIN, a.a.O. 63.
[122] H. MERKLEIN, a.a.O. 63.
[123] H. MERKLEIN, ebd.
[124] Entscheidenden Einfluß hat hier die Beobachtung sprachlicher Nähe des Epheserbriefes zu Formulierungen in den Qumrantexten – eine Beobachtung, von der her gewichtige kritische Anfragen an die Herleitung aus der Gnosis zu stellen sind. Vgl. dazu K. G. KUHN, Der Epheserbrief im Lichte der Qumrantexte 334-346; F. MUSSNER, Beiträge aus Qumran 197-211 (dort weitere Literatur); F. MUSSNER, Christus, das All und die Kirche.
[125] P. POKORNÝ, Eph. 40.
[126] J. ROLOFF, Die Kirche 223.

Entscheidend für den gegenwärtigen Wandel in der theologischen Beurteilung des Epheserbriefes ist die Einsicht, daß die Aussagen des Epheserbriefes als *Antwort auf eine veränderte historische Situation* verstanden werden müssen. Die neuen Einblicke in das Phänomen der Pseudepigraphie sowie die verstärkte Erforschung einer nachpaulinischen Schulbildung mögen in den letzten Jahren die Sensibilität für die historische Fragestellung geschärft haben. Jedenfalls wird mehr und mehr deutlich, daß ein reiner sprachlicher Vergleich theologischer Aussagen zwischen Paulus und dem Epheserbrief zwar ein grundlegendes, aber kein letztgültiges Kriterium zur Beurteilung der „paulinischen" oder „unpaulinischen" Denkweise des Epheserbriefes darstellen kann. Vielmehr muß eine theologische Beurteilung unter *Berücksichtigung der gewandelten Zeitverhältnisse* erfolgen. Eine solche historische Betrachtungsweise rückt zunehmend die Bedeutung eines nachpaulinischen Traditionsprozesses in den Blick.

Schon H. Conzelmann hat im Blick auf die Beurteilung der nachpaulinischen Theologie vor der „Gefahr einer ungeschichtlichen Wertung" gewarnt[127]. Er hat dabei betont darauf hingewiesen, daß auch Paulus seine Theologie in aktueller Auseinandersetzung entwickelt habe. Die geschichtliche Verankerung sei ein wesentlicher Grundzug der paulinischen Theologie[128]. Selbst die Rechtfertigungslehre, an der man gerne die nachpaulinische Theologie messe, sei „ein *geschichtliches* Kriterium"[129]. Gerade sie sei deshalb kein „theoretische(r) Maßstab ..., um zwischen guter und schlechter Theologie ... zu unterscheiden"[130]. Damit macht Conzelmann deutlich, daß sich die Verhältnisbestimmung zwischen Paulus und der nachpaulinischen Theologie nicht in einem Vergleich der theologischen Aussagen erschöpfen kann. Für historisches Verstehen ist es unerläßlich, die theologischen Leitlinien in ihrem Entwicklungsprozeß zu erkennen und Abweichungen von da aus zu beurteilen. Ein direkter Wortvergleich, der nicht die gewandelte historische Situation berücksichtigt, urteilt deshalb ungeschichtlich. Mit Conzelmann läßt sich feststellen: „Es kommt nicht darauf an, ob man die Sätze des Paulus wiederholt, sondern ob man die Sache im Existieren der Kirche theologisch zu vollziehen versteht – in immer neuen Situationen."[131] In bezug auf die Eschatologie

---
[127] H. CONZELMANN, Theologie 317.
[128] Vgl. H. CONZELMANN, Theologie 184f, 317.
[129] H. CONZELMANN, a.a.O. 317.
[130] H. CONZELMANN, ebd.
[131] H. CONZELMANN, ebd.

bringt H. E. Lona diesen Sachverhalt auf den Punkt: „Die Entwicklung der eschatologischen Vorstellungen von Paulus bis zu den Deuteropaulinen läßt sich nicht richtig erfassen, wenn die paulinische Eschatologie als 'ideale' Größe verstanden wird und Abweichungen davon als Abfall oder als mißverstandene Interpretation der Tradition angesehen werden. Abweichungen und neue Akzente bezeugen die Geschichtlichkeit des Verstehens im Prozeß der Wiedergabe und Aneignung der Tradition."[132]

Die angeführten Überlegungen machen darauf aufmerksam, daß in den deuteropaulinischen Briefen mit Änderungen und Abwandlungen gegenüber Paulus gerechnet werden *muß*, ohne daß diese von vorneherein als Entfremdung von der paulinischen Theologie gewertet werden dürfen. Vielmehr können sie auch *Neuinterpretationen paulinischer Theologie unter gewandelten geschichtlichen Verhältnissen* darstellen. Soll die Rezeption paulinischer Theologie im Epheserbrief untersucht werden, muß deshalb die *veränderte historische Situation* entscheidend mitberücksichtigt werden. Nur so kann man der „Gefahr einer ungeschichtlichen Wertung" entgehen.

War bislang von einem geschichtlich bedingten Entwicklungsprozeß die Rede, der durch Aktualisierung und Neuinterpretation die paulinische Theologie umformt, so soll die *Fragestellung* noch daraufhin zugespitzt werden, ob mit der *Weiterentwicklung zugleich eine Traditionsbildung* stattfindet, die die paulinische Theologie in gewissem Sinne *vervollständigt und abschließt*. Mit anderen Worten: Es soll nicht nur der Blick nach vorne auf weitere mögliche Entwicklungsschritte gelenkt werden, die im Epheserbrief über Paulus hinausführen, sondern zugleich auch der Blick zurückgewandt werden mit der Frage, *ob bei Paulus angelegte Gedanken im Epheserbrief zu einer vertieften Ausbildung und Abrundung gelangen.*

Conzelmann hat in seinen Überlegungen zu einer „Entwicklung nach Paulus" auf die entscheidende Fragestellung der dritten christlichen Generation hingewiesen, die sich ihres historischen Abstandes von den Anfängen durchaus bewußt gewesen sei und diese Distanz neu zu interpretieren gesucht habe[133]. Die historische Bestimmung des eigenen Standortes sei das vordringliche Problem jener Zeit gewesen. Die Erkenntnis dieses geschichtlichen Abstandes erschließe jedoch ein neues Verstehen der vorangegangenen Epoche wie der eigenen Position. Nach Conzelmann wird in

---

[132] H. E. LONA, Die Eschatologie 449.
[133] Vgl. H. CONZELMANN, Theologie 319.

24   *Einführung in die Fragestellung*

dieser Generation „eine neue Stufe der *Reflexion* erreicht": „Tradition gibt es von Anfang an. Jetzt aber besinnt man sich auf das Wesen von Tradition, indem man den eigenen Standort in ihr bestimmt."[134]

Auch der Epheserbrief muß dieser Generation zugeordnet werden, und es legt sich nahe, gerade in der pseudepigraphischen Abfassung einen deutlichen Hinweis auf das *Bewußtsein dieser historischen Distanz* zu erkennen. Dann aber müßte auch im Epheserbrief eine solche *Neubesinnung auf das Wesen der paulinischen Tradition* stattgefunden haben. So wäre danach zu fragen, ob diese neue Reflexionsstufe zu einer weiteren gedanklichen Durchdringung des paulinischen Materials geführt hat. Eine solche Fragestellung schließt aber auch die Überlegung mit ein, ob die theologische Weiterführung des Epheserbriefes einen bereits im paulinischen Denken angelegten Entwicklungsschritt darstellt oder nicht. Wäre das der Fall, so müßte sich ebenfalls klären lassen, inwieweit durch diese neue, auf das Lebenswerk des Paulus rückblickende Perspektive ein *innerer Abschluß der paulinischen Tradition* erreicht ist. Gerade für die Geschichte der nachpaulinischen Tradition, für die beginnende Sammlung und Herausgabe der Paulusbriefe sowie für die Entstehung anderer deuteropaulinischer Briefe könnten sich dadurch wertvolle Hinweise ergeben.

Über die allgemeine Frage nach der Rezeption paulinischer Theologie im Epheserbrief hinaus wird es somit von besonderem Interesse sein zu untersuchen, ob und – wenn ja – *in welcher Weise im Epheserbrief das veränderte historische Bewußtsein die vorgefundene Paulustradition in Hinblick auf eine nachpaulinische Standortbestimmung neu erschlossen hat*.

3. Methodische Vorgaben für den Gang der Untersuchung

Die Überlegungen über geschichtlich notwendige Wandlungen theologischer Aussagen machen es nötig, die einzelnen Arbeitsschritte der vorliegenden Untersuchung zu bedenken.

Soviel ist deutlich: Ein einfacher Vergleich der Aussagen des Epheserbriefes mit denjenigen des Paulus genügt nicht; denn hierbei entstünde die Gefahr einer ungeschichtlichen Wertung, die der historischen Entwicklung nicht gerecht wird. Dennoch müssen die Unterschiede zwischen dem Epheserbrief und den paulinischen Briefen präzise wahrgenommen wer-

---

[134] H. CONZELMANN, a.a.O. 320.

den; denn sonst liefe man umgekehrt Gefahr, alle Unterschiede lediglich als „Entwicklungen" zu deuten, sie mit dem paulinischen Denken zu harmonisieren und mögliche Widersprüche zu Paulus als solche nicht zu erkennen. Historisches Verstehen muß also um beide Gefahren wissen und darum bemüht sein, die Stadien einer gedanklichen Entwicklung nicht nur im Vergleich mit Paulus, sondern auch im Hinblick auf die historische Situation zu entwerfen. Nur wo die Analyse der Unterschiede und Gemeinsamkeiten vor dem Hintergrund der jeweiligen geschichtlichen Verhältnisse vorgenommen wird, kann beiden Gefahren Rechnung getragen werden. Es gibt damit zwei feste Punkte, die für die Beurteilung des Epheserbriefes vorgegeben sind: einerseits die paulinische Theologie, andererseits die neue historische Situation. Von der paulinischen Theologie aus muß danach gefragt werden, welche theologischen Antworten auf die historische Situation dem paulinischen Denken adäquat sind. Von der historischen Situation aus ist danach zu fragen, welche Veränderungstendenzen aufgrund des historischen Wandels möglich bzw. nötig sind. Beide Fragen müssen einander korrespondieren.

Von diesen Fragen aus ergeben sich klare *Leitlinien für den Gang der Untersuchung*:

(1) Zunächst ist auf der literarischen Ebene nachzuprüfen, ob und in welchem Maß Abhängigkeit von Paulus vorliegt. Sollte der Verfasser des Epheserbriefes ein Schüler des Paulus gewesen sein, so müßten sich Parallelen in seiner *Arbeitsweise* nachweisen lassen. Darum beschäftigt sich ein erster Durchgang nicht nur mit der Frage, ob der Verfasser die anerkannten Paulusbriefe bzw. den Kolosserbrief gekannt hat, sondern er untersucht auch den Gebrauch des paulinischen Briefformulars, den Stil des Verfassers, in dem die Art seiner Gedankenführung bzw. seine Argumentationsweise zum Ausdruck kommt, sowie die Benutzung des Alten Testaments. Solche formalen Gesichtspunkte sind in weitaus geringerem Maß von der jeweiligen Situation abhängig als theologisch-inhaltliche Aspekte. Sie vermitteln darum einen von der historischen Problematik unverstellten und somit zuverlässigeren Eindruck über paulinische Einflüsse. Die Untersuchung der Arbeitsweise muß deshalb die grundlegende Vorarbeit sein, um dann auch die theologische Bedeutung des Paulus für den Epheserbrief einschätzen zu können.

(2) In einem zweiten Durchgang soll dann den *theologischen Unterschieden und Gemeinsamkeiten* zwischen Paulus und dem Epheserbrief nachgegangen werden. Hierbei wird es wichtig sein, die Änderungen im

Blick auf den historischen Wandel zu untersuchen und zu fragen, ob sie sich aus den paulinischen Ansätzen heraus entwickeln lassen. Was die im Vergleich zu den Paulusbriefen zu verzeichnenden Unterschiede anlangt, so ist zu fragen: Stehen die Aussagen des Epheserbriefes im Widerspruch zur paulinischen Theologie, sind in ihnen fremde Einflüsse zu erkennen oder lassen sie sich aus dem Anliegen der paulinischen Verkündigung heraus verständlich machen? Falls tatsächlich keine fremden Einflüsse für die Veränderungen im Epheserbrief verantwortlich sind, müßten sich die Unterschiede auf ein einheitliches Umformungsprinzip zurückführen lassen, das sich aus dem Situationswandel erklären läßt. Kann ein solches einheitliches Umformungsprinzip nicht gefunden werden, müssen andere Einflüsse für die Veränderungen im Epheserbrief verantwortlich sein.

(3) In einem letzten Schritt müssen die vom Epheserbrief vorgenommenen Änderungen von der historischen Situation aus überprüft werden. Dazu ist es notwendig, die nachpaulinische Entstehungssituation zu entwerfen. Von den geschichtlichen Bedingungen jener Zeit aus müßten sich das Umformungsprinzip des Epheserbriefes und mit ihm alle vorgenommenen Änderungen erklären lassen. Nur wenn dies gelingt, sind fremde Einflüsse ausgeschlossen. Doch mit dem Nachweis, daß keine fremden Einflüsse vorliegen, ist die Untersuchung noch nicht am Ende. Die Präzisierung der Fragestellung hat nämlich gezeigt, daß der Epheserbrief in seiner möglichen theologischen Weiterentwicklung nicht nur als Schritt *über* Paulus hinaus wahrgenommen werden darf, sondern ebenso umgekehrt in seiner Bedeutung *für* Paulus untersucht werden muß. Zusätzlich zu der Frage, ob die Veränderungen des Epheserbriefes sich ausschließlich aus der historischen Situation erklären lassen, muß also untersucht werden, ob es sich im Epheserbrief um eine angemessene Entfaltung der paulinischen Theologie handelt. Mit der rückblickenden Perspektive müßte dann im Epheserbrief die paulinischen Theologie zu einem inneren Abschluß geführt worden sein. Nur so kann der Epheserbrief eine adäquate Transformation der paulinischen Theologie darstellen. Der Epheserbrief wäre dann eine *theologische Zusammenfassung der paulinischen Tradition* für die nachfolgende Generation. Zur Überprüfung dieser Frage ist es wichtig, das Verhältnis der deuteropaulinischen Briefe zum Epheserbrief zu befragen, um von dort aus Hinweise für die Einschätzung des Epheserbriefes in nachpaulinischer Zeit zu bekommen. Lehnen sie diesen Brief radikal ab, oder lassen sie ihn mit dem Anspruch einer adäquaten Entfaltung paulinischer Theologie gelten? Nur wenn diese Fragen mitbedacht sind, können

Rückschlüsse auf die Bedeutung des Epheserbriefes für die paulinische Tradition unternommen und die Frage nach *Anlaß und Ziel dieses Briefes* geklärt werden.

Zweiter Hauptteil

Die Arbeitsweise des Epheserbriefes

I. Das Briefformular des Epheserbriefes

1. Der briefliche Charakter der paulinischen Theologie

Die Theologie des Paulus hat ihren charakteristischen Ausdruck in der Form von Briefen erhalten. Auf aktuelle Veranlassung hin hat Paulus seine Briefe an konkrete Gemeinden geschrieben. Mit Recht hat man darum immer wieder auf die Situationsbezogenheit der paulinischen Aussagen hingewiesen[1], weshalb seine Briefe sich auch grundsätzlich von jedem literarischen Werk unterscheiden[2]. Trotz dieser konkreten Entstehungssituation wird man die Paulusbriefe aber nicht nur als Gelegenheitsschriften werten dürfen. Wie B. Rigaux betont, wurden sie nicht nur „zu dem Zweck verfaßt ..., (um) der Gemeinde einmal vorgelesen zu werden und nachher der Vergangenheit anheimzufallen"[3]. Vielmehr gewinnt in der Form von Briefen die paulinische Verkündigung des Evangeliums ihre prägende Gestalt. Diese Briefe „sind apostolische Taten und, wie die Verkündigung, wahrhaft Gottes Wort"[4]. Auch über die Zeit des Paulus hinaus

---

[1] Vgl. H. CONZELMANN, Theologie 184f.
[2] A. DEISSMANN, Licht vom Osten 194f, hat die generelle Unterscheidung zwischen Brief und Epistel für das Neue Testament betont hervorgehoben. Deissmann liegt daran, „daß sämtliche Paulusbriefe wirkliche, unliterarische Briefe sind", und er urteilt: „Der Apostel Paulus ist ein Briefschreiber, nicht Epistolograph. Er ist kein Mann der Literatur" (a.a.O. 203f).
[3] B. RIGAUX, Paulus und seine Briefe 168.
[4] B. RIGAUX, ebd.

sind seine Briefe die charakteristische Form seiner Verkündigung geworden[5]. Gerade die Abfassung pseudopaulinischer Briefe bestätigt, wie eng die Form des Briefes schon in der nachfolgenden Generation mit der paulinischen Verkündigung verbunden wurde[6]. Die nachpaulinischen Briefe sind damit „ein direkter Beleg für die Anerkennung des theologischen Werkes, das Paulus als Briefcorpus hinterlassen hat"[7]. Die briefliche Form des paulinischen Werkes stellt darum einen charakteristischen Bestandteil seines Evangeliums dar. Wie F. Vouga zutreffend betont, ist deshalb eine wesentliche Voraussetzung, „daß die Rezeption der paulinischen Theologie sich nicht auf die Aufnahme der paulinischen Fragestellungen ... reduzieren läßt, ... sondern daß auch die Rezeption der *Brieflichkeit* der paulinischen Theologie zu ihrer Rezeptionsgeschichte gehört"[8].

Paulus hat das in der Antike übliche Briefformular in seinen Briefen übernommen, einzelne Teile aber dennoch eigenständig umgeprägt[9]. Während der 1. Thessalonicherbrief noch einige Unsicherheiten in der Ausformung des Präskriptes aufweist[10], scheint sich in den späteren Briefen zunehmend eine feste Brieform herauszukristallisieren, die je nach Situation verschiedene Variationsmöglichkeiten zuläßt. Auffällig ist, daß sich die typisch paulinische Prägung des Briefformulars in hohem Maße auch bei den nachpaulinischen Briefen fortsetzt. Vouga schließt daraus, „daß die Form des Apostelbriefes selbst ihre besondere Autorität durch ihre paulinische Prägung bekommen hat"[11].

Im folgenden soll nun untersucht werden, in welchem Maß sich der Epheserbrief am paulinisch geprägten Briefformular orientiert hat.

---

[5] Vgl. D. G. MEADE, Pseudonymity and Canon 161; H. R. BALZ, Anonymität und Pseudepigraphie 429f.
[6] Sollten die Briefe des Paulus ursprünglich einen Ersatz für die Anwesenheit des Apostels darstellen (so B. BOSENIUS, Die Abwesenheit des Apostels), so mag dieses Motiv auch für einen pseudopaulinischen Brief gültig sein: Auch er will – nun nach dem Tod des Paulus – die apostolische Präsenz ersetzen.
[7] F. VOUGA, Der Brief als Form 46.
[8] F. VOUGA, a.a.O. 8.
[9] Für das Verhältnis der paulinischen Briefe zum antiken Briefformular vgl. K. BERGER, Hellenistische Gattungen 1326-1363; F. SCHNIDER/W. STENGER, Studien zum Briefformular; H. KOSKENNIEMI, Studien zur Idee; P. L. SCHMIDT, Art. Epistolographie, in: Der kleine Pauly 2, 324-327. Eine kurze Darstellung bietet PH. VIELHAUER, Geschichte der urchristlichen Literatur 58-70.
[10] Im Präskript des 1. Thessalonicherbriefes fehlt die Nennung des Aposteltitels innerhalb der Superscriptio sowie die sonst übliche entfaltete Form der Salutatio.
[11] F. VOUGA, Der Brief als Form 46.

2. Der Briefanfang des Epheserbriefes im Vergleich zu den Paulusbriefen

a) Das Präskript

Die orientalische Form des Briefpräskriptes, die sich bei Paulus durchgängig findet, hat auch der Epheserbrief übernommen. Dabei wird die *Absenderangabe* (Superscriptio) durch eine Intitulatio erweitert, die den Apostolat als göttlich autorisiertes Amt hervorhebt (Eph 1,1). Ein solcher Zusatz entspricht paulinischer Gepflogenheit und begegnet in Röm 1,1; 1Kor 1,1; 2Kor 1,1; Gal 1,1 in unterschiedlichem Ausmaß[12]. F. Schnider und W. Stenger vermuten, daß die pseudonyme Briefliteratur sich bei der Nachahmung der Absenderangabe (Kol 1,1; Eph 1,1; 2Tim 1,1) an 1Kor 1,1 orientiert habe[13]. Wahrscheinlich sei 1Kor 1,1 deshalb formbestimmend gewesen, weil hier in einer für Paulus typischen Formulierung das Apostelamt hervorgehoben werde, jedoch ohne spezifische, durch die Briefthematik bedingte Erweiterungen, wie das in Röm 1 und Gal 1 der Fall ist. Auffällig ist für den Epheserbrief die *Auslassung eines Mitabsenders*, was sonst nur in Röm 1 begegnet. Offensichtlich will der Verfasser des Epheserbriefes hier betont nur den Apostel zu Wort kommen lassen[14].

Die *Empfängerangabe* (Adscriptio) ist bei Paulus nicht einheitlich ausgeführt, enthält aber zumeist den ehrenden Titel ἐκκλησία (1/2Kor; Gal; 1Thess). Da ἐκκλησία im Epheserbrief nur für die Gesamtkirche benutzt wird[15], verzichtet Eph 1,1 auf diese Titulatur und spricht die Empfänger als Heilige und Gläubige an, was der wohl über Kol 1,2 vermittelten Aussage aus Phil 1,1 nahekommt[16]. Textkritisch umstritten ist allerdings die Ortsangabe[17].

Den *Eingangsgruß* (Salutatio) hat Paulus zu einem Segenswunsch umgeprägt[18]. Während das älteste Briefpräskript 1Thess 1,1 erkennen läßt,

---

[12] Vgl. dazu F. SCHIDER/W. STENGER, Studien zum Briefformular 7ff.
[13] Vgl. F. SCHNIDER/W. STENGER, a.a.O. 13f.
[14] Da auch der Kolosserbrief, der vielfach das sprachliche Vorbild für den Epheserbrief darstellt, in Kol 1,1 einen Mitabsender nennt, muß hinter dieser Auslassung in Eph 1,1 ein besonderer Gestaltungswille vermutet werden.
[15] S.u. 144, Anm. 125. Vgl. dazu auch J. ROLOFF, Art. ἐκκλησία, in: EWNT 1, 1007-1009.
[16] Vgl. F. SCHNIDER/W. STENGER, Studien zum Briefformular 15-25; E. SCHWEIZER, Kol. 33; R. SCHNACKENBURG, Eph. 40.
[17] Vgl. dazu E. BEST, Recipients and Titel 3247-3279. Einen Überblick über die Forschungsgeschichte zu diesem vieldiskutierten Problem gibt H. MERKEL, Der Epheserbrief 3221f.
[18] E. LOHMEYER, Briefliche Grußüberschriften, 158-173, vermutet, daß Paulus in der Salutatio liturgische Tradition aufgenommen habe. Dieser Ableitung wurde von G. FRIEDRICH, Lohmeyers These über das paulinische Briefpräskript kritisch beleuchtet

„wie Paulus zunächst herumtastet, bis er die endgültige Form gefunden hat"[19], begegnet in allen weiteren Briefen dieser fest geprägte Segenswunsch, der auch vom Autor des Epheserbriefes in Eph 1,2 wörtlich übernommen wird.

Formal betrachtet finden sich im Präskript des Epheserbriefes die entscheidenden paulinischen Merkmale. Doch bereits hier fallen charakteristische Änderungen auf, durch die sich das Briefformular des Epheserbriefes von dem der Paulusbriefe unterscheidet. So fehlen hier die sonst für Paulus typischen Erweiterungen am Briefanfang, durch die Paulus seine persönliche Verbundenheit mit den Empfängern zum Ausdruck bringt. Alle persönlichen Erweiterungen sind gestrichen, weder die Situation der Adressaten noch das Ergehen des Paulus wird näher angesprochen. Damit kündigt sich bereits hier ein Charakterzug an, der den gesamten Brief kennzeichnet. Durch die Streichung des Mitabsenders tritt die Autorität des Paulus betont hervor. Dieser für die echten Paulinen unübliche Zug läßt sich für ein nachpaulinisches Schreiben leicht verstehen: Der Verfasser will den Brief als eine grundlegende theologische Äußerung des Apostels verstanden wissen.

b) Die Briefeingangseulogie

An das Briefpräskript schließt der Verfasser des Epheserbriefes eine 'Briefeingangseulogie'[20] an (Eph 1,3-14). Diese Form wird von Paulus nur in 2Kor 1,3-7 an Stelle der sonst üblichen Danksagung eingefügt[21]. Sie stellt eine erweiterte Fassung des schon alttestamentlich belegten kurzen Lobspruches dar, der sog. Eulogie, die mit εὐλογητός (בָּרוּךְ) eingeleitet wird[22]. Durch sie bringt Paulus in 2Kor 1,3-7 seinen Dank für die Rettung aus einer Notlage zum Ausdruck. Mit diesem persönlichen Motiv des Lob-

---

343-346, widersprochen und eine literarische Erklärung aus dem orientalischen Briefpräskript wahrscheinlich gemacht. Der Versuch von K. BERGER, Apostelbrief 190ff, die paulinische Salutatio als Eröffnungsformel für eine Offenbarungsmitteilung zu verstehen, muß abgelehnt werden. Zur Kritik vgl. F. SCHNIDER/W. STENGER, Studien zum Briefformular 25-29.

[19] G. FRIEDRICH, Lohmeyers These über das paulinische Briefpräskript kritisch beleuchtet 346.

[20] Die Bezeichnung 'Briefeingangseulogie' findet sich erstmals bei N. A. DAHL, Adresse und Proömium 241ff. Vgl. R. DEICHGRÄBER, Gotteshymnus 64, Anm. 1.

[21] Die Vermutungen über den Grund, das Proömium in 2Kor 1 durch eine Eulogie zu ersetzen, referiert CH. WOLFF, 2Kor. 20, Anm. 15.

[22] Zur Form vgl. R. DEICHGRÄBER, Gotteshymnus 64-78, 87. P. T. O'BRIEN, Introductory Thanksgivings 233f, spricht von einer „berakah"; vgl. auch K. BERGER, Formgeschichte 245f.

preises steht Paulus in der Tradition der alttestamentlich-jüdischen Eulogie[23], die ebenfalls als „Antwort auf ein unmittelbar erfahrenes rettendes Eingreifen Gottes"[24] gebraucht wurde. Auffällig ist, daß Eph 1,3-14 die Form einer solchen Briefeingangseulogie genau kopiert[25], daß aber ein persönliches Dankmotiv überhaupt nicht im Blick ist. Die Briefeingangseulogie des Epheserbriefes lobt Gott vielmehr für sein Heilshandeln in Jesus Christus für die Welt und trägt darin keinerlei persönliche Note. Selbst die Übertragung auf die Adressaten Eph 1,13f bleibt recht allgemein gehalten.

c) Die Danksagung (Proömium)

Während im 2. Korintherbrief die Briefeingangseulogie das Proömium ersetzt, wird dieses in Eph 1,15ff zusätzlich angefügt. Offensichtlich scheint der Verfasser des Epheserbriefes auf eine *Vollständigkeit* der paulinischen Briefeingangsformen Wert zu legen. In diesem recht ausführlich gestalteten Proömium Eph 1,15-23 orientiert sich der Verfasser formal ganz am paulinischen Aufbau[26]. Wie P. Schubert aufgezeigt hat, gebraucht Paulus zwei unterschiedliche grammatikalische Strukturen[27]. Beiden liegt als Hauptverb eine Form von εὐχαριστέω zugrunde, bei der der Absender Subjekt ist. Davon sind entweder verschiedene Partizipialkonstruktionen abhängig[28], oder es wird das Hauptverb durch einen ὅτι-Satz weitergeführt[29]. Die erste Version ist die ausführlichere. Sie liegt auch in Eph 1,15-23 vor[30].

---

[23] Vgl. O. HOFIUS, Der Gott allen Trostes 245.
[24] R. DEICHGRÄBER, Gotteshymnus 87 sowie 40ff.
[25] 2Kor 1,3-7 wie Eph 1,3-12 (13f) sind gebaut als eine von εὐλογητός abhängige, weit ausladende Satzkonstruktion. 2Kor 1,3-7: εὐλογητός – ὁ παρακαλῶν – ὅτι κτλ.; Eph 1,3-12: εὐλογητός – ὁ εὐλογήσας – καθώς κτλ.
[26] B. RIGAUX, Paulus und seine Briefe 172, vermutet, daß die Form der Danksagung zu Beginn des Briefes darauf zurückgeht, „daß Paulus nach jüdischer Sitte seine Predigten mit einer Danksagung begann und diesen Brauch in seine Korrespondenz übernahm". Daß dagegen die Danksagung auf den Wunsch für gute Gesundheit, wie er in antiken Briefen üblich war, zurückgehen soll, erscheint eher fraglich. Vgl. dazu H. KOSKENNIEMI, Studien zur Idee 128-148; K. BERGER, Hellenistische Gattungen 1330ff.
[27] Vgl. P. SCHUBERT, Form and Function 34-39.
[28] So in Phlm 4-7; Phil 1,3-6; 1Thess 1,2-5.
[29] So in Röm 1,8; 1Kor 1,4ff; vgl. auch 1Thess 2,13.
[30] In Eph 1,15-23 zeichnet sich folgende Struktur ab: οὐ παύομαι εὐχαριστῶν ist der Hauptsatz, davon sind die Partizipien ἀκούσας (geht dem Hauptverb voraus) wie μνείαν ποιούμενος abhängig. Mit ἵνα (abhängig von einem gedachten αἰτούμενος o.ä. vgl. auch Kol 1,9) wird der Wunsch des Absenders angeschlossen.

Aber auch inhaltlich zeigen sich grundlegende Gemeinsamkeiten zwischen Paulus und dem Epheserbrief. Ein gemeinsames Merkmal liegt darin, daß im Proömium bereits entscheidende Themen des Briefes anklingen[31]. In Eph 1,15-23 gehört dazu die Erwähnung der Gotteskraft, die in Eph 3,7.20; 4,16; 6,10 wiederum angesprochen wird, das Motiv des Sitzens zur Rechten Gottes (vgl. Eph 2,6) sowie die Darstellung der Kirche als Leib, dessen Haupt Christus ist (vgl. Eph 4,7-16; 5,21-33)[32].

Ebenso kehren die wesentlichen Elemente der paulinischen Danksagung in Eph 1,15-23 wieder, doch tragen sie charakteristische Abwandlungen. Der unaufhörliche Dank vor Gott[33] für den Glauben der Adressaten, der ein Grundbestandteil des paulinischen Proömiums darstellt[34], begegnet in Eph 1,15f noch unverändert. Die Fürbitte, in der Paulus um den persönlichen Glaubensstand der Briefempfänger bittet[35], ist im Epheserbrief deutlich erweitert. Durch die drei indirekten Fragesätze Eph 1,18f nimmt die Fürbitte einen ausgesprochen breiten Raum ein: Die Glaubensvertiefung der Adressaten scheint ein besonderes Anliegen des Autors zu sein. Kann dieses Anliegen als ein Indiz für die Entstehung in nachpaulinischer Zeit gewertet werden[36]? Der eschatologische Ausblick, mit welchem das Proömium in den Paulusbriefen gerne abschließt[37], ist ebenfalls stark erweitert: In plerophoren Wendungen wird die göttliche Kraft hervorgehoben, durch die das Heilsgeschehen und darum auch die eschatologische Vollendung der Glaubenden verwirklicht wird. Ganz betont wird hier das Motiv der Gewißheit der eschatologischen Erfüllung hervorgehoben. Es

---

[31] Auf dieses Charakteristikum der paulinischen Proömien weisen F. SCHNIDER/W. STENGER, Studien zum Briefformular 47; sowie PH. VIELHAUER, Geschichte der urchristlichen Literatur 66.

[32] Die Bezüge zu Teilen des übrigen Briefes werden auch von R. SCHNACKENBURG, Eph. 85, beobachtet.

[33] P. T. O'BRIEN, Thanksgiving and the Gospel in Paul 146, insbes. Anm. 3, weist darauf hin, daß Paulus im Proömium nicht zu Gott betet, sondern über das Gebet berichtet; vgl. auch F. SCHNIDER/W. STENGER, Studien zum Briefformular 47.

[34] Vgl. Röm 1,8; 1Kor 1,4ff; Phil 1,3ff; 1Thess 1,2ff; Phlm 4f.

[35] Vgl. Phil 1,9f; Phlm 6.

[36] Gerade die stark erweiterte Fürbitte um das Wachstum des Glaubens unterstützt die Beobachtung, daß im Epheserbrief statt der Ausbreitung die Vertiefung des Glaubens ins Zentrum tritt. Dies läßt vermuten, daß die grundlegende Mission bereits abgeschlossen ist. Anders die Untersuchung von R. P. MEYER, Kirche und Mission im Epheserbrief, die dennoch eine missionarische Perspektive des Epheserbriefes herauszuarbeiten versucht. Meyer erreicht dies aber nur durch ein neu gefaßtes Missionsverständnis. Danach hat die Kirche einen Missionsauftrag als „Vermittlerin der Offenbarung des einst verborgenen Mysterion an die 'Weltöffentlichkeit'" (a.a.O. 80). Vgl. zu dieser Frage die unten 250ff gegebene Situationsanalyse: 2. Die Situation nach dem Tod des Paulus.

[37] Vgl. 1Kor 1,7f; Phil 1,6; 1,10f; 1Thess 1,10.

zeigt sich, daß der Autor des Epheserbriefes sich im Proömium streng an die Vorlage der Paulusbriefe hält, durch Erweiterungen jedoch seine eigenen Akzente deutlich werden läßt[38].

Im Proömium fällt ebenfalls auf, wie unpersönlich es gestaltet ist. Gerade das Typische eines Proömiums, der Ausdruck persönlicher Verbundenheit, ist getilgt. Während in den echten Paulusbriefen die persönliche Verbundenheit nicht nur in Dank und Fürbitte zum Ausdruck kommt, sondern auch im Rahmen des Proömiums ganz persönliche Notizen Raum haben, unterläßt der Epheserbrief jede persönliche Bemerkung. Er zeichnet zwar die formale Grundstruktur eines Proömiums genau nach, der persönliche Charakter aber, dem die Form eines Proömiums eigentlich dienen soll, fällt weg. Die übernommene Form wird mit neuem Inhalt gefüllt.

3. Der Briefschluß des Epheserbriefes im Vergleich zu den Paulusbriefen

Auch der Briefschluß zeigt in den anerkannten Paulusbriefen trotz einiger Unschärfen[39] ein relativ festes Muster. Wie F. Schnider und W. Stenger herausgearbeitet haben[40], wird der Briefschluß zunächst von der Schlußparänese eingeleitet, die in der Regel in einen fürbittenden Segenswunsch mündet. Eine Bitte um das Gebet für den Briefschreiber kann darin mitenthalten sein. Als zweiter Teil folgen Grüße, die zuweilen zu langen Grußlisten ausgeweitet werden können. Den Abschluß bildet das eigenhändig geschriebene Eschatokoll, das zumeist aus einem kurzen christologischen Gnadenwunsch besteht[41].

In den anerkannten Paulinen bildet auch der Briefschluß verstärkt Platz für persönliche Nachrichten, die gelegentlich das Briefformular erheblich erweitern. Dazu können gehören: die Mitteilung der Reisepläne und die Ankündigung eines nächsten Besuches, der sog. apostolischen Parusie[42], aber auch Mahnungen, die an namentlich genannte Personen gerichtet sind (1Kor 16,15-18; Phil 4,2f) oder der Dank in persönlichen Angelegenheiten (Phil 4,10-20). Daß der Briefschluß ein Ort des persönlichen Austausches

---

[38] S.u. 223ff: Das Motiv der Kraft Gottes.
[39] Auf die Unschärfen in der Beschreibung der Briefstruktur machen F. SCHNIDER/W. STENGER, Studien zum Briefformular 71ff, aufmerksam.
[40] Vgl. F. SCHNIDER/W. STENGER, a.a.O. 73.
[41] Paulus hat – entsprechend zur Salutatio am Briefanfang – den Schlußgruß des antiken Briefschemas zu einem theologischen Segenswunsch umgeformt; vgl. F. SCHNIDER/W. STENGER, Studien zum Briefformular 131.
[42] Vgl. F. SCHNIDER/W. STENGER, a.a.O. 92.

ist, zeigt schließlich auch der Eigenhändigkeitsvermerk mancher Briefe (1Kor 16,21; Gal 6,11; Phlm 19).

Der Briefschluß des Epheserbriefes läßt nun im Vergleich zu Paulus ähnliche Veränderungstendenzen deutlich werden wie der Briefanfang. Während sich die Topik recht eng an die originalen Paulusbriefe anlehnt, ist der persönliche Charakter stark abgeschwächt. So weist die *Schlußparänese* zahlreiche paulinische Motive auf. Sie wird in Eph 6,10 mit τοῦ λοιποῦ eingeleitet[43] und hat die Waffenrüstung im endzeitlichen Kampf zum Thema[44]. In Eph 6,18-20 mündet sie dann in die Bitte um Fürbitte[45], das klassische Motiv der Schlußparänese[46]. Hierbei ist auch die spezielle Fürbitte für die Verkündigung des Paulus miteingeschlossen (Eph 6,19f; vgl. Kol 4,3f). Ein weiteres Motiv der Schlußparänese begegnet in der sog. Tychikusnotiz Eph 6,21f, die als eine spezielle Ausformung der sog. apostolischen Parusie[47] zu bestimmen ist.

Während die Schlußparänese damit relativ ausführlich gestaltet ist, fällt der zweite Teil des klassischen Briefschlusses ersatzlos aus. Es sind die *Schlußgrüße*, die eigentlich einen wesentlichen Bestandteil *aller* Paulusbriefe – mit Ausnahme des Galaterbriefes – darstellen. Die Auslassung der Grüße wirft ein sehr klares Licht auf die Intention, die sich für den Verfasser mit der pseudepigraphischen Abfassung verbindet. *Nicht literarische Fiktion* kann die Absicht des Verfassers gewesen sein, denn dann hätte er die Schlußgrüße breit ausgeführt. Der Wegfall der Schlußgrüße stimmt dagegen ganz mit der gesamten unpersönlichen Haltung dieses Briefes überein. Daß auch beim Segenswusch am Ende des Briefes ein Eigenhändigkeitsvermerk fehlt, wie er noch in Kol 4,18 zu lesen ist, bestätigt nur diese Tendenz. Damit zeigt der Verfasser, daß es ihm nicht darum

---

[43] Vgl. λοιπόν 2Kor 13,11; 1Thess 4,1; τὸ λοιπόν Phil 4,8 als Einleitung zur Schlußparänese; vgl. dazu auch F. SCHNIDER/W. STENGER, Studien zum Briefformular 76.

[44] Es entspricht der durchgehenden Tendenz des Epheserbriefes, daß die Schlußparänese mit der Wahl dieses Themas recht allgemein gehalten bleibt. Aufgrund dieser völlig unpersönlichen Art der Darstellung wird dieses Stück vielfach nicht als Schlußparänese erkannt; so etwa die Auslegungen von R. SCHNACKENBURG, Eph. 277; P. POKORNÝ, Eph. 241, 249. J. GNILKA, Eph. 303, läßt diese Frage offen. Dennoch spricht die Einleitung mit τοῦ λοιποῦ sowie die Überleitung zur Fürbitte dafür, Eph 6,10-20 als Schlußparänese zu bestimmen. So E. GAUGLER, Eph. 217; F. SCHNIDER/W. STENGER, Studien zum Briefformular 76, 79f.

[45] Eph 6,18-20 korrespondiert dabei thematisch der Einleitung in die Haustafel Eph 5,18-20.

[46] Vgl. F. SCHNIDER/W. STENGER, Studien zum Briefformular 78-80.

[47] Vgl. R. W. FUNK, The Apostolic Parusia 249-268, zur Sendung des Timotheus in 1Kor 4,17; 1Thess 3,2ff insbes. 255ff.

geht, eine biographische Situation im Leben des Paulus vorzuspiegeln. Er will die paulinische Autorschaft nicht durch fiktive Notizen untermauern. Dies aber heißt, daß der Verfasser bewußt in Kauf nimmt, daß wegen der Zurückhaltung in persönlichen Notizen die pseudepigraphische Abfassung durchschaut wird. *Der Anlaß zur pseudepigraphischen Abfassung des Epheserbriefes kann deshalb nicht im Bereich der literarischen Fälschung liegen, sondern muß im inhaltlich-theologischen Bereich gesucht werden.* Erheben die Aussagen des Epheserbriefes Anspruch auf apostolische Autorität?

Auffällig ist in diesem Zusammenhang aber auch die sog. *Tychikusnotiz* in Eph 6,21f. Sie ist die einzige persönliche Mitteilung des ganzen Briefes und wurde wörtlich aus Kol 4,7f übernommen: Tychikus soll den Adressaten Näheres von Paulus berichten. Diese Notiz widerspricht der beobachteten Tendenz, die persönlich geprägten Stücke inhaltlich umzuformen. Verbirgt sich hinter dieser persönlichen Mitteilung eine allgemeingültige Aussage? Die Tatsache, daß die Notiz wörtlich aus Kol 4,7f stammt, unterstützt diese Vermutung, ist sie doch als Kopie leicht in ihrer Fiktion erkennbar. Auf dem Hintergrund des apostolischen Anspruchs dieses Briefes bekommt die Notiz einen besonderen Klang. So wäre es gerade nach dem Tod des Apostels[48] verständlich, wenn Tychikus als ein von Paulus selbst autorisierter Bote dargestellt wird, der den Auftrag zur Weitergabe apostolischer Lehre hat. Doch eine solche Funktion der Tychikusnotiz muß hier noch Vermutung bleiben[49].

Auch der *Segenswunsch* am Schluß (Eph 6,23f) bleibt völlig unpersönlich. Bemerkenswert ist, daß nicht einmal die Adressaten angesprochen werden, sondern daß der Gruß an alle gerichtet ist, „die unseren Herrn Jesus Christus lieben" (Eph 6,24). Da diese Formulierung ganz von der sonst bei Paulus üblichen Form[50] abweicht, muß sie vom Verfasser bewußt eingeführt worden sein. Offensichtlich soll der Gruß absichtlich den Adressatenkreis universal ausweiten. Nimmt man diese Beobachtung mit der Tat-

---

[48] Von der Annahme pseudepigraphischer Abfassung des Epheserbriefes aus bringt die Tychikusnotiz zum Ausdruck, daß nur noch durch einen Mittelsmann Nachrichten über Paulus zu erhalten sind; vgl. J. GNILKA, Eph. 320f.

[49] F. MUSSNER, Eph. 172f, und R. SCHNACKENBURG, Eph. 294f, halten die Tychikusnotiz lediglich für eine elegante Lösung, um die notwendigen persönlichen Mitteilungen am Briefschluß zu umgehen. Doch ist hierbei nicht einsichtig zu machen, warum der Verfasser sich einer literarischen Kopie aus Kol 4,7f bedient, denn auf diese Weise ist die Fiktion nur allzu leicht durchschaubar. Zur Funktion der Tychikusnotiz s.u. 245.

[50] Die paulinische Formulierung gibt stets eine Abwandlung folgender Grundbausteine wieder: ἡ χάρις (τοῦ κυρίου ...) μεθ' ὑμῶν.

sache zusammen, daß dieser Brief keinerlei persönliche Notizen enthält, läßt sich hinter der Abfassung des Epheserbriefes der Wunsch nach *Allgemeingültigkeit der Aussagen* vermuten. Keinerlei persönliche Elemente sollen die Gültigkeit des Gesagten auf einen speziellen Adressatenkreis einschränken. Doch die Vermutung des universalen Horizontes kann erst vom Gesamtentwurf des Briefes her überprüft werden[51].

4. Das Briefcorpus des Epheserbriefes im Vergleich zu den Paulusbriefen

Auch bei der Gestaltung des Briefcorpus orientiert sich der Verfasser des Epheserbriefes am Vorbild der Paulusbriefe. So übernimmt er die klassische Trennung in lehrhaften und paränetischen Teil, wie er das im Römerbrief, im 1. Thessalonicherbrief, aber auch im deuteropaulinischen Kolosserbrief vorgefunden hat.

Paulus hat im Römerbrief diesen Einschnitt besonders deutlich herausgearbeitet. Röm 9-11 stellt eine thematische Einheit dar, die durch den kunstvoll gestalteten Lobpreis Röm 11,33-36 abgeschlossen wird. Den Neueinsatz bildet Röm 12,1f, das wie „eine Art Überschrift und Bestimmung des christlichen Lebens"[52] der Paränese Röm 12-15 voransteht: Der Einschnitt ist im Römerbrief also stilistisch auffallend gestaltet. Ähnlich deutlich markiert der 1. Thessalonicherbrief diesen Einschnitt. In 1Thess 3,11-13 werden die vorangegangenen Ausführungen mit einem Segenswunsch abgeschlossen, bevor mit einer generellen Ermahnung in 1Thess 4,1f die Paränese eingeleitet wird[53].

In entsprechender Weise gestaltet nun der Epheserbrief diesen Einschnitt. Auch er schließt den vorangegangenen Abschnitt in feierlicher Sprache ab (Eph 3,14-21). Diesmal ist es ein Gebet, das in seinen drei Bitten um die Vertiefung der Glaubenserkenntnis der Adressaten der dreifachen Fürbitte im Proömium korrespondiert. In einer überschwenglichen Doxologie (Eph 3,20f) findet dieses Gebet seinen Abschluß. Die Paränese wird in Eph 4,1-6 in einem „bewußt entworfene(n) und rhetorisch gestaltete(n) Stück"[54] eröffnet, das dem Beginn von Röm 12,1f nachgebil-

---

[51] Zur universalen Ausweitung des Adressatenkreises s.u. 271ff.
[52] O. MICHEL, Röm. 288.
[53] Es läßt sich fragen, ob in Kol 2,6f ebenfalls eine bewußt gestaltete Einleitung zur Paränese vorliegt. E. SCHWEIZER, Kol. 97, erkennt in Kol 2,6f eine „Grundlegung", aber noch nicht die Einleitung zur Paränese. Diese begegnet seiner Meinung nach erst in Kol 3,1-4.
[54] R. SCHNACKENBURG, Eph. 163.

det ist: Mit παρακαλῶ οὖν ὑμᾶς beginnt eine grundsätzliche Darstellung christlicher Existenz[55].

5. Ergebnis

Zusammenfassend läßt sich festhalten, daß im Epheserbrief *alle geprägten Merkmale* des Briefformulars der Paulusbriefe mit Ausnahme der Schlußgrüße wiederkehren. Auch alternativ[56] oder fakultativ[57] benutzte Formen sind in den Epheserbrief aufgenommen. Bis in die Einzelheiten von Struktur und Topik sind die Formen kopiert. Sie sind bewußt aufwendig gestaltet und nehmen daher einen sehr viel breiteren Raum ein als es in den anerkannten Paulusbriefen üblich ist. Diese Beobachtungen lassen nicht nur auf eine genaue Kenntnis der paulinischen Briefform schließen, sondern zeigen auch, wie bewußt der Verfasser des Epheserbriefes sich am paulinischen Briefschema orientiert hat. In der sorgfältigen Nachbildung der geprägten Formelemente wird das Bemühen des Epheserbriefes deutlich, das Briefformular in seiner typisch paulinischen Prägung zu übernehmen und vorbildlich auszuführen. Vom formalen Aufbau her scheint der Epheserbrief deshalb eine Art *'exemplarischen Paulusbrief'* darstellen zu wollen.

Entscheidend sind jedoch auch die *inhaltlichen Unterschiede* gegenüber den anerkannten Paulinen. Dienten die geprägten Teile des Briefformulars in den Paulusbriefen zumeist der persönlichen Kommunikation zwischen dem Apostel und den Adressatengemeinden, so wird gerade dieser persönliche Charakter des Briefformulars im Epheserbrief aufgehoben. Da aber der formale Rahmen so exakt nachgezeichnet ist, kann die unpersönliche und situationslose Art der Schilderung nicht einem Mangel an Darstellungskraft, sondern nur einem bewußten Gestaltungswillen entspringen. Die Briefform wird genau übernommen, inhaltlich jedoch neu gefüllt.

Die weiteren Unterschiede im Briefformular unterstützen diesen unpersönlichen Eindruck und lassen die Absicht des Verfassers deutlich hervortreten. Die ersatzlose Streichung der Schlußgrüße macht ebenso wie die

---

[55] Vgl. R. SCHNACKENBURG, Eph. 160f. Zum Beginn mit παρακαλῶ vgl. C. J. BJERKELUND, Parakalô 180, 183-187.
[56] So etwa der Ersatz des Proömiums durch die Briefeingangseulogie in 2Kor 1,3-7. Der Epheserbrief übernimmt beide Elemente!
[57] So etwa die Möglichkeit, den Brief in Lehre und Paränese einzuteilen, wie das in Röm 1-11; 12-16; 1Thess 1-3; 4-5 begegnet.

unpersönliche Haltung deutlich, daß der Verfasser die pseudonyme Abfassung nicht durch fiktive persönliche Notizen untermauern möchte. Mit der wörtlichen Kopie der Tychikusnotiz läßt der Verfasser vielmehr indirekt den Charakter der Pseudonymität durchschimmern. Stellt die Ausweitung der Adressaten auf alle Christen die Allgemeingültigkeit dieses Briefes heraus, die sich durch die Zurückhaltung in persönlichen Mitteilungen bereits nahelegte, so verstärkt das Fehlen eines Mitabsenders den Eindruck, daß es dem Verfasser um die paulinische Autorität seiner Aussagen geht. Die präzise Übernahme des Briefformulars hat darum ihren Grund nicht darin, die Fiktion der paulinischen Autorschaft zu verstärken, sondern sie stützt die eingangs aufgestellte Vermutung, daß die *Brieflichkeit ein grundlegendes Charakteristikum paulinischer Theologie* darstellt. Dann aber weist die Übernahme des paulinischen Briefformulars darauf hin, das *paulinische Pseudonym nicht als literarische Fiktion*, sondern als Hinweis auf die in diesem Brief verarbeitete *paulinische Tradition* zu verstehen.

II. Die Orientierung am Kolosserbrief

1. Thematische Vorüberlegung

Zwischen dem Kolosserbrief und dem Epheserbrief besteht ein auffällig hohes Maß an literarischer Übereinstimmung. Nach C. L. Mitton findet sich über ein Drittel der Worte des Kolosserbriefes im Epheserbrief wieder[58]. Bei diesen gleich oder ähnlich lautenden Formulierungen handelt es sich meist um kurze Wendungen, die an jeweils ganz verschiedenen Stellen des Briefes auftauchen[59]. Nur in Eph 6,21f liegt ein längeres Zitat aus Kol 4,7f vor[60], sonst gehen die zahlreichen Gemeinsamkeiten über die Berührung einzelner Worte nicht hinaus. Schon W. Ochel hat gezeigt, daß dieser hohe Anteil sprachlicher Bezüge nur durch literarische Abhängigkeit des Epheserbriefes vom Kolosserbrief erklärt werden kann[61]. Auch

---
[58] Vgl. C. L. MITTON, The Epistle 57: „So that more than a third of the words in Colossians reappear in Ephesians."
[59] Vgl. die synoptischen Tafeln bei C. L. MITTON, The Epistle 279-315.
[60] Vgl. W. G. KÜMMEL, Einleitung 316.
[61] Vgl. W. OCHEL, Die Annahme.

wenn von verschiedenen Seiten Ochels These bestritten wurde[62], hat sich die Annahme literarischer Abhängigkeit des Epheserbriefes fast allgemein durchgesetzt[63]. Unklar ist jedoch, ob die kurzen literarischen Berührungen eher auf eine gedächtnismäßige Rezeption oder auf eine mechanische Benützung der Kolosserbrief-Vorlage schließen lassen[64].

Viel wesentlicher als die Entscheidung dieser Alternative ist jedoch die Beobachtung, daß mit der Rezeption des Kolosserbriefes im Epheserbrief

---

[62] Einwände wurden erhoben etwa von J. COUTTS, The Relationship 201ff, der die Priorität des Epheserbriefes vertritt, da sich ein Teil der entsprechenden Wendungen organischer in den Kontext einfügten: „The Ephesians passages are organically related to their context" (201). A. VAN ROON, The Authenticity 429, vertritt die Abhängigkeit des Epheserbriefes und des Kolosserbriefes von einer beiden gemeinsamen paulinischen Quelle (vgl. auch a.a.O. 416-437), obwohl er auch Argumente findet, die für eine Priorität des Epheserbriefes sprechen (vgl. a.a.O. 426). B. WELLMANN, Das Erbe der paulinischen Verkündigung 204, meint aufgrund einer problematischen Standortbeschreibung beider Briefe, „daß der Kol(osserbrief) den aus einer konkreten Situation gelösten und die paulinische Heidenmission grundsätzlich wiederholenden Eph(eserbrief) voraussetzt". Leider untermauert Wellmann seine These nicht durch eine sprachliche Analyse.

[63] C. L. MITTON, The Epistle 68-74, nennt fünf Gründe, die für eine Priorität des Kolosserbriefes sprechen: 1. Die Gegenthese einer späteren Entstehung des Kolosserbriefes beruht in der Forschung auf der Annahme, der Epheserbrief sei der in Kol 4,16 genannte Brief nach Laodizäa. Dies ist jedoch mehr als zweifelhaft. 2. Der Epheserbrief repräsentiert ein späteres Entwicklungsstadium, das sich stärker von Paulus wegbewegt hat als der Kolosserbrief. Als Beispiel nennt Mitton den Gebrauch von ἐκκλησία, womit im Epheserbrief nur die Gesamtkirche bezeichnet wird, während der Kolosserbrief dem Befund in den echten Paulinen gleichkommt. Ebenso steht die Parusieerwartung in Kol 3,4 den paulinischen Briefen näher als die Erwartungen, die der Epheserbrief wiedergibt. 3. Der Vergleich der Haustafeln Kol 3,18-4,1 und Eph 5,21-6,9 läßt den Epheserbrief als eine überarbeitete Fassung des Kolosserbriefes erscheinen. Während in der Haustafel des Kolosserbriefes die Situation der Sklavenfrage im Vordergrund steht, wirkt der Epheserbrief darin ausgeglichener. Deutlich kommt die ausgleichende Bearbeitung im Vergleich zwischen Kol 3,25 und Eph 6,8f zum Ausdruck. 4. Während der Kolosserbrief in eine konkrete Situation spricht, bleibt der Epheserbrief in seinen Aussagen allgemein. Er scheint die spezielleren Aussagen des Kolosserbriefes einer größeren Allgemeinheit erschließen zu wollen. 5. Die Verbindung zweier unabhängiger Stellen aus dem Kolosserbrief beim Zitieren im Epheserbrief legt die Abhängigkeit des Epheserbriefes vom Kolosserbrief nahe. Vgl. Kol 1,14.20 in Eph 1,7; Kol 1,9/1,4 in Eph 1,15; Kol 2,13/3,6 in Eph 2,1-5. Vgl. dazu C. L. MITTON, a.a.O. 64-66. A. LINDEMANN, Aufhebung, 44-48, stellt die verschiedenen Erklärungsmöglichkeiten vor und entscheidet sich dann dafür, daß der Epheserbrief „in direkter literarischer Abhängigkeit" (47) zum Kolosserbrief steht. Einen forschungsgeschichtlichen Überblick zur Frage der literarischen Abhängigkeit bietet auch J. B. POLHILL, The Relationship between Ephesians and Colossians 439-450.

[64] H. MERKEL, Der Epheserbrief 3213f, kritisiert an W. OCHELs These die Annahme „einer ziemlich mechanischen Benützung des Kol(osserbriefes) durch den Verfasser des Eph(eserbriefes)" (3214) und spricht sich eher für eine gedächtnismäßige Benützung des Kolosserbriefes aus (3219). Auch H. MERKLEIN, Eph 4,1-5,20 als Rezeption 195, meint, daß der Verfasser des Epheserbriefes „den Kolosserbrief 'im Kopf' hatte". Dennoch möchte er einige Stücke aus dem Epheserbrief als „eine Art 'relecture' entsprechender Kolosser-Passagen gewertet" (ebd.) wissen.

zugleich eine theologische Weiterentwicklung einhergeht. Es zeigt sich nämlich, daß die aus dem Kolosserbrief übernommenen Wendungen nicht einfach nur wiederholt, sondern zugleich charakteristisch umgeformt werden. Die Übernahme stellt also einen Rezeptionsprozeß dar, „in dem Rezeption sogleich Transformation im Dienste der eigenen Aussageintention bedeutet"[65]. Im Rückgriff auf die Beobachtung von H. v. Soden, daß „die leitenden Ideen und die herrschenden Interessen in beiden Briefen ganz verschieden" sind[66], hatte darum schon Ochel gefolgert, daß die literarische Anlehnung für den Verfasser des Epheserbriefes „keine einfache Übernahme irgendwelcher Kol(osserbrief)-Sätze gewesen sein (kann), sondern ... von ihm (1.) eine gewisse Auswahl aus (dem) Kol(osserbrief) und (2.) eine mehr oder weniger intensive Bearbeitung des zu übernehmenden Gutes verlangt" habe[67].

Um die theologische Weiterentwicklung zu erkennen, ist es darum entscheidend, die Rezeption auf ihre *Differenzen* hin zu betrachten; denn gerade die Unterschiede werden das Umformungsprinzip des Epheserbriefes am deutlichsten hervortreten lassen. Bereits M. Dibelius hat vorgeschlagen, die literarischen Gemeinsamkeiten nach dem Grad ihrer Differenz zu ordnen, und hat hierfür drei Kategorien aufgestellt: „Berührungen im Schematischen", „Berührungen in der Terminologie bei gleichen Gedanken und ähnlichem Zusammenhang" und „Berührungen in der Terminologie trotz Differenz der Gedanken"[68]. Gerade bei der letzten Kategorie wird der Ansatz des Epheserbriefes besonders klar zu erkennen sein. Die vorliegende Untersuchung orientiert sich im Prinzip an den von Dibelius aufgestellten Kategorien. Da jedoch die Berührungen bei gleichen Gedanken die Intention des Epheserbriefes am wenigsten erkennen lassen, sollen diese Bezüge nicht eigens erörtert werden. Statt dessen sollen zu Beginn allgemeine *Beobachtungen zur Rezeption* gesammelt werden über die Art des Zitierens, die Auswahl der Zitate und den Einbau in den Kontext, denn bereits hier lassen sich wichtige Charakterzüge zur Rezeption erkennen. Anschließend aber werden die schematischen *Bezüge im Briefaufbau* un-

---

[65] H. E. LONA, Die Eschatologie 39, vgl. 80. Ähnlich auch H. MERKLEIN, Eph 4,1-5,20 als Rezeption 196: „Rezeption ist dabei nicht nur als literarische Übernahme zu verstehen, sondern schließt auch Interpretation, Innovation und Transformation ein. Dabei kann davon ausgegangen werden, daß das Interesse des Autors und damit die pragmatische Intention um so deutlicher zu greifen sind, je mehr sich die Rezeption von der bloßen literarischen Übernahme zur Transformation verschiebt."
[66] H. V. SODEN, Eph. 95.
[67] W. OCHEL, Die Annahme 15.
[68] M. DIBELIUS/H. GREEVEN, Eph. 84.

tersucht und zuletzt in der *Neugestaltung des Epheserbriefes* die „Berührungen ... trotz Differenz der Gedanken" berücksichtigt.

2. Beobachtungen zur Rezeption im Epheserbrief

a) Im Vergleich zum Kolosserbrief begegnet im Epheserbrief bei den wörtlichen Berührungen oftmals die kürzere und prägnantere Form. Es legt sich nahe, die Fassung des Epheserbriefes darum für eine *glättende und straffende Bearbeitung* der im Kolosserbrief ursprünglichen Form anzusehen[69]. So erscheint (a) Eph 3,17 ἐν ἀγάπῃ ἐρριζωμένοι καὶ τεθεμελιωμένοι als eine durch Hinzunahme von Kol 1,23 geglättete Formulierung aus Kol 2,7. (b) In Eph 4,16 liegt ein sprachlich gereinigtes Zitat aus Kol 2,19 vor: die Version des Epheserbriefes fügt sich glatt in den Kontext ein (ἐξ οὗ findet den Bezug in Χριστός!), der Aussagegehalt der Partizipien paßt besser zusammen. (c) Eph 2,1 greift allein die Gegenüberstellung „tot – lebendig" heraus, die im Kontext von Kol 2,13 neben der Gegenüberstellung „mitbegraben – mitauferweckt" (Kol 2,12) etwas überflüssig wirkte. (d) Insgesamt wird die Beschreibung der Teilhabe der Christen am Heilsgeschehen in Christus, die in Kol 2,11-3,4 etwas umständlich durch verschiedene συν-Komposita zum Ausdruck gebracht wird, im Epheserbrief deutlich gestrafft. Eph 2,5 greift das συνεζωοποίησεν von Kol 2,13 heraus, fügt entsprechend συνήγειρεν und συνεκάθισεν an und hat damit die theologische Aussage des Abschnitts Kol 2,11-3,4 'auf den Punkt' gebracht. So nimmt der Epheserbrief glättend und straffend die Formulierungen des Kolosserbriefes auf und macht sie für seine Darlegungen fruchtbar.

b) Auffällig ist weiterhin, daß die im Epheserbrief verarbeiteten Zitate aus fast allen Teilen des Kolosserbriefes stammen. Nur sehr wenige Abschnitte des Kolosserbriefes bleiben durch die Rezeption des Epheserbriefes unberücksichtigt. Dazu gehören: Kol 2,1-5, ein kurzes biographisches Stück über die Situation des Paulus; Kol 2,20-23, die Beschreibung der Mißstände in Kolossä, sowie Kol 4,10-17, die Grußliste[70]. Diese drei nicht weiterverarbeiteten Briefabschnitte nehmen ausschließlich auf die historische Situation des Kolosserbriefes Bezug. Dieser Sachverhalt wird durch

---

[69] Die Beobachtung einer sprachlich glatteren Fassung in Eph 2,20-22; 3,17; 4,15b.16 im Vergleich zu Kol 2,7.19; 2,7; 1,23a; 2,2.19 ist für J. COUTTS, The Relationship of Ephesians and Colossians 201-207, der Grund, die Priorität des Epheserbriefes anzunehmen. Doch die sprachlich stringentere Form spricht eher für spätere Bearbeitung.

[70] Vgl. dazu H. MERKLEIN, Eph 4,1-5,20 als Rezeption 196, Anm. 14.

die Beobachtung verstärkt, daß die Rezeption durch den Epheserbrief auch in den übrigen Teilen des Kolosserbriefes den jeweiligen situativen Kontext außer acht läßt. Verarbeitet wird dagegen die damit verbundene theologische Aussage[71].

Daraus läßt sich folgern: Der Verfasser des Epheserbriefes hat offenbar ein Interesse an der *vollständigen Rezeption der theologischen Aussagen* des Kolosserbriefes. Die historischen Bezüge zur Briefsituation werden dagegen bewußt ausgeschaltet. Dadurch werden die speziell auf die kolossische Situation zugeschnittenen Aussagen von ihrem Kontext gelöst und *zu allgemeingültigen theologischen Aussagen* umformuliert. Hier zeichnet sich im Epheserbrief die *Tendenz zur Generalisierung* ab. Zugleich spricht sich in dem Bemühen um inhaltliche Vollständigkeit eine hohe *Wertschätzung* des Kolosserbriefes aus[72].

c) Untersucht man, in welcher Weise der Epheserbrief die aus dem Kolosserbrief übernommenen Wendungen verarbeitet, so merkt man, daß die Ähnlichkeiten zwischen beiden Briefen zwar recht groß sind, die exakte Übereinstimmung sich jedoch nur auf wenige Worte beschränkt. C. L. Mitton, der hierzu wichtige Vorarbeit geleistet hat, stellt fest, daß im Epheserbrief meistens einige der übernommenen Worte verändert, ausgelassen oder ersetzt werden, und dies selbst dann, wenn die Passage aus dem Kolosserbrief gut zum Zitieren geeignet gewesen wäre[73]. Mitton schließt daraus eine gedächtnismäßige Verarbeitung des Kolosserbriefes durch den Verfasser des Epheserbriefes und sieht diese Vermutung bestä-

---

[71] Am deutlichsten tritt dies zutage in Kol 2,6-23, einem Abschnitt, der in der Rezeption des Epheserbriefes völlig zerpflückt und in ganz unterschiedlichen Zusammenhängen zitiert wird. Hierbei sind die Verse 8a.16-18.20-23 vom Epheserbrief nicht rezipiert worden, und genau diese Verse nehmen Bezug auf die Situation in Kolossä. Umgekehrt lassen sich die anderen Verse im Epheserbrief durchaus wiederfinden: so Kol 2,6f in Eph 4,20/3,17/2,20.22; Kol 2,8b in Eph 5,6/Kol 2,9f in Eph 1,21-23/3,19; Kol 2,11 in Eph 2,11 (περιτομὴ χειροποίητος); Kol 2,12f in Eph 2,1.5f; Kol 2,14 in Eph 2,15; Kol 2,15 in Eph 1,21f; Kol 2,19 in Eph 4,16/2,21. Ob der Verfasser des Epheserbriefes hierbei mechanisch verfuhr, ob er die Aussagen aus dem Gedächtnis reproduzierte oder ob er sie zitierte, weil er in einer mit dem Kolosserbrief gemeinsamen Tradition fußte, soll hier noch nicht diskutiert werden. Wichtig ist hier zunächst der literarische Befund.

[72] Was mag den Autor des Epheserbriefes veranlaßt haben, sich gerade am Kolosserbrief auszurichten? Hielt er ihn etwa doch für einen echten Paulusbrief oder sah er in ihm die paulinische Theologie adäquat zum Ausdruck gebracht? Wollte er sich durch die zahlreichen literarischen Übernahmen dem Kolosserbrief anschließen oder wollte er ihn – wie W. OCHEL, Die Annahme 72f meint – ersetzen? Doch hier kommt man über Vermutungen nicht hinaus. Diesen Fragen muß nochmals am Ende der Untersuchung nachgegangen werden, s.u. 266ff.

[73] Vgl. C. L. MITTON, The Epistle 63.

tigt durch die weitere Beobachtung, „that in a single passage in Ephesians we find, combined, ideas and words borrowed from widely separated parts of Colossians"[74]. Diese von Mitton als „conflation"[75] bezeichnete Zitierweise ist tatsächlich auffällig, doch es erscheint fraglich, ob sie als Indiz für eine gedächtnismäßige Verarbeitung des Kolosserbriefes gewertet werden darf[76]. Gerade das Aufgreifen verstreut liegender Wendungen aus dem Kolosserbrief und die Verarbeitung dieser Stücke zu neuen Inhalten setzt einen Interpretationsvorgang voraus, der durch gedächtnismäßige Benutzung allein nicht erklärt werden kann. Sehr viel naheliegender ist es darum, hinter diesem von Mitton als „conflation" bezeichneten Vorgang das Umformungsprinzip des Epheserbriefes zu vermuten. Die oftmals kurzen wörtlichen Übereinstimmungen, das plötzliche Abbrechen und eigenständige Weiterführen übernommener Wendungen sowie die Verbindung unterschiedlichster Zitate weisen auf eine über den Kolosserbrief hinausführende *theologische Interpretation* hin. Erkennt man den interpretatorischen Charakter dieser Arbeitsweise, dann ist auch leicht verständlich, warum der Verfasser des Epheserbriefes manche Passage aus dem Kolosserbrief abbricht, selbst wenn diese nach Meinung Mittons zum Zitieren gut geeignet gewesen wäre.

Betrachtet man die von Mitton genannten Belege, so fällt auf, daß der Verfasser nicht nur Wendungen aus dem Kolosserbrief untereinander verknüpft, sondern sie auch mit Assoziationen aus den echten Paulusbriefen verbindet. Zum Teil sind die Assoziationen an die Paulusbriefe schon in den übernommenen Wendungen des Kolosserbriefes angedeutet[77] und werden vom Epheserbrief mitübernommen bzw. verstärkt[78]. Zum Teil aber ergänzt der Epheserbrief seine Zitate eigenständig durch Gedanken aus den Paulusbriefen[79] bzw. aus der paulinischen Tradition[80]. Die zusam-

---

[74] C. L. MITTON, ebd.
[75] C. L. MITTON, The Epistle 65, ab da passim.
[76] Der von C. L. MITTON vertretenen Einschätzung stimmen zu: H. MERKEL, Der Epheserbrief 3214, sowie H. MERKLEIN, Eph 4,1-5,20 als Rezeption 195. Unsachgemäß ist dagegen die Polemik von A. LINDEMANN, Aufhebung 45, wenn er meint, „die Hypothese des 'auswendiggelernten' Kolosserbriefes ist wenig hilfreich".
[77] Vgl. E. P. SANDERS, Literary Dependency, der in Anlehnung an C. L. MITTON (vgl. SANDERS a.a.O. 29, Anm. 8) die Rückbezüge des Kolosserbriefes auf die Paulinen herausarbeitet.
[78] Folgende Belege lassen sich finden: Eph 1,13: Kol 1,5 (2Kor 6,7); Eph 1,15: Kol 1,4 (Phlm 5); Eph 1,20: Kol 3,1 (Röm 8,34); Eph 2,15: Kol 3,11 (Gal 3,28); Eph 2,20-22: Kol 2,19; 2,7 (1Kor 3,6-16); Eph 4,1: Kol 1,10 (1Thess 2,12); Eph 4,24: Kol 3,10 (Gal 3,27; Röm 13,12); Eph 6,18: Kol 4,2 (Röm 12,12).
[79] Vgl. folgende Belegstellen: Eph 1,13f: Kol 1,5 u. Röm 1,16; Eph 2,5: Kol 2,13 u. Röm 3,24 (?); Eph 2,14-16: Kol 1,20.22 u. 1Kor 12,13 bzw. Gal 3,28; Eph 3,8f: Kol 1,26 u.

menfügende Verarbeitungsweise läßt sich also auch hier wiederfinden[81]. Man fragt sich allerdings, warum der Epheserbrief trotz seiner neuen Interpretation sich so streng am Kolosserbrief orientiert. Hätte er nicht seine Aussagen viel einfacher in eigene Worten fassen können? Aus der zusammenfügenden Art des Zitierens spricht eine besondere Hochschätzung des Kolosserbriefes. Möchte der Verfasser sein Werk als Fortsetzung des Kolosserbriefes gelesen wissen? Ein Urteil über diese Frage ist erst möglich, wenn die Intention des Verfassers deutlich geworden ist. Darum soll in einem eigenen Kapitel am Schluß der Untersuchung nochmals auf diese Frage eingegangen werden[82].

Grundsätzlich läßt sich soviel festhalten: Der Autor des Epheserbriefes greift Belege aus unterschiedlichen Zusammenhängen auf und verbindet sie miteinander zu einer neuen theologischen Aussage. Er orientiert sich dabei an der Vorlage des Kolosserbriefes, vervollständigt die Aussagen dann aber, indem er Gedanken aus der paulinischen Tradition bzw. Formulierungen aus den Paulusbriefen hinzufügt. Eine solche Wiederaufnahme und neue Zusammenstellung vorgegebener Aussagen läßt auf eine doppelte Intention des Verfassers schließen: Er weiß sich einerseits wohl dem vorgegebenen Material verpflichtet, durch das Aufgreifen vorgegebener Aussagen kommt seine *Treue der Tradition gegenüber* zum Ausdruck. Andererseits scheint ein *eigener Gestaltungswille* ihn zu seiner Arbeit zu motivieren, was durch die neue Zusammenstellung der aus verschiedenen Bereichen stammenden Aussagen sichtbar wird. Der Verfasser scheint *übernommenes Gedankengut in eine neue sachliche Ordnung* stellen zu wollen.

Gal 1,16 sowie 1Kor 15,9f; Eph 4,1: Kol 3,12-14 u. Röm 12,1; Eph 4,16: Kol 2,19 u. Röm 12,3 (vgl. Eph 4,7!); Eph 4,18: Kol 1,21 u. Röm 1,21ff; Eph 5,5: Kol 3,5 u. Gal 5,21 bzw. 1Kor 6,9f; Eph 5,22f: Kol 3,18 u. 1Kor 11,3; Eph 5,25: Kol 3,19 u. Gal 2,20 (o.ä. Dahingabeformulierung); Eph 6,6: Kol 3,24 u. 1Kor 7,22; Eph 6,18-20: Kol 4,2-4 u. 2Kor 5,20. Vgl. dazu C. L. MITTON, The Epistle 138-158, doch hat Mitton hier wohl zu sehr nur die einzelnen Stellen im Blick. Viel stärker muß man eine generelle Orientierung am Kolosserbrief voraussetzen, wobei dann Belegstellen aus den Paulusbriefen eingeflochten werden.

[80] Zur Frage, ob der Verfasser die Paulusbriefe kannte und auswertete oder ob er aus einer allgemeinen paulinischen Tradition schöpfte, s.u. 54ff.

[81] C. L. MITTON, The Epistle 138-158, stellt eine solche Art von „conflation" zwischen Kolosserbriefzitat und Pauluszitat in seiner Untersuchung dar. Von anderer Seite aus hat W. OCHEL, Die Annahme 14, die Beobachtungen Mittons im Prinzip bestätigt, wenn er zu der Ansicht kommt: „Der V(er)f(asser) v(om) Eph(eserbrief) hat allein den Kol(osserbrief) bewußt ausgewertet. Die übrigen Paulusbriefe waren ihm jedoch als Pseudopaulus keineswegs fremd, vielmehr so geläufig, daß er bei der Abfassung seiner Epistel bisweilen Reminiszenzen aus ihnen erlegen ist" (ebd.).

[82] S.u. 266ff.

3. Die Bezüge zum Kolosserbrief im Briefaufbau

a) Nicht nur in sprachlichen Wendungen, sondern auch im Aufbau des Epheserbriefes läßt sich ein Abhängigkeitsverhältnis vom Kolosserbrief erkennen. Schon Dibelius hatte mit der Kategorie „Berührungen im Schematischen"[83] formale Bezüge im Briefformular und in der Paränese im Blick. So lassen sich Eph 4-6 auch vom Aufbau her als eine Überarbeitung von Kol 3-4 erweisen. In diesen Kapiteln schließt sich, wie H. Merklein beobachtet[84], der Aufbau des Epheserbriefes relativ eng an den des Kolosserbriefes an. Besonders deutlich ist das im zweiten Hauptteil der Paränese. Dort zeigt sich die Haustafel Eph 5,21-6,9 in ihrer Gliederung als eine erweiterte Fassung der Haustafel von Kol 3,18-4,1. Da die spezifischen Rahmenpartien der Haustafel (Kol 3,16f sowie Kol 4,2-4) vom Epheserbrief ebenfalls übernommen werden (Eph 5,18-20 und Eph 6,18-20), erweist sich die Epheser-Haustafel als eine literarische Rezeption der Kolosser-Perikope. Bei der Aufnahme der Haustafel Eph 5,21-6,9 handelt es sich also nicht um einen Rückgriff auf eine beiden Briefen gemeinsame Tradition[85]. Vom Verfasser des Epheserbriefes wurde die kolossische Haustafel durch christologisch-ekklesiologische Interpretationen ergänzt sowie durch das Motiv der Waffenrüstung Eph 6,10-17 erweitert[86]. Damit ist Eph 5,15-6,20 auch in seinem Aufbau ganz von Kol 3,16-4,6 her konzipiert.

b) Im vorangehenden Stück des paränetischen Teils *Eph 4,1-5,14* tritt die Übernahme nicht so deutlich in den Blick. Trotz der etwas komplizierten Form der Verarbeitung ist die Orientierung am Kolosserbrief dennoch erkennbar. So bilden Kol 3,5-15 das Material für die Paränese in Eph 4,1-5,14. Wie Merklein feststellt, wird aus dem Vorbild des Kolosserbriefes rezipiert, was zur grundsätzlichen Charakterisierung der Mahnungen dienen kann[87]. Dazu gehört Kol 3,12-15 mit seiner Bestimmung des christlichen Lebens als Übernahme des Christuslebens. Diese Aussage wird in Eph 4,1-3 sowie in Eph 4,32 als Rahmen um die Einzelmahnungen ge-

---

[83] M. DIBELIUS/H. GREEVEN, Eph. 84.
[84] Vgl. H. MERKLEIN, Eph 4,1-5,20 als Rezeption 196ff.
[85] So auch H. MERKLEIN, a.a.O. 196.
[86] Die abschließende Mahnung Kol 4,5, eine Verhaltensregel gegenüber Nichtchristen, wird in Eph 5,15f (sowie 4,29) als innergemeindliche Mahnung rezipiert und damit an den Anfang des Komplexes gestellt; vgl. H. MERKLEIN, Eph 4,1-5,20 als Rezeption 196.
[87] Vgl. H. MERKLEIN, Eph 4,1-5,20 als Rezeption 205.

stellt. Diese wiederum sind in Eph 4,20-31[88] von der Intention geprägt, das neue Leben in Christus durch einige Beispiele zu charakterisieren. Hierbei greift der Verfasser auf das Material von Kol 3,8-10 zurück, formt es aber so um, daß der negativen Warnung immer eine positive Ermahnung entspricht. Die Fortsetzung Eph 5,1-14 fußt ganz auf den Paulinen, nur das kurze Stück Kol 3,5.6 ist hier verarbeitet[89]. In diesem Teil der Paränese hat der Autor des Epheserbriefes sehr viel stärker bearbeitend in den Aufbau eingegriffen. Er stellt dabei besonders das *Exemplarische* seiner Mahnungen heraus. Im Unterschied zum Kolosserbrief scheinen sie nicht durch eine konkrete Situation veranlaßt zu sein, sondern allgemeine Verhaltensmaßregeln darzustellen. Damit läßt sich der erste Hauptteil der Paränese Eph 4,1-5,14 als *verallgemeinernde* Rezeption des entsprechenden Abschnitts Kol 3,5-15 ansprechen. So zeigt sich, daß der gesamte paränetische Briefteil Eph 4-6 von seiner Grundanlage her am Kolosserbrief orientiert ist.

c) Im lehrhaften Teil Eph 1-3 ist ein entsprechender Vergleich wesentlich komplizierter. Hier hat der Verfasser des Epheserbriefes sehr viel stärkere Umarbeitungen vorgenommen, die die ursprüngliche Anlage des Kolosserbriefes nur noch schwach durchschimmern lassen. Einzig Kol 1,24-29, die Verkündigung des Mysteriums durch Paulus, findet als geschlossener Textzusammenhang seine Parallele in Eph 3,1-13. Auch hier kann durch die spezifische Verknüpfung mit dem Leidensmotiv des Apostels in Kol 1,24.29 sowie in Eph 3,1.7.8.13, das jeweils die Rahmung bildet, die literarische Abhängigkeit wahrscheinlicher gemacht werden als der Rückgriff auf gemeinsam vorliegende Tradition[90].

Im Unterschied zu dem Abschnitt Kol 1,24-29 werden alle anderen Perikopen des Kolosserbriefes in der Bearbeitung des Epheserbriefes aufgesprengt und in unterschiedlichen Abschnitten rezipiert. Diese starken Umarbeitungen im lehrhaften Teil machen darauf aufmerksam, daß gerade in diesem *theologischen* Bereich das *Umformungsprinzip* des Epheserbriefes zu suchen ist[91]. In gewissen Tendenzen zeichnet es sich hier ab: Der Chri-

---

[88] Eph 4,4-16 stellt ein dem Kolosserbrief fremdes Stück dar, bei dem lediglich Kol 2,19 in Eph 4,16 verarbeitet wird.
[89] Vgl. dazu H. MERKLEIN, Eph 4,1-5,20 als Rezeption 197-200.
[90] Gegen die Behauptung von E. KÄSEMANN, Rezension zu C. L. MITTON, The Epistle 152-154, „Die Parallelität mit dem Kol(osserbrief) kann man weitgehend ... aus dem Vorliegen gleichen liturgischen Gutes, paränetischer Schemata und Formeln ... ableiten" (a.a.O. 153).
[91] U. LUZ, Überlegungen zum Epheserbrief 377, möchte aus der Beobachtung, daß der paränetische Teil des Kolosserbriefes im Epheserbrief „so gut wie vollständig rezi-

stushymnus, der mit seinen Rahmenstücken Kol 1,12-23 das Zentrum im lehrhaften Teil des Kolosserbriefes bildet, wird in starkem Maß in der Briefeingangseulogie Eph 1,3-14 verarbeitet. So findet sich Kol 1,22: ἁγίους καὶ ἀμώμους ... κατενώπιον αὐτοῦ in Eph 1,4; Kol 1,14: ἐν ᾧ ἔχομεν τὴν ἀπολύτρωσιν, τὴν ἄφεσιν τῶν ἁμαρτιῶν (Eph: παραπτωμάτων) in Eph 1,7; Kol 1,20: ἀποκαταλλάξαι (Eph: ἀνακεφαλαιώσασθαι) τὰ πάντα ... εἴτε τὰ ἐπὶ τῆς γῆς εἴτε τὰ ἐν τοῖς οὐρανοῖς (Eph: τὰ ἐπὶ τοῖς οὐρανοῖς καὶ τὰ ἐπὶ τῆς γῆς) in Eph 1,10. Die Aussagen des Christushymnus werden auf diese Weise in den in Eph 1,3-14 dargelegten Heilsplan eingegliedert; das Christuslob wird zum Gotteslob umformuliert. Doch der Christushymnus Kol 1 wird zugleich noch verarbeitet in der Darstellung des Friedenswerkes Christi Eph 2,11-18, das aus Heiden und Juden den einen neuen Menschen macht. An literarischen Bezügen fallen auf[92]:

Kol 1,21	ἀπηλλοτριωμένους (fern von Gott)	Eph 2,12	ἀπηλλοτριωμένοι (Heiden fern von Israel)
Kol 1,20	εἰρηνοποιήσας	Eph 2,15	ποιῶν εἰρήνην
Kol 1,20	διὰ τοῦ αἵματος τοῦ σταυροῦ	Eph 2,16	διὰ τοῦ σταυροῦ
Kol 1,22	νυνὶ δὲ ἀποκατήλλαξεν ἐν τῷ σώματι	Eph 2,16	ἀποκαταλλάξῃ τοὺς ἀμφοτέρους ἐν ἑνὶ σώματι

d) Aufgrund der zum Teil erheblichen Umarbeitungen läßt sich die thematische Gliederung des Kolosserbriefes als Vorlage für den lehrhaften Teil so nicht wiederfinden. Dennoch dürfte die enge Anlehnung im Aufbau des paränetischen Teils sowie die Vorlage von Kol 1,24-29 für den Abschnitt Eph 3,1-13 nahelegen, daß es sich in Eph 1 und 2 um Umformungen handelt, die im Kolosserbrief ihren Ausgangspunkt haben. Dafür spricht auch die Verarbeitung von Wendungen aus dem Christushymnus Kol 1 in der Briefeingangseulogie Eph 1,3-14 sowie im Abschnitt Eph 2,11-18. Zusammenfassend läßt sich feststellen: Trotz der zum Teil erheb-

---

piert", der dogmatische Teil dagegen „nur gelegentlich und eher assoziierend benützt" wurde, schließen, „daß die Paränese dem Verfasser des Epheserbriefs das eigentlich wichtige war" (ebd.). Doch das Gegenteil ist der Fall. Gerade im dogmatischen Teil begegnen die stärksten inhaltlichen Umarbeitungen des Verfassers, weshalb das Vorbild des Kolosserbriefes oftmals nur noch schwach zu erkennen ist. Das führt aber zu dem Schluß, daß hier ein besonderer theologischer Schwerpunkt des Verfassers vermutet werden muß.

[92] Die z.T. erheblichen sprachlichen Änderungen lassen auf eine eigene Aussageintention schließen. Dies wird unten eingehend erörtert; s.u. 108ff.

lichen Umstellungen im lehrhaften Teil hat der Verfasser des Epheserbriefes auch den Aufbau seines Schreibens am Kolosserbrief ausgerichtet.

4. Die charakteristische Neugestaltung im Epheserbrief

Als dritte Kategorie in der literarischen Verarbeitung des Kolosserbriefes nennt Dibelius „Berührungen in der Terminologie trotz Differenz der Gedanken"[93]. Gerade in dieser Gruppe von Gemeinsamkeiten heben sich die gegenüber dem Kolosserbrief eingeführten Änderungen, Umstellungen und Ergänzungen deutlich ab und lassen in charakteristischer Weise die eigenen Akzente des Epheserbriefes hervortreten. In der Neugestaltung kann man einige allgemeine Grundsätze erkennen, aber auch spezielle Veränderungen, die gerade in der Bearbeitung der einzelnen zitierten Wendungen zum Ausdruck kommen.

a) Allgemeine Grundsätze:
(1) Bereits mehrfach ließ sich erkennen, daß der Autor des Epheserbriefes den Situationsbezug des Kolosserbriefes tilgt und die übernommenen Aussagen allgemeingültig darstellt. Dies entspricht der generellen Tendenz des Epheserbriefes, auch die eigene historische Situation nicht erkennen zu lassen. Auch im Aufbau des Briefes ist eine leichte Veränderung vorgenommen: Der Epheserbrief scheidet klar zwischen lehrhaftem und paränetischem Teil des Briefes, während der Kolosserbrief in Kol 2,6-3,4 einen fließenden Übergang aufweist.

(2) Neu gegenüber dem Kolosserbrief ist auch der Einbau alttestamentlicher Zitate im Epheserbrief. Damit ist das für den Kolosserbrief so charakteristische Fehlen alttestamentlicher Bezüge im Epheserbrief aufgehoben. Wie Paulus stellt auch er seine Theologie in den Horizont des Alten Testaments[94].

(3) Ebenso begegnen im Epheserbrief einige Abschnitte, die keine Bezüge zum Kolosserbrief aufweisen. Sie behandeln einschlägige paulinische Themen, die im Kolosserbrief nicht berücksichtigt sind. Da auch sie keinen durch die Briefsituation begründeten Anlaß erkennen lassen, scheinen diese Stücke aus dem Wunsch nach thematischer Vervollständigung vom Autor des Epheserbriefes hinzugenommen zu sein. Folgende Abschnitte gehören dazu: Eph 2,8-10, die Darstellung der Rechtfertigungslehre; Eph

---

[93] S.o. 41, Anm. 68.
[94] S.u. 101ff: V. Die Verwendung des Alten Testaments.

4,4-6, die Einheit der Heilsgemeinschaft; Eph 4,7-16, die Ämter der Kirche (Ausnahme: Eph 4,16 nimmt Kol 2,19 auf); Eph 5,1f, die Nachahmung Gottes; Eph 5,8-14, der Wandel im Licht; Eph 6,10-17, die Waffenrüstung des Glaubens. Mit der Hinzunahme dieser thematischen Stücke scheint für den Epheserbrief eine gewisse innere Geschlossenheit und Abrundung erreicht zu sein.

b) Spezielle Unterschiede:
In der Umarbeitung der übernommenen Wendungen lassen sich insbesondere die einzelnen theologischen Unterschiede zwischen Kolossser- und Epheserbrief erkennen. Auf diese Weise können die neuen Akzente des Epheserbriefes erfaßt werden:

(1) *Die christologische Perspektive wandelt sich in eine ekklesiologische*. Nach Kol 1,20 ist Christus das Ziel der Versöhnung: καὶ δι' αὐτοῦ ἀποκαταλλάξαι τὰ πάντα εἰς αὐτόν, Christus hat durch seinen Kreuzesleib die Versöhnung geschaffen: ἀποκατήλλαξεν ἐν τῷ σώματι τῆς σαρκὸς αὐτοῦ (Kol 1,22). Der Epheserbrief bildet daraus: καὶ ἀποκαταλλάξῃ ... ἐν ἑνὶ σώματι τῷ θεῷ (Eph 2,16): Der Kreuzesleib Christi wird zum Leib der Kirche.

Der Inhalt des Mysteriums wird ebenfalls ekklesiologisch gewendet. Ist nach Kol 1,27 mit ὅ ἐστιν Χριστὸς ἐν ὑμῖν das Mysterium christologisch definiert, so bestimmt Eph 3,6 das Mysterium ekklesiologisch durch εἶναι τὰ ἔθνη συγκληρονόμα καὶ σύσσωμα καὶ συμμέτοχα τῆς ἐπαγγελίας ἐν Χριστῷ Ἰησοῦ.

Die ekklesiologische Perspektive begegnet auch darin, daß der Epheserbrief die Aussagen über die einzelnen Gläubigen auf die Kirche als Gesamtgröße überträgt. Ist es nach Kol 1,28 das Ziel für jeden einzelnen, zum ἄνθρωπος τέλειος zu werden, so wird in Eph 4,13 die Kirche als Gesamtheit εἰς ἄνδρα τέλειον geführt. Sind in Kol 2,10 die einzelnen in Christus erfüllt (ἐστὲ ἐν αὐτῷ πεπληρωμένοι), so spricht Eph 1,23; 3,19; 4,13 von der Kirche als πλήρωμα.

(2) *Beim Versöhnungswerk Christi kommt im Epheserbrief die Hinzunahme der Heiden besonders in den Blick*. Bezeichnet ἀπηλλοτριωμένοι in Kol 1,21 die Entfremdung der Menschen gegenüber Gott (vgl. den Gegensatz κατενώπιον αὐτοῦ V 22), so kennzeichnet dieses Partizip in Eph 2,12 die Fremdheit der Heiden gegenüber der Politeia Israel. Das Objekt der Versöhnung ist in Kol 1,20 τὰ πάντα. In der übernommenen Wendung setzt nun Eph 2,16 οἱ ἀμφότεροι ein und meint damit genau die bei-

den Menschheitsgruppen Heiden und Juden. Nach Kol 2,14 trennt das Gesetz als Schuldbrief zwischen Gott und den Menschen, in Eph 2,15 trennt es auch zwischen Heiden und Juden. Ebenso ist die Bestimmung des Mysteriums in Eph 3,6 explizit auf die Heiden ausgerichtet.

(3) a) *Der Epheserbrief reflektiert neu die Vermittlung des Heils durch Ämter.* Spricht Kol 2,19 allgemein vom Aufbau des Leibes der Kirche διὰ τῶν ἀφῶν καὶ συνδέσμων und läßt unbestimmt, welche Glieder die Funktion von Gelenken und Bändern einnehmen, so wird in Eph 4,16 ἀφή im Singular verwendet. Offensichtlich kommt mit διὰ πάσης ἀφῆς τῆς ἐπιχορηγίας die Vermittlungsfunktion von Ämtern in den Blick. Die weiteren Unterschiede scheinen ebenfalls in diese Richtung zu deuten: In Kol 2,7 geschieht die Auferbauung in Christus (ἐποικοδομούμενοι ἐν αὐτῷ); nach Eph 2,20 wird auferbaut auf dem Grund der Apostel und Propheten: ἐποικοδομηθέντες ἐπὶ τῷ θεμελίῳ τῶν ἀποστόλων καὶ προφητῶν. Das Mysterium wird nach Kol 1,26 allgemein den ἅγιοι offenbart, nach Eph 3,5 ist die Offenbarung auf die ἅγιοι ἀπόστολοι καὶ προφῆται ἐν πνεύματι eingeschränkt.

(3) b) *Das Amt des Paulus wird im Epheserbrief in seiner Einzigartigkeit betont.* In der sonst gleichlautenden Tychikusnotiz von Kol 4,7f / Eph 6,21f wird in der Version des Epheserbriefes Tychikus nicht mehr σύνδουλος genannt. Ebenso nennt Eph 1,1 keinen Mitabsender mehr, wie das in Kol 1,1 der Fall ist.

(4) *Die Adressatenangaben und die Briefsituation werden ins Unpersönliche gewendet.* Auffällig ist die Veränderung des Schlußgrußes. Lautet er in Kol 4,18 ἡ χάρις μεθ' ὑμῶν, so wird er in Eph 6,24 auf eine unbestimmte Allgemeinheit ausgeweitet: ἡ χάρις μετὰ πάντων τῶν ἀγαπώντων τὸν κύριον. Kol 4,3 nimmt mit der geprägten missionarischen Wendung ἀνοίξῃ ἡμῖν θύραν τοῦ λόγου (vgl. dazu Apg 14,27; 1Kor 16,9; 2Kor 2,12; Apk 3,8) auf die Missionssituation Bezug; Eph 6,19 verändert dies zu ἐν ἀνοίξει τοῦ στόματός μου und bezeichnet damit die allgemeine Situation der Verkündigung.

(5) *Die wesenhafte Zusammengehörigkeit von Gott und Christus wird im Epheserbrief ausdrücklich unterstrichen.* Der gottesdienstliche Lobpreis richtet sich nicht mehr wie in Kol 3,16 direkt an Gott, sondern er wird in Eph 5,19f über den Kyrios an Gott vermittelt[95]. Stellt der Christushymnus in Kol 1,15-20 das Herzstück des Kolosserbriefes dar, so werden

---

[95] In Kol 3,17 ist diese Vermittlung bereits angedeutet, weshalb die Aussage in Eph 5,20 der Sache nach unverändert übernommen wird.

dessen Aussagen im Epheserbrief in der Relation zu Gott betrachtet: Die wesentlichen Formulierungen sind verarbeitet in der Briefeingangseulogie, die sich an Gott, den Vater, richtet. Sehr deutlich kommt die Verbindung der beiden göttlichen Personen in der Aussage der Vergebung Eph 4,32 zum Ausdruck. Während nach Kol 3,13 der κύριος die Vergebung gewährt, schenkt dies nach Eph 4,32 ὁ θεὸς ἐν Χριστῷ. Hebt der Epheserbrief in diesen Aussagen gerade die Mittlerstellung Christi zu Gott hervor, so scheint in ekklesiologischen Aussagen die Kirche direkt Christus zugeordnet zu sein. Darauf deutet jedenfalls die Tilgung von θεός in Eph 4,15. Daß hier statt von der in Kol 2,19 genannten αὔξησις θεοῦ nur vom Wachstum des Leibes gesprochen wird, läßt vermuten, daß dieser Leib betont als dem Haupt Christus zugeordnet verstanden wird. Doch es wird zu prüfen sein, ob sich diese neue Zuteilung als Konsequenz aus der ekklesiologischen Zuspitzung verstehen läßt.

(6) *Im Epheserbrief weitet sich der Blick auf eine gesamtgeschichtliche Perspektive.* So werden einige Aussagen aus dem Christushymnus Kol 1 in den in Eph 1,3-14 dargestellten Heilsplan übernommen. Auf diese Weise werden die Aussagen über das Heilswerk Christi in einen Überblick über die Geschichte eingezeichnet. Am deutlichsten tritt die geschichtliche Perspektive in der Änderung von Kol 1,20 εἰρηνοποιήσας ... εἴτε τὰ ἐπὶ τῆς γῆς εἴτε τὰ ἐν τοῖς οὐρανοῖς zu ἀνακεφαλαιώσασθαι ... τὰ ἐπὶ τοῖς οὐρανοῖς καὶ τὰ ἐπὶ τῆς γῆς in Eph 1,10 hervor: Das Frieden schaffende Werk Christi, das in Kol 1,20 in kosmischer Weite beschrieben wird, wird in Eph 1,10 zur eschatologischen Zusammenfassung von Himmel und Erde[96].

5. Ergebnis

Betrachtet man rückblickend die verschiedenen Ausprägungen der literarischen Abhängigkeit des Epheserbriefes, so läßt sich einerseits eine enge Bindung und Orientierung an der Vorlage des Kolosserbriefes, andererseits aber auch eine große Freiheit im Umgang mit dem übernommenen Gut feststellen. In den Beobachtungen zur sprachlichen Rezeption war aufgefallen, daß der Verfasser des Epheserbriefes offensichtlich Wert darauf legt, den theologischen Gedankengehalt des Kolosserbriefes durch literarische Bezüge *vollständig* zu rezipieren, während der situative Kon-

---

[96] Kennzeichnend für die geschichtliche Perspektive ist die Hinzufügung εἰς οἰκονομίαν τοῦ πληρώματος τῶν καιρῶν. Weitere Beispiele für die Umformung s.o. 47f.

text bewußt ausgefiltert wird. Durch Übernahme einzelner Wendungen knüpft der Verfasser deutlich an seine Vorlage an, strafft und glättet die Aussagen nicht nur sprachlich, sondern ändert sie nach seiner eigenen theologischen Intention oft auch inhaltlich ab. Er kombiniert verstreut liegende Zitate und baut sie in seinen Gedankenduktus ein. Dieses von Mitton als „conflation" bezeichnete Zusammenfügen verschiedener Satzbruchstücke gibt Aufschlüsse über die Schreib- und Denkweise des Verfassers. Es drückt einerseits eine Gebundenheit an vorgegebene Formulierungen aus, macht zugleich aber die Freiheit zu eigener Kombination der Gedanken deutlich. Wer so arbeitet, weiß sich überliefertem Gut verpflichtet, das er jedoch nicht sklavisch wiederholt, sondern durch Kombination neu zu prägen versteht. Man bekommt den Eindruck, daß der Verfasser des Epheserbriefes hier nach Art eines *Interpreten* verfährt, der in ausdrücklichem Bezug auf vorgegebene Tradition Neues gestalten möchte. Dazu paßt auch sein Anliegen, die theologischen Aussagen des Kolosserbriefes vollständig zu rezipieren: Der Kolosserbrief scheint die von ihm geachtete *Traditionsnorm* zu sein, an der er sich ausrichtet, die ihn prägt, die er aber auch beurteilt, weiterführt und verändert. Doch warum der Kolosserbrief für ihn die Traditionsnorm darstellt, konnte an dieser Stelle noch nicht genügend geklärt werden. Diese Rückfrage wird daher am Ende der Untersuchung nochmals aufgenommen werden müssen.

Die übrigen Charakterzüge im Umgang mit dem Kolosserbrief bestätigen diese an die Vorlage gebundene, dennoch eigenständig umformende Arbeitsweise. So läßt sich auch in der Anlage des Briefes erkennen, daß der Kolosserbrief hier Pate gestanden hat. Besonders der paränetische Teil sowie die Rahmenstücke des Epheserbriefes lassen die Orientierung am Aufbau des Kolosserbriefes deutlich erkennen. Der lehrhafte Teil ist dagegen vom Verfasser des Epheserbriefes entscheidend umgearbeitet worden. Offensichtlich scheint sich hier die eigene Intention des Verfassers besonders deutlich ausgeprägt zu haben.

Auch die Beobachtung, daß viele Zitate bei ihrer Übernahme zugleich eine intensive Umgestaltung erfahren haben, weist in die gleiche Richtung. Die vorgefundenen Umformungen sind nicht willkürlich, sondern lassen sich zu thematischen Blöcken zusammenfassen. Das *Umformungsprinzip* des Epheserbriefes ist also thematisch bestimmt. Damit wird die bisherige Vermutung bestätigt, daß der Verfasser des Epheserbriefes eine *inhaltlich-theologische Neuinterpretation* beabsichtigt hat.

Auffällig sind jedoch einige *generelle Unterschiede* gegenüber dem Kolosserbrief. Dazu gehört der Einbau alttestamentlicher Zitate, wie es in den echten Paulinen üblich ist, die klar herausgearbeitete Trennung von Lehre und Paränese (etwa nach dem Vorbild von Röm 12?) im Unterschied zum fließenden Übergang im Kolosserbrief, sowie die Hinzunahme einiger Abschnitte, die keine Einflüsse durch den Kolosserbrief aufweisen, sondern nur durch Anlehnung an die Paulusbriefe erklärt werden können. Diese Elemente deuten darauf hin, daß der Verfasser des Epheserbriefes zusätzlich zu seiner Orientierung am Kolosserbrief die anerkannten Paulinen zum Vorbild genommen hat[97]. Wie groß und welcher Art der Einfluß der Paulusbriefe auf den Epheserbrief ist, soll darum im nächsten Kapitel geklärt werden.

III. Die Zitate und Anspielungen aus den Paulusbriefen

1. Vorbemerkungen

In der Frage, ob der Verfasser des Epheserbriefes die echten Paulusbriefe gekannt bzw. benutzt hat, gehen die Meinungen heute weit auseinander. So sind A. Lindemann[98] sowie H. Merkel[99] davon überzeugt, daß der Verfasser keinen echten Paulusbrief außer vielleicht dem 1.Korintherbrief gekannt habe. Nach Lindemann sind „lediglich im Fall des 1(.) Kor(intherbriefes) ... die Indizien so stark, daß mit einiger Wahrscheinlichkeit eine literarische Abhängigkeit behauptet werden kann"[100]. P. Pokorný sieht in den meisten Parallelen „den Einfluß einer bestimmten Schultradition, die ihren Soziolekt entwickelt hat"[101], dennoch nimmt er an, der Verfasser des Epheserbriefes habe die beiden Korintherbriefe sowie den 1.Thessalonicherbrief vorzuliegen gehabt. E. Best[102] dagegen meint, die Kenntnis des 1. Korintherbriefes, des Römer- sowie des Philemonbriefes voraussetzen zu können. Nach J. Gnilka[103], W. G.

---

[97] Gegen W. OCHEL, Die Annahme 14.
[98] Vgl. A. LINDEMANN, Paulus 122-130.
[99] Vgl. H. MERKEL, Der Epheserbrief 3216, Anm. 387.
[100] A. LINDEMANN, Paulus 129.
[101] P. POKORNÝ, Eph. 18. Vgl. auch H. MERKLEIN, Amt 42.
[102] Vgl. E. BEST, Recipients and Title 3264f.
[103] Vgl. J. GNILKA, Eph. 22.

Kümmel[104] und Ph. Vielhauer[105] weist der Epheserbrief jedoch in großem Umfang „wörtliche Berührungen mit sämtlichen anderen P(au)l(u)sbr(iefen) (außer 2.Thess)"[106] auf. Ihre Meinung fußt auf den Untersuchungen von C. L. Mitton[107], der selbst den Einfluß des 2. Thessalonicherbriefes trotz schwacher Belege nicht ausschließen möchte[108].

Die Meinungsunterschiede könnten nicht gegensätzlicher sein. Das liegt daran, daß die literarischen Einflüsse schwer zu erheben sind. Im Epheserbrief liegen fast ausschließlich keine echten Zitate aus den Paulusbriefen vor. Statt dessen sind es meistens außerordentlich kurze Anspielungen, die viele Reminiszenzen an die echten Paulinen anklingen lassen, eine Bestimmung mit letzter Sicherheit jedoch oft nicht ermöglichen. In vielen Fällen ist darum schwierig zu entscheiden, ob eine bewußte Anspielung vorliegt oder eine zufällige Gemeinsamkeit.

Soll nun im Epheserbrief der paulinische Einfluß untersucht werden, so muß als erstes geklärt werden, ob der Epheserbrief eindeutig von Paulus abhängig ist. Es wäre nämlich durchaus denkbar, daß die Parallelen zwischen Paulus und dem Epheserbrief nicht auf eine literarische Abhängigkeit bzw. Weiterverarbeitung mündlicher Paulustradition zurückgeführt werden müssen, sondern sich als Rückgriff auf gemeinsam vorgegebene Tradition verstehen ließen. In diesem Fall hätten Paulus und der Verfasser des Epheserbriefes unabhängig voneinander das gleiche Material verarbeitet, so daß eine Rückführung auf Paulus illegitim wäre. Insbesondere A. Lindemann will eine ganze Reihe von paulinisch klingenden Aussagen des Epheserbriefes „eher mit Verwendung gleichen vorgegebenen Materials als mit direkter Abhängigkeit" erklären[109]. Nur eine genaue Prüfung der zur Debatte stehenden Belege[110] kann hier Klarheit verschaffen. Erst wenn die Untersuchung ergibt, daß die sprachlichen Ähnlichkeiten auf paulinischen Einfluß im Epheserbrief zurückgeführt werden können, stellt sich als nächste Frage, ob der paulinische Einfluß literarische Ab-

---

[104] Vgl. W. G. KÜMMEL, Einleitung 316.
[105] Vgl. PH. VIELHAUER, Geschichte der urchristlichen Literatur 214.
[106] W. G. KÜMMEL, Einleitung 316.
[107] Vgl. C. L. MITTON, The Epistle 98ff.
[108] So auch E. J. GOODSPEED, The Key to Ephesians VII ff; ders., The Meaning of Ephesians 79ff.
[109] A. LINDEMANN, Paulus 125.
[110] A. LINDEMANN, a.a.O. 122-130, untersucht sämtliche Belege, die seiner Meinung nach an paulinische Briefstellen erinnern könnten. *Von diesen Stellenbelegen wird in der folgenden Untersuchung ausgegangen.*

hängigkeit voraussetzt, oder ob die Pauluskenntnis des Verfassers auf mündlicher Tradition beruhen muß.

2. Die Frage einer Abhängigkeit des Paulus und des Epheserbriefes von dem gleichen Traditionsgut

Folgende Belege hat A. Lindemann auf eine gemeinsame Quelle zurückgeführt, die Paulus und dem Verfasser des Epheserbriefes unabhängig voneinander vorgelegen haben soll:

(1) *Eph 1,3a* ist wörtlich identisch mit 2Kor 1,3a; beide Stellen bilden die Einleitung zu einer Briefeingangseulogie. Lindemann möchte die feierliche Eröffnung in Eph 1,3a nicht auf den Einfluß von 2Kor 1,3, sondern auf eine feste Eingangsformel zurückführen, die beiden Autoren aus der Tradition vorgelegen habe[111]. Doch folgende Gründe lassen Zweifel an dieser Annahme aufkommen:

a) Im Unterschied zu älteren exegetischen Untersuchungen ist man davon abgekommen, in 2Kor 1,3ff sowie für Eph 1,3ff ein Aufgreifen einer vorformulierten Tradition zu postulieren[112]. Vielmehr scheinen beide Texte jeweils vom Verfasser ad hoc geschaffen worden zu sein und einen Lobpreis in reiner Prosa darzustellen[113].

b) Der einzige weitere Beleg für diese Formel findet sich 1Petr 1,3. Da der 1. Petrusbrief deutliche Reminiszenzen an die paulinische Tradition und vermutlich Einflüsse aus dem Epheserbrief aufweist[114], reicht dieser Beleg nicht für das Postulat eines unabhängigen Rückgriffs auf eine Formel aus urchristlicher Tradition.

c) 2Kor 1,3ff bietet den ältesten Beleg einer Briefeingangseulogie[115]. In ihrer persönlichen Prägung kommt die Briefeingangseulogie in 2Kor 1,3ff

---

[111] Vgl. A. LINDEMANN, a.a.O. 122.
[112] Eine ausführliche Widerlegung unternimmt R. DEICHGRÄBER, Gotteshymnus 65-72. Vgl. dazu die bei R. SCHNACKENBURG, Eph. 43, Anm. 74, genannten Entwürfe sowie die Darstellung von H. MERKEL, Der Epheserbrief 3224-3227.
[113] Vgl. R. DEICHGRÄBER, a.a.O. 66f.
[114] Vgl. W. G. KÜMMEL, Einleitung 373; F. MUSSNER, Petrus und Paulus 49f; N. BROX, 1Petr. 47-51.
[115] N. A. DAHL, Adresse und Proömium 250-252, will an eine jüdisch vorgeprägte Form der Briefeingangseulogie denken. Die von ihm genannten Belege sind jedoch voneinander abhängig. Vgl. dazu J. GNILKA, Eph. 58, Anm. 1. Die Briefeingangseulogie muß darum als „eine spezifisch frühchristliche Sitte" angesprochen werden (so R. DEICHGRÄBER, Gotteshymnus 64).

der Intention einer jüdischen Eulogie besonders nahe[116] und scheint darum deren Einfluß vorauszusetzen. Die Briefeingangseulogien von Eph 1,3ff und 1Petr 1,3 sind im Unterschied zu 2Kor 1,3ff ganz allgemeingültig gehalten und weisen darum auf ein späteres Entwicklungsstadium hin. 2Kor 1,3ff kann deshalb als die ursprünglichste Ausprägung der Briefeingangseulogie angesprochen werden[117].

Aus den genannten Beobachtungen legt es sich nahe, daß Paulus die Form einer Briefeingangseulogie in 2Kor 1,3ff nach dem Vorbild der jüdischen Eulogie geschaffen hat, die dann vom Epheserbrief und 1. Petrusbrief übernommen wurde. So ließe sich jedenfalls auch die doppelte Danksagung, die durch Briefeingangseulogie und Proömium in Eph 1 vorliegt, als eine bewußte Ausrichtung an den paulinischen Briefeingangsformen verstehen[118]. Aus diesen Gründen ist eine Ableitung von Eph 1,3a aus 2Kor 1,3 sehr viel naheliegender als die These einer beiden Autoren unabhängig voneinander vorliegenden Segensformel[119].

(2) Der Abschnitt *Eph 1,20-23* beinhaltet die Schilderung des Sieges über die Geisterwelt, deren Aufzählung von überirdischen Mächten angeblich eine große Ähnlichkeit mit Phil 2,9-11 aufweist[120]. Lindemann setzt deshalb voraus, daß in Eph 1,20-23 und in Phil 2,9-11 das gleiche, bereits vorgegebene Material verwendet wurde[121]. O. Hofius hat in seiner Analyse des Philipperhymnus[122] jedoch herausgearbeitet, daß in Eph 1,20-23 und in Phil 2,9-11 zwei divergierende Vorstellungen vorliegen. Im Fall von Eph 1,20-23 handelt es sich um den Sieg Christi über die gottfeindlichen Mächte, Phil 2,9ff hat dagegen die Huldigung von Bewohnern des Himmels, der Erde und der Unterwelt, also den eschatologischen Lobpreis von Engeln, Menschen und Toten im Blick[123]. Hofius hat dabei aufgezeigt, daß mit der Verleihung des „Namens über alle Namen" in Phil 2,9f nicht wie

---

[116] Da die Eulogie nicht im Kultus beheimatet war, sondern im individuellen Gebet oftmals spontan den Dank für Jahwes Eingreifen zum Ausdruck brachte, ist der persönliche Charakter für sie typisch. Vgl. dazu R. DEICHGRÄBER, Gotteshymnus 40ff. Daß Paulus solche Eulogien kannte, beweisen Röm 1,25; 9,5; 2Kor 11,31.
[117] Auf die besondere Nähe von 2Kor 1,3ff zu den alttestamentlich-jüdischen Eulogien macht O. HOFIUS, „Der Gott allen Trostes" 245f, aufmerksam.
[118] Die Vermutung von A. LINDEMANN, Paulus 122, ist ganz naheliegend, daß sich aus der literarischen Abhängigkeit von 2Kor 1,3ff „das Vorhandensein des doppelten Proömiums erklären (ließe): der V(er)f(asser) wollte es besonders 'richtig' machen".
[119] Literarische Abhängigkeit nimmt ebenfalls J. GNILKA, Eph. 58, an.
[120] Vgl. M. DIBELIUS/H. GREEVEN, Eph. 64, P. POKORNÝ, Eph. 87; J. GNILKA, Eph. 95.
[121] Vgl. A. LINDEMANN, Paulus 123.
[122] Vgl. O. HOFIUS, Der Christushymnus 18-40, sowie 109-131.
[123] Vgl. O. HOFIUS, a.a.O. 122ff.

in Eph 1,21 die sieghafte Erhöhung über die als 'Namen' bezeichnete Größe von Geistwesen gemeint ist, sondern daß darunter der bei der Inthronisation verliehene Thronname, in diesem Fall der hochheilige Gottesname, verstanden wird[124]. Deshalb meint Phil 2,9ff „keineswegs eine Akklamation der dämonischen Mächte, sondern den universalen Lobpreis, mit dem *alle* der Anbetung fähigen Geschöpfe anerkennen und bekennen, daß Jesus Christus ... 'der Herr ist'"[125]. Da zwei völlig verschiedene Vorstellungen vorliegen, kann also auch nicht von der Verwendung des gleichen vorgegebenen Materials ausgegangen werden; statt dessen muß die Aufzählung der dämonischen Mächte wohl auf allgemein jüdisch-hellenistische Vorstellungen zurückgehen[126].

(3) Den Abschnitt *Eph 4,17-19* rechnet Lindemann eher dem traditionellen Topos der Schilderung heidnischen Lebens zu, als daß er darin eine Bezugnahme auf Röm 1,18-32, insbes. 1,21-24 sehen möchte[127]. Gewiß wird man Lindemann darin zustimmen müssen, daß in Eph 4,17-19 wie in Röm 1,21-32 „feste Bestandteile der Heidenpolemik, wie sie auch im Judentum begegnet"[128], verarbeitet sind, dennoch ist die Ähnlichkeit beider Stellen über den gängigen Topos hinaus auffällig[129].

a) In Röm 1,21ff und Eph 4,17-19 begegnet gemeinsames Vokabular. Dazu gehört: ματαιόω/ματαιότης Eph 4,17/Röm 1,21; σκοτόω Eph 4,18/Röm 1,21; καρδία Eph 4,18/Röm 1,21; παραδιδόναι Eph 4,19/Röm 1,24.26.28.

b) Beide Stellen wählen aus der traditionellen Heidenpolemik die gleichen Motive aus: Ausgangspunkt ist jeweils die mangelnde Gotteserkenntnis, die im geistigen Personzentrum (νοῦς Eph 4,17; διαλογισμός Röm 1,21) beheimatet ist, das durch die Wortfamilie ματαιόω als nichtig gekennzeichnet wird. Damit wird an beiden Stellen ein alttestamentlich-jüdischer Gedanke aufgegriffen, wie er in Weish 13,1; Jer 2,5; Ps 93(94),11 LXX belegt ist[130]:

---

[124] Vgl. O. HOFIUS, a.a.O. 109ff.
[125] O. HOFIUS, a.a.O. 111.
[126] Vgl. F. MUSSNER, Christus, das All und die Kirche 16, 20f.
[127] Vgl. A. LINDEMANN, Paulus 125.
[128] A. LINDEMANN, Paulus 125.
[129] Für den im antiken Judentum gängigen Topos der Heidenpolemik weist LINDEMANN auf die Belege bei P. BILLERBECK, Kommentar Bd. 3, 46-75, hin.
[130] Vgl. O. BAUERNFEIND, Art. μάταιος, in: ThWNT 4, 525-530, insbes. 526-528 sowie die Ausführungen bei U. WILCKENS, Röm. Bd. 1, 96-100.

Das sündige Tun der Heiden wird als Folge der mangelnden Gotteserkenntnis dargestellt[131]. Dieser Gedanke hat sein Vorbild in dem Motiv, daß aus dem Götzendienst alle heidnischen Laster herrühren (Weish 14,12ff.22ff).

Daß die Hingabe an die Begierden als Heimsuchung Gottes verstanden wird (παρέδωκεν αὐτοὺς ὁ θεός Röm 1,24.26.28), findet sich schon alttestamentlich vorgeprägt im Verstockungsmotiv, nach welchem Gott die Ungläubigen in ihrem Unglauben beläßt[132]. Eph 4,18 benennt die Verstockung explizit (πώρωσις τῆς καρδίας)[133], hat aber den Gedanken einer Hingabe an die Laster durch Gott gegenüber Röm 1,24.26.28 deutlich abgeschwächt[134]. Die Anklänge in der Formulierung von Eph 4,19 weisen jedoch auf eine Bearbeitung von Röm 1,24.26.28 hin[135].

c) Über die traditionelle Topik hinaus wird in Röm 1,21ff sowie in Eph 4,17-19 das Problem der Gotteserkenntnis betont herausgearbeitet. Die Nichtigkeit des Erkenntnisvermögens wird in Eph 4,18 als Verfinsterung des Verstandes (ἐσκοτωμένοι τῇ διανοίᾳ) bezeichnet. Die Gottesferne der Heiden (ἀπηλλοτριωμένοι) hat ihren Grund in der völligen Unkenntnis (ἄγνοια) bzw. der Verstockung des Herzens (πώρωσις τῆς καρδίας αὐτῶν). Ebenso wird in Röm 1,21f die Erwähnung der Nichtigkeit der Gedanken durch den Hinweis auf ἀσύνετος καρδία erweitert und das Wesen der Heiden als Torheit gekennzeichnet (ἐμωράνθησαν). In beiden Fällen wird damit über den gängigen Topos hinaus die Unfähigkeit zur Gotteserkenntnis hervorgehoben.

---

[131] Vgl. in Eph 4,19 den relativen Anschluß durch οἵτινες κτλ.; Röm 1,21 bringt diesen Gedanken durch den dreifachen Wechsel der Ebenen der Gottesbeziehung und des zwischenmenschlichen Bereiches zum Ausdruck. Das Scharnier bildet jeweils παρέδωκεν αὐτοὺς ὁ θεός Röm 1,24.26.28.

[132] Vgl. dazu K. L. SCHMIDT/M. A. SCHMIDT, Art. παχύνω, πωρόω κτλ., in: ThWNT 5, 1024-1032; F. HESSE, Das Verstockungsproblem 25f; vgl. auch R. SCHNACKENBURG, Joh. Bd. 2, 343-346.

[133] Das Motiv der Verstockung kommt in Röm 1,21f durch die passiven Verbformen ebenfalls zum Ausdruck und wird im Gedanken der Hingabe an die Laster durch Gott vorausgesetzt.

[134] Vgl. den Austausch des Subjekts von παραδίδωμι in Eph 4,19 gegenüber Röm 1,24.26.28.

[135] Vgl. R. SCHNACKENBURG, Eph. 201; J. GNILKA, Eph. 225. Nach GNILKA ist damit die theologische Aussage von Röm 1,24ff „umgemünzt in eine moralische und damit abgeschwächt" (a.a.O. 225). Hier liegt jedoch keine 'Moralisierung', sondern lediglich eine Abmilderung der Aussage vor, wie sie vielfach bereits in alttestamentlichen Verstockungsaussagen (vgl. Jes 6,9 in der Fassung der LXX gegenüber MT) beobachtet werden kann; vgl. dazu K. L./M. A. SCHMIDT, Art. παχύνω, πωρόω κτλ., ThWNT 5, 1024-1026.

Diese Beobachtungen sprechen gegen die Annahme, daß Röm 1,21-32 und Eph 4,17-19 unabhängig voneinander auf die Tradition der Heidenschilderung zurückgegriffen hätten. Vielmehr legen die aufgezeigten Gemeinsamkeiten es nahe, für Eph 4,17-19 die Kenntnis von Röm 1,21-32 vorauszusetzen[136].

(4) Der kunstvoll gegliederte Lasterkatalog *Eph 5,3-5*, der die Aufzählung der Laster aus Kol 3,5 verarbeitet, wird durch die Warnung οὐκ ἔχει κληρονομίαν ἐν τῇ βασιλείᾳ τοῦ Χριστοῦ καὶ τοῦ θεοῦ abgeschlossen. Eine solche 'Ausschlußandrohung' findet sich entsprechend auch in den Lasterkatalogen Gal 5,19-21 und 1Kor 6,9f. Sie scheint eine für Lasterkataloge typische Schlußmahnung darzustellen, die offensichtlich aus der Tradition aufgegriffen wurde[137]. Aufgrund dieses traditionellen Charakters[138] meint Lindemann, daß trotz der großen sprachlichen Nähe von Eph 5,5 zu den Schlußmahnungen in Gal 5,21 und 1Kor 6,9f „sichere Indizien für eine literarische Beziehung nicht vorhanden sind"[139]. Genauso denkbar wäre es, daß die Warnung vor dem Ausschluß vom Reich Gottes auf eine vom Epheserbrief und von Paulus gemeinsam genutzte Quelle zurückgehe.

Für die Entscheidung über die Ableitung der Formel von Eph 5,5 ist folgendes zu berücksichtigen:

a) Die in Eph 5,5 gebrauchte Formulierung weist deutliche Bearbeitungsspuren durch den Verfasser des Epheserbriefes auf[140]. Hierzu gehört die präsentische Fassung der Ausschlußandrohung (οὐκ ἔχει κληρονομίαν statt κληρονομήσουσιν), wodurch der traditionell eschatologische Charakter aufgeweicht wird, sowie der durch die Einfügung von τοῦ Χριστοῦ[141] eigentümliche Doppelausdruck „Reich Christi und

---

[136] Vgl. A. E. BARNETT, Paul becomes a Literary Influence 27: „The description in Ephesians of the way the heathen live sounds like a summary of the more elaborate description in Romans."

[137] Schon die in Gal 5,21 und 1Kor 6,9f verwendete Formulierung „(klingt) inhaltlich formelhaft" und „entspricht ... überlieferter Gepflogenheit", wie F. MUSSNER, Gal. 384, herausstellt. Die für Paulus sonst eher ungewöhnliche Rede von der βασιλεία sowie der artikellose Genitiv θεοῦ zeigen, daß Paulus „eine relativ feste Tradition katechetischer Unterweisung wiederholt" (H. SCHLIER, Gal. 255). Vgl. dazu auch E. KAMLAH, Die Form der katalogischen Paränese 14, Anm. 2.

[138] Zum traditionellen Charakter der Unheilsandrohung gehört die eschatologische Ausrichtung, mit der die Verantwortlichkeit für das gegenwärtige Tun vor Gott eingeschärft wird. Sie hat nach S. WIBBING, Die Tugend- und Lasterkataloge 114-117, ihr Vorbild in der Warnung vor dem Endgericht in frühjüdischen Katalogen.

[139] A. LINDEMANN, Paulus 126.

[140] Vgl. R. SCHNACKENBURG, Eph. 224.

[141] Im Unterschied zum traditionellen θεοῦ wird hier der Artikel gebraucht!

Die Zitate und Anspielungen aus den Paulusbriefen 61

Gottes", der sich ebenfalls aus der theologischen Intention des Verfassers erklären läßt[142]. Sieht man von diesen bewußten Änderungen durch den Verfasser ab, ergibt sich als Vorlage für Eph 5,5 zwangsläufig eine Textfassung, wie sie in Gal 5,21 bzw. 1Kor 6,9f vorliegt.

b) Als nächste Parallele für die in Gal 5,21; 1Kor 6,9f begegnende und in Eph 5,5 ermittelte Textfassung fallen IgnEph 16,1; IgnPhld 3,3; Polyc 5,3 auf, doch läßt sich insbesondere Polyc 5,3 eindeutig als Zitat von 1Kor 6,9f bestimmen, so daß auch für die übrigen Parallelstellen eine literarische Abhängigkeit von Paulus anzunehmen ist. Die Formulierung βασιλείαν θεοῦ κληρονομεῖν[143] als Abschluß eines Kataloges läßt sich darum nicht außerhalb des paulinischen Einflußbereiches nachweisen[144].

Aus den genannten Gründen ist eine literarische Abhängigkeit von Eph 5,5 von der Formel in Gal 5,5; 1Kor 6,9f durchaus wahrscheinlich, wenn auch ein Rückgriff auf eine gemeinsame Quelle nicht mit letzter Sicherheit auszuschließen ist[145].

(5) Auch das Bild von der *geistlichen Waffenrüstung Eph 6,10-17* möchte Lindemann „eher mit Verwendung gleichen vorgegebenen Materials als mit direkter Abhängigkeit"[146] des Epheserbriefes von Paulus erklären[147]. Für diese Hypothese könnte die Beobachtung sprechen, daß der

---

[142] Wie bereits oben 51 deutlich wurde und unten 81f noch genauer zu untersuchen sein wird, bemüht sich der Verfasser um eine präzise Verhältnisbestimmung zwischen Christus und Gott.

[143] Auch wenn die Verkündigung der βασιλεία ein für die Synoptiker typisches Motiv darstellt, begegnet die Wortverbindung βασιλείαν κληρονομεῖν nur Matth 25,34. Eine Warnung vor dem Ausschluß aus dem Reich Gottes mit der Wortverbindung βασιλείαν κληρονομεῖν läßt sich innerhalb der Synoptiker nicht belegen. Als nächste Parallele kommt nur noch Jak 2,5 in Betracht, wo allerdings ebenfalls keine Unheilsandrohung vorliegt.

[144] Vgl. als Gegenprobe etwa die Unheilsandrohung Herm m VIII, 4ff (38,4).

[145] Dennoch begegnen im ganzen Abschnitt Eph 5,3-14 Spuren, die auf eine Kenntnis des Tugend- und Lasterkataloges Gal 5,19-23 hindeuten. Auffällig sind insbesondere Parallelen in der Struktur. Eph 5,3-5 weist eine sorgfältig ausgeführte Gliederung des Lasterkataloges auf: In zwei Dreiergruppen, die jeweils durch kurze Mahnungen abgeschlossen sind, ist die Aufzählung der Laster thematisch geordnet. Auch für Gal 5,19-21 hat man eine solche thematische Zweiteilung in der Aufzählung der Laster vorgeschlagen (vgl. F. MUSSNER, Gal. 381). Den Abschluß bildet dabei in Gal 5,21b wie in Eph 5,5 jeweils die Ausschlußandrohung für die Täter der genannten Laster. Auffallenderweise ist an beiden Stellen ein Tugendkatalog angeschlossen (Gal 5,22; Eph 5,9), der auch sprachlich durch καρπός κτλ. große Ähnlichkeit aufweist. Dies legt für Eph 5,3-9 die Kenntnis von Gal 5,19-23 nahe, auch wenn sie nicht mit letzter Sicherheit erwiesen werden kann.

[146] A. LINDEMANN, Paulus 125.

[147] Leider diskutiert A. LINDEMANN, ebd., weder das Verhältnis von Eph 6,10ff zu Röm 13,12 noch das zu 1Thess 5,8 genauer. Seine Hinweise in Paulus 125 sowie ders., Aufhebung 64, Anm. 81, sind diesbezüglich völlig unzureichend.

Epheserbrief die in 1Thess 5,8 begegnenden Anspielungen aus dem Alten Testament in der ursprünglichen Form gebraucht. Statt θώραξ πίστεως (1Thess 5,8) verwendet er θώραξ τῆς δικαιοσύνης (Eph 6,14), was der Wortwahl in Jes 59,17 LXX bzw. Weish 5,18 entspricht. Für περικεφαλαία ἐλπὶς σωτηρίας (1Thess 5,8) benutzt er περικεφαλαία τοῦ σωτηρίου (Eph 6,17), was ebenfalls aus Jes 59,17 LXX stammt. Unabhängig von der Frage nach dem Bezug auf 1Thess 5,8 muß man also den direkten Einfluß der genannten alttestamentlichen Stellen voraussetzen[148].

Auffällig ist weiterhin, daß Eph 6,10-17 das Bild von der Waffenrüstung vervollständigt, indem Anklänge aus Jes 11,5 in Eph 6,14 und aus Jes 52,7 in Eph 6,15 aufgenommen werden[149]. Dadurch wird die alttestamentliche Vorlage des Bildes gegenüber 1Thess 5,8 deutlich erweitert. Diese beiden Beobachtungen könnten für die Annahme sprechen, Eph 6,10-17 habe das Bild von der Waffenrüstung ohne Bezug auf 1Thess 5,8 oder Röm 13,12 direkt aus der alttestamentlichen Vorstellung übernommen[150].

Auch wenn der Abschnitt direkte Einflüsse aus dem Alten Testament aufweist, verbindet ihn jedoch mit Röm 13,12 und 1Thess 5,8 die wesentliche *Neuinterpretation*, daß nun die *Gläubigen* die Waffenrüstung *Gottes* erlangen[151] und somit entscheidend in den Kampf Gottes miteinbezogen sind. Hierbei tritt als wesentliches gemeinsames Element von Eph 6 und 1Thess 5,8 hinzu, daß die einzelnen Bestandteile der Rüstung, die im alttestamentlichen Bild die Eigenschaften Gottes repräsentieren, jetzt mit den Heilsgaben Gottes an die christliche Gemeinde identifiziert werden. In 1Thess 5,8 werden hier genannt: πίστις, ἀγάπη, ἐλπὶς σωτηρίας. Während Eph 6,10-17 – wie bereits gesehen – sich in den Anspielungen strenger an die alttestamentliche Vorlage hält, kommt diese Uminterpretation in einer selbständigen Weiterführung des Bildes zur Sprache. So begegnen hier die Neubildungen θυρεὸς τῆς πίστεως (Eph 6,16), μάχαιρα τοῦ

---

[148] Zum alttestamentlichen Bezug vgl. E. GAUGLER, Eph. 216-228.
[149] Evt. werden auch μάχαιρα aus Jes 49,2 in Eph 6,17 und πανοπλία aus Weish 5,17 in Eph 6,11.13 aufgenommen.
[150] Gegen eine Ableitung aus Qumran, wie sie K. G. KUHN, Art. πανοπλία, in: ThWNT 5, 297-300, vorschlägt (vgl. auch ders., Der Epheserbrief im Lichte der Qumrantexte 345f), spricht die Tatsache, daß in Qumran eine Ausdeutung auf die einzelnen Glaubensgaben unterbleibt. Gegen eine Ableitung aus Qumran sprechen sich auch R. SCHNACKENBURG, Eph. 287, sowie K. M. FISCHER, Tendenz und Absicht 167-172, aus. K. M. FISCHER möchte Eph 6,10-17 jedoch auf „ein schon geformtes Schema" zurückführen (a.a.O. 165).
[151] Das wird durch πανοπλία τοῦ θεοῦ Eph 6,11.13 betont hervorgehoben.

πνεύματος, ὅ ἐστιν ῥῆμα θεοῦ (Eph 6,17) und ἑτοιμασία τοῦ εὐαγγελίου τῆς εἰρήνης (Eph 6,15). Die Teilhabe der Gläubigen an der eschatologischen Waffenrüstung Gottes sowie die Übertragung der im alttestamentlichen Bild durch die Waffen symbolisierten Eigenschaften Gottes auf die von Gott verliehenen Gaben an die Gemeinde machen deutlich, daß Eph 6,10-17 auf der paulinischen Vorlage fußt, auch wenn darüber hinaus direkt auf die alttestamentliche Beschreibung zurückgegriffen wird.

Ergebnis:
Die Untersuchung der von A. Lindemann auf Traditionsgut zurückgeführten Stellenbelege[152] konnte die These nicht bestätigen, daß Paulus und der Verfasser des Epheserbriefes unabhängig voneinander auf eine gemeinsame Quelle zurückgegriffen hätten. Bis auf die Ausschlußandrohung in Eph 5,5, bei der die Entscheidung über die Verarbeitung urchristlicher Tradition nicht ganz eindeutig ausfallen konnte, sowie den Abschnitt Eph 1,20-23, dessen angebliche Parallelität zu Phil 2,9-11 als unzutreffend beurteilt werden muß, zeigte sich, daß für die anderen genannten Belege *paulinischer Einfluß* angenommen werden muß. Damit ist deutlich, daß durch die These eines unabhängigen Rückgriffs auf eine gemeinsame Quelle nicht die parallel klingenden Formulierungen von Paulus und dem Epheserbrief erklärt werden können. Vielmehr kann uneingeschränkt vom Einfluß paulinischer Tradition im Epheserbrief ausgegangen werden. Unklar bleibt allerdings bislang, ob die paulinischen Einflüsse auf eine mündliche Tradition zurückgeführt werden müssen oder ob die Kenntnis der Paulusbriefe vorauszusetzen ist. Dieser Frage soll im nächsten Abschnitt nachgegangen werden.

3. Die Frage nach mündlicher oder schriftlicher Abhängigkeit von der Paulustradition

Ein größerer Teil der neueren Untersuchungen zum Epheserbrief[153] möchte sich in der Frage, ob die Parallelen zu den Paulusbriefen auf mündliche Tradition oder schriftliche Abhängigkeit zurückzuführen sind,

---

[152] A. LINDEMANN, Paulus 122-130.
[153] Vgl. A. LINDEMANN, Paulus 129; H. MERKEL, Der Epheserbrief 3219f; H. MERKLEIN, Amt 42; P. POKORNÝ, Eph. 18. Demgegenüber nimmt J. GNILKA, Eph. 22, eine Zwischenposition ein, indem er meint, der Inhalt der Briefe sei „zum geistigen Besitz des Verf(assers)" (ebd.) geworden. In den meisten Untersuchungen ist diese Fragestellung kaum berücksichtigt.

nicht eindeutig festlegen. Auch wenn es sich als Tendenz abzeichnet, eher den Einfluß einer mündlichen Paulustradition im Epheserbrief anzunehmen, wollen manche Ausleger dennoch die Kenntnis einiger Paulusbriefe nicht ausgeschlossen wissen[154].

Die angelsächsische Forschung hatte bereits in den fünfziger Jahren die Annahme literarischer Abhängigkeit deutlich favorisiert[155]. So wurde etwa von E. J. Goodspeed eine Übersicht der literarischen Bezugnahmen im Epheserbrief erstellt[156], die jedoch ohne kritische Rechenschaft und oftmals recht subjektiv „Parallelen" verzeichnete. Wesentlich präziser ist die Arbeit von C. L. Mitton[157], dessen umfangreiches tabellarisches Material der weiteren Forschung bis heute wertvolle Hilfestellung bietet. Seine Untersuchung kommt zu dem Schluß, daß der Verfasser des Epheserbriefes sich an der sprachlichen Fassung des Kolosserbriefes orientiert und die Aussagen mit Wendungen aus den Paulusbriefen kombiniert habe. Auch wenn man in manchen Fällen die Kombination verschiedener Zitate wird kritisch hinterfragen müssen, so stellt Mittons These einer „conflation" einen wichtigen Beitrag in der Diskussion zur Frage des paulinischen Einflusses im Epheserbrief dar.

Gegen die Rückführung auf eine literarische Abhängigkeit gibt es insbesondere in der deutschsprachigen Forschung große Vorbehalte. H. Merkel empfindet die Zusammenstellung von Parallelen aus den Paulusbriefen oftmals als „zu mechanisch"[158]. Insbesondere Mittons These einer „conflation" würde seiner Meinung nach „dem Verfasser des Eph(eserbriefes) nun doch einen völlig mechanischen Umgang mit dem Corpus Paulinum unterstellen"[159]. Auch H. Merklein kann es sich nicht vorstellen, daß der Verfasser des Epheserbriefes Zitate aus verschiedenen Paulusbriefen zusammengestellt habe, da bei einer solchen Arbeitsweise die „Auswahl äußerst willkürlich" erfolgt sein müsse[160]. Merklein sieht darum in den sprachlichen Gemeinsamkeiten „eher eine Frucht

---

[154] Vgl. zusätzlich zu der oben 54 genannten Literatur noch K. M. FISCHER, Tendenz und Absicht 107.
[155] Vgl. A. E. BARNETT, Paul becomes Literary Influence; E. J. GOODSPEED, The Key to Ephesians; ders., The Meaning of Ephesians; C. L. MITTON, The Formation of the Pauline Corpus; ders., The Epistle.
[156] Vgl. E. J. GOODSPEED, The Key to Ephesians 2-75.
[157] Vgl. C. L. MITTON, The Epistle, der im Anhang 279-338 umfangreiche Tabellen anführt.
[158] H. MERKEL, Der Epheserbrief 3216, Anm. 387.
[159] H. MERKEL, Der Epheserbrief 3216.
[160] H. MERKLEIN, Amt 239.

p(au)l(inischer) Schultradition als Ergebnis direkter literarischer Abhängigkeit"[161]. Diese Position ist in der neueren deutschsprachigen Forschung weit verbreitet[162]: Das Weiterwirken der paulinischen Theologie im Epheserbrief wird im allgemeinen auf mündliche Tradition zurückgeführt.

Für die Untersuchung literarischer Abhängigkeit ist eine Klärung der Kriterien vorab unerläßlich. Gerade hier gilt es, historisch bedingte Umformulierungen zu berücksichtigen. Durchaus denkbar wäre, daß der Verfasser die paulinischen Aussagen nur verändert übernommen hat. Dies würde auf eine vom Autor vorgenommene Neuinterpretation hindeuten, nicht dagegen literarische Benützung ausschließen. Eine solche Berücksichtigung historisch bedingter Neuinterpretationen macht die Überprüfung der literarischen Benützung sehr kompliziert, doch ist sie nötig, um ein Fehlurteil zu vermeiden. Entscheidend ist darum für den Nachweis literarischer Abhängigkeit, daß sich das literarische Vorbild aufgrund *formaler* Kriterien identifizieren läßt. Inhaltliche Unterschiede können dagegen durch Uminterpretationen erklärt werden. Doch auch die Auswahl möglicher Belege ist eingeschränkt. Da die Briefstelle eindeutig belegbar sein muß, kommen Anklänge an typisch paulinische Redewendungen oder an mehrfach belegte Vorstellungen und Gedankengänge nicht in Frage. Lediglich dort, wo die Übernahme ausgefallener Wendungen, seltenen Vokabulars oder auffälliger Strukturmerkmale nachgewiesen werden kann, ist die eindeutige Identifikation einer literarischen Vorlage möglich. Unter diesen Bedingungen lassen sich folgende Belege finden, für die sich mit guten Gründen annehmen läßt, daß sie die *Paulusbriefe als literarische Vorlage* voraussetzen.

(1) In *Eph 1,13f* dürfte die Versiegelung durch den Geist unter dem deutlichen Einfluß von *2Kor 1,22* (vgl. 2Kor 5,5) formuliert worden sein. Die Kombination des eher ausgefallenen Vokabulars σφραγίζω[163] und ἀρραβών[164] verbindet Eph 1,13f mit 2Kor 1,22. Zwar stehen in 2Kor 1,22 die Versiegelung und der Geistempfang parallel, aber es wird an ein und denselben Vorgang gedacht sein[165], so daß die Aussage von der Versiegelung durch den Geist in Eph 1,13f der Aussage 2Kor 1,22 sachlich ent-

---

[161] H. MERKLEIN, a.a.O. 42.
[162] Vgl. auch P. POKORNÝ, Eph. 18; A. LINDEMANN, Paulus 129f; K. M. FISCHER, Tendenz und Absicht 107 („Tradition, die in den paulinischen Gemeinden lebendig war").
[163] In der neutestamentlichen Briefliteratur nur Röm 15,28; 2Kor 1,22; Eph 1,13f; 4,30.
[164] Im Neuen Testament nur 2Kor 1,22; 5,5; Eph 1,14.
[165] Vgl. CH. WOLFF, 2Kor. 37f, der die ganze Darstellung auf den Vorgang der Taufe deutet.

spricht. Der Autor des Epheserbriefes scheint um eine kurze und präzise Aussage bemüht zu sein. Jedenfalls interpretiert er die paulinische Aussage vom Angeld des Geistes als ein Angeld des Erbes[166]. Daß diese Interpretation der paulinischen Intention angemessen ist, zeigt Gal 4,6f, wonach der Geistempfang die Sohnschaft verleiht (vgl. auch Röm 8,14) und damit zugleich zum κληρονόμος einsetzt. Wie nach Paulus der Geist die Erstlingsgabe der noch ausstehenden Herrlichkeit darstellt (vgl. Röm 8,23), so ist auch in Eph 1,13f im Begriff des ἀρραβών der futurische Aspekt beibehalten[167]. Die Wendung Eph 1,13f fußt damit auf 2Kor 1,22 und gibt das paulinische Verständnis wieder[168].

(2) Die Darstellung der Erhöhung und Inthronisation Christi *Eph 1,20-22* scheint unter Bezug auf *1Kor 15,24-27* formuliert worden zu sein. Drei Beobachtungen sprechen dafür:

a) In Eph 1,20-22 wie in 1Kor 15,24-27 ist die Inthronisation Christi unter Rückgriff auf Ps 110,1 und Ps 8,7 dargestellt. Die Kombination beider Psalmstellen ist ohne Parallele im Neuen Testament.

b) Eph 1,22 und 1Kor 15,27 zitieren Ps 8,7 wörtlich übereinstimmend in einer von der Septuaginta abweichenden Version[169].

c) Die Aufzählung der Mächte πᾶσα ἀρχή, ἐξουσία und δύναμις (Eph 1,21; 1Kor 15,24) ist so im Neuen Testament singulär. Häufig belegt ist jedoch die Kombination ἀρχή und ἐξουσία, so: Kol 1,16; 2,10.15; Eph 3,10; 6,12 für Geistmächte, sowie Tit 3,1; Luk 12,11 für irdische Machthaber.

Auch wenn sich die Perspektive von Eph 1,20-22 im Vergleich zu 1Kor 15,24ff durchaus unterscheidet – Eph 1,20 hat in der Anspielung auf Ps 110,1a den Akt der Inthronisation Christi im Blick, 1Kor 15,25 bezieht sich dagegen mit dem Zitat von Ps 110,1b auf die Vollendung der Herr-

---

[166] Wechsel von *Gen. subjectivus* zu *Gen. objectivus*.
[167] Vgl. P. L. HAMMER, A Comparison of Kleronomia 268f, der gerade für den Epheserbrief das futurische Element der κληρονομία betont herausstellt.
[168] Zusätzlich weist Eph 1,13f in der Abfolge von Hören und Glauben eine große Nähe zu Röm 10,14.17; Gal 3,2 auf: Der Glaube kommt nach paulinischem Verständnis aus dem Hören des Heilswortes. Vgl. dazu O. HOFIUS, Wort Gottes und Glaube 157ff. Weiterhin lassen sich folgende Bezüge in Eph 1,13f erkennen: λόγος τῆς ἀληθείας (Kol 1,5; 2Kor 6,7) εὐαγγέλιον τῆς σωτηρίας (Röm 1,16?). Zustimmend P. POKORNÝ, Eph. 18; J. GNILKA, Eph. 86.
[169] Statt πάντα ὑπέταξας ὑποκάτω τῶν ποδῶν αὐτοῦ Ps 8,7 LXX bieten Eph 1,22 und 1Kor 15,27: πάντα (γὰρ) ὑπέταξεν ὑπὸ τοὺς πόδας αὐτοῦ.

schaft Christi (ἄχρι οὗ temporal!) –, scheint Eph 1,20-22 bewußt im Anschluß an 1Kor 15 die eigene Intention verdeutlichen zu wollen[170].

(3) Sehr auffällig ist die Übereinstimmung von *Eph 2,18* und *Röm 5,2*. Nur hier begegnet die Vorstellung von einer προσαγωγή zu Gott[171], die durch Christus[172] den Gläubigen erschlossen ist[173] und einen Zustand des Friedens darstellt. Der innerhalb des Neuen Testaments nur in Röm 5,2; Eph 2,18 und Eph 3,12 belegte Begriff προσαγωγή sowie die gemeinsame Grundaussage zwingen zu der Annahme, daß der Verfasser des Epheserbriefes Röm 5,2 gekannt[174] und hier bewußt verarbeitet hat[175].

(4) Eine weiterführende Interpretation von *1Kor 3,9-17* läßt sich in *Eph 2,20-22* erkennen. Beide Stellen beschreiben in der Kombination der Begriffe θεμέλιος (1Kor 3,10-12; Eph 2,20); οἰκοδομή (1Kor 3,9; Eph 2,21); ναὸς ἅγιος (1Kor 3,16f; Eph 2,21) den Bau der Gemeinde[176]. Der Begriff οἰκοδομή wird von Paulus sonst üblicherweise für die Erbauung der Gemeinde und nicht wie hier als Bezeichnung für Bau, Gebäude, Bauwerk verwendet[177]. Die auffällige Begriffskombination sowie der untypische Gebrauch von οἰκοδομή verbindet 1Kor 3, 9-17 mit Eph 2,20-22 und weist auf eine literarische Abhängigkeit hin. Dabei fällt auf, daß das Bild im Epheserbrief deutlich weiterentwickelt ist: Der Verfasser hat

---

[170] Vgl. J. GNILKA, Eph. 94, 96.
[171] Vgl. Röm 5,2; Eph 2,18; 3,12. Dem πρὸς τὸν πατέρα Eph 2,13 scheint das πρὸς τὸν θεόν Röm 5,1 zu entsprechen. Vgl. die Interpretation von U. WILCKENS, Röm. Bd. 1, 290: „Das Verhältnis zu Gott (V 1) besteht in diesem durch Christus eröffneten *Zutritt* zu seiner *Gnade* (V 2)."
[172] Röm 5,2: δι' οὗ Eph 2,18: δι' αὐτοῦ.
[173] Röm 5,2: ἐσχήκαμεν; Eph 2,18: ἔχομεν.
[174] Wenn in Röm 5,2 mit der urspünglichen Lesart des Sinaiticus, dem Mehrheitstext u.a. τῇ πίστει gelesen werden darf, wäre außerdem der Bezug von Eph 3,12 zu Röm 5,2 durch διὰ τῆς πίστεως zusätzlich zum Begriff προσαγωγή gestützt. Für Eph 3,12 legt sich auch noch der Bezug auf 2Kor 3,4 nahe.
[175] Zustimmend A. E. BARNETT, Paul becomes a Literary Influence 16; C. L. MITTON, The Epistle 122, 247; J. ERNST, Eph. 319. Zurückhaltend A. LINDEMANN, Paulus 125; J. GNILKA, Eph. 146, 178. Anders: M. WOLTER, Rechtfertigung und zukünftiges Heil 62.
[176] Zusätzlich gemeinsam ist der Gebrauch von ἐποικοδομεῖν sowie der Gedanke, daß Gottes Geist in den Gläubigen Wohnung nimmt. Vgl. 1Kor 3,16 πνεῦμα τοῦ θεοῦ οἰκεῖ ἐν ὑμῖν mit Eph 2,22 κατοικητήριον τοῦ θεοῦ ἐν πνεύματι.
[177] Der Begriff οἰκοδομή als Bezeichnung für Bau, Gebäude taucht nur noch 2Kor 5,1 als Bildwort für die eschatologische Leiblichkeit der Gläubigen auf; vgl. CH. WOLFF, 2Kor. 101ff; W. BAUER/K. u. B. ALAND, Wörterbuch, s.v. οἰκοδομή, 1133f; O. MICHEL, Art. οἰκοδομή, in: ThWNT 5, 147-150; J. PFAMMATTER, Art. οἰκοδομή, in: EWNT 2, 1211-1218.

zusätzlich ἀκρογωνιαῖος, den Eckstein[178], eingefügt und auf Christus bezogen. Entsprechend verändert sich die Metaphorik von θεμέλιος: Das Fundament wird auf die Apostel und Propheten uminterpretiert. Eine solche Abänderung läßt nicht nur die literarische Verarbeitung von 1Kor 3,9-17 erkennen, sondern gibt zugleich zu der Vermutung Anlaß, daß der Verfasser des Epheserbriefes bei seinen Lesern mit der Kenntnis von 1Kor 3 gerechnet hat.

(5) Auf zwei grundlegende biographische Äußerungen dürfte in *Eph 3,8* Bezug genommen zu sein. Die auffällige Steigerung des Superlativs ἐλάχιστος[179] wird letztlich nur verständlich, wenn man in ihr eine Anspielung auf das paulinische Bekenntnis ἐγὼ γάρ εἰμι ὁ ἐλάχιστος τῶν ἀποστόλων in *1Kor 15,9* erkennt, die das dort Gesagte betont hervorheben will. Wie in 1Kor 15,10 liegt auch in Eph 3,8 die Pointe der Aussage in dem Ausmaß der Gnade, die Paulus zuteil geworden ist und ihn zum apostolischen Verkündiger machte. Durch den Komparativ ἐλαχιστότερος sowie die Ausweitung von τῶν ἀποστόλων (1Kor 15,9) auf πάντων ἁγίων wird dieser Gnadencharakter unterstrichen.

Die Aufgabe des apostolischen Amtes wird ebenfalls als eine Anspielung, nun auf *Gal 1,16*, formuliert. Der göttliche Auftrag an Paulus wird nur an diesen beiden Stellen als εὐαγγελίζεσθαι (ἐν) τοῖς ἔθνεσιν[180] charakterisiert. Auffällig ist die unterschiedliche Angabe über den Inhalt der Verkündigung. Soll nach Gal 1,16 die Person Jesu Christi verkündigt werden, so in Eph 3,8 der Reichtum Christi. Doch dieser Unterschied läßt sich als Änderung aus der Gesamtintention des Verfassers des Epheserbriefes verstehen, der den christologischen Inhalt des Mysteriums (vgl. Kol 1,27) zur Tatsache der Heilsteilhabe der Heiden uminterpretiert (vgl. Eph 3,6): Nach dem Epheserbrief realisiert sich in der Verkündigung des Paulus, was Inhalt seiner Botschaft ist[181]. Die Formulierung ist also mit

---

[178] Hier ist als Vorbild Ps 118,22; Jes 28,16 zu vermuten; vgl. E. GAUGLER, Eph. 120-122; R. SCHNACKENBURG, Eph. 123-125.

[179] Zur sprachlichen Möglichkeit vgl. F. BLASS/A. DEBRUNNER/F. REHKOPF, Grammatik § 60.2; 61.2.

[180] Die Lesart ἐν τοῖς ἔθνησιν, die D, F, G und der Mehrheitstext in Eph 3,8 bieten, verstärkt den Bezug zu Gal 1,16, scheint aber von dort nachträglich eingedrungen zu sein.

[181] Die Wirkmächtigkeit der apostolischen Verkündigung, die in Gal 1,16 dadurch hervorgehoben wird, daß die Person Christi den Inhalt der Botschaft bildet, kommt hier darin zum Ausdruck, daß dem Inhalt der Botschaft – die Zugehörigkeit der Heiden zum Heil (vgl. Eph 3,6) – die Realisierung durch das Geschehen der Verkündigung entspricht.

Bedacht gewählt und verweist darauf, daß die Nähe zu Gal 1,16 bewußt gesucht wurde.

In Eph 3,8 liegt damit eine Zitatenkombination vor. Durch die Verbindung von 1Kor 15,9 und Gal 1,16 wird nicht nur die Gnadenhaftigkeit des paulinischen Apostolates unterstrichen, sondern zugleich hervorgehoben, daß die Sendung des Paulus an die Heiden in seiner göttlichen Berufung wurzelt (ἐδόθη ἡ χάρις αὕτη) und wesenhaft zum Inhalt des Evangeliums gehört. Damit stellt Eph 3,8 eine adäquate Explikation von Gal 1,16 dar[182].

(6) Daß der Abschnitt *Eph 4,1-16* unter dem Einfluß von *1Kor 12* verfaßt ist und „ein Seitenstück zu I Cor 12"[183] darstellt, zeigt sich nicht nur in den mehrfachen sprachlichen Bezügen[184], sondern auch in der gleichen Struktur. In drei Schritten vollzieht sich der parallel aufgebaute Gedankengang in Eph 4 wie in 1Kor 12.

Eine feierliche, triadische Formel wird den Darlegungen vorangestellt (Eph 4,4-6; 1Kor 12,4-6). Sie umschreibt das Wirken Gottes in der Kirche auf dreifacher Ebene (πνεῦμα, κύριος, θεός). Dabei stellt θεός jeweils das Ziel der Aussagen dar, dessen Wirken eingehender charakterisiert wird[185]. Während 1Kor 12,4-6 speziell die Verschiedenheit der Gnadengaben auf die Einheit des Wirkens Gottes zurückführt, legt Eph 4,4-6 den Akzent stärker auf die Einheit der Gemeinde, die der Einheit Gottes, des Herrn und des Geistes entspricht.

Aus dem Wirken Gottes in der Kirche resultiert als zweiter Schritt die Gnadengabe für jeden einzelnen. Hierin entsprechen sich 1Kor 12,7 und Eph 4,7, wobei 1Kor 12,7 mehr den Nutzen für die Gemeinde, Eph 4,7 die Maßgabe durch *Christus* betont[186]. Eph 4,8-11 belegt diese Aussage zusätzlich durch ein Psalmzitat aus Ps 68,19, das auf die Gemeinde hin ausgelegt wird. Dabei führt die Auslegung in Eph 4,11 unbemerkt wieder in den von 1Kor 12 vorgezeichneten Gedankengang zurück. c) Denn nun schließt sich als dritter Schritt eine Charismentafel an, die die verschiede-

---

[182] Vgl. F. MUSSNER, Gal. 87f, Anm. 51.
[183] M. DIBELIUS/H. GREEVEN, Eph. 80.
[184] Eine Auflistung der sprachlichen Parallelen bietet H. MERKLEIN, Amt 236ff. Allerdings will MERKLEIN literarischen Einfluß ausschließen.
[185] Eph 4,6: ὁ ἐπὶ πάντων καὶ διὰ πάντων καὶ ἐν πᾶσιν; vgl. dazu 1Kor 12,6: ὁ ἐνεργῶν τὰ πάντα ἐν πᾶσιν.
[186] Daß Christus als Geber betont wird, ist eine Änderung, die auf die Theologie des Verfassers zurückgeführt werden kann. Sprachlich nahestehend ist auch Röm 12,3: die Zuteilung des Glaubensmaßes durch Gott; vgl. auch 1Kor 12,11.

nen Gnadengaben aufführt (1Kor 12,8ff; Eph 4,11). Als sprachliches und sachliches Vorbild hat hier Eph 4,11 allerdings die in 1Kor 12,28ff belegte zweite Charismentafel gegenüber der ersten Tafel in 1Kor 12,8ff bevorzugt, da diese eine Zuspitzung auf feste Ämter bietet, was der bereits oben beobachteten Tendenz zur Verfestigung von Amtsstrukturen[187] im Epheserbrief entgegenkommt[188].

Wurde von verschiedenen Forschern betont, der sprachliche Bezug reiche nicht aus, um „einen unmittelbaren Einfluß des großen Charismenkapitels von 1Kor auf die Gestaltung von Eph 4,7-16 anzunehmen"[189], so wurde dabei bislang die parallele Gedankenstruktur übersehen, die von Eph 4 unzweideutig auf 1Kor 12 zurückweist. Ein Vergleich mit Röm 12,3-6, wozu ebenfalls sprachliche Bezüge bestehen[190], liefert die Gegenprobe: In Röm 12 baut die Charismentafel auf dem σῶμα-Gedanken auf und betont die Unterschiedlichkeit der Gaben im Hinblick auf das Miteinander in dem einen Leib[191]. In 1Kor 12 und Eph 4 wird der Leibgedanke erst anschließend eingeführt (1Kor 12,12ff; Eph 4,12ff), die Charismentafeln 1Kor 12,8-11; Eph 4,11 betonen den Gabecharakter (1Kor 12,7.8 δίδοται; Eph 4,11 ἔδωκεν)[192]. Daß Röm 12,3-8 bei gleicher Thematik eine ganz andere Gedankenstruktur und Aussageintention zeigt[193], macht klar, daß bei der Entstehung von Eph 4 nicht nur die Tradition der Charismentafeln eine Rolle gespielt hat, sondern daß hier eindeutig das große Charismenkapitel 1Kor 12 als literarische Vorlage gedient haben muß.

(7) Deutliche Indizien für eine Verarbeitung von *1Kor 11,3* liegen in der Mahnung an die Frauen in der Haustafel *Eph 5,23* vor. Die Aussage

---

[187] S.o. 49ff: 4. Die charakteristische Neugestaltung im Epheserbrief, dort insbes. den Vergleich zwischen Kol 2,19 und Eph 4,15f.

[188] Erkennt man den von 1Kor 12 her vorgezeichneten Gedankengang, läßt sich auch der oft monierte Wechsel von der allgemeinen Teilhabe an Gnadengaben, Eph 4,7, zur Einschränkung auf die Amtsgnade, Eph 4,11, durch literarische Bearbeitung erklären.

[189] So exemplarisch R. SCHNACKENBURG, Eph. 176; ähnlich H. MERKLEIN, Amt 238; A. LINDEMANN, Paulus 125.

[190] Vgl. Eph 4,7 mit Röm 12,3.

[191] Nach U. WILCKENS, Röm. Bd. 3, 14, liegt in Röm 12,3ff „der Ton auf der Verschiedenheit dessen, was die einzelnen Charismen zum Leben der Gesamtgemeinde beitragen".

[192] Nach F. LANG, 1/2Kor. 170, schärft Paulus in 1Kor 12, 4-11 „den Pneumatikern ein, daß auch sie ihre besonderen Geistesgaben der Gnade Gottes verdanken und nicht sich selbst". Anders dagegen verhält es sich in der Charismentafel 1Kor 12,28ff. Sie betont wie Röm 12,6-8 die Unterschiedenheit der Charismen, hier sogar in wertender Reihenfolge.

[193] Damit sind sprachliche Einflüsse von Röm 12,3ff auf Eph 4,7ff nicht ausgeschlossen, doch lassen sie sich nicht durch Parallelen im Gedankengang stützen.

κεφαλὴ δὲ γυναικὸς ὁ ἀνήρ (1Kor 11,3) kehrt in ὅτι ἀνήρ ἐστιν κεφαλὴ τῆς γυναικός (Eph 5,23) wörtlich wieder und macht auf eine literarische Bezugnahme aufmerksam. Während 1Kor 11,3 diese Aussage in eine hierarchische Stufengliederung mehrerer κεφαλή-Aussagen einbaut (Gott ist das Haupt Christi, Christus das Haupt des Mannes, der Mann das Haupt der Frau), stellt Eph 5,23 einen Vergleich auf: Wie der Mann das Haupt der Frau, so ist Christus das Haupt der Kirche. Daß trotz dieser Umstellung 1Kor 11,3 das literarische Vorbild von Eph 5,23 bildet, beweist neben den vorhandenen wörtlichen Übereinstimmungen der gleiche Vorstellungshintergrund. Wie in 1Kor 11,3 liegt auch in Eph 5,23 die Bedeutung von Haupt als Herrschaftsbegriff vor. Erst durch den Zusatz von αὐτὸς σωτὴρ τοῦ σώματος Eph 5,23c tritt die zweite, für die Theologie des Epheserbriefes typische Bedeutung des Hauptes hinzu, nach welcher Christus das Haupt der Kirche als seines Leibes darstellt[194]. Für den in Eph 5,23a.b aufgestellten Vergleich kann ein Einfluß dieser κεφαλή-σῶμα-Vorstellung jedoch ausgeschlossen werden, da in V 24 das κεφαλή-Verhältnis durch ὑποτάσσεται expliziert wird: Mit Gehorsam wird eindeutig auf die herrscherliche Haupt-Vorstellung Bezug genommen. In Eph 5,23a.b wird also wie in 1Kor 11,3 κεφαλή als Herrschaftsbegriff verstanden. Damit wird die vermutete literarische Verarbeitung von 1Kor 11,3 in Eph 5,23 vom Vorstellungshintergrund her eindeutig gestützt. Selbst für A. Lindemann ist der Bezug von Eph 5,23 auf 1Kor 11,3 „ein einigermaßen sicherer Beleg dafür, daß der V(er)f(asser) des Eph(eserbriefes) den paulinischen 1(.) Kor(rintherbrief) vermutlich gekannt hat"[195].[196]

(8) Das apostolische Amtsverständnis des Paulus, nach dem er sich als „Botschafter an Christi Statt" (*2Kor 5,20*) versteht, ist auch in *Eph 6,20* aufgenommen. Die Wendung πρεσβεύω ὑπέρ begegnet im Neuen Testa-

---

[194] Der Zusatz stellt einen über den eigentlichen Vergleich hinausführenden ekklesiologischen Überschuß dar. Die Haupt-Leib-Vorstellung kann ebensowenig wie die Bezeichnung σωτήρ auf die Ehe übertragen werden. So schon J. A. BENGEL, Gnomon 772: „vir non est servator uxoris. In eo Christus excellit." Vgl. E. HAUPT, Eph. 210; E. GAUGLER, Eph. 208; anders J. GNILKA, Eph. 276f.
[195] A. LINDEMANN, Paulus 126; vgl. A. E. BARNETT, Paul becomes a Literary Influence 33; J. GNILKA, Eph. 22.
[196] Bemerkenswert ist der durch diesen literarischen Nachweis gewährte Einblick in die Arbeitsweise des Verfassers. Der Abschnitt Eph 5,22-24 erweist sich als eine Kombination der Aussagen aus Kol 3,18 und 1Kor 11,3, wobei die übernommenen Aussagen jeweils zu einem Vergleich umformuliert werden.

ment nur in 2Kor 5,20 und Eph 6,20[197]. Doch gegen einen literarischen Einfluß von 2Kor 5,20 in Eph 6,20 wird gerne die jeweils verschiedene Beziehung von πρεσβεύω ὑπέρ ins Feld geführt[198]. Während sich Paulus in 2Kor 5,20 Botschafter Christi nennt, wird er in Eph 6,20 als Botschafter für das Mysterium des Evangeliums[199] bezeichnet. Damit ist die Sache des μυστήριον τοῦ εὐαγγελίου an die Stelle der Person Christi getreten. Diese Differenz läßt sich jedoch als Konsequenz einer theologischen Umarbeitung verstehen, die durch die Intention des Verfassers des Epheserbriefes bedingt ist. Schon in Eph 3 wird Paulus als der dargestellt, dem das Mysterium Gottes offenbart ist (Eph 3,3), dessen besondere Einsicht in das Mysterium die Leser überprüfen können (Eph 3,4) und der darum den Reichtum Christi – und nicht, wie Gal 1,16, die Person Christi – verkündigt (Eph 3,8)[200]. Daß gerade diese Intention in Eph 6,20 an die Stelle Christi das Mysterium des Evangeliums treten ließ, bestätigt der Austausch von λαλῆσαι aus der übernommenen Formulierung Kol 4,4 gegen γνωρίσαι in Eph 6,19: Hier wird betont auf Offenbarungsterminologie Wert gelegt. Wie der sonstige Gebrauch innerhalb des Epheserbriefes zeigt[201], schwingt in der Verwendung von γνωρίζω im Zusammenhang mit μυστήριον die Konnotation „das Heil von Gott her offenbaren"[202] mit. Der Bezug von πρεσβεύω auf τὸ μυστήριον τοῦ εὐαγγελίου trägt damit eindeutig die theologische Handschrift des Verfassers und läßt sich daher als bewußte Änderung der Vorlage 2Kor 5,20 verstehen[203].

---

[197] Am nächsten verwandt ist die Formulierung πρεσβεύσοντα καὶ περὶ ὑμῶν, Polyc 13,1, in der der Urheber der Sendung mit περί angegeben wird. Parallelen für πρεσβεύω ὑπέρ in der griechischen Antike benennt G. BORNKAMM, Art. πρέσβυς κτλ., in: ThWNT 6, 680f; weitere Literatur vgl. W. BAUER/K. u. B. ALAND, Wörterbuch s.v. 1401.

[198] So etwa A. LINDEMANN, Paulus 123, Anm. 52, der auf G. BORNKAMM, Art. πρέσβυς κτλ., in: ThWNT 6, 682,35-40 verweist. Der Übersetzungsvorschlag von G. BORNKAMM für ὑπέρ οὗ in Eph 6,20 „im Sinne von 'zu Gunsten'" (ebd.) erscheint mir künstlich. Vgl. auch J. ROHDE, Art. πρεσβεύω/πρεσβεία, in: EWNT 3, 354f.

[199] Das Relativpronomen οὗ, Eph 6,20, kann sich sowohl auf τὸ μυστήριον als auch auf τοῦ εὐαγγελίου beziehen. Ich ziehe aufgrund der theologischen Gewichtung in Eph 3 den Bezug auf τὸ μυστήριον vor.

[200] S.o. 68 zu Eph 3,8.

[201] Vgl. Eph 1,9; 3,3.5.10.

[202] So O. KNOCH, Art. γνωρίζω, in: EWNT 1, 617.

[203] Damit widerspreche ich A. LINDEMANN, Paulus 123, nach dessen Meinung „der Gedanke ... im Eph(eserbrief) ein ganz anderer als bei Paulus" ist. Einen Bezug von Eph 6,20 auf 2Kor 5,20 vermuten J. GNILKA, Eph. 22, A. E. BARNETT, Paul becomes a Literary Influence 37; C. L. MITTON, The Epistle 137; sehr vorsichtig R. SCHNAKKENBURG, Eph. 290; vgl. auch ebd. Anm. 748: „Eine literarische Kenntnis des 2(.) Kor(intherbriefs) durch den Eph(eserbrief)-Autor ist nicht sicher."

Ergebnis:
In den angeführten Belegstellen aus dem Epheserbrief kann die *Kenntnis einzelner Briefstellen der Paulusbriefe* eindeutig nachgewiesen werden. Insbesondere formale Kriterien wie der Gebrauch von seltenem Vokabular oder auffällige Strukturmerkmale weisen auf einen literarischen Einfluß hin, der über eine allgemeine Verwandtschaft im Gedankengut hinausgeht. Zusätzlich ließen sich Bearbeitungsspuren durch den Verfasser des Epheserbriefes erkennen: etwa die Steigerung der Aussage von 1Kor 15,9 in Eph 3,8, die Uminterpretation von θεμέλιος 1Kor 3,10f in Eph 2,20 oder die neue inhaltliche Bestimmung der paulinischen Verkündigung in Eph 6,20 gegenüber 2Kor 5,20. Diese Änderungen machen ebenfalls deutlich, daß der Verfasser sich an der literarischen Vorlage der Paulusbriefe orientiert haben muß. Dabei ist es müßig darüber zu streiten, ob der Verfasser die verschiedenen Paulusbriefe vor sich liegen hatte und daraus abgeschrieben hat, oder ob er sich so gut in ihnen auskannte, daß die Briefe „zum geistigen Besitz des Verf(assers) geworden"[204] waren, so daß er auswendig aus ihnen zitieren konnte. Tatsache ist, daß der Verfasser nicht nur allgemein mit dem paulinischen Denken vertraut ist, sondern auch den *Wortlaut der Briefe* bis in die Einzelheiten kennt. Die Abfassung des Epheserbriefes setzt darum ein eingehendes Studium der Paulusbriefe voraus.

Aus den bisher untersuchten Stellen lassen sich nun Rückschlüsse auf die Kenntnis einzelner Paulusbriefe ziehen. A. Lindemann hat allerdings auf das methodische Problem hingewiesen, von der literarischen Bekanntschaft einzelner Briefstellen auf die Kenntnis ganzer Paulusbriefe zurückzuschließen. Immerhin könne es möglich gewesen sein, „daß der zitierende Autor zwar ein bestimmtes Argumentationsstück aus einem Brief gekannt hat, aber nicht unbedingt den ganzen Brief"[205]. Eine solche fragmentarische Kenntnis der Paulusbriefe würde jedoch voraussetzen, daß die Briefe an manchen Orten nur in einzelnen Auszügen überliefert wurden. D.h. der Verfasser hätte mit unvollständigen Abschriften oder bewußt angefertigten Florilegien gearbeitet. Dagegen spricht jedoch, wie

---

[204] J. GNILKA, Eph. 22. Im Unterschied zu Gnilka muß m.E. betont werden, daß nicht nur der Inhalt der Briefe, sondern auch der Wortlaut zum geistigen Besitz geworden sein muß.
[205] A. LINDEMANN, Paulus 127.

Lindemann selbst einräumt, daß eine „entsprechende handschriftliche Überlieferung nicht nachweisbar" ist[206].

Stellt man die in den Teilen III.2 und III.3 ermittelten Belege zusammen, so ergibt sich aus der Verarbeitung von Röm 5,2 in Eph 2,18; Eph 3,12 sowie der sprachlichen Verwandtschaft von Eph 4,17-19 mit Röm 1,18-32 als auch aus dem thematischen Bezug von Eph 6,11 auf Röm 13,12, daß für den Verfasser des Epheserbriefes die *Kenntnis des Römerbriefes* vorauszusetzen ist. Wie die Untersuchung zum Aufbau des Epheserbriefes bereits zeigte[207], scheint auch die Einteilung in den lehrhaften Teil Eph 1-3 und den paränetischen Teil Eph 4-6 nach dem Vorbild des Römerbriefes gestaltet zu sein[208].

Für die Kenntnis des *1. Korintherbriefes* spricht eine Vielzahl von Belegen. Aufgrund sprachlicher Bezüge konnte die Bearbeitung von 1Kor 3,9-17 in Eph 2,20-22 nachgewiesen werden. Ebenso eindeutig wurde die Aussage 1Kor 11,3 in Eph 5,23 eingearbeitet. Das große Charismenkapitel 1Kor 12, insbesondere 1Kor 12, 4-11.28, hat neben den sprachlichen Bezügen für den strukturellen Entwurf von Eph 4,4-11 Pate gestanden, und in Eph 3,8 war eine deutliche Reminiszenz an 1Kor 15,9 zu erkennen. Schließlich ließ sich in Eph 1,20-22 der Rückgriff auf 1Kor 15,24-27 aufweisen.

Aus den eindeutigen Anspielungen von Eph 1,13f auf 2Kor 1,22 sowie Eph 6,20 auf 2Kor 5,20 ergibt sich, daß der Verfasser auch den *2. Korintherbrief* gekannt haben muß. Hierfür spricht ebenfalls die Eröffnung der Briefeingangseulogie, die in Eph 1,3 wohl nach dem Vorbild von 2Kor 1,3 gestaltet ist, sowie die sprachliche Reminiszenz an 2Kor 3,4, die sich für Eph 2,18; 3,12 nahelegte.

Die Kenntnis des *Galaterbriefes* läßt sich aus der biographischen Notiz Gal 1,16 erkennen, die in Eph 3,8 verarbeitet ist. Vermutlich weist auch der kurze Tugendkatalog Eph 5,9 auf die entsprechende Formulierung in Gal 5,22, doch konnte diese Anspielung nicht eindeutig nachgewiesen werden.

---

[206] A. LINDEMANN, ebd. Da selbst in den jüngeren Textzeugen eine unvollständige Textüberlieferung dieser Art nicht nachweisbar ist, ist eine solche Annahme für die Entstehungszeit des Epheserbriefes noch unwahrscheinlicher. Ebenso müßte für die recht frühe Entstehungszeit noch vor der Jahrhundertwende die Existenz von Florilegien erst nachgewiesen werden.
[207] S.o. 37f: 4. Das Briefcorpus des Epheserbriefes im Vergleich zu den Paulusbriefen.
[208] Vgl. auch den sprachlichen Bezug von Eph 4,1 auf Röm 12,1.

Die Darstellung der Waffenrüstung Eph 6,10-17 erwies sich als erweiterte Bearbeitung von 1Thess 5,8. Dieser Beleg setzt damit voraus, daß der Verfasser des Epheserbriefes auch den *1.Thessalonicherbrief* gekannt haben muß.

Für den kurzen *Philemonbrief* als Vorlage sprechen zwei wichtige Beobachtungen in Eph 1,15f. Neben den sprachlichen Gemeinsamkeiten zwischen Eph 1,15 und Phlm 4f[209], die jedoch durch die feste Form des Briefformulars bedingt sein könnten[210], fällt auf, daß der Titel ὁ κύριος Ἰησοῦς (ohne Χριστός) nur in Eph 1,15 begegnet[211] – offensichtlich aufgrund der Abhängigkeit von Phlm 5. Weiterhin ist in Eph 1,17 vor dem ἵνα-Satz ein αἰτούμενος o.ä. zu ergänzen. Die analoge Ellipse liegt bei dem ὅπως-Satz Phlm 6 vor. Ein weiterer Hinweis ist schließlich die paulinische Selbstbezeichnung δέσμιος Χριστοῦ (Eph 3,1), die innerhalb des Corpus Paulinum nur in Phlm 1 und 9 begegnet[212]. Die genannten sprachlichen Gemeinsamkeiten lassen erkennen, daß der Autor des Epheserbriefes den Philemonbrief gekannt haben muß.

Der einzige echte Paulusbrief, für den sich eine literarische Verarbeitung im Epheserbrief *nicht nachweisen* läßt, ist der *Philipperbrief*. Wie wir festgestellt haben, bietet der Epheserbrief für seine Kenntnis keinen Beleg[213].

Mit Ausnahme des Philipperbriefes also hat sich damit die These von Kümmel, Vielhauer und Gnilka bestätigt, daß der Epheserbrief sämtliche Paulusbriefe gekannt und verarbeitet hat. Dem entspricht auch das Urteil von C. L. Mitton: „the author was a Paulinist, who was intimately familiar with the whole Pauline Corpus in its written form."[214]

Zusätzlich soll an dieser Stelle kurz auf die Frage eingegangen werden, ob auch von weiteren Briefen der Paulusschule, also dem *2. Thessalonicherbrief* und den *Pastoralbriefen*, ein literarischer Einfluß auf den Epheser-

---

[209] Vgl. die über Kol 1,4.9 hinausgehende Formulierung μνείαν ποιούμενος ἐπὶ τῶν προσευχῶν μου; vgl. C. L. MITTON, The Epistle 132f.
[210] Vgl. etwa Röm 1,9f; 1Thess 1,2.
[211] Anders dagegen Eph 1,2; 1,3; 1,17; 5,20; 6,23.24; vgl. auch 3,11.
[212] Vgl. auch δέσμιος ἐν κυρίῳ, Eph 4,1, sowie τὸν δέσμιον αὐτοῦ (scil. τοῦ κυρίου), 2Tim 1,8.
[213] Der von C. L. MITTON, The Epistle 150; A. E. BARNETT, Paul becomes a Literary Influence 11; M. DIBELIUS/H. GREEVEN, Eph. 64, vermutete Bezug von Eph 1,20-23 auf Phil 2,9-11 ließ sich nicht bestätigen. S.o. 57f.
[214] C. L. MITTON, The Epistle 99.

brief erkennbar ist. Die von Mitton aufgeführten Belege[215] für die Einflüsse des 2.Thessalonicherbriefes auf den Epheserbrief lassen sich jedoch insgesamt als gegenstandslos ausschließen. Entweder greifen beide Schriften auf feste paulinische Formulierungen zurück (so 2Thess 1,2 und Eph 1,2) oder es lassen sich keine erwägenswerten inhaltlichen bzw. sprachlichen Berührungen feststellen[216].

In den Pastoralbriefen bestehen zwar einige thematische Berührungen[217] mit dem Epheserbrief, die jedoch aufgrund ihrer jeweiligen Unterschiedenheit am leichtesten über die gemeinsame Wurzel der anerkannten Paulusbriefe erklärt werden können.

4. Die Belege aus den Paulusbriefen

Zusätzlich zu den mitgeteilten Bezügen fallen im Epheserbrief viele weitere Formulierungen auf, bei denen ein paulinischer Einfluß wahrscheinlich gemacht werden kann. Da eine Untersuchung sämtlicher Anspielungen, die sich vermuten lassen, den Rahmen dieser Arbeit sprengen würde und die bisher gewonnenen Ergebnisse dadurch allenfalls bestätigt werden könnten, soll um der Übersichtlichkeit willen auf eine eingehende Diskussion verzichtet werden. Statt dessen sollen sämtliche möglichen Bezugnahmen und Anspielungen auf die anerkannten Paulusbriefe nach der Wahrscheinlichkeit geordnet in einer *Tabelle* aufgelistet werden.

Übersicht über die Anspielungen aus den Paulusbriefen

	Bezugnahme eindeutig	Bezugnahme sehr wahrscheinlich	Bezugnahme wahrscheinlich	Bezugnahme möglich
Eph 1,3	2Kor 1,3			Gal 3,14
Eph 1,6.12.14			Phil 1,11	
Eph 1,8			Röm 5,15; 2Kor 4,15; 9,8	
Eph 1,9		1Kor 2,1.7; 4,1		

---

[215] Vgl. die von C. L. MITTON, The Epistle 279-315, angeführten Bezüge zu 2Thess 1,2 (Eph 1,2); 2Thess 2,3f.7 (Eph 2,2f); 2Thess 2,14 (Eph 3,6); 2Thess 1,11 (Eph 4,1); 2Thess 3,3 (Eph 6,16); 2Thess 3,1 (Eph 6,19); 2Thess 1,2 (Eph 6,23).
[216] Vgl. W.G. KÜMMEL, Einleitung 316.
[217] An Berührungen könnten vermutet werden (vgl. auch C. L. MITTON, The Epistle 279-315): 1Tim 1,15 – Eph 3,8 (gemeinsamer Rückgriff auf 1Kor 15,9); 2Tim 2,21 – Eph 2,10; Tit 3,5 – Eph 2,4.8f (vgl. dazu U. LUZ, Rechtfertigung bei den Paulusschülern 369-371); Tit 3,5 – Eph 5,8; Tit 2,9 – Eph 6,5.

Die Zitate und Anspielungen aus den Paulusbriefen

	Bezugnahme eindeutig	Bezugnahme sehr wahrscheinlich	Bezugnahme wahrscheinlich	Bezugnahme möglich
Eph 1,13f	2Kor 1,22	Röm 1,16		
Eph 1,15f			Röm 1,8-10; Phlm 4-6	
Eph 1,17f			1Kor 2,6-16	
Eph 1,19		Röm 1,16		Phil 3,21; 2Kor 3,14
Eph 1,20-22	1Kor 15,27	Röm 8,34		
Eph 2,3a			Gal 5,16	
Eph 2,4.12		1Thess 4,13		
Eph 2,5c.8a	Röm 3,24f	Röm 9,32; Gal 2,16		
Eph 2,6		Röm 3,24		
Eph 2,8b				2Kor 5,18aα
Eph 2,9a	Röm 9,12; 11,6	Gal 2,16; Röm 3,20; 9,32		
Eph 2,9b		1Kor 1,29	Röm 3,27; 1Kor 1,31; 4,7	1Kor 3,21
Eph 2,10		2Kor 5,17	2Kor 5,14b.15; Röm 6,4	
Eph 2,11		Röm 2,28f		
Eph 2,12			Röm 9,4	
Eph 2,15			Gal 3,28; 2Kor 5,17	
Eph 2,16.18		1Kor 12,13		
Eph 2,18	Röm 5,2	2Kor 3,4		
Eph 2,19			Phil 3,20	
Eph 2,20-22	1Kor 3,9-13			
Eph 3,1		Phlm 1.9	Gal 5,2; 2Kor 10,1	
Eph 3,2		1Kor 3,10; (Röm 12,3; 15,15; Gal 2,9)		
Eph 3,3		Gal 1,12		
Eph 3,8a	1Kor 15,9; Gal 1,16			
Eph 3,8b			1Kor 2,7; (Röm 16,25f)	
Eph 3,12		Röm 5,2; 2Kor 3,4.12		

	Bezugnahme eindeutig	Bezugnahme sehr wahrscheinlich	Bezugnahme wahrscheinlich	Bezugnahme möglich
Eph 3,13b		2Kor 1,6; 4,12.15; 12,15		
Eph 3,20			Röm 11,36; (Röm 16,25f); Gal 1,5	Phil 4,7
Eph 4,1	Röm 12,1	Phlm 1.9		
Eph 4,4-6	1Kor 12,4-6; 12,13		1Kor 8,6	
Eph 4,7	1Kor 12,7			Röm 12,3
Eph 4,11	1Kor 12,28			
Eph 4,15		Gal 4,16		
Eph 4,18f	Röm 1,21.24.28			
Eph 4,25				Röm 12,5
Eph 4,28		1Kor 4,12	1Thess 4,11	
Eph 5,1	1Kor 4,14.16		1Thess 1,6	1Kor 11,1; Phil 3,17
Eph 5,2	Gal 2,20		Gal 1,4; Röm 8,32	
Eph 5,5		Gal 5,21; 1Kor 6,10		
Eph 5,8-14		1Thess 5,5; Röm 13,12	2Kor 6,14	1Kor 14,24f
Eph 5,9		Gal 5,22		Phil 2,15
Eph 5,10.17		Röm 12,2		
Eph 5,23	1Kor 11,3		Phil 3,20	
Eph 5,26			1Kor 6,11	
Eph 5,27		2Kor 11,2		
Eph 6,6		1Kor 7,22(!)		
Eph 6,10ff	1Thess 5,8	Röm 13,12;	2Kor 10,3f	1Kor 16,13
Eph 6,18			Phil 4,6	
Eph 6,20	2Kor 5,20			

5. Die Bearbeitung der Anspielungen durch den Verfasser des Epheserbriefes

Die zahlreichen Anspielungen auf Briefstellen der Paulusbriefe, die in den Text des Epheserbriefes eingeflochten sind, lassen darauf zurückschließen, daß der Verfasser sich bewußt an Paulus orientieren wollte. Auffällig ist dabei, daß er dem direkten Zitat die Anspielung vorzieht und somit paulinische Aussagen stets abgewandelt aufnimmt. Um die paulinischen Einflüsse im Epheserbrief richtig beurteilen zu können, ist es darum notwendig, nicht nur die Gemeinsamkeiten zu beachten, die in den Anspielungen wiederkehren, sondern gerade auch die *Unterschiede und Abwandlungen* zu berücksichtigen, unter denen solche Anspielungen erfolgen.

Bei verschiedenen Anspielungen wurden bereits im Vergleich zur paulinischen Vorlage bewußte Änderungen beobachtet. Dabei gewähren solche „Bearbeitungsspuren" in *formaler* Hinsicht einen aufschlußreichen Einblick in die Arbeitsweise des Verfassers. Faßt man die Bearbeitungen *thematisch* zusammen, lassen sich gewisse Tendenzen feststellen, die auf eine inhaltlich-theologische Uminterpretation der paulinischen Vorlage schließen lassen.

a) Die Bearbeitung in formaler Hinsicht

(1) Die Kombination von Anspielungen: Mehrfach ließ sich in einzelnen Abschnitten eine Kombination verschiedener Aussagen beobachten. So wurden etwa die biographischen Äußerungen 1Kor 15,7 und Gal 1,16 in Eph 3,8 zu einer komprimierten Aussage über den Auftrag des Paulus zusammengefügt. In Eph 2,18 und 3,12 ließ sich die Verarbeitung von Röm 5,2 und 2Kor 3,4 beobachten, wobei die Kombination der Anspielungen zu einer Verdichtung der Aussage führte. Ebenso erwies sich der Abschnitt Eph 5,22-24 als eine Kombination der Aussagen aus Kol 3,18 und 1Kor 11,3, bei der die übernommenen Aussagen jeweils zu einem Vergleich umformuliert werden. Da die aus Kol 3,18 gewonnene Aussage in V 22 durch den aus 1Kor 11,3 abgeleiteten Vergleich in V 23 präzisiert und begründet wird (ὅτι), stellt sich der in V 24 vom Verfasser formulierte Vergleich als eine Aussage dar, die aus der Kombination und Explikation zweier vorgegebener Textstellen gewonnen wurde. Auch die Aufforderung zur Nachahmung Gottes läßt sich als eine Kombination zweier Briefstellen verstehen. Hier schließt der Verfasser an die Mahnung γίνεσθε οὖν μιμηταὶ τοῦ θεοῦ, die höchstwahrscheinlich 1Kor 4,16

aufnimmt, die Anrede ὡς τέκνα ἀγαπητά an, die er 1Kor 4,14 entnommen hat.

Diese charakteristische Kombination von Anspielungen wurde bereits von Mitton genau beschrieben und auf eine gedächtnismäßige Verarbeitung der Paulusbriefe zurückgeführt. Gerade so sei zu erklären, warum die Anspielungen oft verändert, vorzeitig abgebrochen oder mit Anspielungen aus völlig anderen Zusammenhängen kombiniert würden[218]. Die genannten Beispiele zeigen jedoch, wie der Verfasser durch Kombination von Anspielungen zu eigenen Aussagen kommt, die in ihrer Bedeutung über das ursprüngliche Pauluszitat hinausgehen. Gerade dieser Sachverhalt legt die Vermutung nahe, daß der Verfasser weniger aufgrund einer gedächtnismäßigen Benützung verstreut liegende Zitate zusammenstellt, sondern daß für die Kombination inhaltlich-theologische Gründe maßgeblich sind. Das aber heißt, daß der Verfasser die durch die Kombination neu gewonnenen Aussagen bewußt als eine *sachgemäße* Interpretation der paulinischen Theologie erweisen will. Die Verarbeitung der Zitate und Anspielungen deutet darauf hin, *daß der Verfasser sich selbst als Interpret des Paulus versteht,* der die paulinischen Aussagen weitergehend entfaltet. Die Untersuchung der Bearbeitung in thematischer Hinsicht muß prüfen, ob die inhaltlichen Veränderungen dem formalen Eindruck entsprechend tatsächlich eine interpretatorische Entfaltung paulinischer Aussagen darstellen.

(2) Die Zusammenfassung von Abschnitten: An einigen Stellen war über die einzelnen Anspielungen hinaus zu erkennen, daß dem Verfasser ein längeres Argumentationsstück eines Paulusbriefes vor Augen steht, auf das er zusammenfassend zurückgreift.

So ließ sich in Eph 2,20-22 eine Zusammenfassung von 1Kor 3,10-17 wiederfinden, in welcher das Bild von der Gemeinde als Tempel komprimiert zur Darstellung kommt. Ebenso spiegelt sich der Gedankengang von 1Kor 12 in der kurzgefaßten Beschreibung Eph 4,4-11 wider, so daß sich vermuten läßt, der Verfasser habe Eph 4,4ff als eine Zusammenfassung des großen Charismenkapitels 1Kor 12 konzipiert. Eph 4,17-19 bietet in Kurzform eine Beschreibung des heidnischen Lebens nach dem Vorbild von Röm 1,18-32. An den drei genannten Beispielen läßt sich zeigen, daß es dem Verfasser darauf ankommt, in knappen Worten paulinische Gedankengänge zu Wort kommen zu lassen.

---

[218] Vgl. C. L. MITTON, The Epistle 138ff.

Auch diese Tendenz, längere Abschnitte aus den Paulusbriefen zusammenfassend wiederzugeben, weist auf die interpretatorische Absicht des Verfassers hin. Ob durch die komprimierte Darstellung die paulinischen Gedankengänge von ihm zugespitzt werden und so eine veränderte Pointe erhalten können, muß noch eigens überprüft werden. Deutlich zeigt sich aber schon in der zusammenfassenden Art der Darstellung, daß der Verfasser *paulinisches Gedankengut bündeln* und seinen Lesern *kurzgefaßt* wiedergeben möchte.

b) Die Bearbeitung in thematischer Hinsicht

Auch in thematischer Hinsicht sind in den Anspielungen des Epheserbriefes deutliche Änderungen zu beobachten. Da sie sich thematisch ordnen lassen, zeigt sich wiederum, daß nicht eine gedächtnismäßige Benutzung der Paulusbriefe für die Umformung verantwortlich sein kann, sondern daß hinter den Änderungen eine direkte interpretatorische Absicht steht. Faßt man diese „Bearbeitungsspuren" thematisch zusammen, so lassen sich die Tendenzen feststellen, die zur theologischen Uminterpretation der paulinischen Vorlage geführt haben.

(1) *In einigen Aussagen wird Gott durch Christus ersetzt bzw. um Christus erweitert.* Derartige Änderungen lassen sich bei den Aussagen über Gott beobachten, die den Bezug zu den Gläubigen hervorheben. So heißt es in Eph 4,11 im Unterschied zur Vorlage 1Kor 12,28 nicht, daß *Gott*, sondern daß *Christus* die Ämter der Kirche gibt. Auch die Mahnung an die Gläubigen zu prüfen, was *Gottes* Wille sei (Röm 12,2), wird verändert in die Aufforderung zu begreifen, was der Wille des *Kyrios* sei (Eph 5,10.17)[219]. Nach Röm 12,3 teilt Gott das Maß des Glaubens zu. Sofern auf diese Stelle in Eph 4,7 angespielt ist, teilt dort nun Christus das Maß der Gnadengaben zu. Die ekklesiologischen Aussagen werden konsequent auf den Kyrios bezogen. In Eph 5,5 werden dagegen Gott und Christus erwähnt: In der Verarbeitung der Unheilsandrohung, wie sie in Gal 5,21 und 1Kor 6,10 begegnet, wird hier von der βασιλεία τοῦ Χριστοῦ καὶ θεοῦ gesprochen. Wie in der Umformung der Aussagen aus dem Kolosserbrief[220] stellt auch hier der Verfasser deutlich heraus, daß Gott der in

---

[219] Vgl. Röm 12,2: εἰς τὸ δοκιμάζειν ὑμᾶς τί τὸ θέλημα τοῦ θεοῦ, τὸ ἀγαθὸν καὶ εὐάρεστον καὶ τέλειον mit Eph 5,10: δοκιμάζοντες τί ἐστιν εὐάρεστον τῷ κυρίῳ bzw. Eph 5,17: συνίετε τί τὸ θέλημα τοῦ κυρίου.
[220] S.o. 51.

Christus handelnde und sich offenbarende Gott ist, und Christus so wesensmäßig auf die Seite Gottes gehört.

(2) *Eschatologische Aussagen werden präsentisch gefaßt.* Statt δικαιούμενοι, Röm 3,24, setzt Eph 2,5.8 σεσῳσμένοι und betont damit die über die Rechtfertigung hinaus schon geschehene Rettung aus Gnade. Ebenso ändert Eph 5,5 die an den Lasterkatalog angehängte Warnung vor einem zukünftigen Ausschluß aus dem Gottesreich (οὐ κληρονομήσουσιν Gal 5,21; 1Kor 6,10) in eine präsentische Aussage: οὐκ ἔχει κληρονομίαν.

(3) *Auf Paulus bezogenene Aussagen werden von der Person des Apostels gelöst und verallgemeinert.* Die von Paulus her bekannte Aufforderung, den Apostel nachzuahmen: μιμηταί μου γίνεσθε (1Kor 4,16; 11,1; Phil 3,17) wird verändert in die Mahnung, Gott nachzuahmen: γίνεσθε οὖν μιμηταὶ τοῦ θεοῦ (Eph 5,1). Sprachlich hat die Formulierung ihr Vorbild wohl in 1Kor 4,16, da der Verfasser diese Mahnung mit der Anrede ὡς τέκνα ἀγαπητά (1Kor 4,14; vgl. auch 2Kor 6,13; Gal 4,19; 1Thess 2,11) fortführt und darum wohl den Abschnitt 1Kor 4,14ff insgesamt im Blick hat. Bezeichnenderweise fällt auch in der Anrede der Bezug auf den Apostel weg, so daß die Adressaten nicht mehr als geliebte Kinder des Apostels, sondern als geliebte Kinder Gottes erscheinen[221].

Die Formulierung δοῦλοι Χριστοῦ (Eph 6,6) geht auf eine paulinische Selbstbezeichnung zurück (δοῦλος Χριστοῦ vgl. Röm 1,1; Gal 1,10; Phil 1,1), wird aber nun zum allgemeinen Ideal umgeprägt, eine Änderung, die einen Anhaltspunkt bei Paulus in 1Kor 7,22 haben könnte.

Die allgemeine Mahnung in Eph 4,28, mit eigenen Händen das Gute zu tun (κοπιάτω ἐργαζόμενος ταῖς (ἰδίαις) χερσὶν τὸ ἀγαθόν), leitet sich her von der Erwähnung des Paulus, daß er sich abmühe, mit eigenen Händen zu arbeiten (καὶ κοπιῶμεν ἐργαζόμενοι ταῖς ἰδίαις χερσίν, 1Kor 4,12)[222]: Auch hier wird eine Aussage des Paulus zur Allgemeinaussage gewendet.

(4) *Die Verkündigung des Evangeliums wird durch offenbarungsterminologisch vorgeprägte Begriffe umschrieben.* Anders als in 2Kor 5,20 wird der Apostel in Eph 6,20 nicht mehr „Botschafter an Christi Statt",

---

[221] Den Anlaß zu dieser Änderung, nicht mehr den Apostel, sondern Gott als Vorbild des Handelns darzustellen, mag die Mahnung 1Thess 1,6 geboten haben, in der zur Nachahmung des Paulus *und* des Kyrios ermuntert wird.

[222] Vgl. dazu aber schon 1Thess 4,11. Dennoch ist 1Kor 4,12 aufgrund der sprachlichen Nähe das Vorbild für Eph 4,28.

sondern als Botschafter des Mysteriums bezeichnet. Damit unterstreicht der Verfasser den Offenbarungscharakter des Verkündigungsinhalts. Auch durch die Änderung von λαλῆσαι (Kol 4,4) in γνωρίσαι (Eph 6,19) weist der Verfasser darauf hin, daß er den Apostel als Verkündiger der göttlichen Offenbarung darstellen will. Entsprechend hat der Verfasser auch die Anspielung auf Gal 1,16 in Eph 3,8f verändert, so daß als Gegenstand der Verkündigung des Apostels nicht mehr die Person Christi genannt wird, sondern der „unergründliche Reichtum Christi". Durch die parallele Fortsetzung in Eph 3,9 (καὶ φωτίσαι ... τίς ἡ οἰκονομία τοῦ μυστηρίου κτλ.) wird deutlich, daß mit der Änderung von Eph 3,8 der Inhalt der Verkündigung als Kundgabe göttlicher Offenbarung definiert werden soll.

(5) *An sonstigen Änderungen fallen auf:* In Eph 2,20 ist der θεμέλιος, auf dem die Kirche gebaut wird, nicht mehr Christus selbst wie in 1Kor 3,11, sondern es sind die Apostel und Propheten. Eph 4,19 korrigiert die Aussage von Röm 1,24.26.28, so daß nicht mehr Gott die Heiden an die Begierden hingibt, sondern diese sich selbst.

In diesen Änderungen lassen sich schon ansatzweise einige theologische Unterschiede des Epheserbriefes gegenüber Paulus erkennen. Bereits hier, in der Übernahme paulinischer Formulierungen, setzt der Verfasser des Epheserbriefes seine eigenen Akzente. Mit den Anspielungen auf die Paulusbriefe scheint der Verfasser also bewußt an Paulus anknüpfen zu wollen. Zugleich läßt er durch die Änderungen seine eigene weiterführende Interpretation erkennen. Ob diese Fortsetzung der paulinischen Theologie angemessen ist, oder ob sie eine Verfälschung bedeutet, wird in der Untersuchung der theologischen Unterschiede und Weiterbildungen sorgfältig überprüft werden müssen.

6. Ergebnis

In der Untersuchung der Zitate und Anspielungen aus den Paulusbriefen konnte in einem ersten Schritt gezeigt werden, daß der Verfasser des Epheserbriefes tatsächlich *auf paulinischer Tradition fußt*. Die Annahme von Lindemann, der Verfasser des Epheserbriefes wie auch Paulus hätten völlig unabhängig voneinander auf eine ihnen gemeinsame vorpaulinische Tradition zurückgegriffen, ließ sich nicht halten. An den von Lindemann genannten Stellen im Epheserbrief ließen sich zumeist direkte paulinische Einflüsse nachweisen. Ein zweiter Schritt in der Untersuchung führte zu dem Ergebnis, daß über eine mündliche Paulustradition hinaus von einer *literarischen Abhängigkeit* des Epheserbriefes ausgegangen werden kann. Während es für den Philipperbrief kein Indiz gibt, läßt sich für alle übrigen authentischen Paulusbriefe mit guten Gründen die Kenntnis und Rezeption durch den Verfasser des Epheserbriefes annehmen.

In einem dritten Schritt wurde die Bearbeitung der Zitate und Anspielungen genauer untersucht. Wie schon in der Frage nach der Orientierung am Kolosserbrief bestätigte sich dabei die These von Mitton, daß der Verfasser des Epheserbriefes verschiedene Anspielungen untereinander verknüpft und sie zu einer neuen Aussage umgestaltet. Mitton hatte jedoch aus der Tendenz des Verfassers, die zitierten Wendungen häufig abzuwandeln und oft ganz verstreut liegende Anspielungen zusammenzustellen, eine gedächtnismäßige Benützung der Paulusbriefe erschlossen. Dagegen war in der Forschung der Vorwurf erhoben worden, daß eine solche Verarbeitung eine recht mechanische und willkürliche Benützung der Paulusbriefe voraussetze. Da sich in der vorliegenden Untersuchung jedoch zeigte, daß durch die Kombination von Anspielungen oft *neue inhaltliche Aussagen* gewonnen werden, die über die paulinische Tradition hinausführen, scheint hinter dieser Verarbeitungstechnik nicht die Memoration von Aussagen, sondern ein *theologisches Umformungsprinzip* zu stehen: Die willkürlich erscheinende Auswahl ist inhaltlich begründet und läßt auf die Intention des Verfassers schließen, durch Verarbeitung von paulinischer Tradition zu weiterführenden Aussagen zu gelangen. Auffällig war ebenfalls die Beobachtung, daß der Verfasser theologische Gedankengänge aus den Paulusbriefen in kurzgefaßter Form darstellt. Hinter dieser Form der Verarbeitung kann man den Wunsch nach einer *Zusammenfassung der paulinischen Aussagen* vermuten. Dies wäre ein weiteres Indiz für die gesamte Tendenz des Verfassers, die theologischen Aussagen des Paulus interpretierend weiterzuführen.

Die Vermutung einer weiterführenden Interpretation paulinischer Aussagen ließ sich inhaltlich dadurch bestätigen, daß die Bearbeitung der einzelnen Anspielungen und Zitate in *thematische Blöcke* zusammengefaßt werden kann. Hierbei scheint das Verhältnis Christi zu den Gläubigen von besonderer Wichtigkeit zu sein, die Eschatologie neu bedacht worden zu sein, die Person des Apostels eine veränderte Bedeutung bekommen zu haben und die apostolische Verkündigung in ihrem Offenbarungscharakter betont zu werden. Bereits in diesen Abwandlungen wird in Ansätzen ein theologisches Umformungsprinzip erkennbar, das im dritten Hauptteil eingehender untersucht werden muß.

IV. Der Stil des Epheserbriefes

1. Thematische Vorüberlegungen

Der eigenwillige Stil des Epheserbriefes, der sich in charakteristischer Weise von demjenigen der anerkannten Paulusbriefe abhebt, ist vielfach untersucht und beschrieben worden, bot er doch einen wesentlichen Anlaß für die Kritik an der Echtheit dieses Briefes[223]. Gerade im Vergleich zu Paulus treten die Eigentümlichkeiten besonders hervor. So zeichnet sich *Paulus* durch eine ganz lebendige Art zu schreiben aus. Gerne greift er auf den Stil der Diatribe zurück[224], stellt Fragen, die im Fortgang ihre Beantwortung finden, und vermittelt dadurch den Eindruck eines lebhaften Gespräches, in dem um theologische Fragen gerungen wird. Er baut in logischem Gefüge die Aussagen aufeinander auf, entwickelt seine Gedanken in begründeter Argumentation und läßt auf diese Weise vor seinen Lesern seine theologischen Gedanken immer erst entstehen[225]. Charakteristisch sind für ihn der präzise strukturierte Gedankengang[226] und die oftmals antithetisch formulierten Abgrenzungen[227].

Wie anders ist dagegen der *Epheserbrief*! Er redet seine Hörer nicht an[228]. Er stellt keine Fragen im Verlauf einer Diskussion[229]. Er argumen-

---

[223] S.o. 1ff.
[224] Das betont besonders die frühe Veröffentlichung von R. BULTMANN, Der Stil der paulinischen Predigt 64ff. Vgl. dazu auch TH. SCHMELLER, Paulus und die „Diatribe" 55-97. Zur Frage der Voraussetzung antik-rhetorischer Kenntnisse bei Paulus vgl. C. J. CLASSEN, Paulus und die antike Rhetorik 31ff.
[225] Vgl. G. BORNKAMM, Hoffnung 212.
[226] Vgl. E. V. DOBSCHÜTZ, Zum Wortschatz und Stil 56ff. Auf den sauber gliedernden Partikelgebrauch des Paulus macht F. SIEGERT, Argumentation bei Paulus 196, aufmerksam.
[227] Zur Antithetik als Charakteristikum paulinischer Gedankenführung vgl. F. SIEGERT, a.a.O. 183: „Nahezu alle bei Paulus wichtigen Begriffe sind in Antithesen definiert"; vgl. auch R. BULTMANN, Der Stil der paulinischen Predigt 79ff.
[228] Auf das völlige Fehlen der Anrede ἀδελφοί (μου), das sonst in allen Paulusbriefen auftaucht, hat E. SCHWEIZER, Zur Frage der Echtheit 429, aufmerksam gemacht.
[229] In Eph 4,9 taucht die einzige Frage des Briefes auf, vgl. P. N. HARRISON, The Author of Ephesians 597.

tiert nicht, sondern er beschreibt und wirkt darum oft recht umständlich. Er baut seine Gedanken nicht schrittweise auf, sondern geht von festen und geprägten Anschauungen und Vorstellungen aus, die er in ihrer ganzen Fülle in Worte zu kleiden versucht[230]. Diese stilistischen Unterschiede sind insofern besonders auffällig, als es für ein pseudonym verfaßtes Schreiben durchaus denkbar gewesen wäre, den paulinischen Stil wenigstens ansatzweise nachzuahmen. Aber offensichtlich liegt dem Verfasser nicht an einer Imitation des paulinischen Stils, vielmehr wählt er für seine Darstellung eine besonders dichte und feierliche Sprache, deren Überschwenglichkeit oft als umständlich und weitschweifig empfunden wurde[231].

Der eigentümliche Stil des Epheserbriefes hat vielfältige Erklärungsversuche erfahren. So versuchte man im Gefolge von G. Schille[232] die Sprache dieses Briefes auf die Verarbeitung von hymnischer Tradition zurückzuführen[233]. Da jedoch die Übernahme liturgisch geprägter Stücke im Epheserbrief inzwischen allgemein zurückhaltender beurteilt wird[234], wird man auch die stilistischen Eigentümlichkeiten nicht mehr allein aus der Verarbeitung liturgischen Gutes ableiten können. Mit Recht haben dagegen K. G. Kuhn und F. Mußner die Verwandtschaft des Stils zu den Schriften von Qumran herausgearbeitet[235]. Dafür sprechen auch die vielfältigen inhaltlichen Bezüge zu Qumran. Dennoch müßte in einer eigenen Untersuchung überprüft werden, ob für die Stileigentümlichkeiten direkte Einflüsse aus Qumran maßgeblich gewesen sind oder ein für beide Traditionskreise gemeinsamer frühjüdischer Sprach- und Vorstellungshintergrund.

So wichtig die Rückführung des Stils auf einen frühjüdischen Sprach und Vorstellunghintergrund ist, so wurde bei der bisherigen Diskussion um den Stil des Epheserbriefes so gut wie ganz vernachlässigt, daß der Verfasser des Epheserbriefes sich bewußt um eine Anlehnung an die paulinische Tradition bemüht. Gerade die Zitate und Anspielungen aus dem Kolosserbrief und den anerkannten Paulinen müssen auch den Stil des Epheserbriefes nachhaltig beeinflußt haben. So ist es naheliegend, daß

---

[230] Vgl. G. BORNKAMM, Hoffnung 212.
[231] Vgl. dazu das vielzitierte Wort von E. NORDEN, Agnostos Theos 253, Anm. 1, der die Periode Eph 1,3-14 als „das monströseste Satzkonglomerat" bezeichnete, „das mir in griechischer Sprache begegnet ist".
[232] Vgl. G. SCHILLE, Frühchristliche Hymnen insbes. 22f.
[233] So zuletzt noch P. POKORNÝ, Eph. 1.
[234] Vgl. J. GNILKA, Eph. 23-26.
[235] Vgl. die oben 21 Anm. 124 angegebene Literatur.

durch die Aufnahme und Verarbeitung von Anspielungen der Stil des Epheserbriefes an einigen Stellen etwas umständlich und schwerfällig wirkt. Ebenso lassen sich im Epheserbrief Elemente finden, durch die der Verfasser seine weiterführende Bearbeitung kenntlich macht. Im folgenden sollen darum zunächst die Stileigentümlichkeiten dargestellt werden, die durch direkte Aufnahme von Anspielungen verursacht sind, dann die durch redaktionelle Überarbeitung bedingten Formelemente.

2. Die Prägung des Stils durch die Aufnahme von Zitaten und Anspielungen

a) Tautologien und parallele Wendungen

Eine Reihe von Stileigentümlichkeiten des Epheserbriefes lassen sich aus der Aufnahme und Kombination von Anspielungen erklären. Dazu gehört die *Tautologie*, die ein Charakteristikum für die umständliche und oftmals schleppende Art der Formulierung darstellt[236]. Da die übernommenen Wendungen sich häufig thematisch berühren, ergeben sich leicht inhaltliche Wiederholungen. Einen solchen tautologischen Charakter zeigt etwa die Zusammenstellung von ὁ λόγος τῆς ἀληθείας (Kol 1,5) und τὸ εὐαγγέλιον τῆς σωτηρίας (vgl. Röm 1,16) in Eph 1,13 oder die Wendung ἐν ἀγάπῃ ἐρριζωμένοι (Kol 2,7) καὶ τεθεμελιωμένοι (Kol 1,23) in Eph 3,17 sowie die Kombination der theologischen Begriffe aus Röm 5,2; 2Kor 3,4.12 in Eph 3,12: ἐν ᾧ ἔχομεν τὴν παρρησίαν καὶ προσαγωγὴν ἐν πεποιθήσει κτλ.

Auch die „reichliche Verwendung von parallelen Nebensätzen, Infinitiven oder Partizipialkonstruktionen", die E. Percy[237] beobachtet, läßt sich großenteils auf die Kombination der Anspielungen zurückführen. Als Beispiel für solche *parallele Wendungen* lassen sich etwa die Verbindung von Kol 1,21 und Röm 9,4 in Eph 2,12 oder die Einführung von Kol 1,21 in den von Röm 1,18-32 geprägten Text Eph 4,18 nennen. Daß solche Zusammenstellungen sich gegenseitig ergänzen und interpretieren sollen, zeigte sich schon an Eph 3,8, wo aus den Anspielungen aus 1Kor 15,9f und Gal 1,16 eine Kurzdefinition des paulinischen Apostolates gewonnen wird. Doch der Verfasser parallelisiert auch eigenständig, um Anspielungen gegenseitig zu interpretieren. Das zeigt er ebenfalls in Eph 3,8, wo er

---

[236] Vgl. E. PERCY, Probleme 187.
[237] E. PERCY, Probleme 190.

Gal 1,16 parallel zum folgenden Vers (Anspielung auf Kol 1,23) abändert: Paulus soll statt der Person Christi den Reichtum Christi verkündigen. Diese Änderung scheint eine Neuinterpretation darzustellen, die durch die Parallelisierung zu Eph 3,9 beabsichtigt ist[238].

b) Dichter Sprachstil, Häufung von Genitivverbindungen

Aus der bereits beobachteten Tendenz, Abschnitte aus den Paulusbriefen zusammenzufassen, läßt sich an vielen Stellen der *dichte Sprachstil* erklären, der heute gern als theologisch überfrachtet empfunden wird. Kennzeichnend sind dafür Partizipialwendungen, Relativ- und Infinitivsätze, die oft so übermäßig anschwellen, daß sie den eigentlichen Hauptsatz überwuchern. So wird in Eph 2,20 durch das Partizip ἐποικοδομηθέντες eine Näherbestimmung der οἰκεῖοι τοῦ θεοῦ (Eph 2,19) angefügt, die – wie wir bereits sahen – eine Zusammenfassung von 1Kor 3,10-17 darstellt. Auch in Eph 4,7-16 hat die Verarbeitung des Gedankengangs aus 1Kor 12 zu einer übermäßig dichten und überladenen Sprache geführt. Die verschachtelte Konstruktion in Eph 4,17-19 kann ebenfalls durch die Kurzfassung von Röm 1,18-32 erklärt werden. Ganz offensichtlich liegt dem Verfasser daran, daß trotz der komprimierten Art der Darstellung die Fülle des Stoffes keinesfalls verkürzt, sondern in ihrer ganzen inhaltlichen Vollständigkeit und Präzision beschrieben wird. Durch den Reichtum untergeordneter Satzkonstruktionen scheint der Verfasser den unterschiedlichen Aspekten des Stoffes Rechnung tragen zu wollen.

Die gleiche Absicht des Verfassers läßt sich auch hinter den häufig begegnenden *Genitivverbindungen* vermuten. Wie schon Percy beobachtet hat, handelt es sich dabei „besonders um solche Fälle, in denen der Genitiv ein geistiges Prinzip oder eine Eigenschaft bezeichnet und dabei als ein qualitativer oder possesiver Genitiv den Inhalt oder die Art des durch das Hauptwort ausgedrückten Begriffes angibt"[239]. Durch solche Genitive wird eine inhaltliche Näherbestimmung erreicht, was zu einer präzisen, begrifflich korrekten Sprache beiträgt. Interessanterweise hat sich der Verfasser bei dieser sprachlichen Definition an der Begrifflichkeit der Paulusbriefe ausgerichtet. Dies zeigt sich darin, daß viele dieser Genitivverbindungen eine Zusammenfassung paulinischer Gedanken darstellen. So faßt etwa die

---

[238] Vgl.: εὐαγγελίσασθαι τὸ ἀνεξιχνίαστον πλοῦτος τοῦ Χριστοῦ (Eph 3,8) parallel zu: φωτίσαι ... τίς ἡ οἰκονομία τοῦ μυστηρίου τοῦ ἀποκεκρυμμένου (Eph 3,9).
[239] E. PERCY, Probleme 188.

Wendung τὸ εὐαγγέλιον τῆς σωτηρίας in Eph 1,13, die Aussage von Röm 1,16 zusammen. Ebenso bringt die Formulierung τὸ πνεῦμα τῆς ἐπαγγελίας (Eph 1,13) Gal 3,14 komprimiert zum Ausdruck. Die Verbindung ἀρραβὼν τῆς κληρονομίας (Eph 1,14) schließlich verdichtet die Aussage von 2Kor 1,22.

3. Die Prägung des Stils durch Überarbeitung von Zitaten und Anspielungen

a) Die Korrektur

Nicht nur die Aufnahme von Zitaten und Anspielungen hat den Stil des Epheserbriefes geprägt, sondern ebenso deren Verarbeitung im Kontext. Kennzeichnend sind dafür die bereits im vorangegangenen Kapitel beobachteten inhaltlichen Änderungen, die der Verfasser an den Zitaten und Anspielungen vorgenommen hat. Durch solche Korrekturen scheint der Verfasser sein eigenes neues Verständnis in die vorgegebenen Wendungen einarbeiten zu wollen. Es fragt sich, ob der Verfasser damit gerechnet hat, daß die Korrekturen den Lesern seines Briefes auffallen oder nicht. Gerade die Änderung von äußerst geläufigen Wendungen – wie etwa die der Aufforderung des Paulus μιμηταί μου γίνεσθε (1Kor 4,16; 11,1; Phil 3,17) in eine Mahnung zur Nachahmung Gottes (Eph 5,1) – gibt zu der Vermutung Anlaß, daß der Verfasser die Absicht hatte, seine Leser die Korrekturen erkennen zu lassen. Weitere durchaus auffällige Korrekturen, wie etwa die Einfügung von Χριστός in die Ausschlußandrohung Eph 5,5 (οὐκ ἔχει κληρονομίαν κτλ.), der Austausch von δικαιούμενοι Röm 3,24 durch σεσῳσμένοι in Eph 2,5.8, die Interpretation von θεμέλιος 1Kor 3,11 auf die Apostel und Propheten in Eph 2,20 etc. bestärken diesen Eindruck. Offensichtlich scheint es sich bei einer solchen Korrektur um ein *bewußtes Stilmittel* zu handeln, durch welches die *neue Interpretation den Lesern signalisiert* werden soll.

b) Die Kommentierung

An einigen Stellen im Epheserbrief lassen sich interpretierende Einschübe des Verfassers durch Brüche im Kontext erkennen[240]. Besonders stark diskutiert sind die Verse Eph 2,5b, 2,8a und 2,9, die sich innerhalb des Ab-

---

[240] Vgl. K. BERGER, Formgeschichte 247-249.

schnitts Eph 2,1-10 von ihrem Kontext abheben. Da sie deutliche Anklänge an die paulinische Tradition zeigen, zugleich aber stark verändert wurden, fällt ihre Beurteilung höchst unterschiedlich aus. H. Hübner sieht in diesen Stücken Glossen eines späteren Interpolators[241], K. Berger versteht sie als Kommentar des Verfassers[242], A. Lindemann spricht zwar von „Glossen", meint damit aber „die Übernahme eines eher mündlich zitierten Satzes..., in dem traditionelle Theologumena der paulinischen Theologie zusammengestellt waren"[243]. Ein solches Zitat aus paulinischer Tradition vermutet auch G. Schille, allerdings mit dem Unterschied, daß er den Kontext Eph 2,4-10 auf die Vorlage eines Hymnus zurückführt, in den die Zitate als interpretierende Zusätze des Verfassers eingeschoben seien[244]. Trotz der Meinungsunterschiede ist deutlich, daß sich die beiden kurzen Sätze τῇ γὰρ χάριτί ἐστε σεσῳσμένοι (διὰ πίστεως) sowie οὐκ ἐξ ἔργων, ἵνα μή τις καυχήσηται als Einschübe identifizieren lassen. Unbestritten ist auch, daß in ihnen, wenn auch abgewandelt[245], paulinische Tradition anklingt.

Der erste Einschub τῇ γὰρ χάριτί ἐστε σεσῳσμένοι, der etwas unvermittelt bereits in V 5 eingeworfen worden war, taucht durch διὰ πίστεως präzisiert in V 8a wieder auf. Hieran wird mit καὶ τοῦτο eine Erweiterung angefügt, die die vorherige Aussage interpretiert. Schon durch die Anknüpfung mit καὶ τοῦτο „und zwar"[246] ist dieser Satzteil eindeutig als Ergänzung markiert: Das καί *explicativum* bezeichnet den Zusatz, der durch ein folgendes Demonstrativum besonders nachdrücklich hervorgehoben wird[247]. Sprachlich erweist sich der auf den Einschub *folgende* Satzteil als *Ergänzung* zum Einschub. Damit ist deutlich, daß der Einschub selbst nicht von einem späteren Interpolator stammen kann, son-

---

[241] Vgl. H. HÜBNER, Glossen 404.
[242] Vgl. K. BERGER, Formgeschichte 248.
[243] A. LINDEMANN, Aufhebung 133. Ähnlich auch U. LUZ, Rechtfertigung bei den Paulusschülern 371: „paulinische Glosse".
[244] Vgl. G. SCHILLE, Frühchristliche Hymnen 53-60.
[245] Als entscheidende Unterschiede lassen sich nennen: a) der Gebrauch von σεσῳσμένοι statt δικαιούμενοι, womit die für Paulus typische Rechtfertigungsterminologie ersetzt ist (vgl. J. GNILKA, Eph. 129f; F. HAHN, Taufe und Rechtfertigung 102; A. LINDEMANN, Paulus 123; U. LUZ, Rechtfertigung bei den Paulusschülern 369; R. SCHNACKENBURG, Eph. 98); b) die unbestimmte Rede von ἔργα statt ἔργα νόμου (s. dazu 160ff: Die Interpretation der Rechtfertigung durch den Verfasser in Eph 2,8-10).
[246] Vgl. W. BAUER/K. u. B. ALAND, Wörterbuch, s.v. οὗτος, 1207; vgl. auch F. BLASS/A. DEBRUNNER/F. REHKOPF, Grammatik § 290.5: „nach lat. idque" zu verstehen; vgl. Röm 13,11; 1Kor 6,6.8.
[247] F. BLASS/A. DEBRUNNER/F. REHKOPF, Grammatik § 442.6a; vgl. auch 1Kor 2,2; Hebr. 11,12.

dern vom Verfasser selbst eingearbeitet wurde. Aber auch inhaltlich stellt V 8b eine Interpretation des vorangegangenen Einschubs dar: Die Rettung aus Gnade ist kein eigenes Werk, sondern ein Gottesgeschenk. Damit ist die Gnadenhaftigkeit der in V 8a genannten Rettung besonders hervorgehoben, doch trägt der theozentrische Charakter der Aussage (θεοῦ τὸ δῶρον[248]) eindeutig die theologische Handschrift des Verfassers[249]. Ganz offensichtlich hat der Verfasser in V 8a ein Stück vorgegebener Tradition übernommen und in V 8b kommentiert.

Dasselbe Wechselspiel von Einschub und kommentierender Ergänzung wiederholt sich in V 9f. Wie wir sahen, ist in V 9 mit dem zweiten Einschub οὐκ ἐξ ἔργων, ἵνα μή τις καυχήσηται wieder paulinische Terminologie aufgenommen, während V 10 ebenfalls eine Ergänzung des Verfassers darstellt, die so nicht bei Paulus zu finden ist. In dieser Ergänzung ist αὐτοῦ betont in die erste Position gerückt: Wie in dem vorangehenden Kommentar V 8b geht es um die Ausschließlichkeit göttlichen Handelns. γάρ ist erklärend zu verstehen[250] und macht auf diese Weise die Explikation deutlich, durch welche die in V 9 übernommene Wendung durch den Verfasser interpretiert werden soll. Auch inhaltlich zeigt V 10 wieder jenen theozentrischen Zug[251], der für den Verfasser des Epheserbriefes charakteristisch ist. Damit sind V 8b und V 10 als Ergänzungen des Autors von den Zitaten paulinischer Terminologie[252] (V 5b.8a.9) abgehoben und lassen so eine *schrittweise eingeschobene Kommentierung* durch den Verfasser des Epheserbriefes erkennen.

Ein anderes Beispiel für eine Kommentierung findet sich in der *Haustafel Eph 5,22-6,9*. Sie ist weitgehend fast wörtlich aus Kol 3,18-4,1 übernommen. Bei den ersten drei Mahnungen, die an die Frauen, an die Männer und an die Kinder gerichtet sind, werden jedoch ausführliche Ergänzungen hinzugefügt. Diese Erweiterungen sind gekonnt mit dem Wortlaut des Kolosserbriefes verbunden: Die Aufforderung zum Gehor-

---

[248] Daß der Einschub des Verfassers ebenfalls der paulinischen Tradition verpflichtet ist, zeigt sich etwa an der Nähe des θεοῦ τὸ δῶρον zu δωρεάν Röm 3,24. Dennoch ist der explizit theozentrische Charakter auffällig.
[249] Bereits in der Bearbeitung der Zitate und Anspielungen aus dem Kolosserbrief sowie den Paulusbriefen war die Neuordnung von Gottes- und Christusaussagen im Epheserbrief aufgefallen; s.o. 51 sowie 81.
[250] Vgl. W. BAUER/K. u. B. ALAND, Wörterbuch, s.v. γάρ 305; vgl. auch Röm 7,2; Hebr. 2,8; 3,4.
[251] Vgl.: αὐτοῦ scil. θεοῦ, sowie: οἷς προητοίμασεν ὁ θεός.
[252] Die sprachlichen Änderungen innerhalb der Zitate werden unten 162ff auf ihre theologischen Implikationen untersucht.

sam der Frauen (Kol 3,18) bildet den Rahmen (Eph 5,22.24) um das eingefügte Bild vom Haupt (Eph 5,23; vgl. 1Kor 11,3). Auch die Mahnung an die Männer (Eph 5,25-33) ist kunstvoll umgeformt: Dieser Abschnitt wird gegliedert durch die dreifache Aufnahme des Zitates Kol 3,19a in Eph 5,25a.28a.33a. Entsprechend sind die eingefügten Themen abgegrenzt: V 25-27 das Brautbild, V 28-33 das Leibbild[253]. Einfacher verhält es sich dagegen mit den Mahnungen an die Kinder: Kol 3,20 wird von Eph 6,1 aufgenommen, während Eph 6,2.3 das Elterngebot aus Ex 20,12; Dtn 5,16 hinzufügt. An dem Beispiel der Haustafel zeigt sich, wie überlegt der Autor des Epheserbriefes seine Ergänzungen einbaut. Die übernommenen Wendungen zeichnen die Struktur vor, in die die eigenen Ergänzungen eingefügt sind. Da sich die Zufügungen leicht als solche erkennen lassen, scheint der Verfasser seine Leser offensichtlich auf seine Interpretation aufmerksam machen zu wollen. Jedenfalls ist es auch auffällig, daß er gerade in diesem Abschnitt einen direkten Hinweis auf seinen Kommentar gibt: ἐγὼ δὲ λέγω εἰς Χριστὸν καὶ εἰς τὴν ἐκκλησίαν (Eph 5,32). Der Verfasser entdeckt in dem zitierten Schriftwort Gen 2,24 ein μυστήριον, das er als eine „verborgene Weissagung auf das Verhältnis Christi zur ἐκκλησία" deutet[254]. Betont stellt der Verfasser mit ἐγὼ δὲ λέγω sein Verständnis heraus, nach der das Schriftwort seinen eigentlichen und tieferen Sinn in der ekklesiologischen Deutung erhält. Mit der Notiz von Eph 5,32 hebt er damit den von ihm eingearbeiteten ekklesiologischen Vergleich als das Wesentliche der Haustafel hervor. Letztlich werden die Leser so auf die Unterscheidung des vorgegebenen Textes und der nachträglichen Einfügungen aufmerksam gemacht.

Zusammenfassend läßt sich festhalten, daß der Verfasser in den genannten Beispielen die übernommenen Wendungen von seiner jeweiligen Interpretation absetzt. Er ist sich dabei durchaus bewußt, daß durch seine Zusätze neue Akzente herausgestellt werden. In der Kommentierung von Eph 2,8-10 wird stilistisch zwischen den traditionell paulinischen Formeln und den Zusätzen des Verfassers unterschieden, in Eph 5,25-33 macht der

---

[253] Die dreifache Aufnahme von Kol 3,19a in V 25.28.33 ist jeweils vom interpretatorischen Kontext abgehoben: Nach dem Zitat von Kol 3,19a in V 25 wird mit καθὼς καὶ ὁ Χριστός der christologisch-ekklesiologische Vergleich angefügt. V 28 lenkt mit οὕτως wieder zurück auf die Anspielung Kol 3,19a. Mit der Fortsetzung ὡς τὰ ἑαυτῶν σώματα (V 28) wird vom Verfasser des Epheserbriefes nun der Übergang zum Leibbild markiert. Der christologisch-ekklesiologische Vergleich wird dabei wieder mit καθὼς καὶ ὁ Χριστός (V 29) eingeführt. Auch die dritte Aufnahme von Kol 3,19a in V 33 ist durch πλὴν καὶ ὑμεῖς deutlich vom übrigen Text abgesetzt.
[254] G. BORNKAMM, Art. μυστήριον, in: ThWNT 4, 829, 40f.

Verfasser auf den von ihm eingefügten Vergleich aufmerksam. Diese Art von Umgang mit dem vorgegebenen Text läßt darauf schließen, daß der Verfasser sich aktiv mit der paulinischen Theologie auseinandergesetzt hat und die Frucht seiner theologischen Bemühungen mitteilt. Dabei will der Verfasser seine eigenen theologischen Akzente nicht verschleiern; sie sind als Kommentar von den übernommenen Wendungen abgesetzt und können auch von den Lesern als solcher erkannt werden.

4. Weitere Stilmittel aufgrund der Verarbeitung paulinischer Tradition

Nicht nur durch inhaltliche Stilmittel wie Korrektur und Kommentierung der übernommenen Wendungen gibt der Verfasser seine weiterführende Interpretation zu erkennen, sondern auch durch formale Stilmittel wie die Verdoppelung vorgegebener Schemata oder den unvermittelten Abbruch von Sätzen, das Anakoluth.

a) Die Verdoppelung vorgegebener Schemata

Die Verdoppelung wendet der Verfasser bei zwei festen Schemata an, die innerhalb der Paulusbriefe häufig vorkommen und nach der Vermutung *N. A. Dahls* ihren ursprünglichen 'Sitz im Leben' „innerhalb der Gemeindepredigt"[255] hatten.

Eines der genannten Schemata, das von Dahl als „*soteriologisches Kontrast-Schema*" bezeichnet wurde[256], findet sich in Eph 2,1-10 sowie in Eph 2,11-18. Dieses Schema ist durch den Gegensatz von „einst" und „jetzt" (ποτέ – νυνὶ δέ) bestimmt und beschreibt die soteriologische Wende von dem einst verlorenen Zustand der Menschen zu der durch das Kommen Christi eröffneten Situation des Heils[257]. Ob nun diese Wende mit dem Motiv der Taufe ausdrücklich in Verbindung gebracht wird[258] oder nicht, entscheidend ist, daß „der Übergang von der ungläubigen zu der glaubenden Existenz durch Gottes Tat in Christus ermöglicht und bewirkt" wird[259]. Gerade darin stimmen die Abschnitte Eph 2,1-10 und Eph 2,11-18 mit den paulinischen Darlegungen überein: Der Neueinsatz des

---

[255] N.A. DAHL, Formgeschichtliche Beobachtungen 4.
[256] N.A. DAHL, a.a.O. 5. Vgl. dazu auch die Untersuchung von P. TACHAU, „Einst" und „Jetzt" 134-143.
[257] Vgl. U. LUZ, Geschichtsverständnis 87f.
[258] Für Eph 2,1-10 ist eine solche motivliche Verbindung mit der Taufe oft vermutet worden, vgl. R. SCHNACKENBURG, Eph. 94f; siehe auch die ebd. Anm. 231 angeführte Literatur.
[259] N.A. DAHL, Formgeschichtliche Beobachtungen 6.

göttlichen Handelns stellt die entscheidende Initiative Gottes[260] bzw. Christi[261] dar, durch welche die verlorene Situation der Menschheit[262] überwunden wird. Während die Schilderung des in den Sünden verstrickten Lebens in den Paulusbriefen durchaus variiert beschrieben werden kann[263], wird auch bei Paulus der Einbruch des heilschaffenden Handelns Gottes immer betont herausgestellt[264]. Dieses „soteriologische Kontrast-Schema" wird im Epheserbrief direkt hintereinander zweimal verwendet. Was mag den Verfasser zu einer solchen auffälligen Doppelung veranlaßt haben? Ein Vergleich der beiden Schemata Eph 2,1-10 und Eph 2,11-18 macht deutlich, daß die vorgegebene Struktur jeweils mit unterschiedlichen inhaltlichen Schwerpunkten gefüllt worden ist. Werden die Adressaten in Eph 2,1-10 auf ihre einstige individuelle Schuldverstrickung angesprochen, so werden sie in Eph 2,11-18 in die allgemeine Trennung von Juden und Heiden eingeordnet. Während Eph 2,4ff die individuelle Rettungstat *Gottes* beschreibt, die am einzelnen sich ereignet, hebt Eph 2,14-16 die allgemeine und universal gültige Versöhnungstat *Christi* hervor. Ganz offensichtlich hat die doppelte Schilderung dieses Schemas den Zweck, jeweils unterschiedliche Aspekte zu betonen. Was bei Paulus als versöhnendes Handeln Gottes in Christus zur Rechtfertigung der Gottlosen eine Einheit bildet, wird hier nach zwei verschiedenen Blickrichtungen aufgeteilt. Eine genaue inhaltliche Untersuchung wird klären müssen, ob es sich hierbei um eine Weiterentwicklung handelt, die der Auffassung des Paulus angemessen ist oder nicht[265]. Soviel läßt sich jedenfalls schon feststellen, daß in der Interpretation des Heilsgeschehens durch den Verfasser des Epheserbriefes eine Differenzierung vorgenommen wurde, die über das paulinische Verständnis hinausgeht.

Das gleiche Phänomen taucht im Abschnitt Eph 3,1-13 auf. Hier begegnet zweimal eine Form, die seit Dahl[266] als „Revelations-Schema" be-

---

[260] So Eph 2,4.
[261] So Eph 2,14.
[262] Vgl. Eph 2,1-3: ὑμεῖς bzw. ἡμεῖς; bzw. Eph 2,11-12: Heiden und Juden.
[263] Vgl. das ποτέ – νυνὶ δέ (νῦν)-Schema in Röm 6,20-22; 11,30f; Gal 4,29. Die Verstrickung in den Sünden kann aber auch ausführlich dargestellt werden, wie es in Röm 1,18-3,20 als Vorspann zu Röm 3,21ff geschieht. Oder sie wird nur knapp erwähnt wie in Röm 5,6ff: ἀσθενεῖς, ἀσεβεῖς, ἁμαρτωλοί, ἐχθροί.
[264] Vgl. Röm 3,25: ὃν προέθετο ὁ θεός κτλ.; Röm 5,8: συνίστησιν δὲ τὴν ἑαυτοῦ ἀγάπην εἰς ἡμᾶς ὁ θεός; 2Kor 5,18: τὰ δὲ πάντα ἐκ τοῦ θεοῦ.
[265] S.u. 110ff sowie 146ff.
[266] Vgl. N.A. DAHL, Formgeschichtliche Beobachtungen 4.

zeichnet wird[267] und ebenso in Kol 1,26f und Röm 16,25f begegnet. Diese Struktur beschreibt das Mysterium als von Ewigkeit her verborgen, jetzt aber von Gott her geoffenbart. Es wird durch das betonte νῦν charakterisiert[268], das „die zeitliche Grenze zwischen einer Zeit der Verborgenheit und der jetzigen Offenbarungszeit" bezeichnet[269], und hebt die „eschatologische Neuheit und de(n) überweltliche(n) Reichtum der im Evangelium verkündigten Offenbarung" hervor[270]. Auch dieses Schema wird vom Verfasser des Epheserbriefes doppelt angewendet: Dem Motiv der Verborgenheit von Uranfang an (Eph 3,5a; 3,9) folgt die durch das betonte νῦν (Eph 3,5; 3,10) eingeleitete Beschreibung der Gegenwart der Offenbarung (Eph 3,5c; 3,10). Wie im Schema von Eph 2 lassen sich auch hier in der doppelten Verwendung des „Revelations-Schemas" weiterführende Unterscheidungen erkennen. In Eph 3,5 werden als Offenbarungsempfänger die „heiligen Apostel und Propheten im Geist" genannt, in Eph 3,10 sind es die „Mächte und Gewalten in den Himmeln", denen durch die Kirche die mannigfaltige Weisheit Gottes bekannt gemacht werden soll. Die theologische Bedeutung einer solchen Differenzierung muß ebenfalls noch genauer betrachtet werden[271]; eines aber ist deutlich, daß auch hier der Verfasser eine Differenzierung vorgenommen hat, die über das aus der paulinischen Tradition entnommene Schema hinausgeht.

In den beiden genannten Fällen wird durch *doppelte Verarbeitung* einer vorgegebenen Struktur nicht nur eine *weitergehende Differenzierung* eingeführt, sondern zugleich auf die *ursprüngliche Einheit* der beiden nun unterschiedenen Aspekte aufmerksam gemacht. Der Verfasser hat damit seine Aufteilung als eine über die Tradition hinausgehende Unterscheidung markiert.

b) Das Anakoluth

Ein weiteres Indiz, durch das der Verfasser auf seine Bearbeitung der paulinischen Tradition hinweist, scheint das Anakoluth zu sein, das in Eph 2,1-3 sowie Eph 3,1 begegnet. Da der Brief sehr überlegt komponiert und in Ruhe geschrieben zu sein scheint, können die Anakoluthe nicht auf übereilte Abfassung zurückgeführt werden, sondern müssen ein bewußtes

---

[267] Andere Bezeichnungen für dieses Schema werden bei D. LÜHRMANN, Das Offenbarungsverständnis 124, Anm. 5, aufgeführt.
[268] Vgl. U. LUZ, Geschichtsverständnis 87f.
[269] D. LÜHRMANN, Das Offenbarungsverständnis 124f.
[270] N.A. DAHL, Formgeschichtliche Beobachtungen 4f.
[271] S.u. 228ff: 4. Die Offenbarung des Mysteriums nach Eph 3,1-13.

Stilmittel darstellen. Nun begegnet im Epheserbrief an keiner Stelle eine Imitation paulinischer Diktion, so daß die Anakoluthe auch nicht als Stilmittel verstanden werden können, durch die eine drängende Entstehung dieses Briefes suggeriert oder der temperamentvolle Charakter paulinischer Argumentation nachgeahmt werden sollte.

G. Bornkamm hat für die Anakoluthe des Paulus mit Nachdruck alle Erklärungen abgelehnt, die deren Entstehung auf stilistische Versehen oder auf den lebhaften und impulsiven Charakter des Paulus zurückführen wollen[272]. In einer Analyse der einzelnen Stellen weist er nach, daß „das Anakoluth offensichtlich theologische Bedeutung hat": „Die Anakoluthe dokumentieren vielmehr einen Hiatus zwischen Sache und Ausdruck, Gedanken und Sprache und werden doch gerade so vielfach zu einem angemessenen Ausdruck der Sache selbst, die den Satz, der sie fassen soll, zum Springen bringt."[273] Bornkamms Ergebnis legt es nahe, auch die Anakoluthe des Epheserbriefes auf ihre inhaltliche Bedeutung zu befragen.

Das Anakoluth in *Eph 2,1-3* läßt gerade im Vergleich mit dem zerbrochenen Satzgefüge von Röm 5,6-8 einen theologischen Grund leicht erkennen. In Eph 2,1-3 wird die hoffnungslose Verstrickung der Menschen in Schuld beschrieben. Die Unabgeschlossenheit dieses Satzgefüges unterstreicht die durch nichts zu beendende Verflochtenheit der sündhaften Existenz. Erst der Neueinsatz Eph 2,4, der die göttliche Rettung darstellt, bricht das alte Satzgefüge ab und hebt damit auch formal hervor, daß allein Gottes Handeln menschliche Schuldverstrickung aufbricht. Durch die Wiederaufnahme von Eph 2,1 in Eph 2,5 wird bekräftigt, daß nur unter Voraussetzung des göttlichen Eingreifens die ursprüngliche Aussageintention zu ihrem Abschluß gelangen kann. Ganz entsprechend hat Paulus das Stilmittel des Anakoluths in *Röm 5,6-8* verwendet[274]. Auch hier unterbricht der Erweis der Liebe Gottes Röm 5,8 alle menschlichen Versuche, der tödlichen Schuldverstrickung zu entkommen, und setzt dem verlorenen Zustand der Sünderexistenz ein Ende. Wie in Röm 5,6-8 kann auch das Anakoluth in Eph 2,1-3 als stilistische Unterstreichung der inhaltlichen Aussage verstanden werden, durch die der Neueinsatz des göttlichen Handelns besonders nachdrücklich hervorgehoben werden soll.

Eine andere inhaltliche Bedeutung läßt das Anakoluth in *Eph 3,1* erkennen. Mit den Worten ἐγὼ Παῦλος ὁ δέσμιος τοῦ Χριστοῦ (Ἰησοῦ)

---

[272] Vgl. G. BORNKAMM, Paulinische Anakoluthe 76.
[273] G. BORNKAMM, a.a.O. 76.
[274] Vgl. G. BORNKAMM, a.a.O. 78-80.

ὑπὲρ ὑμῶν τῶν ἐθνῶν wird angedeutet, daß das Leiden des Paulus in der Gefangenschaft stellvertretende Funktion habe, doch wird dieser Gedanke sofort wieder abgebrochen. Erst in Eph 3,13 nimmt der Verfasser den Hinweis auf das Leiden[275] und die Worte ὑπὲρ ὑμῶν wieder auf. Der Vers läßt dabei die Anspielung auf Kol 1,24 erkennen und macht deutlich, daß diese Stelle bereits bei der Formulierung von Eph 3,1 im Blick war. Durch den dort vollzogenen bewußten Abbruch dieser Anspielung zeigt der Verfasser aber, daß er die Leidenstheologie von Kol 1,24 nicht kritiklos übernimmt. Will er vor der Gefahr warnen, dem apostolischen Leiden heilschaffende Bedeutung zuzuschreiben? In Eph 3,13 bittet der Apostel seine Leser[276] nur darum, angesichts der Leiden, die er für sie ertrage, nicht zu verzagen, weil diese Leiden ja dazu dienen, daß ihnen die „Herrlichkeit" zuteil wird[277]. Die Leidensaussage von Kol 1,24, die leicht zu Mißverständnissen Anlaß geben kann, wird in Eph 3,1.13 von ihrer Anstößigkeit befreit[278]. Das Anakoluth stellt hierbei ein Stilmittel dar, durch welches der Verfasser des Epheserbriefes auf die Mißverständlichkeit der paulinischen Leidensaussagen aufmerksam macht.

Während das Anakoluth in Eph 2,1-3 zur Unterstreichung einer theologischen Aussage ganz im Sinne des paulinischen Gebrauchs verwendet wird, gibt das Anakoluth in Eph 3,1 eher einen redaktionellen Hinweis. Es läßt die Kritik des Verfassers an seiner Vorlage Kol 1,24 deutlich werden. Durch dieses Stilmittel weist der Verfasser seine Leser auf seine interpretatorischen Akzente hin.

---

[275] ἐν ταῖς θλίψεσίν μου korrespondiert der durch den Titel δέσμιος τοῦ Χριστοῦ angedeuteten Leidenssituation; vgl. R. SCHNACKENBURG, Eph. 114.

[276] Zur Frage, ob es sich hier um eine Bitte an die Leser oder um eine Bitte an Gott handelt vgl. E. GAUGLER, Eph. 148.

[277] Eine Parallele für diesen Gedanken findet sich in 2Tim 2,10. Das paulinische Vorbild zu diesem Gedanken kann in 2Kor 4,12.15 gesehen werden. Vgl. dazu R. SCHNACKENBURG, Eph. 144.

[278] Möglicherweise hängt das zurückhaltende Verständnis der Leiden des Paulus mit der nachpaulinischen Entstehungssituation zusammen: Der Verfasser schaut auf das vollendete Leiden des Paulus zurück und bemüht sich nun um eine grundsätzliche theologische Einordnung des apostolischen Leidens: Das Leiden des Apostels ist das Leiden des Gerechten für seine Kirche. Die apostolischen Leidensaussagen stehen in der alttestamentlichen Tradition vom leidenden Gerechten. Zum alttestamentlichen Hintergrund vgl. K. TH. KLEINKNECHT, Der leidende Gerechtfertigte, 367ff, 380f.

5. Die Prägung des Stils durch die Intention des Verfassers

a) Eph 3,3f als Hinweis auf die Intention des Verfassers

In Eph 3,3f gibt der Verfasser einen sehr aufschlußreichen Hinweis darüber, wie er sein Schreiben verstanden wissen will. Der Verfasser läßt Paulus zu der ihm geoffenbarten Erkenntnis des Mysteriums Stellung beziehen und fügt dann an: καθὼς προέγραψα ἐν ὀλίγῳ, „wie ich vorher in Kürze geschrieben habe". Da ἐν ὀλίγῳ wohl nicht auf den zeitlichen Abstand zu vorherigen Briefen, sondern nur räumlich auf den geringen Umfang der Ausführungen zu deuten ist[279], kann sich diese Notiz nicht auf die übrigen Paulusbriefe, sondern nur auf die voranstehenden zwei Kapitel des Epheserbriefes beziehen. Offensichtlich versteht der Verfasser seinen lehrhaften Briefteil als eine *kurzgefaßte Darstellung* der paulinischen Einsicht in das Mysterium. Daß die Adressaten – wie es in Eph 3,4 heißt – beim Lesen[280] die Einsicht des Paulus in das Mysterium begreifen können, ist auch der Wunsch des Verfassers, der in der Fürbitte um Einsicht und Erkenntnis der Empfänger in Eph 3,14ff zum Ausdruck kommt: Eine *kurze, schriftliche Zusammenfassung des spezifisch paulinischen Evangeliums* will demnach der erste Teil des Epheserbriefes sein[281].

Lassen sich von dieser Intention aus nicht eine ganze Reihe von Stileigentümlichkeiten erklären? So könnte man zumindest vermuten, daß die eng verschachtelten, dicht gefüllten Sätze[282] auf die zusammenfassende Absicht dieses Briefes zurückzuführen sind. Ein weiteres Stilmittel, das durch die zusammenfassende Intention erklärbar wäre, sind die *Querverbindungen* innerhalb des Briefes[283], durch die der Verfasser auf durchgän-

---

[279] Zur Argumentation vgl. E. GAUGLER, Eph. 130f; R. SCHNACKENBURG, Eph. 133; H. SCHLIER, Eph. 149; gegen E. J. GOODSPEED, The Meaning of Ephesians 42f, der aus der zeitlichen Deutung von ἐν ὀλίγῳ auf vorangehende paulinische Briefe die Theorie entwickelt, der Epheserbrief sei als Einleitung der paulinischen Briefsammlung geschrieben worden; vgl. dazu auch: ders., The Key to Ephesians VIII. Eine zeitliche Deutung vertreten ebenfalls C. L. MITTON, The Epistle 233-236; P. POKORNÝ, Eph. 139. Aufgrund der Parallelität zu δι' ὀλίγων 1Petr 5,12 und διὰ βραχέων Hebr 13,22 legt sich die räumliche Deutung jedoch nahe, so H. SCHLIER, Eph. 149.

[280] ἀναγινώσκοντες macht nochmals den Bezug auf diesen Brief deutlich.

[281] Zu der Frage, in wieweit die Verkündigung des Paulus durch diese Worte einen inhaltlich normativen Charakter zugesprochen bekommt, s.u. 240-245, 246ff.

[282] Siehe etwa Eph 1,3-14; 2,14-18.19-22; vgl. aber auch die auffallende Zusammenstellung einer theologischen Summe durch unverbundene Substantive in Eph 4,4-6 (zur Deutung s.u. 204).

[283] Hierzu gehört die Wiederaufnahme von Eph 1,20 in Eph 2,6 (συνήγειρεν καὶ συνεκάθισεν) und die umfassendere Beschreibung der προσαγωγή aus Eph 2,18 in Eph 3,12. Ferner entspricht der allgemeinen Grundlegung der Kirche in Eph 2,19-22 die spezielle Beschreibung der Ämtervermittlung in Eph 4,7-16 (vgl. die Stichwort-

gige theologische Leitlinien aufmerksam macht. Die *Inclusio*[284], die bereits bei Paulus sehr beliebt ist, weist daraufhin, daß die zusammenfassende Art der Darstellung überlegt komponiert ist.

b) Die Auswirkung der Intention auf den Stil

Daß die Intention des Verfassers, die paulinische Theologie zusammenfassend darzustellen, den komplizierten *Satzbau* bedingt, läßt sich nicht generell, aber doch an einzelnen Stellen nachweisen.

An einem Beispiel wird der Einblick in die Entstehung dieses komplizierten Satzbaus gewährt. In *Eph 5,19f* sowie *Eph 6,18-20* orientiert sich der Verfasser am Kolosserbrief (Kol 3,16f und Kol 4,2-4). Die Vorlage des Kolosserbriefes rahmt mit den genannten Stücken die Haustafel in einem jeweils eigenständigen Satz. Diese Rahmung übernimmt der Epheserbrief, löst die einzelnen Sätze jedoch auf und verbindet sie mit dem Kontext. Dadurch aber verwischt er nicht nur die Grenze von Rahmen und gerahmten Stücken, sondern bläht die Satzkonstruktion unnatürlich auf. Da der Verfasser hier jedoch bewußt umformuliert, muß diese Verschmelzung von ihm gewollt sein. Sie kann also nicht in stilistischer Unbeholfenheit ihren Grund haben, sondern muß inhaltlich bedingt sein. Offensichtlich möchte der Verfasser die innere Verbindung der Rahmenaussage (Gottesbeziehung) mit der Aussage der gerahmten Stücke (Leben in menschlichen Beziehungen) stilistisch unterstreichen. Das heißt aber, daß der Verfasser mit *grammatischen* Strukturen *theologische* Zusammenhänge markieren möchte. Die überlangen Satzkonglomerate scheinen darum nicht durch stilistische Nachlässigkeit entstanden zu sein, sondern mit ihrer grammatischen Struktur theologische Verbindungen nachzuzeichnen. Überträgt man diese Beobachtung auf die fast endlose Periode *Eph 1,3-14*, die Gottes Heilsplan und Heilshandeln darlegt, so scheint sie wohl deshalb nie abzubrechen, weil sie die ununterbrochene und durch nichts zu unterbrechende Abfolge des göttlichen Heilshandelns zum Aus-

---

verbindung συναρμολογούμενος, αὐξάνω/αὔξησις, οἰκοδομή Eph 2,21; Eph 4,16). Zu nennen ist auch die Aufnahme der Hingabeformulierung Eph 5,2 in Eph 5,25. Auffällig ist schließlich die Reihe von κατά-Wendungen, die den Brief durchziehen und die die alles ins Werk setzende Kraft Gottes betonen: Eph 1,19; 3,7; 3,20; 4,16.

[284] Eph 2,19 nimmt Eph 2,11-13 auf (Eph 2,12.19: ξένοι; Eph 2,19, συμπολῖται, verweist auf Eph 2,12, πολιτεία); Eph 3,13 nimmt auf Eph 3,1 Bezug; Eph 2,10 greift auf Eph 2,2 zurück; Eph 4,16 spielt auf Eph 4,7 an.

druck bringen will. Doch dies muß exegetisch noch nachgewiesen werden[285].

Als ein weiteres Beispiel dafür, daß inhaltlich-theologische Gründe die grammatischen Strukturen des Satzbaus prägen, soll die ausladende Konstruktion des Proömiums *Eph 1,15-23* kurz analysiert werden. Dieser eine Satz besteht aus den klassischen Bestandteilen Danksagung und Fürbitte, wobei die Fürbitte enorm ausgeweitet wird. Von der eingearbeiteten paulinischen Trias πίστις, ἀγάπη, ἐλπίς (vgl. 1Kor 13,13; Gal 5,5f; 1Thess 1,3; 5,8) werden die beiden ersten Elemente nur kurz gestreift, die ἐλπίς dagegen wird durch drei indirekte Fragesätze V 18b.19[286] ungeheuer ausgeweitet. Der angehängte Relativsatz V 20-23 expliziert die Kraft Gottes, die die Hoffnung verbürgt, und zeigt damit die theologische Intention des Verfassers. Es geht ihm darum, die in der Erhöhung Christi erwiesene Kraft Gottes den Lesern auch für ihre Situation deutlich zu machen. Schon die überladene grammatische Struktur weist darauf hin, daß dem Verfasser alles daran gelegen ist, das Wesen der Hoffnung seinen Lesern überschwenglich vor Augen zu stellen.

An den genannten Beispielen wird deutlich, daß der komplizierte und verschachtelte Satzbau auf inhaltlich-theologische Gründe zurückzuführen und als Ausdruck für die komprimierte Darstellung paulinischer Theologie zu verstehen ist.

6. Ergebnis

Die Untersuchung des Stils des Epheserbriefes zeigt starke, charakteristische Abweichungen vom Stil des Paulus. Das betrifft die Art der Darstellung, die Konstruktion der Satzperioden sowie die Wortwahl und Ausdrucksweise. Zugleich läßt der Stil des Briefes aber auch eine intensive Beschäftigung mit den paulinischen Briefen erkennen. Einerseits besteht ein Reichtum von Anspielungen und Bezügen auf die Paulusbriefe, andererseits gibt es stilistische Hinweise auf eine Bearbeitung und geistige Auseinandersetzung mit Paulus, wie die Stilelemente der Korrektur und der Kommentierung zeigen. Ebenso ließ sich die Aufnahme und Abwand-

---

[285] S.u. 214ff.

[286] Die dreifache Gliederung teilt sich ein in a) Grundlegung der Hoffnung in der Berufung; b) Ausrichtung der Hoffnung auf das eschatologische Ziel der Herrlichkeit; c) Gewißheit der Hoffnung in der Kraft Gottes. Zur Gliederung des Abschnittes als Explikation der Hoffnung vgl. H. SCHLIER, Eph. 81-86; F. MUSSNER, Eph. 53f; E. GAUGLER, Eph. 65-71.

lung von Darstellungsstrukturen aus der paulinischen Tradition nachweisen. Hier begegnete das sog. soteriologische Kontrast-Schema sowie das sog. Revelations-Schema, nun aber in einer Verdopplung der Struktur, die die Neuinterpretation des Verfassers erkennbar machte. Auch das Anakoluth erwies sich als ein Stilmittel, mit dem der Verfasser seine Aufnahme bzw. Interpretation vorgegebener Traditionen zum Ausdruck bringt. Schließlich schlägt sich auch die Intention des Verfassers, die paulinische Theologie zusammenfassend darzustellen, im Stil des Briefes nieder: Querverweise, Inclusio und die grammatischen Strukturen des Satzbaus möchten auf theologische Zusammenhänge aufmerksam machen.

Die Orientierung des Verfassers an der paulinischen Tradition hat also, wie abschließend gesagt werden kann, auch auf den Stil des Epheserbriefes starken Einfluß: Er ist geprägt durch die *Verarbeitung* der Paulinen. Die großen stilistischen Unterschiede zu Paulus zeigen, daß der Verfasser dabei nicht das Bestreben hat, den Stil des Paulus zu kopieren. Zwar übernimmt er genau die Form des Briefes, füllt diese aber mit eigenem theologischem Inhalt. Ebenso finden sich bei ihm typisch paulinische Wendungen wieder, aber doch nur da, wo er die damit verbundenen theologischen Motive ausdrücken möchte. Nie dagegen macht er den Versuch, sich dem paulinischen Idiom durch typische Floskeln und Redewendungen anzupassen. Es ist offensichtlich nicht sein Bestreben, die angebliche paulinische Verfasserschaft durch Annäherungen im Stil zu untermauern. Statt dessen gibt er sich auch stilistisch als eine Bearbeitung der paulinischen Theologie zu erkennen. So begegnet im Epheserbrief *nicht der Stil eines Fälschers, sondern der eines theologischen Interpreten* der Paulusbriefe.

V. Die Verwendung des Alten Testaments

Im Unterschied zum Kolosserbrief weist der Epheserbrief deutliche Bezüge zum Alten Testament auf. Wie in den Paulusbriefen begegnen bei ihm Zitate und Anspielungen[287]. Eine Zitationsformel verwendet der Verfasser jedoch nur in Eph 4,8 zur Einführung eines Psalmzitates (Ps

---

[287] So J. SCHMID, Der Epheserbrief 313-331; A. T. LINCOLN, The Use 16ff; anders A. LINDEMANN, Aufhebung 80-89.

68,19)²⁸⁸, wohingegen alle anderen Zitate Ps 8,7 in Eph 1,22, Gen 2,24 in Eph 5,31 und Ex 20,12 bzw. Dtn 5,16 in Eph 6,2f nicht speziell gekennzeichnet werden. Diese in den Text verwobene Art des Zitierens begegnet auch bei Paulus mehrfach²⁸⁹. Die übrigen Bezüge zum Alten Testament sind Anspielungen. Dabei zeigt der Verfasser eine ähnliche Vorliebe für alttestamentliche Bücher wie Paulus. A. T. Lincoln hebt die Verarbeitung der Psalmen, des Jesajabuches und des Pentateuchs hervor²⁹⁰.

Charakteristisch für den Epheserbrief ist der exegetische Gebrauch des Alten Testaments. Besonders klar läßt sich in Eph 4,8ff die aus dem Zitat gewonnene Auslegung erkennen. Der Verfasser ist dabei mit der rabbinischen Schriftexegese vertraut²⁹¹. In Eph 2,11-17 und Eph 6,10-17 zeigt er dies durch die typische Verschmelzung verschiedener alttestamentlicher Bezüge. Auffällig ist aber, daß im Vergleich zu Paulus die durch die Schrift gestützte Argumentation zurücktritt. So begegnen im Epheserbrief keine Schriftbeweise im engeren Sinn²⁹² oder Hinweise auf die Erfüllung der Schrift²⁹³, doch läßt sich dies ganz einfach durch den Umstand erklären, daß der Verfasser im Unterschied zu Paulus nicht mehr argumentiert, sondern ausführlich beschreibt.

Betrachtet man die Bezugnahmen auf das Alte Testament inhaltlich, so fällt auf, daß der Verfasser in seiner Verwendung der Schrift oftmals auf den Paulusbriefen fußt, jedoch in der Beschäftigung mit dem alttestamentlichen Text über Paulus hinausgeht. Folgende Beispiele fallen auf: In Röm 10,15 versteht sich Paulus selbst als jener Freudenbote von Jes 52,7, der seine Kunde an die Heidenwelt ausrichtet²⁹⁴. Während der Freudenbote von Jes 52,7 sich an den Zion wendet, um den universalen Frieden anzusagen, richtet Paulus seine Botschaft auch an die Völkerwelt. Diese Ausweitung der Friedensverkündigung an die Welt wird in Eph 2,17 mit der Anspielung auf Jes 52,7 übernommen, jedoch dahin verändert, daß dieser Freudenbote nun Christus selbst ist, der – im Wort der Apostel – zu den Völkern kommt. Daß die Apostel nur Werkzeug, nicht aber Subjekt der

---

[288] Hierbei gebraucht der Verfasser die Formel διὸ λέγει, womit er allerdings auch ein nichtbiblisches Zitat einführen kann (Eph 5,14). Die typisch paulinische Einführungsformel καθὼς γέγραπται begegnet dagegen im Epheserbrief nicht.
[289] Vgl. etwa Röm 3,20 (Ps 143,2); Röm 10,13 (Joel 3,5).
[290] Vgl. A. T. LINCOLN, The Use 45.
[291] Vgl. P. STUHLMACHER, „Er ist unser Friede" 234ff, der auf die Methoden rabbinischer Exegese in Eph 2,11-17 aufmerksam macht.
[292] So J. SCHMID, Der Epheserbrief 327.
[293] So A. T. LINCOLN, The Use 46.
[294] Vgl. O. HOFIUS, Erwägungen zur Gestalt 12.

Verkündigung sind, hat der Verfasser aus Röm 10,17 übernommen[295] und auf die paulinische Interpretation von Jes 52,7 angewandt. Er hat das Selbstwort Christi im Blick, das sich in alle Welt ausbreitet und die universale Friedenswirklichkeit bringt. Gerade darin ist das Friedensmotiv aus Deuterojesaja umfassend gesteigert[296].

Der bei Deutero- und Tritojesaja eröffnete Heilsuniversalismus wird vom Epheserbrief anders bewertet als bei Paulus. Arbeitet Paulus die Annahme des Evangeliums unter den Heiden gerade im Unterschied zur Ablehnung Israels heraus[297], so hebt der Epheserbrief die Abgrenzung der Heiden gegenüber den Juden völlig auf. Das Zitat von Jes 57,19 stellt heraus, daß Christus zu Nahen und Fernen gleichermaßen gekommen ist. Eine Vorrangstellung Israels ist darin nicht mehr erkennbar[298]. Beide, Juden und Heiden, sind in Christus zu einer völlig neuen Größe vereinigt. Der Heilsuniversalismus und das bei Deutero- bzw. Tritojesaja vorgegebene Motiv vom umfassenden Frieden werden vom Verfasser des Epheserbriefes über Paulus hinausgehend vertieft.

Mit Gen 2,24 greift Eph 5,31 ein alttestamentliches Zitat auf, das Paulus schon in 1Kor 6,15-17 verarbeitet hatte. Auch hier läßt sich eine Paulus weiterführende Interpretation erkennen. Unter Aufnahme der alttestamentlichen Vorstellung, nach der das Gottesverhältnis Israels im Bild der Ehe verstanden wird, parallelisiert Paulus in 1Kor 6,15-17 die Verbindung zwischen Christus und den einzelnen Gläubigen mit der geschlechtlichen Verbindung von Mann und Frau und setzt beide zugleich voneinander ab. Die Christusverbindung steht in ausschließendem Gegensatz zur Verbindung mit der Dirne. Als Beleg für das Verschmelzen zu einer Einheit in

---

[295] Zur Unterscheidung vom Wort der Apostel und dem Selbstwort Christi vgl. O. HOFIUS, Wort Gottes und Glaube 153.

[296] Zur zentralen Bedeutung von εἰρήνη im Epheserbrief vgl. Eph 2,14.15.17; 4,3 sowie besonders Eph 6,15, wo unter Anspielung von Jes 52,7 auf Eph 2,14-17 Bezug genommen wird. Zum Ganzen: P. STUHLMACHER, „Er ist unser Friede" 234ff.

[297] Vgl. das Zitat von Jes 52,15 in Röm 15,21 sowie das Zitat von Jes 65,1.2 in Röm 10,20f.

[298] Interessant ist dabei auch die vom Epheserbrief vorgenommene Tilgung der Bezeichnungen Jude und Heide, die in der paulinischen Formulierung Ἰουδαῖος τε πρῶτον καὶ Ἕλλην (Röm 1,16 u.ö.) die Priorität Israels wahrte. Auch die Annahme, daß das Hinzukommen der Heiden aufgrund des Unglaubens Israels ermöglicht wurde, wie Paulus das in Röm 9-11 andeutet und in Röm 9,33 auf das Zitat von Jes 28,16 und Jes 8,14 stützt, kommt im Epheserbrief nicht in den Blick. Eph 2,20 stellt dagegen mit der Bezeichnung Christi als ἀκρογωνιαῖος die positive Seite von Jes 28,16 heraus, während Paulus durch den Einschub von λίθος προσκόμματος aus Jes 8,14 das Zitat von Jes 28,16 ganz ins Negative zieht. Paulus behält trotz der in Christus erreichten Gleichstellung die Gegenüberstellung von Heiden und Juden gerade wegen des Unglaubens Israels bei.

der jeweiligen Verbindung wird Gen 2,24 zitiert. Der Epheserbrief nimmt diesen Gedanken auf und interpretiert ihn positiv. Die Gemeinschaft der Kirche vollzieht eine wesenhafte Einigung mit Christus, die der ehelichen Verbindung von Gen 2,24 gleichgesetzt werden kann. Der paulinische Grundgedanke ist deutlich gesteigert und zu einer umfassenden christologisch-ekklesiologischen Grundaussage geworden. Dem Zitat aus Gen 2,24 wächst ein christologischer Sinn zu, der in Eph 5,32 als μυστήριον bezeichnet wird. Daß diese Interpretation den Literalsinn des Zitates übersteigt, scheint dem Verfasser bewußt gewesen zu sein, doch steht er mit seinem Verständnis der Gottesbeziehung als ehelicher Gemeinschaft ganz in alttestamentlicher Tradition. Deutlich ist, daß die paulinischen Ansätze in 1Kor 6,15-17 den Verfasser zu dieser weiterführenden Interpretation angeregt haben.

Ein weiteres Aufgreifen alttestamentlicher Zitate aus den Paulusbriefen läßt sich in Eph 6,13-17 wahrnehmen. In der Darstellung der Waffenrüstung des Glaubens werden die Stellen Jes 59,17 und Weish 5,17f, auf die bereits in 1Thess 5,8 angespielt wird, angeführt, jedoch erweitert und um Anspielungen aus Jes 11,5 und Jes 52,7 vermehrt. In Abhängigkeit von Paulus findet hier ein Rückgriff auf das alttestamentliche Bild von Gott als dem Kriegshelden statt.

Unabhängig von Paulus hat der Verfasser dagegen die Mahnung an die Kinder in Eph 6,1-3 mit dem Gebot der Elternliebe aus dem Dekalog (Ex 20,12 bzw. Dtn 5,16) begründet. Die damit verbundene Verheißung langen Lebens wäre für Paulus aufgrund der Naherwartung undenkbar[299]. Damit eine solche Begründung übernommen werden konnte, muß sich die Parusieerwartung gewandelt haben.

Anhand der besprochenen Stellen wird deutlich, daß der Gebrauch des Alten Testamentes im Epheserbrief sich weitgehend an Paulus orientiert. Der Rückgriff auf die alttestamentlichen Zitate erfolgt teilweise in direkter Abhängigkeit von Paulus. Die eigenen Akzente des Verfassers lassen sich zumeist als Weiterführung von paulinischen Grundgedanken verstehen.

Betrachtet man die Bezugnahme auf Texte des Alten Testaments näher, so zeigt sich, daß diese da erscheinen, wo der Verfasser des Epheserbriefes das Verhältnis Christi zu den Gläubigen im Blick hat: Eph 1,20.22 stellt Christus als das Haupt der Kirche dar; nach Eph 2,13.17 kommt Christus in seinem Heilswort zu den Nahen und Fernen; Eph 4,8 zeigt auf,

---

[299] So A. T. LINCOLN, The Use 39f.

wie Christus der Kirche die Ämter gibt, und Eph 5,31 beschreibt Christus als den Bräutigam der Kirche. Der Verfasser macht offensichtlich gerade für die von ihm entworfene Ekklesiologie alttestamentliche Texte und Traditionen fruchtbar. Wie in der Einzelexegese jeweils noch zu zeigen sein wird, begegnen dabei wichtige Elemente aus der apokalyptischen Vorstellungswelt. So verarbeitet der Verfasser des Epheserbriefes die Stammvatervorstellung, das Motiv von der Gottesstadt, die Tempelbaumetaphorik sowie die Beschreibung der Gemeinde als Braut. Wie intensiv die Verbindung gerade zur apokalyptischen Vorstellungswelt ist, läßt sich erst ermessen, wenn man die Vorstellungen im einzelnen untersucht. Soviel läßt sich jedoch schon hier festhalten, daß die Vorstellung von den zwei Äonen entscheidenden Einfluß auf die Raum- und Zeitvorstellung im Epheserbrief hat. Wie F. Mußner[300] in seiner Untersuchung nachweist, lassen sich gerade von dieser Grundvorstellung her der universalistische sowie der deterministische Zug dieses Briefes erklären. Die Vorstellung von der weltweiten Versöhnung, die Darlegung des Heilsplans, die Beschreibung des Mysteriums können aus der apokalyptischen Tradition heraus schlüssig erklärt werden. Der Nachweis dazu muß in der Einzelexegese erbracht werden.

VI. Ergebnisse aus der Untersuchung der Arbeitsweise

Unsere Untersuchung über die Arbeitsweise des Epheserbrief-Verfassers läßt erkennen, daß dieser sich ganz bewußt als *Bearbeiter und Interpret der Paulusbriefe* versteht. Die entscheidenden Ergebnisse seien darum noch einmal knapp zusammengefaßt:

(1) Bereits das *Briefformular* zeigt, daß es dem Verfasser nicht darum geht, Authentizität vorzutäuschen, sondern daß für ihn die briefliche Form die charakteristische Gestalt der Darlegung und Entfaltung paulinischer Theologie darstellt. In seiner vorbildlichen Ausführung des Formulars erweist der Verfasser einerseits seine genaue Kenntnis und sorgfältige Beachtung der Formgesetze. Andererseits macht er aber durch die bewußte Zurücknahme aller persönlichen Elemente, für die das Briefformular übli-

---

[300] Vgl. dazu die Untersuchung von F. MUSSNER, Christus, das All und die Kirche.

cherweise Raum gibt, deutlich, daß er kein Interesse daran hat, die Pseudonymität durch fiktive Notizen zu untermauern. Hier fallen die unpersönlichen Formulierungen von Briefeingang und Briefschluß auf, die Streichung der Grußliste sowie die generelle Sparsamkeit im Blick auf die biographischen Einzelheiten. Nicht das Ziel, Echtheit vorzutäuschen, ist der Anlaß für die präzise Übernahme des Briefformulars, sondern die Tatsache, daß die Briefform ein Charakteristikum der paulinischen Verkündigung darstellt. In der Übernahme des Briefformulars drückt sich damit der Anspruch aus, rechtmäßige Paulustradition zu repräsentieren.

(2) Sprachlich zeigt der Epheserbrief ein hohes Maß an Berührungen mit der paulinischen Tradition. Besonders auffällig ist die *Orientierung an dem wohl deuteropaulinischen Kolosserbrief*. Der Einfluß dieses Briefes reicht von der grundsätzlichen Gliederung über die Abgrenzung der Themenkomplexe bis in die einzelnen Formulierungen. Die von C. L. Mitton als „conflation" bezeichnete Eigenart des Epheserbriefes, Zitate aus dem Kolosserbrief neu zu kombinieren oder eigenständig abzuwandeln, bringt einerseits die Gebundenheit an vorgegebene Formulierungen zum Ausdruck, zeigt andererseits die Freiheit zu eigenständiger Kombination. Wer so arbeitet, weiß sich der Tradition verpflichtet, die er jedoch nicht sklavisch wiederholt, sondern in einem eigenen Interpretationsprozeß umformt und weiterbildet. Da die Änderungen sich thematisch ordnen lassen, müssen inhaltliche Gründe zur Umformung vorliegen. Auffällig ist, daß der Verfasser den theologischen Gedankengehalt des Kolosserbriefs durch literarische Bezüge *vollständig* rezipiert, den situativen Kontext jedoch konsequent ausfiltert. Im Anspruch auf Vollständigkeit zeigt sich das Anliegen, die theologischen Aussagen zu sammeln und zusammenfassend zu übernehmen, sie jedoch von ihrem historischen Bezug zu lösen und in gewandelte Zeitverhältnisse zu übertragen.

(3) In der *Verarbeitung der Paulusbriefe* werden diese Grundsätze bestätigt. Auf Grund zahlreicher Anspielungen läßt sich die Kenntnis fast aller anerkannten Paulusbriefe nachweisen[301] und eine literarische Abhängigkeit postulieren. Auch hier steht hinter der Kombination und Abwandlung von Anspielungen ein inhaltlich begründetes Umformungsprinzip. Damit gibt der Verfasser des Epheserbriefes sein Selbstverständnis als eines Interpreten zu erkennen, der sich bewußt in die paulinische Tradition einreiht, diese aber nicht einfach nachspricht, sondern bearbeitet und in

---

[301] Eine Ausnahme bildet nur der Philipperbrief.

einem Rezeptionsprozeß umformend weiterführt. Die bewußte Ablösung der paulinischen Aussagen von ihrer historischen Situation macht deutlich, daß der Verfasser nicht nur in einer veränderten historischen Situation schreibt, sondern auch die paulinischen Aussagen der Vergangenheit entreißen und für die künftige Zeit bewahren möchte.

(4) Auch im *Stil des Epheserbriefes* wird diese Art des eigenständigen Rezipierens deutlich. So läßt sich an keiner Stelle eine Imitation paulinischer Sprachgewohnheiten feststellen, vielmehr weist die Art der Darstellung auf die vorgenommene Interpretation hin. Kommentierende Einschübe, Korrekturen und das singuläre Prinzip einer Verdopplung geben den Lesern die Bearbeitungen zu erkennen. Die komplizierte und oftmals verschachtelte Ausdrucksweise spiegelt stilistisch den Anspruch auf eine vollständige und zusammenfassende Darstellung wider. Dieser auffallend eigenwillige Stil zeigt, daß der Verfasser sich nicht hinter seinem Pseudonym versteckt, sondern als eigenständiger Theologe hervortritt, der die paulinischen Aussagen präzisierend und differenzierend weiterführt. Die Typik des Stils deckt sich mit der übrigen Arbeitsweise und offenbart den *interpretatorischen Charakter* dieses Briefes.

(5) Mit dem *Einbau alttestamentlicher Zitate*, die in der Vorlage des Kolosserbriefs fehlen, übernimmt der Verfasser für sich den paulinischen Brauch, seine Aussagen durch das Alte Testament zu belegen. Dieses Merkmal weist wie das vorbildlich ausgeführte Briefformular darauf hin, daß der Epheserbrief als eine Art *exemplarischer Paulusbrief* verstanden werden möchte.

Im Blick auf die dargelegen Beobachtungen insgesamt kann als Fazit gesagt werden: *Der Epheserbrief gibt sich als eine zusammenfassende Bearbeitung der paulinischen Tradition zu erkennen – mit dem Anspruch, die Aussagen der paulinischen Theologie authentisch und verbindlich in eine gewandelte Zeit hinein zu übersetzen.* Ob dieser an der formalen Arbeitsweise des Verfassers abzulesende Anspruch sich auch im Inhalt des Briefes bestätigen läßt, das wird der dritte Hauptteil zu untersuchen haben.

Dritter Hauptteil

Die theologischen Unterschiede und Weiterbildungen

I. Das Heilsgeschehen

1. Vorüberlegungen

Die Beschreibung des Heilsgeschehens gehört in das Zentrum der paulinischen Verkündigung. Dabei stellt neben der Lehre von der Versöhnung die Botschaft von der Rechtfertigung allein aus Glauben ein Proprium paulinischer Theologie dar. Schon zu seinen Lebzeiten mußte der Apostel diese Botschaft aufs Heftigste gegenüber Angriffen verteidigen und vor Mißverständnissen schützen, wie es der Galaterbrief, aber auch der Römerbrief erkennen lassen. Doch wie mag es dieser Botschaft nach dem Tod des Paulus ergangen sein? Konnten Schüler die Lehre des Paulus in adäquater Weise fortsetzen, oder führten Zugeständnisse an gegnerische Positionen zu einer Verwässerung oder gar Verfälschung des paulinischen Erbes? Die Meinungen innerhalb der Forschung gehen hier weit auseinander. Während F. Hahn in bezug auf den Epheserbrief zu der Überzeugung kommt, daß die „nach dem Tode des Paulus weitergehende Auseinandersetzung um seine Rechtfertigungslehre ... die Schüler des Apostels offensichtlich wieder in die Ausgangsposition des Paulus zurückgedrängt" hat[1], vertritt etwa C. L. Mitton die Ansicht, in der Darstellung des Epheserbriefes begegne „the most effective summary we have of the Pauline doctrine of salvation by grace through faith"[2].

Nach unseren Überlegungen am Anfang der Untersuchung[3] kann die Rezeption paulinischer Theologie im Epheserbrief nur unter der Berücksichtigung des historischen Wandels der Situation beurteilt werden. Darum wäre es verfehlt, Änderungen im Wortlaut theologischer Aussagen von vornherein als Differenzen gegenüber der paulinischen Theologie zu werten. Geschichtliche Veränderungen mögen manche Umformulierungen nötig gemacht haben. Wie bereits H. Conzelmann[4] betonte, kommt es in einer sachgemäßen Rezeption nicht auf eine formale Wiederholung paulinischer Lehrsätze an, sondern darauf, daß die entscheidenden Aussagen paulinischer Theologie verstanden und in die gewandelten zeitgeschichtlichen Verhältnisse übersetzt werden.

Gerade dieser *Übersetzungsprozeß* soll im folgenden Abschnitt untersucht werden. So ist hier danach zu fragen, welche Wandlungen der theologischen Aussagen unter veränderten Zeitbedingungen zulässig, ja sogar notwendig sein können, um das paulinische Proprium zu wahren. Auf diese Weise soll festgestellt werden, ob der Verfasser des Epheserbriefes dem paulinischen Anliegen der Sache nach treu geblieben ist oder ob trotz der festgestellten Verarbeitung von paulinischer Tradition im Epheserbrief das theologische Proprium preisgegeben wurde.

Für das methodische Vorgehen bedeutet dies, daß die Aussagen des Epheserbriefes auf ihre *Unterschiede gegenüber Paulus* geprüft werden müssen. Hierbei geht es zunächst um rein sprachliche Beobachtungen, bei denen im Fortgang der Untersuchung festgestellt werden muß, ob sie durch zeitgeschichtliche Wandlungen bedingt sind. Sollte dies der Fall sein, müßten sie sich auf ein *einheitliches Umformungsprinzip* zurückführen lassen, das durch den Situationswandel erklärbar ist und das Anliegen erkennen läßt, das paulinische Proprium unter veränderten Bedingungen zu wahren. Nur so kann festgestellt werden, ob der Verfasser des Epheser-

---

[1] F. HAHN, Taufe und Rechtfertigung 104f; vgl. auch die Positionen von A. LINDEMANN, Paulus 123f; U. LUZ, Rechtfertigung bei den Paulusschülern 369-375; H. MERKLEIN, Christus und die Kirche.
[2] C. L. MITTON, The Epistle 155; Vgl. auch die Positionen von F. MUSSNER, Petrus und Paulus 91-95; P. STUHLMACHER, „Er ist unser Friede" 236.
[3] S.o. 21ff.
[4] Vgl. H. CONZELMANN, Theologie 317ff.

briefes die paulinische Theologie sachgemäß rezipiert und auf angemessene Weise in die neue Situation übersetzt hat.

Der Verfasser des Epheserbriefes beschreibt das Heilsgeschehen an zwei zentralen Stellen, in *Eph 2,1-10* und in *Eph 2,11-18*. In der Analyse des Stils war bereits aufgefallen, daß in diesen beiden Abschnitten das aus der paulinischen Tradition stammende sog. „soteriologische Kontrast-Schema" doppelt verarbeitet ist. So weisen Eph 2,1-10 und Eph 2,11-18 mit ihrer Aufteilung „einst" – „jetzt" und dem bewußt herausgehobenen Neueinsatz des göttlichen Handelns in Eph 2,4; Eph 2,14 eine *parallele Struktur* auf. Beide beschreiben das Heilsgeschehen dabei aus ganz unterschiedlichen Perspektiven; aufgrund der parallelen Struktur scheinen sie jedoch in Korrespondenz zueinander konzipiert worden zu sein und deshalb in der Gesamtgliederung des Briefes zusammenzugehören[5].

In der strukturellen Analyse der beiden Abschnitte[6] hatten wir bereits festgestellt, daß eine solche Verdopplung offensichtlich auf eine über Paulus hinausgehende Differenzierung aufmerksam macht. Darum scheint schon von der formalen Anlage her eine Neustrukturierung der paulinischen Darstellung angestrebt zu sein. Bevor jedoch eine Beurteilung der Gesamtkonzeption im Epheserbrief erfolgen kann, sollen die beiden Abschnitte für sich gesondert auf einzelne Unterschiede gegenüber Paulus untersucht werden.

---

[5] Unter Aufnahme älterer Entwürfe (vgl. M. DIBELIUS/H. GREEVEN, Eph. 54, 68; E. GAUGLER, Eph. 82, 101f; E. HAUPT, Eph. 46; H. v. Soden, Eph. 108) ist in jüngerer Zeit von R. SCHNACKENBURG ein Gliederungsvorschlag in die Diskussion eingebracht worden, der den entscheidenden Einschnitt zwischen Briefeingangsteil und Briefcorpus erst zwischen Eph 2,10 und Eph 2,11 sieht und somit die eben beschriebene Zusammengehörigkeit von Eph 2,1-10 und Eph 2,11-18 sprengt. Für diese Gliederung macht Schnackenburg den engen Bezug von Eph 2,1-10 zu der Danksagung Eph 1,15-23 geltend, und er versteht darum Eph 2,1-10 als „eine ‘Anwendung’ und Aktualisierung der vorher beschriebenen Christusherrschaft für die Leser" (ders., Eph. 86f). Schnackenburgs Hauptargument ist dabei die Wiederaufnahme der christologischen Heilsaussagen Eph 1,20 in der Übertragung auf die Leser in Eph 2,6. Ohne Zweifel ist die Aussage Eph 2,6 durch Eph 1,20 bewußt vorbereitet, doch kann eine solche Verbindung auch über einen Gliederungseinschnitt hinweg bestehen. Gerade für ein Proömium ist die Vorbereitung späterer Themen typisch. Ähnliche Querverbindungen, die den Brief durchziehen, waren bereits an verschiedenen Stellen aufgefallen (s.o. 98f). Sie scheinen auf inhaltlich-theologische Bezüge aufmerksam machen zu wollen und sind darum für die Gliederung nicht unbedingt maßgeblich. Da Eph 1,15-23 eine in sich geschlossene, nach paulinischem Vorbild gestaltete Danksagung darstellt, die nach dem Muster der Paulusbriefe bereits verschiedene Themen des Briefes anklingen läßt (s.o. 32ff), kann Eph 2,1-10 als erster Abschnitt innerhalb des Briefcorpus angesehen werden, der ganz parallel zu dem dann folgenden Eph 2,11-18 gestaltet ist.

[6] S.o. 93f.

2. Die zeitliche Differenzierung in Eph 2,11-18

a) Zur Gliederung von Eph 2,11-18

In Eph 2,11-18 begegnet ein dreigliedriger Aufbau. Den ersten Abschnitt bildet die Situationsbeschreibung in den Versen 11-13. Dieser Abschnitt, der durch die Gegenüberstellung ποτέ – νυνὶ δέ strukturiert ist, und in welchem die Adressaten als Heidenchristen durchgehend in der 2. Pers. Plur. angesprochen werden, stellt der einstigen Trennung von Heiden und Juden die gegenwärtige Situation ihrer versöhnten Gemeinschaft gegenüber. Auffällig ist, daß die Schilderung des gegenwärtigen Zustandes in V 13 das Heilsgeschehen in Christus zwar voraussetzt[7], dies jedoch nicht inhaltlich ausführt. Das geschieht erst in den Versen 14-16, die mit der Beschreibung des Heilsgeschehens einen eigenen Abschnitt bilden. Die Darstellung der Heilstat Christi ist hier allerdings insofern von der Situation der Adressaten losgelöst, als in V 14-16 die unmittelbare Anrede mit ὑμεῖς unterbleibt[8]. Statt dessen bilden V 14-16 die Begründung (eingeleitet durch γάρ[9]) der gegenwärtigen Situation.

Die auf V 14-16 folgenden Verse 17.18 stellen im Gesamtduktus von Eph 2,11-18 einen eigenen Abschnitt dar. Im allgemeinen werden zwar V 14-18 zu einer Einheit zusammengefaßt[10], doch wird dabei übersehen, daß V 17 deutlich an V 13 anknüpft und mit der erneuten Anrede ὑμῖν sowie der Unterscheidung von Nahen und Fernen die Situation der Adressaten im Blick hat. V 18 lehnt sich dagegen stärker an den Abschnitt V 14-16 an. In den Worten οἱ ἀμφότεροι ἐν ἑνὶ πνεύματι taucht der Gedanke der neu gestifteten Einheit auf, der die Thematik von V 14-16 bildet. Die Verse 17.18 stellen deshalb einen dritten Abschnitt dar, der Elemente aus den beiden vorangegangenen Absätzen aufnimmt und sie zu einer neuen Aussage zusammenfaßt.

Dieser dreiteilige Aufbau von Eph 2,11-18 entspricht einem durchaus gängigen Gliederungsprinzip, das sich im Neuen Testament bei verschiedenen Autoren findet[11]. Typisches Merkmal dafür ist, daß der dritte Teil

---

[7] Vgl. Eph 2,13: νυνὶ δὲ ἐν Χριστῷ Ἰησοῦ.
[8] Vgl. dagegen Eph 2,11.13.
[9] γάρ hat hier eindeutig begründenden Charakter; vgl. H. SCHLIER, Eph. 122; R. DEICHGRÄBER, Gotteshymnus 166.
[10] Vgl. J. GNILKA, Eph. 138; R. SCHNACKENBURG, Eph. 104-107.
[11] Das Gestaltungsprinzip, in der dritten Aussage die Inhalte der beiden vorangehenden zusammenzunehmen, findet sich nicht nur bei Textgliederungen. Am leichtesten läßt es sich in einzelnen kurzen Aussagen wiedererkennen. Ich nenne deshalb als Beispiele etwa die dreifache Aufforderung Jesu in Joh 21,15-17, die Schafe zu weiden: V 15:

stets eine Art Synthese der beiden vorangegangenen Abschnitte darstellt. Auf diese Weise deutet sich schon in der formalen Struktur die inhaltliche Aufgabe des dritten Abschnitts an: Er soll die Verbindung der Heilstat mit der Situation der Adressaten herstellen.

b) Die Trennung zwischen der Situation der Adressaten und der Heilstat Christi

Innerhalb der Perikope Eph 2,11-18 wird die Situation der Adressaten in V 11-13 und V 17.18 geschildert, wofür jeweils die Anrede mit ὑμεῖς/ὑμῖν kennzeichnend ist. Dabei bilden die Verse 11-13 einen ersten Abschnitt, in welchem die Empfänger auf ihre heidnische Vergangenheit angesprochen werden und der durch die Gegenüberstellung von ποτέ – νυνὶ δέ strukturiert ist. Diese zeitliche Einteilung wird in V 12f gleichgesetzt mit den räumlichen Kategorien χωρὶς Χριστοῦ – ἐν Χριστῷ, dem Raum außerhalb von Christus und dem Heilsbereich in Christus[12]. Folgende Beobachtungen sind für diesen Abschnitt auffällig:

(1) Die Trennung von Heiden und Juden ist das Thema, das die ganze Perikope Eph 2,11-18 bestimmt. Schon in V 11 werden die Adressaten in der Anrede mit τὰ ἔθνη ἐν σαρκί auf ihre ehemalige heidnische Existenz angesprochen und vom Judentum abgesetzt. Im Gegenüber zu Israel wird die Verlorenheit der Heiden aufgezeigt und die tiefe Differenz beider Menschheitsgruppen herausgearbeitet. V 12 beschreibt den Zustand der Heiden eingehender. In vierfacher Weise werden hier die Heiden charakterisiert. Zwei Glieder zeigen die Trennung von Israel auf[13], zwei Glieder die Trennung von Gott[14]. Damit aber werden zwei grundsätzliche Trennungslinien benannt, die den früheren Zustand der Menschheit charakterisieren: Neben die Trennung zwischen Gott und den Menschen insgesamt stellt der Verfasser die Trennung zwischen Juden und Heiden.

Eine solche doppelte Trennung als Vorspann für die in V 14-16 folgende Beschreibung der Heilstat ist gegenüber Paulus neu. Paulus stellt im

---

βόσκε τὰ ἀρνία μου (a); V 16: ποίμαινε τὰ πρόβατά μου (b); V 17: βόσκε τὰ πρόβατά μου (= a+b). Entsprechend gebaut sind auch die Worte der drei „Nachfolger" Luk 9,57-62: V 57: ἀκολουθήσω σοι ὅπου ἐὰν ἀπέρχῃ (a); V 59: ἐπίτρεψόν μοι ἀπελθόντι ... (b); V 61: ἀκολουθήσω σοι ... πρῶτον δὲ ἐπίτρεψόν μοι ... (= a+b). Der dritte Teil ist von der Wortwahl her jeweils eine Zusammenfügung aus den beiden vorangegangenen.

[12] Vgl. R. SCHNACKENBURG, Eph. 105.108.

[13] Vgl. Eph 2,12: a) ἀπηλλοτριωμένοι τῆς πολιτείας τοῦ Ἰσραήλ; b) ξένοι τῶν διαθηκῶν τῆς ἐπαγγελίας.

[14] Vgl. Eph 2,12: a) ἐλπίδα μὴ ἔχοντες; b) ἄθεοι ἐν τῷ κόσμῳ.

Rahmen seiner Versöhnungsaussagen immer die *generelle Verlorenheit aller Menschen* vor Gott heraus[15]. Für ihn ist einzig die grundsätzliche Trennung zwischen Gott und der Menschheit insgesamt entscheidend. Röm 1,18-3,20 dienen gerade dazu nachzuweisen, daß Juden wie Heiden *unterschiedslos* dem Zorn Gottes anheimgefallen sind. Beide sind *in gleicher Weise* schuldig geworden und ermangeln der Herrlichkeit Gottes (Röm 3,23). In Röm 5,6.8.10 wird der Mensch generell als ein ἀσθενής, ἀσεβής, ἁμαρτωλός und ἐχθρός dargestellt, der vollkommen auf die Versöhnung Gottes in Jesus Christus angewiesen ist. Paulus betont die Universalität des Heilshandelns Gottes, nach der Gott gleichermaßen Herr ist über Juden wie Heiden und beide allein durch den Glauben an ihn gerechtfertigt werden (Röm 10,12; 3,30). Gegenüber dieser unterschiedslosen Gleichheit von Heiden und Juden in der Versöhnungsaussage bei Paulus ist der Aspekt der Trennung beider Gruppen voneinander vom Autor des Epheserbriefes neu in diese Aussage eingearbeitet worden.

(2) Weiterhin fällt auf, daß der Autor die Unterscheidung von Juden und Heiden in einer durch das Alte Testament vorgeprägten Terminologie beschreibt. Er vermeidet gerade die bei Paulus sonst so gebräuchliche Bezeichnung 'Jude und Grieche'[16] und wählt statt dessen mit Ἰσραήλ und τὰ ἔθνη den Sprachgebrauch der Septuaginta[17]: Nicht die nationale, sondern die religiöse Differenz ist hier entscheidend[18]. So kommt gerade im Würdenamen Israel die Dimension der göttlichen Erwählung zum Ausdruck[19]. Auch die Gegenüberstellung von περιτομή und ἀκροβυστία, die zwar durch die Zusätze von ἐν σαρκί bzw. λεγομένη in ihrer Vorläufigkeit charakterisiert wird, sowie die an Jes 57,19 angelehnte Unterscheidung von „Nahen" und „Fernen" weisen darauf hin, daß hier bewußt an die heilsgeschichtlichen Vorstellungen des Alten Testaments angeknüpft werden soll. Diesem Eindruck entspricht auch die in V 12 ausgeführte

---

[15] Vgl. dazu O. HOFIUS, „Rechtfertigung des Gottlosen" 122f.
[16] Vgl. Röm 1,16; 2,9.10; 3,1; 10,12; 1Kor 1,24; 10,32; 12,13; Gal 3,28. Auffälligerweise erwähnt Paulus die Juden immer vor den Griechen, was wohl von den heilsgeschichtlichen Vorzügen Israels herrühren mag (vgl. Röm 9,4; Phil 3,4-6). In Kol 3,11 ist dagegen die Reihenfolge umgedreht.
[17] τὰ ἔθνη wird von der Septuaginta als Übersetzung von גוים verwendet (im Unterschied zu λαός, das als Äquivalent für עם gebraucht wird) und bezeichnet „stets die 'Völker' bzw. Menschen außerhalb Israels, also die *Heiden* ... . Durchgängig ist damit eine Wertung verbunden: die 'Völker' werden als die Gott Fernen, ja Gott gegenüber Feindlichen, jedenfalls als die von Gott nicht Erwählten angesehen" (N. WALTER, Art. ἔθνος, in: EWNT 1, 924-929 dort 925).
[18] Vgl. H. KUHLI, Art. Ἰσραήλ, in: EWNT 2, 495-501, dort 499.
[19] Vgl. U. LUZ, Geschichtsverständnis 35.

Unterscheidung zwischen Israel und der Völkerwelt. Auch wenn hier in der Wendung ξένοι τῶν διαθηκῶν τῆς ἐπαγγελίας Formulierungen aus Röm 9,4 anklingen[20], wird Israel dennoch ganz in alttestamentlicher Tradition als das Volk gekennzeichnet, dem die göttlichen Bundeszusagen geschenkt sind und dem das göttliche Heilsgeschehen verheißen ist, eine Zusage, die den Heiden verschlossen geblieben war.

(3) Mit νυνὶ δέ leitet der Verfasser in V 13 zum neuen Zustand der Adressaten über, die in Christus aus Fernen zu Nahen geworden sind. Ein Vergleich mit der literarischen Vorlage Kol 1,22 führt die Änderungen des Verfassers gegenüber den traditionellen Aussagen leicht vor Augen: In Kol 1,22 wird mit νυνὶ δέ der Einbruch von Gottes Versöhnungshandeln durch den Tod Christi beschrieben. Hier in Eph 2,13 dagegen steht allein die neue Situation der Glaubenden im Zentrum. Diese neue Situation der Adressaten ist zwar von der Heilstat Christi nicht losgelöst – gerade die beiden Bestimmungen ἐν Χριστῷ und ἐν τῷ αἵματι τοῦ Χριστοῦ in V 13 sichern die theologisch notwendige Verbindung mit dem Heilsgeschehen –, die eigentliche Beschreibung der Heilstat Christi ist jedoch von der Schilderung der Gegenwart abgerückt und wird erst im zweiten Abschnitt V 14-16 als Begründung (γάρ!) für den jetzigen Zustand der Empfänger genauer ausgeführt. Damit hat der Verfasser des Epheserbriefes eine deutliche Änderung gegenüber den Aussagen der paulinischen Tradition vorgenommen. Für *Paulus* nämlich bezeichnet das eschatologische νῦν „die durch Christus eröffnete Heilszeit"[21], die im Heilsereignis Christi angebrochen ist (Röm 3,21) und die durch die Taufe für den einzelnen Glaubenden Wirklichkeit wird (Röm 6,20-22)[22]. Mit νῦν umschreibt Paulus so die gegenwärtige eschatologische Situation, ohne zwischen dem Heilsgeschehen in Kreuz und Auferstehung und der individuellen Eröffnung der Heilsteilhabe zu trennen. Das eschatologische νῦν umfaßt für Paulus beides, im νῦν sind Gottes Heilsgeschehen und der Heilsempfang der Glaubenden gleichzeitig (vgl. Röm 3,21.26; 5,9.11). Nicht so der Verfasser des Epheserbriefes. Er löst die Beschreibung des Heilsgeschehens V 14-16 aus der Gleichzeitigkeit zur Situation der Adressaten. Das

---

[20] Vgl. M. RESE, Die Vorzüge Israels 219ff.
[21] U. LUZ, Geschichtsverständnis 88.
[22] Vgl. W. RADL, Art. νῦν, in: EWNT 2, 1178-1180, dort 1179: Das eschatologische νῦν bezeichnet „die 'jetzt schon' eingetretene endzeitliche Situation, wie sie allg. mit der Christusoffenbarung (Röm 3,26; 5,9.11; 8,1; 11,5.30.31a(b); 2Kor 6,2 bis; Gal 4,29) und für den einzelnen in der Taufe gegeben ist (Röm 6,19.21; Gal 2,20; vgl. 1,23)". Vgl. auch G. STÄHLIN, Art. νῦν (ἀρτί), in: ThWNT 4, 1099-1117, insbes. 1106-1114.

eschatologische νῦν bleibt für den Verfasser des Epheserbriefes der gegenwärtigen Situation vorbehalten, in welcher das in Christus bereitete Heil empfangen wird.

(4) Daß die Heilstat Christi vom Verfasser des Epheserbriefes bewußt aus der mit νυνὶ δέ bezeichneten Situation herausgenommen wurde, bestätigt noch eine weitere Beobachtung. In V 13 läßt sich in der Aussage, daß in Christus aus Fernen Nahe geworden sind, eine Anspielung auf Jes 57,19 erkennen. Direkt zitiert wird diese prophetische Heilsweissagung, die in Tritojesaja Gottes eschatologische Friedensstiftung ankündigt, in V 17: εἰρήνην (ἐπ' εἰρήνην) ... τοῖς μακρὰν καὶ ... τοῖς ἐγγὺς (οὖσιν). Durch diesen Bezug auf Jes 57,19 rücken V 13 und V 17 eng zusammen und bilden eine Art Klammer um die in V 14-16 geschilderte Heilstat Christi. Dadurch aber wird der Eindruck noch verstärkt, daß der Abschnitt V 14-16 wie ein Einschub wirkt, der deutlich von der Situationsbeschreibung V 11-13.17 abgehoben ist. Diese durch mehrere Indizien auffällige *Trennung der Heilstat Christi von der Situation der Adressaten*, die über Paulus hinausführt, läßt auf eine veränderte geschichtliche Situation schließen, die eventuell mit der nachpaulinischen Entstehung dieses Briefes im Zusammenhang steht[23]. Jedenfalls ergänzen sich die verschiedenen zu V 11-13 mitgeteilten Beobachtungen und lassen ein *einheitliches Umwandlungsprinzip* erkennen, das auf historisch gewandelte Abfassungsverhältnisse aufmerksam macht.

In den Beobachtungen zu Eph 2,11-13 ist aufgefallen, daß der Verfasser mit νυνὶ δέ die gegenwärtige Situation der Adressaten als eschatologisch erfüllte Heilszeit charakterisiert, die dem einstigen Zustand (ποτέ) diametral entgegengesetzt ist. Die Heilstat Christi wird im Unterschied zu der bei Paulus geläufigen Darstellung von der durch νυνὶ δέ umschriebenen Situation abgerückt. Offensichtlich begründet und ermöglicht die Heilstat zwar die Eröffnung des Heils in der Gegenwart, gehört der Gegenwart selbst aber nicht mehr an. Aus dieser Änderung der Darstellungsweise läßt sich schließen, daß der Autor auf das Heilsgeschehen in Christus zurückschaut und in der zeitlichen Differenzierung zwischen gegenwärtiger Heilszeit (V13) und der Heilstat Christi (V14-16) seinen *zeitlichen Abstand* zu Karfreitag und Ostern zu erkennen gibt.

---

[23] Zum Zusammenhang zwischen zeitlicher Differenzierung und nachpaulinischer Entstehung dieses Briefes s.u. 250ff.

Mit dieser zeitlichen Differenzierung macht der Verfasser außerdem deutlich, daß trotz der zeitlich zurückliegenden Heilstat der eschatologische Einbruch der Heilszeit nicht selbst zur Vergangenheit geworden ist. Der eschatologisch erfüllte Augenblick bleibt auch für ihn Gegenwart. Daß das eschatologische νυνὶ δέ von der Heilstat Christi abgelöst und der Gegenwart der Glaubenden zugesprochen werden kann, zeugt von einer außerordentlichen Hochschätzung der Situation der Adressaten. Für sie gilt nach wie vor: „Siehe, jetzt ist die Zeit der Gnade, jetzt ist der Tag des Heils!" (2Kor 6,2). Doch in einer solchen zeitlichen Differenzierung steht der Verfasser des Epheserbriefes nicht alleine da. Schon bei Paulus lassen sich Ansätze für einen unterschiedlichen Gebrauch des νῦν feststellen. So steht in Röm 11,30f νῦν sowohl für den gegenwärtigen Augenblick der Heilseröffnung für die Heiden (Röm 11,30) als auch für die noch zukünftige Situation der Heilseröffnung für die Juden[24]: Auch nach paulinischer Vorstellung läuft das eschatologische νῦν als Moment der Heilseröffnung durch die Zeiten![25]

Daß die Gegenwart der Briefempfänger als die eschatologische Wende zum Heil verstanden wird, bestätigt auch die in Eph 2,11-13 verwendete heilsgeschichtliche Terminologie, die – wie wir sahen – der Septuaginta entlehnt ist. Durch die zeitliche Differenzierung und den Gebrauch der heilsgeschichtlich gefüllten Terminologie kann der Verfasser zum Ausdruck bringen, daß die Generation der Briefempfänger in der Zeit des eschatologischen Jetzt lebt, auch wenn die Heilstat Christi für sie der Vergangenheit angehört. Die Änderungen in der Darstellung des Heilsgeschehens lassen sich damit von der *nachpaulinischen Entstehungssituation* her erklären.

---

[24] Das νῦν in Röm 11,31b ist als lectio difficilior sicherlich ursprünglich.
[25] Vgl. dazu G. STÄHLIN, Art. νῦν, in: ThWNT 4, 1103, Anm. 35; sowie 1106, 23ff; Stählin spricht a.a.O. 1114, 10f von einem „Weiterrücken des eschatologischen Stundenzeigers von νῦν zu νῦν"; nach P. STUHLMACHER, Gegenwart und Zukunft 441f, Anm. 41, ist für Paulus das eschatologische Jetzt „die Spitze eines von Gott her in die Gegenwart herein eröffneten Zeit-Raumes". Von dieser Vorstellung aus wird nach Stuhlmacher verständlich, „daß mit der Bekehrungspredigt auch das νῦν durch die Zeiten zieht und sich an denen, die zum Glauben kommen von Mal zu Mal ereignet". Stuhlmacher begründet dies ebenfalls im Hinweis auf Röm 11,30f. In dem von Stählin genannten Beleg Röm 13,11 („denn unser Heil ist jetzt (νῦν) näher als zu der Zeit, da wir gläubig wurden") liegt wohl ein temporaler Gebrauch des νῦν vor; gegen STÄHLIN a.a.O. 1114.

c) Die Trennung von Heilstat und Heilswort

(1) In der Gliederung von Eph 2,11-18 war ein dreigeteilter Aufbau deutlich geworden. V 11-13; 14-16; 17+18 bilden jeweils einen in sich geschlossenen Abschnitt. Während der erste Absatz V 11-13 die Situation der Adressaten anspricht, beschreibt der Abschnitt V 14-16 die Heilstat Christi. Der dritte Abschnitt führt, wie wir gesehen haben, die Thematik der beiden vorangegangenen zusammen. Er knüpft dabei an den vorangehenden Satz mit καί an und übernimmt aus V 14-16 als Subjekt Χριστός, hat jedoch im Unterschied zu V 14-16 nun wieder die Situation der Briefempfänger im Blick. Durch das Zitat von Jes 57,19, das die alttestamentliche Anspielung in V 13 vertieft, wird die Verbindung zu V 11-13 deutlich unterstrichen: In die Situation der Hörer tritt nun Christus selbst ein und bringt den Frieden, dessen Stiftung in V 14-16 beschrieben worden war. Dieses Kommen Christi wird in Anlehnung an die Heilsverheißungen von Deutero- und Tritojesaja dargestellt: Christus ist der in Jes 52,7 verheißene, eschatologische Freudenbote, der den Frieden verkündigt. Die Worte εὐηγγελίσατο εἰρήνην nehmen dabei die Wendung εὐαγγελιζομένου ἀκοὴν εἰρήνης aus Jes 52,7 LXX auf. Ebenfalls mit εἰρήνη verbunden ist auch die Verheißung aus Tritojesaja, nach der Gott selbst den universalen Frieden bringen wird: εἰρήνην ἐπ' εἰρήνην τοῖς μακρὰν καὶ τοῖς ἐγγὺς οὖσιν (Jes 57,19). Die eschatologische Friedensverheißung an das in aller Welt verstreute Haus Israel wird in Eph 2,17 zum Völkerfrieden erweitert[26]. Den Nahen und den Fernen wird der in Christi Heilstat erschlossene Friede gebracht.

(2) Umstritten ist allerdings die Interpretation von ἐλθών. Ältere Auslegungen deuten es auf das Kommen des irdischen Jesus, auf seine Erscheinung im Fleisch[27]. Doch wurde dagegen eingewendet, daß der Bezug auf das Leben Jesu im Anschluß an die Schilderung seines stellvertretenden Sterbens unpassend ist, da das ἐλθών „zweifellos als dem ersteren folgend gedacht werden" müsse[28]. Die neuere Forschung will darum ἐλθών nicht

---

[26] Im Unterschied zu der Verkündigung Deuterojesajas, dessen Botschaft vom Trost Gottes sich durchweg an das Volk Israel richtet (so etwa Jes 40,1; vgl. C. WESTERMANN, Jes. 263), spricht Tritojesaja vom „Trösten der Trauernden" (vgl. etwa Jes 57,18). Darin drückt sich schon ein universalistischer Zug aus, der das Heil Gottes nicht mehr in ganzer Ausschließlichkeit auf das erwählte Volk einschränkt. Durch die Erweiterung des Zitates zum Völkerfrieden in Eph 2,17 wird diese schon bei Tritojesaja vorbereitete Tendenz verstärkt.
[27] Vgl. dazu R. SCHNACKENBURG, Eph. 118, Anm. 276.
[28] H. V. SODEN, Eph. 120.

118   *Die theologischen Unterschiede und Weiterbildungen*

auf ein genaues Datum im Leben Jesu beziehen. Wie F. Mußner hervorhebt, hat ἐλθών einen „inkarnatorischen Klang" und bringt die „Ganzheitsschau des Autors" zum Ausdruck, in der das Kommen Christi, „sein Sterben und die daraus resultierende Verkündigung ein zusammengehöriger, gewissermaßen ein einziger Akt" ist[29]. Seiner Meinung nach bezieht sich ἐλθών „deshalb einfach auf das Dasein Christi in der Welt, ohne nach einem bestimmten biographischen Datum ... zu fragen"[30]. Die Mehrzahl der Exegeten hat sich der Meinung Mußners angeschlossen, doch wird auch von einigen die Deutung von ἐλθών auf die nachösterliche Verkündigung der Apostel vorgeschlagen[31]. Entscheidend für das Verständnis von ἐλθών ist die Verankerung der Aussage in der Heilsverkündigung Deutero- und Tritojesajas[32]. Gerade dieser alttestamentliche Bezug gibt Hinweise zu einer Klärung.

O. Hofius hat in einer Untersuchung der paulinischen Versöhnungsaussagen eine typische Gedankenführung herausgearbeitet, nach welcher Gottes Versöhnungshandeln unter zwei Aspekten beschrieben wird. Dabei stellt Hofius fest, daß „Paulus so von der in Jesus Christus beschlossenen Versöhnung (spricht), daß er zwischen Gottes Versöhnungs*tat* und Gottes Versöhnungs*wort* unterscheidet"[33]. Diese von Hofius an 2Kor 5,18-21 aufgezeigte Unterscheidung läßt sich entsprechend auch in Eph 2,14-18 wiederfinden. In V 14-16 wird durch die Partizipien ποιήσας, λύσας, καταργήσας die Heilstat als das Versöhnungsgeschehen in der Hingabe Christi beschrieben. Der Aspekt des Heilswortes, welcher das Verkündigungsgeschehen im Blick hat, begegnet demgegenüber in V 17: Mit εὐηγγελίσατο wird nichts anderes als die umfassende Verkündigung des in der Heilstat Christi geschaffenen Friedens benannt. Die Abschnitte V

---

[29] F. MUSSNER, Eph. 84.
[30] F. MUSSNER, Christus, das All und die Kirche 101; ebenso R. SCHNACKENBURG, Eph. 118; P. STUHLMACHER „Er ist unser Friede" 240, mit Hinweis auf 1Tim 1,15; sowie ebd. Anm. 59; H. CONZELMANN, Eph. 100f; J. ERNST, Eph. 318f; G. FRIEDRICH, Art. εὐαγγελίζομαι, in: ThWNT 2, 714; E. GAUGLER, Eph. 118; E. HAUPT, Eph. 87f; E. KÄSEMANN, Eph 2,17-22 282; P. POKORNÝ, Eph. 128.
[31] Vgl. J. GNILKA, Eph. 145f; G. SCHILLE, Frühchristliche Hymnen 30; A. SCHLATTER, Erläuterungen zum Neuen Testament 571; M. ZERWICK, Eph. 82; vgl. aber auch schon J. CALVIN, Eph. 26.
[32] Vgl. P. STUHLMACHER, der in seinem Aufsatz „Er ist unser Friede" die alttestamentlichen Bezüge sorgfältig herausgearbeitet hat; s.u. 126.
[33] O. HOFIUS, Gott hat unter uns aufgerichtet 16. Auch G. EICHHOLZ, Die Theologie des Paulus 200, spricht davon, daß „das Christusgeschehen und das Zeugnis von diesem Geschehen als einheitliches, aber zweifältiges Handeln Gottes begriffen werden" müssen.

14-16 und V 17f lassen sich also den Aspekten *Heilstat* und *Heilswort* zuordnen[34].

Daß es sich in Eph 2,14-18 um die gleichen Aspekte handelt, wie sie von Hofius in 2Kor 5,18-21 beobachtet wurden, bestätigt die *Bezugnahme auf die Heilsverheißung Deutero- und Tritojesajas*. Die Unterscheidung des Heilsgeschehens nach Wort- und Tataspekt ist ein Charakteristikum der paulinischen Heilsdarstellung[35], das auch Paulus der alttestamentlichen Tradition entnommen hat. Gerade in den zentralen Aussagen der Heilsverkündigung Deuterojesajas begegnen bereits die Aspekte von Heilstat und Heilswort. Diese Unterscheidung hat ihren Ausgangspunkt in der Vorstellung von der doppelten Weise göttlichen Schaffens, der Schöpfung durch die Tat Gottes und der Schöpfung durch sein wirkmächtiges Wort[36]. Beide Aspekte begegnen in den Schöpfungsaussagen Deuterojesajas. So heißt es in Jes 48,13:

Meine Hand hat die Erde gegründet,
    und meine Rechte hat den Himmel ausgespannt.
Ich rufe, und alles steht da.

Ebenso begegnen beide Aspekte in Jes 44,24.27[37]:

Ich bin der Herr, der alles schafft,
    der den Himmel ausbreitet allein
    und die Erde festmacht ohne Gehilfen;
...
der zu der Tiefe spricht: Versiege!,
    und deine Fluten trockne ich aus.

---

[34] Ganz parallel läßt sich auch in Eph 1,7f.9f die Einteilung in Heilstat und Heilswort aufzeigen. Hier wird in Eph 1,7f die Heilstat, in Eph 1,9f das Heilswort beschrieben.
[35] Vgl. etwa neben 2Kor 5,18-21 auch die Stücke Röm 5,1-11; Röm 10,6.8; 1Kor 15,1ff; Gal 3,13f; Gal 4,4-6. Vgl. dazu O. HOFIUS, Wort Gottes und Glaube 149, Anm. 7.
[36] Vgl. dazu C. WESTERMANN, Jes. 163. Beide Arten des Schöpfungshandelns Gottes begegnen auch im Schöpfungsbericht der Priesterschrift in den Formen von Wortbericht und Tatbericht; dabei sprechen von diesen beiden Aspekten jeweils Gen 1,6f.14-18.20f.24f.26f. Vgl. dazu CH. LEVIN, Tatbericht und Wortbericht 131-133.
[37] Beide Aspekte begegnen auch in Ps 33,6.7:
Der Himmel ist durch das Wort des Herrn gemacht
    und all sein Heer durch den Hauch seines Mundes.
Er hält die Wasser des Meeres zusammen wie in einem Schlauch
    und sammelt in Kammern die Fluten.

In Jes 44,24ff läßt sich zugleich erkennen, daß dem Schöpfungshandeln Gottes sein Handeln in der Geschichte entspricht[38]. Hier werden in den Rahmen der Schöpfungsaussagen Erweise geschichtsmächtigen Handelns Gottes eingefügt (V25.26), wobei den Schöpfungsaussagen die Aufgabe zukommt, die Macht und Zuverlässigkeit des göttlichen Handelns in Wort und Tat zu belegen. Als Ziel beschreibt V 28 Gottes Heilshandeln gerade durch das Wort:

(Ich bin der Herr, ...)
    der zu Kyrus sagt: Mein Hirte!
      Er (d.h. Kyrus) soll all meinen Willen vollenden
  und sagen zu Jerusalem: Werde wieder gebaut!
    und zum Tempel: Werde gegründet!

Auch das endzeitliche Heilshandeln Gottes geschieht durch sein wirkmächtiges Wort, wie es die Ankündigung der heilvollen Wiederherstellung Israels in V 26.28 durch Gottes Wort verdeutlicht[39].

Genau die Vorstellung vom endzeitlichen Heilshandeln Gottes durch das Wort begegnet nun auch in *Jes 52,6-10*. Hier ist die göttliche Ankündigung des Heils zugleich selbst Ereignis des Heils, das von Gott durch sein Wort ins Werk gesetzt ist. Das Wort, das der Freudenbote bringt, ist Gottes heilschaffendes Wort, das die eschatologische Wende heraufführt. Die Erfüllung fällt mit der Ankunft des Freudenwortes in eins.

Wenn *Eph 2,17* die Verkündigung des Heils in Anlehnung an Jes 52,7 beschreibt, so greift der Verfasser damit auf die gleiche Vorstellung zurück. Wie Jes 52,7 hat auch Eph 2,17 das Kommen des wirkmächtigen Heilswortes zum Inhalt. Der Verfasser knüpft also in Eph 2,17 bewußt an die Heilstradition Deuterojesajas an und verwendet wie Paulus die Einteilung in Heilstat und Heilswort zur Beschreibung des Heilsgeschehens. Der Rückgriff auf Jes 52,7 bestätigt also unsere Vermutung, daß Eph 2,14-18 nach den Aspekten von Heilstat und Heilswort strukturiert ist. Das aber bedeutet, daß mit der umstrittenen Formulierung ἐλθὼν εὐηγγελίσατο

---

[38] Vgl. C. WESTERMANN, Jes. 126.
[39] C. WESTERMANN, Jes. 124, Anm. 3, erwägt, V 28b hinter V 26 zu stellen. Doch dazu besteht keine Notwendigkeit, da das eschatologische Heilshandeln Gottes als Werk des wirkmächtigen Gotteswortes dargestellt wird (vgl. auch V 26). In diesem Fall soll es durch den zum Messias designierten Kyros ausgerichtet werden. Dahinter steht der Gedanke, daß durch das Wort Gottes der Messias den endzeitlichen Tempel bauen wird. Stünde V 28 b hinter V 26, bliebe die messianische Aufgabe undeutlich.

εἰρήνην Eph 2,17 das Kommen Christi in seinem Heilswort gemeint ist. Dadurch läßt sich nun eine präzise Bestimmung von ἐλθών treffen: Das als Kommen Christi zu interpretierende ἐλθών muß nicht auf eine historische Situation im Leben Jesu zurückgeführt werden, bezeichnet auch nicht das „Dasein Christi in der Welt" überhaupt[40], sondern kann als das *Kommen Christi in seinem wirkmächtigen Heilswort* verstanden werden. Christus selbst kommt im Heilswort, das die Apostel in alle Welt hinaustragen, und erschließt das Heilsgeschehen.

(3) Gegenüber der Darstellung des Heilswortes bei Paulus fallen nun aber entscheidende *Differenzen* auf. So greifen etwa in der paulinischen Schilderung des Heilsgeschehens immer beide Aspekte ineinander, wodurch deutlich wird, daß Wort und Tat gemeinsam das eine Heilsgeschehen bilden und beide als Einheit Gottes Werk sind. Das ist in Eph 2,14-18 nicht der Fall. Hier in V 14-16 wird die Heilstat in sich abgeschlossen dargestellt; erst V 17 bringt das Heilswort zur Sprache.

Eine zweite Differenz betrifft die Auslegung von Jes 52,7. Wie bereits aufgefallen war[41], bezieht Paulus Jes 52,7 nicht auf das Kommen Christi, sondern sieht sich selbst in seinem Amt als den Freudenboten, der den Anbruch von Gottes Heil ausrichten soll. Nach Röm 10,15 findet er im Ausruf „Wie rechtzeitig (kommen) die Füße derer, die Gutes verkündigen" seinen Dienst beschrieben[42]. Darin unterscheidet er sich vom Epheserbrief, der in Eph 2,17 den Freudenboten von Jes 52,7 direkt auf Christus bezieht[43].

Der letztgenannte Unterschied besteht jedoch nur vordergründig, wird doch gerade nach der Überzeugung des Paulus in der apostolischen ἀκοή das ῥῆμα Χριστοῦ laut[44]. Gerade in Röm 10 weist Paulus einerseits darauf hin, daß das Wort Gottes nicht mit der apostolischen Predigt identisch ist, betont aber andererseits, daß seine Verkündigung im göttlichen Auf-

---

[40] Gegen die von F. MUSSNER, Christus, das All und die Kirche 101, vertretene Deutung; s.o. 118, Anm. 30.
[41] S.o. 101ff.
[42] Vgl. dazu T. HOLTZ, Zum Selbstverständnis 136; vgl. auch O. MICHEL, Röm. 261f.
[43] Interessant ist, daß Eph 2,17 die singularische Version εὐαγγελιζόμενος (Jes 52,7) wiedergibt, während Paulus in Röm 10,15 eine im Urtext nicht belegte pluralische Version bietet, die die Freudenboten auf die Apostel deutet (zum jüdischen Hintergrund dieser Deutung vgl. P. STUHLMACHER, Das paulinische Evangelium 149, Anm. 2). In Eph 6,15 könnte dagegen die pluralische Version Einfluß genommen haben in der Deutung des Freudenboten auf alle Christen.
[44] So die paulinische Auslegung von Jes 52,7 in Röm 10,17; Vgl. dazu O. HOFIUS, Wort Gottes und Glaube 153.

trag geschieht. Auch in seinen Versöhnungsaussagen legt Paulus Wert auf eine präzise Verhältnisbestimmung zwischen dem Wort Gottes und der apostolischen Predigt. So hat O. Hofius hinsichtlich des Wortgeschehens in 2Kor 5,18-21 drei Elemente herausgearbeitet[45]: 1. die Aufrichtung des λόγος τῆς καταλλαγῆς durch Gott selbst (V 19c); 2. der Auftrag zum Dienst an die Apostel, die Verleihung der διακονία τῆς καταλλαγῆς (V 18c); 3. die durch die Apostel geschehende Verkündigung (V 20). Die Apostel sind also Werkzeuge, die Gottes eigenes Wort, den λόγος τῆς καταλλαγῆς, in ihrer Predigt verkünden sollen. Damit wird die paulinische Predigt zwar von Gottes eigenem Wort unterschieden, zugleich aber ihr unlöslicher Zusammenhang mit ihm unterstrichen. Nur in der Angewiesenheit auf Gottes Wort kann die paulinische Predigt sein, was sie ist: die Glauben weckende Verkündigung des Evangeliums[46].

Die genaue Verhältnisbestimmung zwischen Gottes eigenem Wort und der apostolischen Verkündigung machen die unterschiedliche Interpretation von Jes 52,7 verstehbar. Während Paulus in Jes 52,7 die Aufgabe seines Amtes beschrieben sieht, das wirkmächtige Gotteswort zu verkündigen, scheint Eph 2,17 viel allgemeiner die *theologische Bedeutung der Evangeliumsverkündigung* in Jes 52,7 vorgeprägt zu sehen: In der apostolischen Predigt kommt Christus selbst und sein Frieden eröffnendes Wort zu den Adressaten. Die Vermittlung durch das apostolische Amt wird dabei nicht eigens erwähnt, vielmehr wird die Verkündigung des eschatologischen Heilsfriedens auf seinen wahren Urheber zurückgeführt: Christus selbst kommt in seinem Wort zu Fernen und Nahen. Zugleich kann man darin aber auch ein zeitgeschichtliches Indiz für die nachpaulinische Entstehung des Epheserbriefes sehen: Die Verkündigung des Evangeliums ist nicht abhängig vom Apostel. Das Wort Christi gelangt weiterhin zu den Völkern, auch wenn der Mund des Paulus schon verstummt ist[47].

Auffällig ist dagegen die andere, oben an erster Stelle erwähnte Differenz gegenüber Paulus. Welcher Akzent des Verfassers steht hinter der bewußten Aufteilung von Wort- und Tataspekt im Heilsgeschehen? Während die *Heilstat* in Eph 2,14-16 unabhängig von den Glaubenden ge-

---

[45] Vgl. O. HOFIUS, Gott hat unter uns aufgerichtet 27.
[46] Vgl. O. HOFIUS, Wort Gottes und Glaube 148-154.
[47] Im Unterschied zu Paulus nehmen nach der Darstellung des Epheserbriefes nun nicht mehr die Apostel das Amt der Freudenboten ein, sondern alle Gläubigen können zu Freudenboten werden, wie die Anspielung auf Jes 52,7 in Eph 6,15 es nahelegt. Sicherlich besteht in Eph 6,15 auch ein Rückbezug auf Eph 2,17: die Aufgabe der Apostel wird auf die Verkündigung der Kirche ausgeweitet, in der Glaubensbotschaft der Gläubigen kommt Christus als der Freudenbote.

schildert wird, tritt Christus nach Eph 2,17 im *Heilswort* in die Gegenwart der Adressaten. Im Heilswort wird auf diese Weise das im Kreuzesgeschehen geschaffene Heil für die Hörer gegenwärtig. Wenn Christus, der in seiner Person der Friede ist[48], den Frieden verkündigt, ereignet sich in seinem Wort die eschatologische Friedenswirklichkeit. Sein Wort ist damit das Ereignis von Versöhnung und Neuschöpfung, der Einbruch des eschatologischen Heils. Die Lösung des Heilswortes aus jener engen Verbundenheit mit der Heilstat, wie sie noch für die paulinische Darstellung charakteristisch ist, scheint auf eine zeitliche Differenzierung hinzuweisen. Wie wir bereits vermutet haben, wird die Beschreibung der Heilstat deshalb von der Situation der Gläubigen abgerückt, weil sie zu einer Zeit geschah, die für die nachpaulinische Situation schon weit zurückliegt. Offensichtlich scheint damit nun auch die Trennung von Heilstat und Heilswort zusammenzuhängen. Denn indem der Epheserbrief die Heilstat von der Situation der Glaubenden abrückt, kommt dem Heilswort die besondere Aufgabe zu, die zeitliche Distanz zwischen der zurückliegenden Heilstat und der gegenwärtigen Situation zu überbrücken: Im Heilswort geht Christus selbst durch die Zeiten und läßt den in der Heilstat geschaffenen Frieden Wirklichkeit werden. Nach wie vor sind damit Heilstat und Heilswort Aspekte des einen Heilsgeschehens. Gemeinsam schaffen sie die eschatologische Friedenswirklichkeit.

Ansätze zu einer solchen geschichtlichen Aufgabe des Heilswortes zeigen sich allerdings schon bei Paulus. Wird in Röm 5,8.10 das Ereignis der Heilstat in einer Zeit angesagt, „da wir *noch* Sünder waren", so bringt Röm 5,11 das Wortgeschehen zum Ausdruck, durch das wir „*jetzt*" die in Christus beschlossene Versöhnung „empfangen haben". Das Heilswort umschreibt damit die Zeit des νῦν (Röm 5,11) und macht auf diese Weise die vergangene Heilstat gegenwärtig. Diese zeitliche Differenzierung, wie sie in Ansätzen bei Paulus begegnet, wird vom Verfasser des Epheserbriefes weiterentwickelt. Während Paulus den Unterschied zwischen dem Ereignis der Heilstat und der Verkündigung des Heilswortes innerhalb derselben Generation ansetzt, muß der Epheserbrief diese Unterscheidung auf eine neue Generation hin ausweiten. Zum Zeitpunkt der Heilstat Christi, als die Generation des Paulus „noch Sünder war", war die Generation, an die sich der Epheserbrief richtet, noch nicht geboren. An Paulus anknüp-

---

[48] S.u. 126.

fend führt der Verfasser des Epheserbriefes die theologische Tradition einer Unterscheidung von Heilstat und Heilswort weiter.

Mit der Trennung von Heilstat und Heilswort wird die gegenwärtige Situation des Briefes gedeutet. Sie ist die Zeit des Heilswortes, in der der eschatologische Friede die Welt durchdringt. Diese Hochschätzung der gegenwärtigen Epoche spricht sich auch darin aus, daß sie als Zeit der Erfüllung der prophetischen Heilsverheißung dargestellt wird. Neben der Anspielung auf Jes 52,7 zeigt der Verfasser durch das Zitat von Jes 57,19, daß er die Versöhnung von Heiden und Juden in der Heilsbotschaft der alttestamentlichen Propheten verankert sieht. Durch die Trennung von Heilstat und Heilswort gelingt dem Verfasser die Aussage, daß auch für die nachpaulinische Generation die eschatologische Heilsfülle gegenwärtig bleibt[49].

Zusammenfassend läßt sich festhalten, daß sich auch die Änderungen gegenüber dem paulinischen Vorbild in Eph 2,14-16.17 auf die *nachpaulinische Entstehungssituation* zurückführen lassen. Die Trennung von Heilstat und Heilswort erklärt sich aus dem *zeitgeschichtlichen Standort*, von welchem der Verfasser auf Christi Heilstat als ein Geschehen in der Vergangenheit zurückschaut. Die gegenwärtige Epoche wird als Zeit des Heilswortes charakterisiert: Durch das Heilswort wird die einst geschehene Heilstat für die Gegenwart erschlossen. Läßt sich eine solche zeitliche Differenzierung in Ansätzen schon bei Paulus in Röm 5 beobachten, wonach die Adressaten zum Zeitpunkt des Todes Christi „noch Sünder waren" (Röm 5,8), so muß damit gerechnet werden, daß der Verfasser des Epheserbriefes zu einer Generation spricht, die zur Zeit Jesu noch gar nicht lebte. Durch die Unterscheidung von Heilstat und Heilswort vermag der Verfasser jedoch die größere zeitliche Distanz seiner Leser zu Kreuz und Auferstehung zu überbrücken.

---

[49] Daß der Verfasser die Gegenwart als Zeit des Heilswortes deutet, bestätigt sich in Eph 1,13f. Im Abschluß der Briefeingangseulogie, in welchem die Situation der Leser angesprochen wird, definiert der Verfasser die Gegenwart durch das Hören auf das Heilswort. Das Heilswort ist mit ὁ λόγος τῆς ἀληθείας, τὸ εὐαγγέλιον τῆς σωτηρίας zum Ausdruck gebracht. Die Gegenwart wird vom Heilswort bestimmt und durch den Dreischritt Hören – Glauben – Versiegelt-Werden charakterisiert.

3. Die Objektivierung des Heilsgeschehens in Eph 2,14-16

a) Das Heilsgeschehen als Wesensbestimmung der Person Christi

Wie bereits mehrfach bemerkt wurde, heben sich die Verse 14-16 deutlich vom Kontext V 11-13.17f ab. Dazu gehört, daß jede persönliche Anrede unterbleibt und das Heilsgeschehen unabhängig von den Empfängern beschrieben wird. Auch das Schema „einst" – „jetzt", das den Abschnitt V 11-13 bestimmt, bricht hier ab. Mit dem Kontext sind die Verse 14-16 nur dadurch verbunden, daß sie die Begründung für den gegenwärtigen Zustand der Adressaten liefern[50]. Diese Eigenart der Verse 14-16 ist bereits mehrfach beobachtet worden, zumeist jedoch als Argument für die Aufnahme hymnischer Tradition gewertet worden. Nach J. T. Sanders[51] und K. Wengst[52] soll sich in Eph 2,14-16 ein Christuslied bzw. ein Versöhnungslied finden, G. Schille[53] und J. Gnilka[54] vermuten in dem längeren Stück Eph 2,14-18 die Verarbeitung eines christlichen „Erlöserlied(es)"[55]. Mit Recht hat R. Deichgräber diesen Hypothesen heftig widersprochen und den „völlig prosaische(n) Charakter des Abschnittes" herausgestellt[56]. Doch wie ist dann die erwähnte Struktur zu erklären?

Aufschlußreich dafür ist die *Konstruktion von V 14-16*. Der übergeordnete Hauptsatz ist V 14a: Αὐτὸς γάρ ἐστιν ἡ εἰρήνη ἡμῶν. Damit wird gewissermaßen das *Thema* angegeben, unter dem die Verse 14-16 stehen. In diesem Satzstück ist Christus nicht nur der Friedensbringer, sondern *in Person selbst der Friede*. Die drei Partizipien ποιήσας, λύσας, καταργήσας (V 14b.15a), die sich nun anschließen und den in sich parallel strukturierten Finalsatz V 15b.16 nach sich ziehen, stellen grammatisch

---

[50] S. das γάρ Eph 2,14. Hier liegt kein γάρ recitativum vor, wie etwa G. SCHILLE, Frühchristliche Hymnen 24, meint, sondern hier hat γάρ eindeutig begründenden Charakter. Zur Widerlegung Schilles vgl. R. DEICHGRÄBER, Gotteshymnus 166, sowie H. SCHLIER, Eph. 122.
[51] Vgl. J. T. SANDERS, Hymnic Elements 217f.
[52] Vgl. K. WENGST, Christologische Formeln 181-186.
[53] Vgl. G. SCHILLE, Frühchristliche Hymnen 24-30.
[54] Vgl. J. GNILKA, Eph. 147-152; neuerdings hat wieder P. POKORNÝ, Eph. 117-124 die Rekonstruktion eines Hymnus vorgeschlagen.
[55] G. SCHILLE, Frühchristliche Hymnen 24.
[56] R. DEICHGRÄBER, Gotteshymnus 166; vgl. auch 167: „Nicht jedes christologische Stück ist ein Christushymnus, auch dann nicht, wenn Spuren hymnischer Terminologie sichtbar sind. Die Verse 14-18 sind eine zum Teil in gehobener Prosa formulierte Erklärung, wie es durch Christi Erlösungswerk dazu kam, daß die einst Fernen jetzt mit zu den Nahen gehören dürfen". Zur Widerlegung insbes. der Thesen von J. GNILKA und K. WENGST vgl. P. STUHLMACHER, „Er ist unser Friede" 229-233, 244f.

eine Erweiterung dar; sie explizieren also das Thema V 14a[57]. Diese grammatische Stellung macht deutlich: Die in V 14b-16 umfassend geschilderte Heilstat Christi ist nichts anderes als die Explikation seines Friede-Seins.

P. Stuhlmacher hat in seiner Untersuchung den starken alttestamentlichen Bezug dieses Abschnittes herausgearbeitet und ihn als „christologische Exegese von Jes 9,5f; 52,7; 57,19" gedeutet[58]. Gerade die enge Verknüpfung von Christus und Friede in der Wendung αὐτὸς γάρ ἐστιν ἡ εἰρήνη ἡμῶν sieht Stuhlmacher schon vorgeprägt in der alttestamentlichen Formulierung יְהוָה שָׁלוֹם, „der Herr ist Heil" Ri 6,24. Dies sei eine „dynamische Redeweise"[59]: „Christus ist die Wirklichkeit des Friedens, und dieser Friede ist bleibend an Jesu Geschick und seine Person gebunden."[60] Doch darüber hinaus läßt sich Eph 2,14 als Zitat der messianischen Friedensverheißung Mi 5,4 וְהָיָה זֶה שָׁלוֹם verstehen[61]. Schon in Mi 5,4 wird der eschatologische Heilsfriede personal an die Figur des Messias gebunden. Durch die Aufnahme dieser Wendung in Eph 2,14a gelingt es dem Verfasser, *das Heilswerk Christi streng an die Person Christi zu binden*. Die enge Verbindung von Person und Werk wird in den folgenden Versen Eph 2,14b-16 noch unterstrichen[62]. Wie P. Stuhlmacher herausgearbeitet hat, bedeutet „Friede" nach Eph 2,14ff „die durch Christi Sühnetod gestiftete, in der Kirche als dem Leib Christi im Glauben wirkliche neue Gemeinschaft Gottes mit den Menschen und gleichzeitig die neue Gemeinschaft bislang verfeindeter, aber durch die Vergebung ihrer Schuld für eine neue mitmenschliche Begegnung freigewordener Menschen. Friede wird hier als umfassendes, Gott und Mensch und Mensch und Mitmensch durch Christus verbindendes und in Christus personal repräsentiertes Versöhnungsgeschehen definiert."[63] Zu Recht wird daher der Charakter der Verse 14-16 als „christologische(r) Einschub"[64] oder als

---

[57] Vgl. F. MUSSNER, Eph. 74f.
[58] P. STUHLMACHER, „Er ist unser Friede" 234.
[59] P. STUHLMACHER, a.a.O. 235.
[60] P. STUHLMACHER, a.a.O. 235f.
[61] Vgl. J. GNILKA, Eph. 138; F. MUSSNER, Eph. 74. Anders lautet dagegen die Version der Septuaginta: καὶ ἔσται αὕτη εἰρήνη.
[62] Vgl. ἐν τῇ σαρκὶ αὐτοῦ Eph 2,14d; ἐν αὐτῷ Eph 2,15b; ἐν αὐτῷ Eph 2,16c.
[63] P. STUHLMACHER, „Er ist unser Friede" 241.
[64] H. CONZELMANN, Eph. 99: ein „christologische(r) Einschub in Form einer Exegese von Jes. 57,19".

„Exkurs"⁶⁵ bestimmt. Durch die beschriebene enge Verbindung von Person und Werk Christi wird das Heilsgeschehen, die Stiftung des eschatologischen Friedens durch Versöhnung und Neuschöpfung, zur *Wesensbestimmung* Christi.

Eine solche feste Verankerung des Heilswerkes in der Person Christi steht in gut paulinischer Tradition. Paulus beschreibt die Versöhnungstat in Röm 5,6.8.10 streng und ausschließlich als das Werk Christi⁶⁶. Auch in 2Kor 5 bilden Gott und Christus als handelndes Subjekt eine unzertrennbare Einheit. Mit der Formulierung θεὸς ἦν ἐν Χριστῷ (2Kor 5,19) wird, wie O. Hofius aufgezeigt hat, „die Seins- und Handlungseinheit Gottes mit dem Gekreuzigten" betont herausgestellt. So ist gesichert, daß nicht der Mensch, sondern „streng und ausschließlich *Gott selbst*, und zwar '*Gott in Christus*'", das Subjekt der Versöhnung darstellt⁶⁷. Diese Christozentrik der paulinischen Versöhnungsaussagen wird im Epheserbrief übernommen – und sogar noch gesteigert, indem hier das Heilsgeschehen zur Wesensbestimmung der Person Christi gemacht wird. Doch auch dafür lassen sich bei Paulus Ansatzpunkte finden. In 1Kor 1,30 ist von Jesus Christus die Rede, „der uns von Gott gemacht ist zur Weisheit und zur Gerechtigkeit und zur Heiligung und zur Erlösung". Bereits in 1Kor 1,30 ist das Heilsgeschehen in der Person Jesu Christi repräsentiert. Indem der Verfasser des Epheserbriefes den durch Christus gewirkten eschatologischen Heilsfrieden als ein „in Christus personal repräsentiertes Versöhnungsgeschehen definiert"⁶⁸, hat er das paulinische Verständnis der Versöhnung adäquat wiedergegeben.

Bevor die Aussagen von Neuschöpfung und Versöhnung eigens auf ihre Unterschiede gegenüber Paulus untersucht werden können, ist an dieser Stelle ein kurzer Blick auf die Gesetzesaussage Eph 2,14b.15a nötig. Sie stellt einen ersten Schritt in der Darstellung von Christi Heilstat dar, deren Zielpunkt (ἵνα V15) dann die Beschreibung von Neuschöpfung und Versöhnung bildet.

---

⁶⁵ M. DIBELIUS/H. GREEVEN, Eph. 69, sprechen von einem „Exkurs", in welchem der Verfasser „Bibelerklärung treiben" will. R. SCHNACKENBURG, Eph. 111, spricht von einem „christologische(n) Exkurs".

⁶⁶ S. Röm 5,6: Χριστὸς ... ὑπὲρ ἀσεβῶν ἀπέθανεν, was in Röm 5,8 mit Χριστὸς ὑπὲρ ἡμῶν ἀπέθανεν und in Röm 5,10 mit διὰ τοῦ θανάτου τοῦ υἱοῦ αὐτοῦ aufgenommen wird.

⁶⁷ O. HOFIUS, Erwägungen zur Gestalt 3.

⁶⁸ P. STUHLMACHER, „Er ist unser Friede" 241.

b) Die Beschreibung der Heilstat Christi: Die Gesetzesaussage

Wie F. Mußner durch Belege aus frühjüdischen Quellen nachweisen konnte[69], ist mit der „trennenden Scheidewand" in Eph 2,14c das alttestamentliche Gesetz gemeint. Damit liegt in diesem Abschnitt eine zweigliedrige Aussage über das Gesetz vor: Es wird als τὸ μεσότοιχον τοῦ φραγμοῦ[70] (Eph 2,14c) und als ὁ νόμος τῶν ἐντολῶν ἐν δόγμασιν (Eph 2,15a) bezeichnet. Die von Mußner angeführten Belege des Aristeasbriefes zeigen, daß dort das Gesetz als „undurchdringlicher Wall" und „eiserne Mauer" bezeichnet wird, welche Israel umgibt, „damit wir uns mit keinem anderen Volk irgendwie vermischen"[71]. In Parallele zu diesen frühjüdischen Aussagen scheint das Bild der trennenden Mauer in Eph 2,14 die Tora gerade im Hinblick auf das Verhältnis zu anderen Völkern zu beschreiben. Die Vorschriften des Gesetzes begründen damit die Trennung von Heiden und Juden, wie sie bereits in Eph 2,12 benannt wurde, und rufen dadurch eine gegenseitige Feindschaft hervor[72].

Die zweite Aussage über das Gesetz Eph 2,15[73] verweist mit der Wendung ὁ νόμος τῶν ἐντολῶν[74] ἐν δόγμασιν betont auf die einzelnen Gebote und Verfügungen. Ganz offensichtlich wird mit dieser Formulierung der fordernde Charakter der Gesetze hervorgehoben, der die Einhaltung der vielfältigen Gebote und Weisungen einklagt. Auffällig ist zwar die sonst eher ungewöhnliche Bezeichnung δόγμα für die Einzelgebote der Tora[75], doch wird diese Auslegung bestätigt durch das parallele Vorkom-

---

[69] Vgl. F. MUSSNER, Christus, das All und die Kirche 80-84.
[70] τοῦ φραγμοῦ ist Gen. appositivus, so daß sich für τὸ μεσότοιχον τοῦ φραγμοῦ die Bedeutung ergibt: „die Scheidewand, die im Zaun besteht"; vgl. F. BLASS/A. DEBRUNNER/F. REHKOPF, Grammatik § 167.2.
[71] Arist 139; Übersetzung von N. MEISNER in: Aristeasbrief 63; vgl. auch Arist 142 sowie Arist 151.
[72] Das nachklappende τὴν ἔχθραν bildet eine Apposition zu τὸ μεσότοιχον τοῦ φραγμοῦ und kann deshalb als Feindschaft zwischen Heiden und Juden interpretiert werden (vgl. F. MUSSNER, Christus, das All und die Kirche 83).
[73] Nach der sprachlichen Struktur ist die erste Gesetzesaussage Eph 2,14c τὸ μεσότοιχον κτλ. durch καὶ klar von der vorangehenden Partizipialkonstruktion ποιήσας κτλ. getrennt. Der Einschnitt zur zweiten Gesetzesaussage Eph 2,15a ist jedoch undeutlich. Am sinnvollsten erscheint es, die Worte ἐν τῇ σαρκὶ αὐτοῦ ᾧ V 14d zur zweiten Gesetzesaussage zu ziehen und deshalb hinter τὴν ἔχθραν eine Zäsur anzunehmen. Vgl. dazu R. SCHNACKENBURG, Eph. 115; E. GAUGLER, Eph. 109; J. GNILKA, Eph. 141; F. MUSSNER, Christus, das All und die Kirche 83.
[74] Der Genitiv τῶν ἐντολῶν hat explizierenden Charakter, ist also Gen. appositivus; vgl. F. BLASS/A. DEBRUNNER/F. REHKOPF, Grammatik § 167.2.
[75] Der Begriff δόγμα wird eher für Regierungserlasse und kaiserliche Edikte gebraucht, so etwa in Dan 2,13; 3-6 passim; Luk 2,1; Apg 17,7. Selten wird er dagegen auf die Tora bezogen, so 3 Makk 1,3; weitere Belege vgl. N. WALTER, Art. δόγμα, in: EWNT

men von δόγμα in Kol 2,14⁷⁶. Dort wird das Gesetz in seiner anklagenden Funktion als Schuldbrief (χειρόγραφον) bezeichnet, der „über die Schuldverfallenheit vor Gott Auskunft" gibt⁷⁷. Die Betonung der einzelnen Gebote und Vorschriften der Tora sowie die in der Wendung ἐν δόγμασιν enthaltene Anlehnung an Kol 2,14 legen es nahe, auch in Eph 2,15 an die anklagende Funktion des Gesetzes zu denken, das die unüberbrückbare Kluft zwischen der Heiligkeit Gottes und der Unheiligkeit der Menschen aufweist.

Nachdem in Eph 2,14 durch die Metapher der Scheidewand hervorgehoben wurde, daß die Tora zwischen Juden und Heiden trennt, stellt Eph 2,15 den fordernden Charakter des Gesetzes heraus, das den Menschen anklagt und so von Gott trennt. Dadurch kommt das Gesetz im Epheserbrief unter zwei Aspekten zur Sprache: Es trennt sowohl zwischen Juden und Heiden als auch zwischen Gott und Mensch⁷⁸.

1, 819-822. Der gebräuchliche Terminus für das einzelne Gebot der Tora ist dagegen ἐντολή; vgl. M. LIMBECK, Art. ἐντολή, in: EWNT 1, 1124.

⁷⁶ E. LOHSE, Kol. 164, und E. SCHWEIZER, Kol. 116, möchten den untypischen Gebrauch von δόγμα auf den Situationsbezug des Kolosserbriefes zurückführen. Der Verfasser habe einen Begriff gewählt, der sowohl die Weisungen der Tora als auch die Weisungen philosophischer Gemeinschaften, wie sie in Kolossä entstanden waren, umschließt. Eine Übernahme des Begriffs δόγμα aus Kol 1,22 durch den Verfasser des Epheserbriefes nimmt auch R. SCHNACKENBURG, Eph. 115, an.

⁷⁷ E. LOHSE, Kol. 163.

⁷⁸ H. MERKLEIN, Christus und die Kirche 35, ist der Meinung, daß von „eine(r) Gemeinde, die es fraglos akzeptiert, daß der Heilsweg Christus ist, ... kaum das Gesetz als Trennwand zu Gott verstanden werden" könne (ebd.). Merklein geht in seinen Überlegungen aus von der Alternative zwischen einem jüdischen Gesetz, das die Juden von den Heiden scheidet, und einem allgemein menschlichen Gesetz, das zwischen Gott und der Menschheit scheidet. Symptomatisch dafür ist seine Frage: „Welches Gesetz ist denn gemeint: das jüdische, die Tora, oder das allgemein menschliche...?" (36) Aufgrund dieser Prämisse hält es Merklein nun für „logisch schwierig, wenn nicht undurchführbar", wenn das Gesetz nach dem Epheserbrief einerseits zwischen Heiden und Juden trennt, andererseits „Juden wie Heiden zu Sündern (stempelt)" und sie „als eine Unheilsgemeinde erscheinen" läßt (36). Er folgert daraus, daß „es Eph 2,15 allein um das jüdische Gesetz geht, das Heiden und Juden voneinander trennt. An ein Gesetz als Trennwand zu Gott ist nicht gedacht". Merklein liefert jedoch für seine Prämisse keine exegetische Begründung. Auch die von Merklein aufgestellte Behauptung, Paulus kenne das Gesetz als „sittliche Forderung" (77), der Epheserbrief dagegen als kultisch-rituelles Gesetz (78), wird zu wenig an den Texten überprüft. Bei Paulus finden sich nämlich ebenfalls beide Funktionen des Gesetzes: das Gesetz, das die Sünde der Menschen - Juden wie Heiden - aufweist (vgl. Röm 1,18-3,20), wie auch das Gesetz, dessen Besitz die Juden vor den Heiden auszeichnet (vgl. Röm 9,4.31; 1Kor 9,20; Phil 3,6). Daß dabei zwischen einem jüdischen und einem allgemein menschlichen Gesetz unterschieden werde, läßt sich so nicht nachweisen. In dieser Beziehung kann gerade nicht, wie Merklein meint, ein „unterschiedliche(s) Verständnis des Gesetzes" zwischen Paulus und dem Epheserbrief herausgelesen werden, das darauf zurückzuführen sei, „daß das theologische Denken des Paulus und des Epheserbriefes einen je verschiedenen Ansatz hat" (78).

Im Vergleich zur paulinischen Gesetzesauffassung läßt sich in Eph 2,14f eine leichte Gewichtsverschiebung ausmachen. Nach Paulus liegt nämlich die entscheidende Rolle des Gesetzes in der „Anklage- und Verurteilungsfunktion der Tora"[79], durch die dem Gesetz die Aufgabe zukommt, die Unantastbarkeit von Gottes Heiligkeit zu gewährleisten und darum die grundsätzliche Scheidung zwischen Gott und Mensch aufzuweisen (Röm 1,18-3,20). In weitaus geringerem Maße spielt für Paulus dagegen die Trennung von Juden und Heiden durch das Gesetz eine Rolle; sie wird in der Frage nach den Vorzügen Israels nur gestreift (Röm 9,4.31; 1Kor 9,20; Phil 3,6). Die in Eph 2,14f vorgenommene Gleichstellung beider Gesetzesfunktionen läßt sich jedoch leicht aus der Gesamtanlage des Abschnitts Eph 2,11-18 erklären, wonach bereits durch Eph 2,11-13 die Darstellung des Heilsgeschehens in die Unterscheidung von Israel und den Völkern eingebettet wurde[80].

Weitaus bemerkenswerter ist jedoch, daß im *Unterschied zu Paulus* in Eph 2,15 von der *Aufhebung des Gesetzes* gesprochen wird, was noch für Paulus eine unvorstellbare Aussage gewesen wäre (vgl. Röm 3,31!). Vielmehr muß nach Paulus der Mensch dem Gesetz sterben (Röm 6,6; 7,4-6), nur so kann er von seiner alten Sünderexistenz frei werden. E. Percy, der die Übereinstimmung von Eph 2,15 mit dem Gesetzesverständnis des Paulus nachzuweisen versucht, hat darauf aufmerksam gemacht, „dass Röm 7,6 dasselbe Verbum – καταργεῖν – von der Befreiung der Gläubigen in Christus vom Gesetz wie in Eph 2,15 von dem Abtun des Gesetzes selbst verwendet wird"[81]. Diese Beobachtung läßt eine präzise Bestimmung des Unterschiedes zwischen Eph 2,15 und der paulinischen Darstellung zu: Der *subjektiven* Aussage der Vernichtung einer durch das Gesetz bezeichneten Sünderexistenz des einzelnen bei Paulus steht im Epheserbrief die *objektive* Aussage der Aufhebung des Gesetzes als solchen gegenüber. Daß dieser Unterschied offensichtlich auf eine bewußte Änderung durch den Verfasser des Epheserbriefes zurückzuführen ist, darauf weist der von Percy beobachtete doppelte Gebrauch von καταργεῖν. Der Bedeutung dieser Umformulierung wird weiter unten nachgegangen werden müssen[82].

---

[79] O. HOFIUS, Das Gesetz des Mose 57.
[80] S.o. 112ff. Die Unterscheidung von Israel und den Völkern scheint auf ein eigenes Darstellungsinteresse des Verfassers hinzuweisen.
[81] E. PERCY, Probleme 287.
[82] S.u. 145.

c) Die Beschreibung der Heilstat Christi: Der Aufbau der Neuschöpfungs- und Versöhnungsaussage

Betrachtet man den auf die Gesetzesaussage V 14c.15a folgenden zweiten Teil der Beschreibung der Heilstat Christi (V 15b.16), so fällt auf, wie sorgfältig der Aufbau dieser Verse gestaltet ist. Als Zielpunkt der Heilstat werden im Finalsatz V 15b.16 Neuschöpfung (ἵνα κτίσῃ) und Versöhnung (ἵνα ἀποκαταλλάξῃ) beschrieben. Strukturell sind die Aussagen von Neuschöpfung und Versöhnung genau parallel geformt. Subjekt ist für beide Christus, Objekt sind die beiden Menschengruppen Juden und Heiden, die durch Christi Handeln zu einer Einheit geschaffen werden. Angehängt ist jeweils ein Partizip, durch welches einmal positiv, einmal negativ die Handlungsweise Christi beschrieben wird: „Frieden schaffend", „die Feindschaft tötend". Dieser formale Parallelismus weist auf die inhaltliche Gleichstellung beider Aussagen. Offensichtlich stellen Neuschöpfung und Versöhnung ein und denselben Vorgang des Heilsgeschehens in Jesus Christus dar. Sie benennen unterschiedliche Aspekte des Heilsgeschehens und bringen so die umfassende Fülle der Heilstat Christi zum Ausdruck: Der Parallelismus umschreibt die Totalität des in Christus eröffneten Heils.

Die Beschreibung des Heilsgeschehens als Neuschöpfung und Versöhnung läßt sich durchaus in Kontinuität zur paulinischen Tradition verstehen[83]. Allein die Tatsache, daß sich die Darstellung der Heilstat Eph 2,14-16 stark an Kol 1,20-22 als Vorlage anlehnt, weist schon darauf hin, daß der Verfasser über das Vorbild des Kolosserbriefes die Anknüpfung an die paulinische Tradition sucht. Dennoch begegnen in diesem Abschnitt auffällige *Unterschiede* gegenüber der paulinischen Tradition. Gerade im Vergleich mit Kol 1,20-22 fallen bewußte Änderungen auf, durch die sich der eigene Akzent des Epheserbriefes deutlich erkennen läßt. Um die Intention des Verfassers zu bestimmen, soll darum schrittweise diesen Umformulierungen nachgegangen werden.

---

[83] Paulus bringt die Zusammengehörigkeit von Versöhnung und Neuschöpfung in 2Kor 5,17-21 deutlich zum Ausdruck. Vgl dazu CH. WOLFF, 2Kor. 127-129. Bereits im jüdischen Verständnis von Sündenvergebung ist der enge Zusammenhang mit der Neuschöpfung vorgegeben. Wenn das Heilsgeschehen in Christus Gottes eschatologische Versöhnung ist, wie Paulus das in 2Kor 5 zum Ausdruck bringt, dann ist damit unweigerlich die Neuschöpfung verbunden. Vgl. auch O. HOFIUS, Erwägungen zur Gestalt 1f. M. WOLTER, Rechtfertigung und zukünftiges Heil, 73-78, weist auf den unmittelbaren Zusammenhang der Neuschöpfung mit dem in 2Kor 5,14f geschilderten Sterben Christi.

(1) In zwei Fällen läßt sich zunächst eine *direkte Übernahme* der Formulierungen aus Kol 1,20 belegen: Das friedenschaffende Werk Christi, das in Kol 1,20 mit εἰρηνοποιήσας beschrieben wurde, wird in Eph 2,15 mit ποιῶν εἰρήνην wiedergegeben. Ebenso wird die Formulierung διὰ τοῦ αἵματος τοῦ σταυροῦ αὐτοῦ Kol 1,20 in Eph 2,16 durch διὰ τοῦ σταυροῦ aufgenommen.

(2) An zwei weiteren Anspielungen läßt sich eine *inhaltliche Veränderung* feststellen. In Kol 1,20 wird durch Christus das All versöhnt (ἀποκαταλλάξαι τὰ πάντα)[84]. Eph 2,16 spitzt diese kosmische Versöhnungsaussage zu auf die beiden Menschheitsgruppen: ἵνα ἀποκαταλλάξῃ τοὺς ἀμφοτέρους. Die kosmische Aussage der Versöhnung, wie sie im Kolosserbrief begegnet, wird umformuliert zur Versöhnung von Juden und Heiden. Beibehalten ist dennoch der universale Aspekt, denn in beiden Gruppen kommt die Gesamtmenschheit zur Sprache.

Eine zweite Anspielung ist ebenfalls verändert aufgenommen. In Kol 1,22 wird von der Versöhnung ἐν τῷ σώματι τῆς σαρκὸς αὐτοῦ gesprochen. Nach Eph 2,16 geschieht nun die Versöhnung ἐν ἑνὶ σώματι mit Gott. Der Ausdruck ist nicht nur sprachlich gekürzt, sondern hier bekommt σῶμα eine neue Bedeutung. Es ist nicht mehr der Kreuzesleib[85], sondern die Kirche als „Leib"[86], in dem die Versöhnung stattfindet. Diese Uminterpretation von σῶμα[87] ist eine auffallende Änderung, die einer eingehenderen Untersuchung bedarf.

Hatte in der ersten Anspielung der Epheserbrief die kosmische Aussage von Kol 1,20 in die beiden Menschengruppen aufgespalten, so werden an dieser Stelle beide zu einer neu geschaffenen Einheit zusammengeführt. Die paulinische Versöhnungsaussage wird damit um einen zweiten Aspekt erweitert. Neben die *Versöhnung von Gott und Mensch* tritt die *Versöh-*

---

[84] Vgl. E. SCHWEIZER, Kol. 71.

[85] Auf den Kreuzesleib deutet dennoch E. PERCY, Probleme 281, der eine Interpretation auf den Leib der Kirche für „völlig sinnlos" hält, da die Versöhnung mit Gott als ein einmaliges Ereignis am Kreuz stattgefunden habe. Die gleiche Deutung vertreten auch E. HAUPT, Eph. 85; H. V. SODEN, Eph. 120.

[86] Diese Auffassung entspricht dem gegenwärtigen Stand der Forschung; gegenüber der von E. PERCY vorgetragenen Deutung verweist E. GAUGLER, Eph. 115-117, auf die betonte Hervorhebung der Einheit des Leibes durch ἑνί, was gegen eine Deutung auf den Kreuzesleib spricht und auf die neu geschaffene Einheit von Heiden und Juden hinweist; vgl. weiterhin: J. GNILKA, Eph. 143f; F. MUSSNER, Eph. 81-84; P. POKORNÝ, Eph. 126; R. SCHNACKENBURG, Eph. 116-118.

[87] Auffälligerweise spricht Kol 1,22 vom σῶμα τῆς σαρκός und scheint damit bewußt das Mißverständnis einer Deutung auf den Leib der Kirche ausschließen zu wollen.

nung der Menschengruppen untereinander. Durch die in V 11-13 eingeführte Unterscheidung von Juden und Heiden ist diese neue Ebene bereits vorbereitet. Sie wird hier bis zur Versöhnungsaussage weitergeführt und eröffnet dadurch eine neue Dimension der Heilstat Christi: die in Christus gestiftete Einheit der Menschen untereinander.

(3) Einige Aussagen in V 14b-16 können jedoch nicht von der Vorlage des Kolosserbriefes hergeleitet werden. Genau an jenen Stellen läßt sich die *eigene Perspektive des Verfassers* besonders gut greifen. Charakteristisch stellt er der früheren Zweiteilung der Menschheit die neu geschaffene Einheit gegenüber. Offensichtlich scheint hier das Proprium des Epheserbriefes zu liegen. Eine kurze Zusammenstellung mag das verdeutlichen:

V 14b:	ὁ ποιήσας	τὰ ἀμφότερα	ἕν
V 15b:	(ἵνα ... κτίσῃ ἐν αὐτῷ)	τοὺς δύο	εἰς ἕνα καινὸν ἄνθρωπον
V 16:	(ἵνα ἀποκαταλλάξῃ ... τῷ θεῷ)	τοὺς ἀμφοτέρους	ἐν ἑνὶ σώματι
zusätzlich:			
V 18:	(δι' αὐτοῦ ἔχομεν τὴν προσαγωγὴν πρὸς τὸν πατέρα)	οἱ ἀμφότεροι	ἐν ἑνὶ πνεύματι

Dreimal begegnet in V 14b-16 die neue Aussage des Epheserbriefes, daß die beiden bisher getrennten Größen zu einer neuen Einheit werden. Diese Aussage wird aber jeweils stark abgewandelt und in die Vorlage aus dem Kolosserbrief eingepaßt; auf diese Weise arbeitet der Verfasser seine Perspektive in die traditionellen Neuschöpfungs- und Versöhnungsaussagen ein.

Durch diesen formalen Sprachvergleich mit dem Kolosserbrief konnte schrittweise der eigene Akzent des Epheserbriefes von der Folie der traditionellen Formulierung abgehoben werden. Um zu beurteilen, ob die Änderungen durch einen zeitgeschichtlichen Wandel bedingt sind und die Intention erkennen lassen, die paulinische Theologie für eine neue Generation in adäquater Weise wiederzugeben, soll eine inhaltliche Prüfung in zwei Abschnitten erfolgen: (1) Das Verständnis der Neuschöpfung V 15b; (2) Das Verständnis der Versöhnung V 16.

d) Das Verständnis der Neuschöpfung

In der Beschreibung der Neuschöpfung Eph 2,15b läßt sich die Handschrift des Verfassers leicht erkennen. Hier wird die paulinische Aussage, daß Gott in Christus eine neue Existenz gestiftet hat (2Kor 5,17), auf die vom Verfasser neu eingeführte Perspektive bezogen: Aus den bisher getrennten Gruppen von Juden und Heiden wird der eine neue Mensch geschaffen[88]. Diese Einheit versteht der Verfasser als Neuschöpfung und zeigt damit, daß es sich in der Zusammenführung von Juden und Heiden „nicht bloß um eine 'Vereinigung', sondern um eine Einheit handelt"[89], die neu gestiftet ist: der eine neue Mensch ist ein Schöpfungswerk Christi (ἵνα ... κτίσῃ[90]).

Nun ist die Deutung des εἷς καινὸς ἄνθρωπος lange Zeit heftig umstritten gewesen. Insbesondere H. Schlier[91] erwog eine Ableitung dieses Begriffes aus dem gnostischen Denken. Seit der Untersuchung von F. Mußner, der die gnostischen Ableitungsversuche widerlegen und die Verwandtschaft mit dem frühjüdischen Neuschöpfungsgedanken wahrscheinlich machen konnte[92], hat sich fast allgemein die Deutung des einen neuen Menschen auf die in Christus neugeschaffene Existenz durchgesetzt[93]. Dies hat dazu geführt, die Aussage von Eph 2,15b wieder stärker in Kontinuität zum paulinischen Denken zu interpretieren.

Doch Paulus selbst ist die Stiftung der Einheit unter Juden und Heiden als Thema der Neuschöpfung fremd. Für ihn wird jeder einzelne in Christus zu einem neuen Geschöpf (vgl. 2Kor 5,17). Dieser den einzelnen Gläubigen betreffende Existenzwandel steht aber in einem inneren Zusammenhang mit der von Paulus erwarteten „Neugeburt" der gesamten Schöpfung (vgl. Röm 8,21f). Stellvertretend für die gesamte Schöpfung leben die einzelnen Glaubenden im Herrschaftsbereich Christi in neuer

---

[88] Verstärkt wird der Aspekt der neugeschaffenen Einheit dadurch, daß die vorherige Trennung beider Gruppen durch οἱ δύο besonders hervorgehoben wird. Während ἀμφότεροι stärker den Akzent auf die Gemeinsamkeit legt, benennt das mit Artikel gebrauchte οἱ δύο jeden einzelnen von beiden. Vgl. F. Blass/A. Debrunner/F. Rehkopf, Grammatik § 274.3. Die frühere Trennung von Juden und Heiden steht damit im Kontrast zur gegenwärtigen Einheit des einen neuen Menschen. Vgl. dazu F. Mussner, Christus, das All und die Kirche 85.
[89] E. Gaugler, Eph. 112.
[90] κτίζω meint ausschließlich das göttliche Schöpferhandeln, vgl. E. Petzke, Art. κτίζω, in: EWNT 2, 803-808.
[91] Vgl. H. Schlier, Christus und die Kirche 27-37.
[92] Vgl. F. Mussner, Christus, das All und die Kirche 88-91.
[93] Vgl. etwa R. Schnackenburg, Eph. 115f. Einen Überblick über die unterschiedlichen Positionen gibt A. Lindemann, Aufhebung 167-170.

Existenz⁹⁴. In dieser individuellen, zugleich aber auch allgemeingültigen Auffassung der Neuschöpfung entspricht Paulus ganz dem frühjüdischen Denken, nach welchem jeder Proselyt beim Übertritt zum Judentum zu einem neuen Geschöpf wurde⁹⁵. Das gesamtmenschheitliche Verständnis der Neuschöpfung jedoch, wie es in Eph 2,15 begegnet, ist Paulus gegenüber neu. Hier wird Neuschöpfung als eine neu gestiftete Einheit verstanden, die die generelle Trennung von Juden und Heiden überwindet. Trotzdem scheint der Verfasser mit dieser Änderung paulinische Gedanken weiterzuverarbeiten. Jedenfalls stellt bereits Paulus in Gal 6,15 die neue Schöpfung der Unterscheidung von Beschneidung und Unbeschnittenheit gegenüber. Hier scheint also ein solches kollektives Verständnis schon angelegt.

Die Verwandtschaft in der Grundstruktur von Gal 3,28 und Eph 2,15 weist darauf, daß Eph 2,15 in einem weiteren Punkt ebenfalls auf einen paulinischen Gedanken aufbaut. Hier wie dort werden zwei bisher getrennte Teile in Christus zu einer neuen Einheit verbunden. Dabei stimmt die erste Unterscheidung „hier ist nicht Jude noch Grieche" in Gal 3,28 inhaltlich mit den beiden Gruppen in Eph 2,15 überein⁹⁶. Auffällig ist, daß auch in der Beschreibung der neu geschaffenen Einheit an beiden Stellen die gleiche Struktur begegnet: durch die parallele Formulierung εἷς ἐν Χριστῷ Ἰησοῦ (Gal 3,28) / εἷς καινὸς ἄνθρωπος ἐν αὐτῷ (Eph 2,15) wird eine feste, einheitliche Größe umrissen, die in Christus ihren Bestand hat. Nach F. Mußners Interpretation von Gal 3,28 bildet Christus „den Bereich, in dem 'alle' Glaubenden 'ein einziger' sind: der eschatologische, in Christus lebende 'Einheitsmensch'"⁹⁷. Doch so eng hierbei die Einheit und Identität der Getauften an Christus geknüpft wird, bleibt die Souveränität Christi gewahrt. Christus bleibt der Größe der Glaubenden vorgeordnet als Grund und Bestand ihrer Existenz. Die Struktur εἷς ... ἐν (scil. Χριστῷ) besagt also, wie Mußner feststellt, „keine Identität von Christus

---

[94] Auch die individuelle Fassung des Neuschöpfungsgedankens besitzt damit bei Paulus einen allgemeingültigen und objektiven Charakter; so P. STUHLMACHER, Erwägungen zum ontologischen Charakter insbes. 2-10.
[95] Vgl. dazu F. MUSSNER, Christus, das All und die Kirche 94-97.
[96] In Kol 3,11 werden die Gegenüberstellungen aus Gal 3,28 übernommen, die ethnische Klassifizierung jedoch deutlich ausgeweitet. Offensichtlich scheint hier schon ein ähnliches Interesse vorzuliegen wie in Eph 2,15, das dazu führte, den paulinischen Text weiterzuinterpretieren.
[97] F. MUSSNER, Gal. 265.

und den an ihn Glaubenden, läßt jedoch den seinshaften Charakter der Verbindung der Getauften mit Christus deutlich erkennen"[98].

Aufgrund der parallelen Struktur wirft Gal 3,28 ein Licht auf das Verständnis des εἷς καινὸς ἄνθρωπος in Eph 2,15 und läßt deutlich werden, daß es offensichtlich auch dem Verfasser des Epheserbriefes darauf ankommt, die neu gestiftete Einheit von Heiden und Juden als eine fest umrissene, in Christus gegründete Größe darzustellen. Im Unterschied zu Gal 3,28 wird diese Größe nun als καινὸς ἄνθρωπος bezeichnet. Mit dieser Benennung vollzieht der Verfasser eine Interpretation, die über Paulus hinausgeht: Er hebt an dieser einheitlichen Größe das Motiv der Neuschöpfung hervor, welches in Gal 3,27f durch den Rekurs auf die Taufe zwar indirekt angedeutet, aber erst in der Gal 3,27f weiterführenden Interpretation Kol 3,10f[99] explizit ausgesprochen wird[100]. Durch die Betonung

---

[98] F. MUSSNER, Gal. 265f.
[99] Vgl. E. SCHWEIZER, Kol. 146-152; E. LOHSE, Kol. 203-212.
[100] Kol 3,10f erweist sich als eine Aufnahme von Gal 3,27f, so daß sich von Gal 3,27f über Kol 3,10f bis zu Eph 2,15;4,24 eine Entwicklungslinie aufzeigen läßt. Gal 3,27 erläutert das Geschehen der Taufe als ein Anziehen des Christus. Parallel dazu kann Paulus in Röm 13,14 mahnen, auch im täglichen Lebenswandel den Herrn Jesus Christus anzuziehen. Im Unterschied zu Paulus scheint Kol 3,10 die Verbundenheit der Gläubigen mit Christus zu differenzieren: Es ist nicht Christus selbst, den die Gläubigen anziehen, sondern der eschatologisch neue Mensch, der durch die Anteilhabe am Geschick Christi (Mitsterben und Mitauferstehen Kol 2,11-3,4) geschaffen ist. Dadurch soll die Verbundenheit zwischen Christus und den Gläubigen nicht gemindert, sondern die Vermischung beider Größen verhindert werden. Damit zeichnet sich schon hier eine Differenzierung zwischen Christus und den Gläubigen ab, die wir auch in Eph 2,15 beobachten konnten. Im Unterschied zu Eph 2,15 wird hier jedoch die Einheit noch nicht betont herausgestellt.
In Kol 3,11 läßt sich noch eine weitere, für Eph 2,15 erhellende Weichenstellung finden. Die Aufzählung der in Christus überholten Unterschiede von Gal 3,28 ist hier in charakteristischer Abwandlung übernommen. Hierbei wird in Kol 3,11 die religiös-ethnische Klassifizierung zugespitzt: περιτομὴ καὶ ἀκροβυστία, βάρβαρος, Σκύθης. Durch die Erweiterung sind nicht nur Juden und Griechen, sondern alle Völker explizit in das Heil miteingeschlossen. Der gesamten Menschheit gilt das Evangelium, auch den Barbaren, deren äußerster Vertreter der Skythe ist (vgl. die griechische Wortbildung σκυθίζω, wodurch schlimmstes barbarisches Betragen gekennzeichnet werden sollte). Deutlich wirkt in dieser weiterführenden Interpretation die kosmische Weite der Christologie des Kolosserbriefes nach: Alle ethnisch-religiösen Unterschiede der Menschheit werden hinfällig im neu geschaffenen Menschen. Die universale Sichtweise von Eph 2,11-18 ist hier bereits keimhaft angelegt. Wahrscheinlich wird man darum doch Gal 3,27f – Kol 3,10f – Eph 2,15 in eine Traditionslinie stellen dürfen, auch wenn dies umstritten ist (gegen K. M. FISCHER, Tendenz und Absicht 154). Das Argument, Kol 3,10f und Eph 2,15 dürften nicht in eine Traditionsreihe eingeordnet werden, da Kol 3,10f die Vorstellung vom neuen Menschen paränetisch, Eph 2,15 diese dagegen lehrhaft verwende, ist deshalb nicht stichhaltig, weil der Epheserbrief in Eph 4,24 den Begriff des καινὸς ἄνθρωπος ebenfalls paränetisch gebrauchen kann. Ebensowenig kann die unterschiedliche Wortwahl von καινός und νέος ein Gegenargument liefern. Zur Vergleichbarkeit von καινός und νέος vgl. J.

der Einheit erreicht er eine *kollektive Deutung der Neuschöpfung*, die seinem ekklesiologischen Grundzug entspricht: Die in Christus neu geschaffene Größe ist die Einheit der Glaubenden. Ein solches Verständnis war bei Paulus noch nicht anzutreffen. Sprach Paulus die einzelnen Christen jeweils als neues Geschöpf an, so gibt es hier eine feste, einheitliche Größe, die mit der Neuschöpfung gleichgesetzt wird. Der εἷς καινὸς ἄνθρωπος ist die neu geschaffene Einheit aus Juden und Heiden.

Eine weitere Neuerung gegenüber Paulus liegt in der Tatsache, daß der Aspekt der Neuschöpfung nicht mehr mit der Taufe des einzelnen verbunden wird, sondern in der Heilstat Christi seinen Ort erhält: am Kreuz wird der eine neue Mensch erschaffen. Durch diese Veränderung wird das subjektive Element der Neuschöpfung völlig zurückgenommen, statt dessen erhält die neue Existenz einen *objektiven* Charakter: Der eine neue Mensch ist nicht nur eine kollektive Zusammenfassung der einzelnen Glaubenden, sondern eine für sich bestehende Größe, ein in Christus gestifteter Heilsraum, in welchem die Glaubenden zu einer Einheit werden. Darum ist „die neu geschaffene Einheit", wie R. Schnackenburg mit Recht folgert, „die *Kirche* aus Juden und Heiden, eine eschatologische Neuschöpfung (καινή), die als solche aber nur dadurch ins Leben tritt, daß sie Christus 'in sich' geschaffen hat. Der neue 'Mensch' ist Christus, insofern er in sich die Kirche darstellt und verwirklicht"[101]. Diese *ekklesiologische Interpretation* erreicht der Verfasser des Epheserbriefes dadurch, daß er die Neuschöpfung in die Heilstat Christi selbst verlegt und sie als eine objektive Größe versteht. Der εἷς καινὸς ἄνθρωπος ist damit eine vom Verfasser eingeführte Bezeichnung der in Christus neu gestifteten Einheit der Kirche, bei welcher das Element der Neuschöpfung besonders nachdrücklich hervorgehoben werden soll.

e) Das Verständnis der Versöhnung

Nachdem V 15b den Aspekt der Neuschöpfung beschrieben hat, kommt das Heilswerk Christi in V 16 unter dem Aspekt der Versöhnung zur Sprache. H. Merklein deutet das Verhältnis dieser beiden Verse als ein

---

JEREMIAS, Art. ἄνθρωπος, in: ThWNT 1, 365-367; J. BEHM, Art. καινός κτλ., in: ThWNT 3, 450-456, dort 451f; sowie ders., Art. νέος, in: ThWNT 4, 899-903, dort 902. E. LOHSE, Kol. 205, Anm. 6, vermutet als Grund für die Verwendung von νέος in Kol 3,10 stilistische Gründe.
[101] R. SCHNACKENBURG, Eph. 116 (Hervorhebung von mir).

„logisches Nacheinander"[102] und stellt fest, daß „die Schaffung der Kirche der Versöhnung mit Gott vorausgegangen" sei[103]. Deshalb werde im Epheserbrief „Christi Tat ... also primär ekklesiologisch verstanden und dann erst soteriologisch ausgedeutet"[104]. Dies führt ihn zu der These, daß im Epheserbrief die Soteriologie nur noch „als logische Folge der Ekklesiologie entwickelt" werde[105]. „Die theologische Konzeption des Epheserbriefes und die der Homologumena unterscheiden sich also dadurch, daß beider theologisches Denken einen verschiedenen Ansatz und damit eine unterschiedliche Struktur aufweisen."[106] Doch wie wir schon gesehen haben[107], läßt sich in diesen beiden Versen ein konsequent paralleler Aufbau entdecken. Der strenge Parallelismus weist darauf hin, daß Neuschöpfung und Versöhnung als einander *ergänzende Aspekte des einen Heilsgeschehens* zu begreifen sind. Darum wird durch den Aufbau der Verse 15b.16 Merkleins These vom „Primat der Ekklesiologie vor der Soteriologie"[108] keinesfalls gestützt. Im Gegenteil bringt der Parallelismus von seiner ausgewogenen, doppelten Struktur her beide Aspekte in gleicher Weise zur Geltung und unterstreicht so die umfassende Bedeutung der Tat Christi. Während V 15b eher die horizontale Ebene durch die neue Einheit der bisher getrennten Menschengruppen betont, stellt V 16 stärker die vertikale Ebene, die Versöhnung mit Gott heraus. Beide beschreiben darin das *eine* Heilsgeschehen.

Auch in der Versöhnungsaussage lassen sich aufschlußreiche Unterschiede zu Paulus erkennen. Der Autor knüpft mit ἵνα ἀποκαταλλάξῃ, das der Vorlage Kol 1,20.22 entnommen ist, durchaus an die paulinische Versöhnungsvorstellung an[109], doch kommt auch hier wieder die eigene Interpretation des Epheserbriefes zur Geltung[110]. Objekt der Versöhnung sind nun die beiden Menschheitsgruppen, die in *einem* Leib mit Gott ver-

---

[102] H. MERKLEIN, Christus und die Kirche 54.
[103] H. MERKLEIN, a.a.O. 62.
[104] H. MERKLEIN, ebd.
[105] H. MERKLEIN, a.a.O. 81.
[106] H. MERKLEIN, ebd.
[107] S.o. 131ff.
[108] H. MERKLEIN, Christus und die Kirche 63.
[109] F. MUSSNER hat in seinem Kommentar, Eph. 82-84, die Rezeption der paulinischen Versöhnungstheologie genau herausgearbeitet.
[110] Vgl. F. MUSSNER, a.a.O. 83: „So schreibt der Verfasser unseres Briefes auch in diesem Punkt ganz aus der paulinischen Versöhnungstheologie heraus, nur adaptiert er sie auf sein ekklesiologisches Thema: Christus will 'die beiden', Juden und Heiden, in einem einzigen Leib mit Gott versöhnen durch das Kreuz."

söhnt werden. Wie wir bereits sahen[111], ist mit dem ἓν σῶμα nicht der Kreuzesleib, sondern die Kirche als „Leib" gemeint[112]. Gegenüber der Formulierung in Kol 1,22 ist dies eine bewußte Änderung, die wiederum auf die *ekklesiologische Perspektive* schließen läßt, wie sie bereits in der Wendung εἰς ἕνα καινὸν ἄνθρωπον zu erkennen gewesen war. Aufgrund des Parallelismus entsprechen sich auch beide Ausdrücke. Sie haben jeweils die Kirche im Blick und sprechen von ihr als von einer Größe, die in der Heilstat Christi gegründet ist und so in fester Verbundenheit mit Christus existiert[113].

Solche Aussagen, die die Stiftung und Existenz der Kirche ganz unmittelbar mit dem Heilsgeschehen selbst verbinden, begegnen bei *Paulus* nicht. Seine grundlegenden ekklesiologischen Äußerungen, insbesondere der σῶμα-Gedanke, finden sich nur in der Paränese[114], wenn es um das Miteinander in den Gemeinden geht. In die Versöhnungsaussage wird dieser Gedanke nicht aufgenommen. Die Gemeinschaft der Glaubenden untereinander bleibt Auswirkung der in Christus geoffenbarten Liebe Gottes zu den Menschen und ist damit eine Art 'Weiterfließen des göttlichen Versöhnungsgeschehens'. Die Stiftung der Kirche ist darum kein eigenständiges Element der Heilstat Gottes, das im Zusammenhang der Versöhnung Gottes mit den Menschen zu nennen wäre. Hierin unterscheidet sich der Epheserbrief von Paulus.

Dennoch ist der gemeinschaftsstiftende Aspekt in den Versöhnungsaussagen des Paulus nicht ausgeschlossen. So betrifft die Versöhnung nach Paulus niemals nur das Verhältnis des einzelnen zu Gott. Der Gemeinschaftscharakter der Versöhnung kommt darin zum Ausdruck, daß die Versöhnungsaussagen immer von einer Gruppe von Menschen sprechen, die von Gott versöhnt wird (vgl. ἡμεῖς in Röm 5,1.8-11; 2Kor 5,18b.19.21[115]).

---

[111] S.o. 132f.
[112] Zur Darstellung der Diskussion vgl. auch H. MERKLEIN, Christus und die Kirche 45-53; sowie R. SCHNACKENBURG, Eph. 117.
[113] Zutreffend ist die Beurteilung R. SCHNACKENBURGs, Eph. 117: „Damit wird die Kirche in unmittelbare Nähe des Kreuzes gerückt, ja schon im Kreuzesgeschehen existent. Indem Christus am Kreuz stirbt, wird die Kirche geboren ... . So eng ist die Bindung der Kirche an Christus, daß sie schon am Kreuz als neue Schöpfung, als die eine erlöste Menschheit in Erscheinung tritt".
[114] Vgl. E. SCHWEIZER, Homologumena 288; vgl. auch ders., Art. σῶμα κτλ., in: ThWNT 7, dort 1067f.
[115] Zur Unterscheidung von apostolischem 'wir' und gemeinchristlichem 'wir' in 2Kor 5,18-21 vgl. R. BULTMANN, Exegetische Probleme 298f, 309. Ich schließe mich den exegetischen Entscheidungen von O. HOFIUS, Gott hat unter uns aufgerichtet 17, Anm.

Neben den gemeinschaftsstiftenden Aspekt der Versöhnung treten sodann Aussagen, die die universale Heilsbedeutung der Versöhnung hervorheben. Beide Aspekte lassen sich in den paulinischen Aussagen nebeneinander beobachten. Während Röm 3,21-26 ganz die universale Weite des Heilstodes Christi im Gegenüber zur vollkommenen Sündenverfallenheit aller Menschen hervorhebt[116], ist Röm 5,1-11 dagegen durchgehend vom ekklesiologischen 'wir' geprägt[117]. In 2Kor 5,14-21 erscheinen beide Sichtweisen ganz unmittelbar nebeneinander: Dem ὑπὲρ πάντων (2Kor 5,14f) steht ὑπὲρ ἡμῶν (2Kor 5,21) gegenüber, der Aussage τοῦ καταλλάξαντος ἡμᾶς ἑαυτῷ (2Kor 5,18) entspricht κόσμον καταλλάσσων ἑαυτῷ (2Kor 5,19). Mit ἡμεῖς ist die fest umrissene Gemeinschaft der Glaubenden angesprochen, κόσμος und πάντες werden dagegen synonym zur Bezeichnung der gesamten Menschenwelt gebraucht. Auffallend parallel sind hier beide Sichtweisen nebeneinandergestellt. Der gemeinschaftsstiftende Charakter der Versöhnung und die universale Weite scheinen für Paulus gleichermaßen wichtig zu sein: „Partikular-ekklesiologische und universal-anthropologische Sichtweise"[118] ergänzen einander und bringen gemeinsam die Heilsbedeutung des Kreuzesgeschehens zum Ausdruck.

Der *Autor des Epheserbriefes* nimmt die bei Paulus angelegten Gedanken auf und führt sie weiter: Aus der gleichwertigen, gegenseitigen Ergänzung wird eine *innere Verbindung beider Aspekte*: Gemeinschaft wird gestiftet in universaler Weite. Indem der Epheserbrief die Versöhnung der Menschen untereinander als Teil des Heilswerkes Christi beschreibt, nimmt er einen wesentlichen paulinischen Grundgedanken aus der Paränese in die Versöhnungsaussage selbst auf. Die verschiedenen Menschheitsgruppen sind in Christus zu einer neuen, nicht zertrennbaren Einheit geworden. Die *universale Heilsbedeutung* des Christusgeschehens schließt darum auch die *Gemeinschaft der gesamten Menschheit* untereinander in sich. *Der Gedanke des universalen Heils impliziert die Vorstellung von einer universalen Kirche*, der Heilsgemeinschaft aller Völker.

8, an, allerdings mit der Ausnahme, daß ich auch das ὑπὲρ ἡμῶν/ἡμεῖς 2Kor 5,21 für gemeinchristliches 'wir' halte. Die Parallelität zu V 14f ὑπὲρ πάντων/πάντες weist auf das Nebeneinander von partikular-ekklesiologischer und universal-anthropologischer Sicht.

[116] κόσμος Röm 3,6.19 und πάντες Röm 3,9.12.23 bezeichnen die gesamte Menschheit und haben dabei deren Schuldhaftigkeit im Blick.

[117] Im Gegensatz zu Röm 5,1-11 stellt Röm 5,12-19 dagegen wieder die universal-anthropologische Sicht heraus. Vgl. dazu O. HOFIUS, Erwägungen zur Gestalt 6.

[118] So die Bezeichnung von O. HOFIUS, Erwägungen zur Gestalt 6.

Der Epheserbrief löst also den gemeinschaftsstiftenden Aspekt und den universalen Aspekt aus ihrem Nebeneinander und verbindet sie zu einer Einheit: Das in Christus erschlossene, universale Heil schenkt universale Gemeinschaft. *Der Ursprung der Ekklesiologie liegt für den Epheserbrief demnach in der Soteriologie.* Nicht ein „Primat der Ekklesiologie vor der Soteriologie"[119] bezeichnet darum den Unterschied zu Paulus, sondern die Tatsache, daß die *Ekklesiologie einen festen Platz innerhalb der Soteriologie* zugewiesen bekommt. Wie sich an der Darstellung von Neuschöpfung und Versöhnung zeigen ließ, gründet die Kirche in der Heilstat Christi. Mit der Vorstellung der Entstehung der Kirche am Kreuz ist die *Soteriologie konsequent ekklesiologisch gefaßt.* Das gemeinschaftsstiftende Element, das die paulinische Versöhnungsaussage implizit enthielt, kommt hier nun *explizit* zum Ausdruck.

f) Ergebnis

Aus den bisherigen Beobachtungen zur Darstellung der Heilstat Eph 2,14-16 lassen sich eine ganze Reihe von Hinweisen auf die zeitgeschichtliche Situation der Abfassung des Epheserbriefes erkennen.

Die bereits in V 11-13 beobachtete Tendenz, zwischen der Situation der Gläubigen und dem Heilsgeschehen selbst zu differenzieren, bestätigte sich auch in der Untersuchung der Heilstat Christi. In V 14-16 ist die Heilstat Christi das ausschließliche Thema, die Situation der Gläubigen kommt nicht zur Sprache. Diese strenge Unterscheidung zwischen der Situation der Gläubigen und der Heilstat Christi läßt die Vermutung zu, daß sich der Brief an eine Generation richtet, die zum Zeitpunkt des Heilsgeschehens noch nicht lebte und die darum in der Darstellung des Heilsgeschehens noch nicht vorkommen kann. Dies muß für den Verfasser unweigerlich neue Fragen aufgeworfen haben: Wie wird das Heil an die kommende Generation vermittelt, wie kann das Heilsgeschehen auch die Nachgeborenen miteinschließen, wie kann das in Christi Tat eröffnete Heil für sie offengehalten werden? Es ist auffällig, daß der Verfasser an den verschiedenen Heilsaussagen jeweils die gleichen Änderungen vornimmt. Das läßt auf eine eigene theologische Konzeption schließen, in der vermutlich dieser geschichtlichen Situation Rechnung getragen werden soll. Faßt man die Änderungen zusammen, wird deutlich, daß die Heilstat als

---

[119] H. MERKLEIN, Christus und die Kirche 63.

ein Geschehen geschildert wird, in welchem unabhängig von den Glaubenden die reale Erlösung geschaffen wird.

An folgenden Änderungen wird dies deutlich:

Im Unterschied zu Paulus werden die Gläubigen in der Darstellung der Stiftung des Heils nicht mehr erwähnt. Das Heil hat sich in Christus objektiv ereignet und ist damit eine Tatsache, die auch für Nachgeborene besteht. So ist auch auffällig, daß in Eph 2,14-16 die für Paulus so charakteristische Wendung nicht begegnet, daß Christus *für* die Glaubenden dahingegeben wurde[120]. In Eph 2,14-16 wird das „für uns" geschehene Heilsereignis bewußt objektivierend dargestellt. Diese *Objektivität* des Heils kommt noch an zwei weiteren Änderungen zum Ausdruck.

Wie wir in Eph 2,14a erkennen konnten, bindet der Verfasser einmal das Werk Christi an die Person Christi. Indem der durch die Versöhnung gestiftete Friede zur Wesensbestimmung der Person Christi wird, wird die Objektivität des Heils garantiert: Wo Christus ist, da ist auch sein Werk, der in der Versöhnung gestiftete Friede. Christus selbst verbürgt damit das von ihm geschaffene Heil.

Der objektive Charakter kommt aber auch durch den eigenen, neuen Aspekt zum Ausdruck, den der Autor des Epheserbriefes in seiner Darstellung betont herausstellt. So war uns aufgefallen, daß in V 14-16 in verschiedenen Nuancen mehrfach von der *Stiftung einer einheitlichen Größe* die Rede ist. In V 15 wird im Akt der Neuschöpfung der εἷς καινὸς ἄνθρωπος geschaffen, in V 16 ereignet sich die Versöhnung ἐν ἑνὶ σώματι. Am Kreuz wird damit eine Größe gestiftet, in der das Heil objektiv Gestalt annimmt. Der εἷς καινὸς ἄνθρωπος repräsentiert die im Kreuzesgeschehen ins Werk gesetzte Neuschöpfung. Das ἓν σῶμα stellt die in der Versöhnung gestiftete Gemeinschaft dar. Auf diese Weise kommt das in Christi Heilstat eröffnete Heil objektiv zum Ausdruck.

Nun war deutlich geworden, daß mit εἷς καινὸς ἄνθρωπος und ἓν σῶμα jeweils die Kirche umschrieben ist. Die *Kirche* ist demnach die Größe, in der das Heil *objektiv* Gestalt annimmt. Hier zeigt sich nun der eigene Ansatz des Epheserbriefes in seiner ganzen Dimension: Das im Kreuz geschaffene Heil, die Versöhnung und Neuschöpfung, hat objektiven Charakter. Seine Gestalt wird umschrieben als Kirche. Die Kirche ist damit für den Epheserbrief der Ort, an dem das Heil objektiv faßbar ist.

---

[120] In den Formulierungen mit ὑπέρ ist für Paulus der Stellvertretungsgedanke des Christusleidens verankert, vgl. Röm 5,6.8; 2Kor 5,14.15.21. Daß der Epheserbrief den Sühnetod Christi dennoch als Stellvertretung denkt, zeigt Eph 5,2.25.

Sie ist ein Raum, der das in Christi Heilstat eröffnete Heil bereithält für alle Menschen, auch für die kommenden Generationen. Sie ist am Kreuz gestiftet, gewissermaßen als ein *Platzhalter*[121], der die Menschen vertritt, für die Christus gestorben ist und die durch die Verkündigung erst noch zum Heil geführt werden sollen. *Die Kirche repräsentiert* damit *die erlöste Menschheit im Kreuzesgeschehen*[122].

Vom zeitgeschichtlichen Hintergrund her läßt sich verstehen, warum das gemeinchristliche 'wir' der paulinischen Versöhnungsaussagen in Eph 2,14-16 nicht mehr vorkommt und statt dessen von der *Kirche* gesprochen wird. Durch diese Änderung soll das in Christus geschaffene Heil auch für die kommenden Generationen offengehalten werden, für die das Kreuzesgeschehen ein Ereignis der Vergangenheit darstellt. Die Kirche ist damit die Bezugsgröße, die die Stellvertretung des Leidens Christi auch für die neue Generation gewährleistet. So ist es ein logischer Schritt, daß die paulinische Aussage „Christus hat sich selbst für uns dahingegeben" (vgl. Röm 8,32; Gal 1,4; 2,20; so wörtlich Eph 5,2!) ergänzt wird durch: „Christus hat sich für die Kirche dahingegeben" (Eph 5,25). Dies jedoch zeigt, daß es verfehlt wäre, von einem „Primat der Ekklesiologie vor der Soteriologie" zu sprechen, wie dies H. Merklein[123] im Anschluß an E. Käsemann[124] tut. Vielmehr bekommt die Kirche eine programmatische Stellung *innerhalb* der Soteriologie zugewiesen, so daß man die Position der Soteriologie im Epheserbrief eher als *'ekklesiologisch gefaßte Soteriologie'* umschreiben könnte: Indem das Heil als objektive Größe in einem Heilsraum bereitgehalten wird, kann für alle Menschen, unabhängig von der Zeit, in der sie leben, das Heil gegenwärtig sein. Das ist die Bedeutung, die die Kirche innerhalb der Soteriologie des Epheserbriefes hat.

Der Einbau des Kirchengedankens in die sonst paulinisch geprägte Soteriologie wird von der zeitgeschichtlichen Stellung des Epheserbriefes her verständlich. Die Kirche ist für diesen Verfasser eine in sich bestehende

---

[121] Vgl. dazu J. GNILKA, Christus unser Friede 204, der die Kirche als „Zwischeninstanz" bestimmt „die die durch Christus grundsätzlich gewirkte Pazifizierung der Welt in die Geschichte hinein realisiert"; zustimmend P. STUHLMACHER, „Er ist unser Friede" 241.
[122] Vgl. J. GNILKA, Eph. 142: „Als die eine Kirche ist sie den Menschen immer voraus. Die Einheit kann von den Menschen nicht geschaffen werden, sie können sie nur finden. Christus hat sie voraus erschaffen, in sich."
[123] H. MERKLEIN, Christus und die Kirche 63.
[124] Vgl. E. KÄSEMANN, Das Interpretationsproblem 254: „Tatsächlich werden hier programmatisch Soteriologie und Eschatologie als Momente der Ekklesiologie begriffen", sowie 255: „daß jetzt auch die Christologie fast ausschließlich von der Ekklesiologie her interpretiert wird".

Größe, völlig unabhängig von den Glaubenden. Sie ist ein von Christus am Kreuz geschaffener, objektiv bestehender Raum des Heils, in dem die Glaubenden Zugang zu Gott und Gemeinschaft untereinander finden.

Doch diese Vorstellung von der *Kirche* als einem Raum des Heils wird in Eph 2,14-16 mit einer grundlegenden Voraussetzung verknüpft. Dieser Heilsraum besteht *nicht abgesondert von Christus*. Das Heil ist keine von Christus unabhängige Größe. Aus der Beobachtung, daß nach Eph 2,14a in Christus das Versöhnungswerk personal repräsentiert ist, kann das Heil nur in engster Verbindung mit Christus gedacht werden. Das von Christus geschaffene Heil hat darum seinen Ort in Christus selbst; ἐν Χριστῷ, das ist der Raum der Kirche. Die Verse 14-16 bringen diesen Grundgedanken durch das mehrfache ἐν αὐτῷ zum Ausdruck: Die Kirche ist eine Einheit in Christus[125].

War die Objektivität des Heils gerade durch die Repräsentation des Werkes Christi in seiner Person garantiert, so verbindet sich dieser Gedanke nun mit der Kirche. Weil in Christus das von ihm geschaffene Heil gegenwärtig ist, hat die Kirche damit ihren Ort in Christus. Eine wesenhafte Verbindung eint also Christus und die Kirche. Diese Verbindung kommt im Epheserbrief durch verschiedene Bilder zum Ausdruck: im Bild des Baues, im Bild des Leibes, im Bild der Ehe.

Von hier aus fällt nun auch ein neues Licht auf die Aussagen über das *Gesetz* in V 14.15a. In der Analyse der Gesetzesaussage war bereits deutlich geworden, daß das Gesetz eine Trennung in zwei Ebenen vollzieht. Es trennt durch seine Vorschriften Heiden und Juden voneinander, es trennt aber auch die Menschen von Gott, indem es die menschliche Schuldhaftigkeit angesichts von Gottes heiligem Willen aufweist. Als Unterschied gegenüber Paulus war aufgefallen, daß Paulus selbst nie von einer Aufhebung des Gesetzes spricht, durch die die Freiheit vom Gesetz entstünde. Nach Paulus stirbt der Mensch mit Christus dem Gesetz (Röm 6,4-6) und wird auf diese Weise frei vom Gesetz (Röm 7,4-6): Die Nichtung der Sünderexistenz vollzieht sich durch den Tod des Menschen, nicht

---

[125] Damit hängen auch einige Änderungen im Sprachgebrauch des Epheserbriefes gegenüber Paulus zusammen: a) Der Begriff ἐκκλησία bezeichnet ausschließlich die Universalkirche, während bei Paulus der Begriff zwischen gottesdienstlicher Versammlung, Hausgemeinde, Ortsgemeinde und Universalkirche wechseln kann (vgl. dazu J. ROLOFF, Art. ἐκκλησία, in: EWNT 1, 1002-1005, 1007-1009; sowie K. L. SCHMIDT, Art. ἐκκλησία, in: ThWNT 3, insbes. 503-516). b) Die Formel ἐν Χριστῷ wird im Unterschied zum paulinischen Gebrauch, der zwischen instrumentaler, modaler und lokaler Bedeutung wechseln kann, nur noch lokal gebraucht (vgl. dazu J. GNILKA, Eph. 66-69). Zur lokalen Verwendung s.u. 172ff.

aber durch die Aufhebung des Gesetzes. Der Mensch wird durch den stellvertretenden Tod dem Geltungsbereich des Gesetzes entzogen. Hier ist also durchaus ein Unterschied zu Paulus zu entdecken. Doch erklärt sich diese Änderung als Konsequenz der Heilsaussagen. Wie Versöhnung und Neuschöpfung als objektiver Tatbestand unabhängig von den jeweiligen Menschen ausgesagt werden, so wird auch die Überwindung des Gesetzes eine objektive Tat Christi. Die Kirche als Platzhalter ist der Heilsraum, in dem die Menschen dem Machtbereich des Gesetzes entnommen sind, in dem das Gesetz für sie aufgehoben ist. Die Objektivierung der Heilsaussagen schließt damit auch die *Objektivierung der Gesetzesaussage* in sich: Aus der paulinischen Formulierung, daß im Heilstod Christi der Gläubige dem Gesetz gestorben sei, wird die Aussage, daß im Tod Christi die trennende Wirkung des Gesetzes aufgehoben sei.

Die Aussagen über das Gesetz sind nun im Epheserbrief auffällig knapp gehalten. Die paulinische Argumentation ist dagegen wesentlich ausführlicher, war doch die gesetzeskritische Haltung des Paulus immer wieder von Gegnern hart angegriffen worden. Es wäre jedoch ein falscher Rückschluß, wollte man behaupten, daß die Frage des Gesetzes, die ein zentrales Thema der paulinischen Theologie darstellt, im Epheserbrief keine Rolle mehr spiele[126]. Vielmehr sind gerade die beiden grundlegenden Aussagen wie ein Ergebnis der paulinischen Auseinandersetzung beibehalten worden: die im antiochenischen Zwischenfall aufs Heftigste eingeklagte Mahlgemeinschaft von Heidenchristen und Judenchristen, in der die frühere Trennung von Heiden und Juden aufgehoben ist (Gal 2,11ff), sowie die Einsicht, daß Christus uns vom Fluch des Gesetzes losgekauft hat, um die Trennung von Gott zu überwinden (Gal 3,13). Diese beiden Aspekte des Gesetzes werden gerade in Eph 2,14.15a herausgestellt[127].

Daß der Autor des Epheserbriefes in dieser Kürze die Ergebnisse der paulinischen Theologie festhalten kann, macht deutlich, daß zur Zeit der

---

[126] Gerne wird aus dem einzigen Beleg für νόμος Eph 2,15 ein mangelndes Interesse des Epheserbriefes an der Gesetzesproblematik erschlossen; so H. MERKLEIN, Christus und die Kirche 35, sowie A. LINDEMANN, Aufhebung 173: „Vor allem ist die Gesetzeslehre nicht inhaltlich übernommen worden, sondern die paulinische These vom Ende des Gesetzes wurde geradezu 'schlagwortartig' dort in den Rahmen des Briefes eingefügt, wo sie dem Verfasser relativ am besten zu passen schien." Auch U. LUZ, Rechtfertigung bei den Paulusschülern 374, konstatiert „das Zurücktreten des Gesetzes" und schließt daraus, daß dadurch die „polemische Funktion (scil. des sola gratia der Rechtfertigungslehre) als Krisis aller menschlicher Selbstansprüche ... verkürzt" sei. Ähnlich ist auch die Einschätzung von D. LÜHRMANN, Rechtfertigung und Versöhnung 446f.

[127] Vgl. F. MUSSNER, Eph. 75-79; sowie ders., Christus, das All und die Kirche 80-84.

Abfassung des Briefes die Aussagen des Paulus in der Adressatengemeinde wohl nicht umstritten sind. Offenbar hat sich die Ablösung von der jüdischen Gemeinde vollzogen und die paulinische Beurteilung durchgesetzt, daß das jüdische Gesetz nicht von Christen eingehalten werden muß, Beschneidung und Speisegebote ein Adiaphoron darstellen.

4. Die eigenen Akzente im Verständnis der Rechtfertigung in Eph 2,1-10

a) Die Trennung von Versöhnung und Rechtfertigung

Wie wir bereits beobachteten, weist der zweite für die Soteriologie entscheidende Abschnitt Eph 2,1-10 die gleiche Struktur auf wie Eph 2,11-18: Hier wie dort wird das sog. „soteriologische Kontrastschema" verarbeitet. Aus dieser doppelten Verwendung hatten wir einerseits eine bewußte Anknüpfung an die paulinische Theologie, zugleich aber eine über Paulus hinausgehende Differenzierung erschlossen: Das Heilsgeschehen soll aus zwei unterschiedlichen Blickwinkeln zur Sprache kommen. Eine Gegenüberstellung der parallelen Glieder macht die jeweilige Perspektive deutlich. Während der vergangene Zustand in Eph 2,1-3 als die frühere Verlorenheit der Gläubigen geschildert wird[128], stellt Eph 2,11-13 die einstige Gottesferne der Heiden im Unterschied zu Israel in den Mittelpunkt. Auch der Einbruch des göttlichen Heilshandelns wird ganz unterschiedlich geschildert. Eph 2,4-7 stellt dar, wie Gott den Gläubigen an seinem erlösenden Handeln in Christus Anteil schenkt: Die Gläubigen sind mit lebendig gemacht, mit auferweckt, und mit eingesetzt zur Rechten Gottes in Christus Jesus und partizipieren somit an dem in Christus geschenkten Heil. Anders dagegen die Beschreibung des göttlichen Handelns in Eph 2,14-16, wo die Schaffung des Heils durch Christus dargestellt wird, ohne die Gläubigen zu erwähnen. Der *allgemeinen und objektiven Fassung von Eph 2,11-18*, die in der Gründung der Kirche am Kreuz gipfelt, steht *in Eph 2,1-10 die individuelle und persönliche Fassung* gegenüber, die auf die Heilsteilhabe des einzelnen zielt.

In der Darstellung des Heilsgeschehens bei Paulus sind diese Elemente noch nicht getrennt. Betrachtet man die Heilsbeschreibungen Röm 3,21-26; 5,8-11; 2Kor 5,18-21, so kommt dort jeweils die Schaffung der Versöhnung in Christus und die darin erlangte Rechtfertigung der Gläubigen

---

[128] Durch das Anakoluth Eph 2,1-3 tritt der Neueinsatz des göttlichen Handelns in Eph 2,4 deutlich hervor. Zur Deutung des Anakoluths s.o. 95f.

in einer *unzertrennlichen Einheit* zur Sprache[129]. Heilsereignis und Heilsaneignung bzw. -partizipation sind zwei Aspekte des *einen* Heilsgeschehens.

Gerade diese Einheit der Darstellung wird vom Verfasser des Epheserbriefes *aufgesprengt*. Auf der einen Seite wird durch die Objektivierung der Heilsaussagen das Heilsereignis von den Heilsempfängern abgerückt (Eph 2,11-18), auf der anderen Seite werden die Heilsaussagen auf die Partizipation der Empfänger zugespitzt (Eph 2,1-10). Mit dieser unterschiedlichen Perspektive verbindet sich nun ein weiterer Akzent: Während in Eph 2,14ff Christus das Subjekt des Heilsschaffens ist, wird die individuelle Teilhabe am Heil in Eph 2,1-10 als das Werk Gottes dargestellt. Durch die doppelte Übernahme des „soteriologischen Kontrastschemas" wird zugleich jedoch die enge innere Verbundenheit der beiden Abschnitte unterstrichen. Will man die unterschiedlichen Perspektiven beider Abschnitte zusammenfassen, so handelt Eph 2,1-10 von der *Rettung des einzelnen durch Gott*, Eph 2,11-18 von der *Versöhnung und Neuschöpfung durch Christus*.

b) Die Partizipation am Heil in Eph 2,5.6

Wie in der Gegenüberstellung zu Eph 2,11-18 deutlich wurde, liegt der Akzent von Eph 2,1-10 auf der Teilhabe der Gläubigen am Heil. Diese Partizipation kommt durch die drei συν-Komposita συνεζωοποίησεν, συνήγειρεν, συνεκάθισεν Eph 2,5f betont zum Ausdruck. Entgegen der Annahme von A. Lindemann, der die Vorsilbe συν- lediglich „im Sinne von: uns alle zusammen" als einen Ausdruck für die Gemeinschaft der Glaubenden untereinander verstehen möchte[130], müssen die Komposita auf die Heilsgemeinschaft mit Christus bezogen werden. Dieses Verständnis ist unbestreitbar, da der Verfasser durch die Aufnahme der Verben aus Eph 1,20 eindeutig an die Aussage der Inthronisation Christi anknüpft und damit die Teilhabe der Gläubigen an der Herrschaft Christi zum Ausdruck bringt.

Auf entschiedene Sachkritik stößt bei manchen Exegeten die Formulierung συνεζωοποίησεν ... καὶ συνήγειρεν καὶ συνεκάθισεν ... ἐν

---

[129] P. STUHLMACHER, Zur paulinischen Christologie 217, arbeitet heraus, daß bei Paulus die „Sühne- und Versöhnungstradition ... die Basis seiner christologisch fundierten Rechtfertigungsverkündigung" darstellt, und er weist auf die enge Verbindung des Sühnegedankens mit der Rechtfertigung in Röm 4,25; 1Kor 1,30; 6,11; 2Kor 5,21 hin.
[130] A. LINDEMANN, Aufhebung 118f.

Χριστῷ Ἰησοῦ selbst: Indem der Verfasser hier den *Aorist* wähle, bleibe die Teilhabe der Gläubigen an der Herrschaft Christi nicht mehr ein Gegenstand der eschatologischen Erwartung, sondern sie werde schon für die Gegenwart der Glaubenden ausgesagt. Man hat diese Änderungen auf gnostische Einflüsse[131] oder auf die Verarbeitung von hymnischer Tradition[132], speziell einer Taufliturgie[133], zurückführen wollen und darum in der Zeitform des Aorist ein Indiz für die Abkehr von der paulinischen Theologie gesehen. So hebt nach A. Lindemann der Verfasser „unter dem Einfluß 'fremder Theologie' ... die paulinischen eschatologischen Futura auf und verfehlt so im Entscheidenden doch den paulinischen Ansatz."[134] Lindemann folgert daraus: „Die grundlegende Abkehr von der paulinischen Theologie ist ... nicht zu übersehen"[135].

Sprachliche Bezüge weisen jedoch eindeutig auf die Verarbeitung paulinischer Aussagen hin. Darum hat gegenüber der Position, wie sie etwa von Lindemann vertreten wurde, H. E. Lona Einspruch erhoben. Lona hat dabei den Ansatz einer traditionsgeschichtlichen Ableitung von Eph 2,5f über Kol 2,12ff aus Röm 6,1-11 in die Diskussion eingebracht, wie sie bereits in der älteren exegetischen Literatur vertreten wurde[136]. Aufgrund der eindeutig belegbaren literarischen Verarbeitung von Kol 2,13 in Eph 2,1.5 scheint offensichtlich der gesamte Abschnitt von Kol 2,12-3,4 bei der Ab-

---

[131] So LINDEMANN, Aufhebung 123; E. KÄSEMANN, Leib und Leib Christi 145-147. Nach H. CONZELMANN, Eph. 97, befinden wir uns in Eph 2,5f „hart am Rande des gnostischen Erlösungsverständnisses". K. M. FISCHER, Tendenz und Absicht 123-131, vermutet die Herkunft des Gedankens aus den Mysterienreligionen.

[132] Nach der Meinung von H. MERKLEIN dürfte die präsentische Eschatologie des Epheserbriefes „von der Eschatologie der Hymnen beeinflußt sein, die einen nahezu gattungsspezifischen Trend ins Präsentisch-Eschatologische haben" (H. MERKLEIN, Paulinische Theologie 39f). Die Verarbeitung eines Hymnus in Eph 2,1-10 wurde vielfach vertreten (vgl. etwa G. SCHILLE, Frühchristliche Hymnen 53-60), hat sich jedoch in der gegenwärtigen Diskussion nicht durchgesetzt; vgl. H. MERKEL, Der Epheserbrief 3228-3230.

[133] So etwa U. LUZ, Rechtfertigung bei den Paulusschülern 369f; K. M. FISCHER, Tendenz und Absicht 121, vermutet, daß ein „Prosagebet aus der Taufliturgie" verarbeitet wurde.

[134] A. LINDEMANN, Aufhebung 125. Diese Meinung ist paradigmatisch für einen Großteil der Exegeten.

[135] A. LINDEMANN, ebd., möchte die Position des Epheserbriefes mit der von Paulus und den Pastoralbriefen (2Tim 2,18) bekämpften Auffassung einer schon geschehenen Auferstehung gleichsetzen und betont: „Inhaltlich ... deckt sich die Irrlehre des 'Hymenäus' und des 'Philetus' mit der im Epheserbrief vertretenen Anschauung." Er folgert daraus: „Man kann deshalb nicht ausschließen, daß der Autor des 2. Timotheusbriefes bei seinem Widerspruch gegen jene 'Irrlehre' *auch* den Epheserbrief im Blick hatte" (a.a.O. 255). Vgl. dazu zustimmend H. CONZELMANN, Eph. 97, kritisch dagegen U. B. MÜLLER, Theologiegeschichte 72.

[136] Vgl. etwa E. HAUPT, Eph. 60f.

fassung von Eph 2,1-10 Pate gestanden zu haben. Wie Lona richtig bemerkt, bietet Eph 2,5f eine sprachlich glattere und inhaltlich schlüssigere Fassung dar[137] und kann darum als Überarbeitung von Kol 2,12ff angesprochen werden. Dennoch vermag Lona die von ihm erwogene Entwicklungslinie von Röm 6,1-11 zu Eph 2,5f nicht klar herauszuarbeiten. Viel zu voreilig meint er trotz der sprachlichen Bezüge zur paulinischen Tradition in der Formulierung des Epheserbriefes die „Vorstellung einer schon geschehenen Auferstehung"[138] feststellen zu müssen, die im Widerspruch zum paulinischen Verständnis stünde. Hier muß jedoch behutsamer vorgegangen werden. Die Unterschiede zwischen Röm 6, Kol 2 und Eph 2 müssen zuerst präzise festgestellt, sodann auf die Möglichkeit einer zeitgeschichtlich bedingten Entwicklung hin befragt werden, bevor eine Wertung der jeweiligen Position erfolgen kann.

Folgende Punkte lassen sich festhalten:

(1) Unbestritten ist, daß in Kol 2,12ff und in Eph 2,1.5f sprachliche Bezugnahmen vorliegen, wobei Kol 2,12ff eine Verarbeitung von Röm 6,1-11 darstellt[139], Eph 2,1.5f sprachlich Kol 2,13 aufnimmt. Zu fragen ist darum, ob diese literarische Abhängigkeit auch eine inhaltliche Kontinuität miteinschließt oder ob trotz der literarischen Bezüge ein theologischer Bruch vorliegt.

(2) Aufgrund der sprachlichen Nähe von Röm 6,1-11 zu Kol 2,12-3,4 lassen sich die inhaltlichen Unterschiede besonders gut bestimmen: In Röm 6,1-11 werden durch die συν-Komposita hauptsächlich die Leidensaussagen zum Ausdruck gebracht. Hier geht es präzise um das einmalige Mit-Christus-Gekreuzigt- bzw. Mit-Christus-Begraben-Sein der Gläubigen in der Taufe[140]. Auch in Kol 2,12ff ist von der Taufe als dem einmaligen Akt der Teilhabe am Geschick Christi die Rede. Durch die συν-Komposita kommt in Kol 2,12ff jedoch nicht nur der Aspekt des Mitsterbens und Mitbegrabenwerdens zum Ausdruck, sondern gleichermaßen auch der

---

[137] Vgl. H. E. LONA, Die Eschatologie 360ff, der in Eph 2,5f „eine 'logischere' Reihenfolge als Kol 2,12f" (a.a.O. 361) erkennt.
[138] H. E. LONA, a.a.O. 371, sowie insges. 368-374, 404-410.
[139] Vgl. E. SCHWEIZER, Kol. 111, der für Kol 2,12 die „Abhängigkeit von Röm 6,4 oder einer Paulus schon vorliegenden Tauftradition" vermutet. Dies zeige sich „besonders darin, daß an beiden Stellen ... vom 'Mitbegrabenwerden' gesprochen ist" (ebd.).
[140] Anders verhält sich dies in Röm 8,17, wo durch die συν-Komposita der gegenwärtige Anteil an den Leiden Christi und die darin verbürgte künftige Verherrlichung zum Ausdruck kommt.

Aspekt des Mitauferstehens[141]. Die Aussage des Mitauferstehens begegnet in Röm 6 lediglich im Futur[142], bleibt damit also dem Eschaton vorbehalten. Kol 2 formuliert die Aussage des Mitauferstehens durchgehend im Aorist[143] und hat dabei die in der Taufe erfolgte Anteilgabe am Leben des Auferstandenen im Blick. Diese Beobachtungen zeigen, daß der *Kolosserbrief* die Aussagen des *Römerbriefs* über die Teilhabe der Christen am Geschick Christi aufnimmt und auf die Aussage des Mitauferstehens ausweitet[144].

(3) Anders gestaltet sich *Eph 2,5f*. Hier bezeichnen die συν-Komposita *lediglich die Herrlichkeitsaussagen*. Von einem Mitsterben und Mitbegrabenwerden mit Christus wird hier nicht gesprochen. Wie Lona richtig beobachtet, ist von „einer Gemeinschaft mit Christus im Tode ... nicht die Rede. Der Tod bezeichnet den Zustand in der Vergangenheit, als die Übertretungen über die Menschen die Macht ausübten"[145] (so Eph 2,1–3). Damit ist das Gleichgewicht von Aussagen des Mitsterbens und Aussagen des Mitverherrlichtwerdens, wie es in Kol 2 begegnet, in Eph 2,5f aufgehoben. Mit dem Kolosserbrief verbindet Eph 2,5f die durchgängige Formulierung im Aorist. Auffällig ist weiterhin, daß der paränetische Zusammenhang, mit dem die συν-Komposita sowohl in Röm 6,1-11 als auch in Kol 2,12-3,4 verbunden sind, in Eph 2,5f wegfällt. Die Aussage der Teilhabe an der Herrlichkeit Christi ist an keine Ermahnung zum rechten Handeln geknüpft. Offenbar soll der Geschenkcharakter der Heilsteilhabe deutlich hervorgehoben werden, worauf auch der Einwurf χάριτί έστε σεσῳσμένοι in Eph 2,5 hinweist.

---

[141] Kol 2,12: συνταφέντες - συνηγέρθητε; Kol 2,13: συνεζωοποίησεν; Kol 2,20: ἀπεθάνετε σὺν Χριστῷ; Kol 3,1: συνηγέρθητε τῷ Χριστῷ. Die Aufstellung zeigt, daß die συν-Komposita als Leidens- und Herrlichkeitsaussagen recht ausgeglichen verwendet werden. In dieser gleichwertigen Betonung entspricht Kol 2,12ff der paulinischen Darstellung in Röm 8,17. Wie 2Tim 2,3.11f zeigt, scheint diese Ausgewogenheit der paulinischen Tradition insgesamt zu entsprechen.
[142] Röm 6,5: σύμφυτοι ... τῆς ἀναστάσεως ἐσόμεθα, Röm 6,8: πιστεύομεν ὅτι καὶ συζήσομεν αὐτῷ. Anders verhält sich dies dagegen in Röm 8,24, wo ἐσώθημεν Aor. verwendet wird. Dort kommt allerdings durch τῇ ἐλπίδι der eschatologische Vorbehalt zum Ausdruck.
[143] Kol 2,12; 3,1: συνηγέρθητε; Kol 2,13: συνεζωοποίησεν.
[144] Auf die grundsätzliche Darlegung Röm 6,1-11 folgt in Röm 6,12-14 die paränetische Weiterführung. Auch im Kolosserbrief wird in Kol 2,16-23 und Kol 3,1-4 zu paränetischen Aussagen übergeleitet. Auffälligerweise ist in Eph 2,1-10 die Paränese ganz an den Rand gedrängt (vgl. V 10!). Im Zusammenhang mit den συν-Komposita in Eph 2,5f kommen keine paränetischen Aussagen vor.
[145] H. E. LONA, Die Eschatologie 362. So bereits schon E. HAUPT, Eph. 60f. Vgl. auch F. HAHN, Taufe und Rechtfertigung 101, Anm. 25.

Faßt man die aufgezeigten Unterschiede inhaltlich zusammen, so zeichnet sich eine Entwicklung ab, die in zunehmendem Maß die *Gegenwart des Heils* betont. Diese Tendenz zeigt sich in der Verlagerung der συν-Komposita von der Teilhabe am Leiden auf die Teilhabe an der Herrlichkeit. Sie wird auch darin deutlich, daß die futurischen Verbformen von Röm 6 in Kol 2 und Eph 2 in den Aorist umgewandelt werden. Die Teilhabe an der Herrlichkeit Christi ist so als *gegenwärtiges Faktum* für die Glaubenden dargestellt. Diese Tendenz wird verstärkt durch die dritte Beobachtung, daß in Eph 2,5f die paränetische Verknüpfung gestrichen und damit der bedingungslose Geschenkcharakter der Heilsteilhabe hervorgehoben wurde. Was für Paulus als ein zukünftiges Ereignis noch aussteht, das wird hier als *tatsächlich eingetretene Wirklichkeit* beschrieben. In den Aussagen der Deuteropaulinen wird damit die zukünftige Auferstehung nicht nur durch den Gehorsam der Glaubenden antizipiert, sondern hier *partizipieren die Christen bereits an der Herrlichkeit* der Auferstehung Christi.

Ist aber damit der eschatologische Vorbehalt preisgegeben? Diese Frage läßt sich nur dann entscheiden, wenn die Ursache der Veränderungen berücksichtigt wird. Wie wir erkennen konnten, führt die Neuakzentuierung durch die Unterscheidung von objektiver Heilswirklichkeit und individueller Heilsteilhabe zu einer doppelten Darstellung des Heilsgeschehens in Eph 2,11-18 und Eph 2,1-10. In Eph 2,11-18 wird dabei die objektive Seite betont, die Schaffung der neuen Heilswirklichkeit unabhängig von den Empfängern. Dies aber impliziert, daß von einer subjektiven Teilnahme der Gläubigen am Prozeß des Heilsgeschehens nicht mehr gesprochen werden kann. Die Objektivierung schließt die Rede vom Mitsterben aus. In Eph 2,1-10 kann der Verfasser darum lediglich von der Übergabe des geschaffenen Heils sprechen. Es ist also eine logische Folge der Objektivierung, wenn die συν-Komposita allein auf die Herrlichkeitsaussagen eingeschränkt werden. Daß die Leidensaussagen in Eph 2,1-10 unterbleiben, ist darum kein Hinweis dafür, daß der eschatologische Vorbehalt preisgegeben ist.

Doch wie muß die Umformulierung der Verbformen in den Aorist beurteilt werden? Die Frage ließe sich relativ leicht beantworten, wenn jene Exegeten Recht haben, die die Auffassung vertreten, daß bereits in *Röm 6,1-11* die futurischen Verbformen nicht temporal, sondern als 'logisches

Futur'[146] zu verstehen seien. So lasse die Aussage des Mit-Christus-Gekreuzigt- bzw. Mit-Christus-Begraben-Seins auf eine gegenwärtige Mitverherrlichung schließen. Die entscheidende Voraussetzung für die Vorstellung einer *'präsentischen Eschatologie'* ist die in der Taufe begründete Verbundenheit mit Christus. Diese Verbundenheit führt nach H.-J. Eckstein zwangsläufig dazu, daß die Gläubigen „*in Christus* auch lebendig sind". Röm 6,1-11 spricht darum „nicht nur von einer *Antizipation* ... in Gestalt des Gehorsams..., sondern von der *Partizipation* der Gläubigen an dem Auferstehungsleben Christi". Schon jetzt wandeln die Gläubigen „in der neuen Wirklichkeit des von Gott geschaffenen Lebens"[147]. Träfe die skizzierte Sicht zu, so wäre bereits in der paulinischen Auffassung der *Grundstein für ein präsentisches Verständnis der Eschatologie* gelegt, was von den Deuteropaulinen aufgenommen und ausgebaut worden wäre[148].

Wie aber läßt sich die Umformulierung in den Aorist verstehen, wenn diese Interpretation der Futura in Röm 6,1-11 *nicht* zutreffen sollte und Paulus gerade durch die Tempuswahl auf den eschatologischen Vorbehalt besonders wertlegt? Dazu ist zu sagen: Unabhängig von der Frage, wie die Futura von Röm 6,1-11 zu verstehen sind, weisen die Aoristformen in Kol 2,12-3,4 und Eph 2,5f eindeutig auf die Konzeption einer *präsentischen Eschatologie* hin. Doch dies bedeutet nicht, daß damit der eschatologische Vorbehalt automatisch preisgegeben wurde. Entscheidend ist ja doch, daß der Unterschied zwischen der vorfindlichen Situation der Gläubigen und der durch Christus geschaffenen Heilswirklichkeit nicht aufgehoben wird. Solange diese Unterscheidung gewahrt ist, kann nicht von einer Preisgabe des eschatologischen Vorbehalts gesprochen werden. Daß Kol 2 und Eph 2 diese Unterscheidung sehr wohl aufrechterhalten, läßt sich durch die Tat-

---

[146] Vgl. H.-J. ECKSTEIN, Auferstehung und gegenwärtiges Leben nach Röm 6,1-11. Präsentische Eschatologie bei Paulus? Eckstein weist auf den weiteren Gebrauch des logischen Futurs bei Paulus in Röm 3,3; 3,30; 1Kor 9,11; 2Kor 3,8; evt. Röm 5,19; Röm 3,20a hin. Auch E. PERCY, Probleme 107-113, interpretiert die Futura von Röm 6,5.8 in diesem Sinn, da bereits mit ἐν καινότητι ζωῆς (Röm 6,4) „offenbar nicht die Existenz der Vollendung nach der Auferstehung der Toten gemeint (ist)..., sondern nur jene neue Existenz, in welche der Gläubige schon jetzt durch sein Eingegliedertsein in Christus durch die Taufe versetzt worden ist; das Futurum muss somit hier logisch gemeint sein" (a.a.O. 110).
[147] H.-J. ECKSTEIN, Auferstehung und gegenwärtiges Leben nach Röm 6,1-11. Präsentische Eschatologie bei Paulus? 19f.
[148] Ein weiteres Indiz dafür, daß bereits bei Paulus ein präsentisches Verständnis der Eschatologie anzutreffen ist, begegnet in Röm 8,30, der sog. catena aurea. In der Kette von Heilsaussagen behält Paulus bis zum Abschluß mit τούτους καὶ ἐδόξασεν durchgängig den *Aorist* bei und bietet damit eine Präformation für die Aoriste in Eph 2,5f!

sache einer *räumlichen Differenzierung* eindeutig nachweisen. So werden in Kol 3,1-4 die Aussagen des Absterbens und des neuen Lebens nach dem Schema 'unten' und 'oben' aufgeteilt. Ganz entsprechend sind die Herrlichkeitsaussagen in Eph 2,5f dem himmlischen Bereich, dem Bereich ἐν τοῖς ἐπουρανίοις (Eph 2,6), zugeordnet. Da in Eph 2,1-10 die Aussagen des Mit-Christus-Gestorben- und -Begraben-Seins nicht vorhanden sind, läßt sich auch das Fehlen eines irdischen Bereiches als Gegenbegriff zu ἐν τοῖς ἐπουρανίοις leicht erklären: Kol 3,1-4 und Eph 2,5f lassen beide eine räumliche Zuordnung der Aussagen erkennen, die über Röm 6,1-11 hinausführt.

Dieses Verständnis der räumlichen Differenzierungen muß sich jedoch von einer Reihe gängiger Forschungsmeinungen absetzen. So wurde vermutet, daß wir es in den räumlichen Kategorien von Kol 3,1-4 und Eph 2,5f mit Parallelen zur Raumvorstellung der Gnosis zu tun haben. Sie galten darum in der Forschung gerne als Bestätigung einer gnostisierenden Tendenz der Deuteropaulinen, welcher die paulinische Eschatologie zum Opfer gefallen sei. In Entsprechung zur Preisgabe der futurischen Verbformen hätten die Autoren des Kolosser- und Epheserbriefes auch die zeitliche Perspektive durch eine räumliche ersetzt, um gerade dadurch den eschatologischen Vorbehalt des paulinischen Denkens vollends zu nivellieren[149]. Aber diese These ist nicht schlüssig. Denn wenn die zeitliche Differenzierung durch eine räumliche ersetzt wird, ist gerade die bisherige Unterscheidung aufrechterhalten. Man muß also umgekehrt folgern: Die Umformulierung in eine räumliche Perspektive zeigt, daß auch für den Kolosser- und Epheserbrief *die bisherige Differenzierung nicht hinfällig geworden* ist. Obwohl Kol 2,12ff und Eph 2,5f die futurischen Verbformen der Herrlichkeitsaussagen in den Aorist umwandeln, soll offensichtlich – wie in Röm 6,1-11 – die Unterscheidung zwischen der gegenwärtigen Situation der Gläubigen und der durch Christus geschaffenen Heilswirklichkeit gewahrt bleiben.

Daß von den Autoren des Kolosser- und Epheserbriefes mit der Umwandlung in räumliche Kategorien tatsächlich *keine Tilgung der eschatologischen Erwartungen beabsichtigt* gewesen ist, zeigt bereits der Kontext sowohl von Kol 3,1-4 als auch von Eph 2,5ff. In beiden Texten werden nämlich zeitliche Differenzierungen nicht ausgeschlossen. Kol 3,4 erwähnt die Verherrlichung der Gläubigen bei der Parusie Christi (Futur!), Eph 2,7

---

[149] Vgl. A. LINDEMANN, Aufhebung 125. H. MERKLEIN, Paulinische Theologie 43-45, vermutet nicht weiter präzisierte hellenistische Einflüsse.

spricht davon, daß der Reichtum der Güte Gottes, der die Mitverherrlichung der Gläubigen mit Christus vollbracht hat, sich im kommenden Äon[150] erweisen werde[151]. Schon dieser kurze Hinweis auf den Kontext macht deutlich, daß mit der Einführung der räumlichen Kategorie zeitliche Differenzierungen keineswegs nivelliert sind[152]. So läßt sich vom Kontext her für die Deuteropaulinen eine *bewußte Aufhebung der eschatologischen Erwartung nicht nachweisen*.

Nach diesen klärenden Vorbemerkungen kann direkt nach der *Funktion der räumlichen Differenzierung* gefragt werden. Zu Recht hat sich F. J. Steinmetz dagegen gewandt, die Unterscheidung von Zeiten und Räumen im Sinne einer strengen gegenseitigen Ausschließlichkeit zu verstehen,

---

[150] Die Wendung ἐν τοῖς αἰῶσιν τοῖς ἐπερχομένοις im Plural wird in der Forschung entweder auf den kommenden Äon gedeutet, wie er in der frühjüdischen Apokalyptik erwartet wird (vgl. dazu F. MUSSNER, Christus, das All und die Kirche 25; R. SCHNACKENBURG, Eph. 96f; E. GAUGLER, Eph. 95f), oder es wird eine gnostische Deutung auf herannahende personifizierte Äonenwesen vorgeschlagen (vgl. H. SCHLIER, Christus und die Kirche 53f; ders., Eph. 113f; M. DIBELIUS/H. GREEVEN, Eph. 67; A. LINDEMANN, Aufhebung 129-132; G. SCHILLE, Frühchristliche Hymnen 57f; siehe auch F. J. STEINMETZ, Protologische Heils-Zuversicht 62, der in dem Begriff der Äonen „ein personales Moment gegeben" sieht und darum diese Deutung nicht ausschließen möchte). Für die Formulierung im Plural bietet das Neue Testament reichliche Parallelen durch das Schwanken in der Ewigkeitsformel zwischen εἰς τὸν αἰῶνα und εἰς τοὺς αἰῶνας (vgl. H. SASSE, Art. αἰών, in: ThWNT 1, 204-207). Die pluralische Wendung kann darum nicht als Argument für die personale Deutung gewertet werden. Vielmehr muß „der Plural als Nachwirkung der pluralischen Ewigkeitsformeln" verstanden werden (H. SASSE, a.a.O. 206) und so im Rahmen der apokalyptischen Vorstellung vom gegenwärtigen und zukünftigen Äon interpretiert werden (vgl. dazu auch Eph 1,21!). Für den Wechsel zwischen pluralischem und singularischem Gebrauch verweist H. E. LONA, Die Eschatologie 366, Anm. 150, auf den Sprachgebrauch der Qumranhandschriften.

[151] Eine temporale Deutung von Eph 2,7, die sich sprachlich aus der Nähe zu apokalyptischer Terminologie nahelegt, widerspricht nicht dem Kontext Eph 2,5f, wie es G. SCHILLE, Frühchristliche Hymnen 58; A. LINDEMANN, Aufhebung 130; K. M. FISCHER, Tendenz und Absicht 122, meinen, sondern zeigt, daß das gegenwärtige Leben der Glaubenden im Himmel in Christus jetzt noch verborgen, im kommenden Äon dagegen wohl öffentlich sichtbar vorgestellt wird. Die gedankliche Voraussetzung Schilles, nach welcher in der Rettungstat der Taufe bereits die Veröffentlichung geschehe, ist in Eph 2,5ff nirgendwo belegt. Darum muß man folgern, was SCHILLE, a.a.O. 58, ausschließen möchte: „Das V. 4-6 Gesagte *ist* geschehen, damit *künftig* etwas veröffentlicht werde." Wie Eph 1,3-14 zeigt, ist das Ziel des göttlichen Heilsplans nicht die Inthronisation der Gläubigen, sondern der aufgrund der Heilstaten sich einstellende eschatologische Lobpreis Gottes, wie Eph 1,6.12.14 jeweils hervorhebt. Diese Intention kommt in Eph 2,7 ganz entsprechend zum Ausdruck. Vgl. dazu E. GAUGLER, Heilsplan und Heilsverwirklichung, in: ders., Eph. 235, 245.

[152] K. M. FISCHER, Tendenz und Absicht 122, möchte die zeitliche Vorstellung Eph 2,7 als eine Glosse des Verfassers verstehen, wodurch dieser im Gegensatz zu seiner Vorlage den eschatologischen Vorbehalt anmelden wolle. Da wir jedoch im Vorfeld bereits die Annahme der Verarbeitung eines Prosagebetes aus der Taufliturgie abgelehnt haben (vgl. oben 148 Anm. 133), ist diese literarkritische Scheidung unzutreffend.

und er hat betont, daß „philosophisch als auch biblisch gesehen ... die Kategorien des Raumes und der Zeit vielfach verbunden" seien[153]. Räumliche und zeitliche Vorstellungen dürften darum keinesfalls als alternativer Gegensatz zwischen griechischem und hebräischem Denken gewertet werden. Bereits in alttestamentlicher Tradition gehen die Kategorien von Zeit und Raum ineinander über. Wie O. Hofius betont, ist gerade „für jüdisch-apokalyptisches Denken ... die Verbindung von Himmlischem und Zukünftigem charakteristisch"[154]. Auch Paulus steht in dieser Tradition, wenn er mit räumlichen Vorstellungen zeitliche Aspekte verbindet[155]. Es widerspricht darum der paulinischen Vorstellung nicht, daß in den Deuteropaulinen die zeitliche Differenzierung aus Röm 6,1-11 durch räumliche Kategorien zum Ausdruck gebracht wird.

F. Mußner konnte in seiner Dissertation zeigen, daß die räumliche Perspektive von Kol 3,1-4 und Eph 2,5f in Kontinuität zu Vorstellungen der jüdischen Apokalyptik interpretiert werden muß. In seiner Untersuchung von Kol 3,1-4 und Eph 2,5f stellt er heraus, daß das Leben, zu dem die Glaubenden erweckt werden, „*unablösbar ist von der Person* des Erhöhten und deshalb selber dem transzendenten Bereiche angehört. Die ζωή gibt es für den Gläubigen nur in Verbundenheit mit dem auf den Thron Gottes im Himmel Erhöhten; ja, er in Person ist dieses Leben, das den Gläubigen in der Taufe geschenkt wurde"[156]. Durch Mußners Interpretation wird die Lokalisation der Herrlichkeitsaussagen[157] im himmlischen Bereich durchaus verständlich: Die Teilhabe an der Herrlichkeit Christi ist in einem transzendenten, das vorfindliche Leben übersteigenden Bereich angesiedelt. Das heißt aber, daß nur in der strengen Gebundenheit an die Person Christi der besondere Charakter dieses neu geschenkten Lebens zum Ausdruck kommt. Es ist das Leben des Auferstandenen, das als himmlisches gegenüber jeder irdischen Existenz unverfügbar bleibt. Damit aber ist das himmlische Leben klar von der irdischen Existenz unterschieden und kann

---

[153] F. J. Steinmetz, Protologische Heils-Zuversicht 51.
[154] O. Hofius, Der Vorhang vor dem Thron Gottes 72, Anm. 134.
[155] So nennt F. J. Steinmetz, Protologische Heils-Zuversicht 52, als Belege: Röm 10,6; 1Kor 8,5; 15,47; 2Kor 5,1f; 12,2; Phil 3,20; 1Thess 1,10; 4,16.
[156] F. Mussner, Christus, das All und die Kirche 93.
[157] Obwohl die Einführung räumlicher Kategorien in Kol 3,1-4 und Eph 2,5f wohl auf den gleichen theologischen Grundgedanken zurückzuführen sind, soll, da sie doch verschieden ausgeprägt sind, aus Gründen methodischer Sauberkeit (vgl. den Vorwurf A. Lindemanns an Gnilka, Aufhebung 129f, Anm. 128) auf eine Hinzunahme von Kol 3,1-4 verzichtet werden und hier allein nach der Bedeutung von Eph 2,5f gefragt werden.

deshalb zugleich als *eschatologisches* Leben angesprochen werden. Dieses Leben bricht die Diesseitigkeit menschlicher Lebensvollzüge auf, überwindet sie und schenkt Anteil an der Fülle göttlicher Herrlichkeit[158]. In der strengen Gebundenheit dieses Lebens an Christus vollzieht der Verfasser genau jene Unterscheidung, die für die präsentische Eschatologie konstitutiv ist. Auch wenn das himmlische Leben der Glaubenden bereits gegenwärtig ist, bleibt es dennoch in seiner Gebundenheit an Christus von den irdischen Lebensvollzügen fundamental getrennt. *Durch die räumliche Differenzierung ist eine Identifikation beider Bereiche eindeutig vermieden, von einer Tilgung des eschatologischen Vorbehaltes kann darum keine Rede sein.*

In der Fortsetzung der Aussage von Eph 2,6 wird diese strenge Gebundenheit an Christus weiter entfaltet: Gott hat die Glaubenden mitauferweckt und auf den himmlischen Thron miteingesetzt. Dies ist keine überschwengliche Ausdrucksweise unseres Autors, sondern, wie Mußner herausstellt, eine „*konsequente theologische Entfaltung* des συν(-)ε-ζωοποίησεν von (Eph) 2,5: Zur Verleihung der transzendenten *Lebens*-Gabe gehört die himmlische Inthronisation mit Christus!"[159] Gerade die Verbindung der beiden Vorstellungen von Lebensbesitz und Teilhabe an der Herrschaft Gottes kann Mußner in der frühjüdischen Apokalyptik nachweisen und deren Einflüsse bis in die paulinische Tradition hinein belegen[160]. In Eph 2,6 kommt somit eine Tradition zu Wort, in der die Eschatologie in räumlichen Vorstellungen entfaltet wird. Wenn hier also vom Mitauferstehen und Mitherrschen gesprochen wird, so wird damit die Bedeutung des himmlischen Lebens entfaltet: Dieses Leben ist das Leben der *Christusteilhabe*. Durch die Lokalisation dieses Lebens im Himmel wird einerseits die *radikale Unterschiedenheit von jeder irdischen Existenz* ausgesagt, andererseits die *Gleichzeitigkeit beider Lebensvollzüge* betont hervorgehoben. Das Leben in Christus ist die neue, andere Lebensdimension, die den Glaubenden schon jetzt erschlossen ist, die jedoch im irdischen Dasein nicht aufgeht. Gerade durch die Betonung des ἐν τοῖς ἐπουρανίοις bringt der Verfasser seine bewußte Unterscheidung zum Ausdruck, nach welcher das irdisch vorfindliche Leben *nicht* mit der

---

[158] Vgl. E. GAUGLER, Eph. 92f.
[159] F. MUSSNER, Christus, das All und die Kirche 93.
[160] Vgl. die von F. MUSSNER, Christus, das All und die Kirche 93, angeführten Stellenbelege. Innerhalb des Corpus Paulinum macht er auf Röm 5,17; 2Tim 2,11f; Kol 1,13 aufmerksam. Zu denken wäre aber auch an die paulinische Vorstellung des Mitherrschens und -richtens der Gläubigen bei der Parusie Christi in 1Kor 4,8; 6,2.

himmlischen Existenz identisch ist. Der eschatologische Vorbehalt, den Paulus durch eine zeitliche Differenzierung darstellt, wird hier auf räumlicher Ebene festgehalten. In dieser Änderung wird die Intention des Verfassers deutlich, dem es um die *unverbrüchliche Präsenz des Heils* geht und nicht um eine Auflösung eschatologischer Hoffnungen. Durch die räumliche Zuteilung der Christusteilhabe zum himmlischen Bereich gelingt es ihm, für die Situation der Hörer *die Gegenwart des Heils anzusagen und dabei dennoch die eschatologische Spannung aufrechtzuerhalten.*

In der präsentischen Beschreibung der Heilsteilhabe nimmt der Verfasser damit die Perspektive ein, die vor Gott gilt: Da Christus das Heil vollkommen geschaffen hat und es den Gläubigen in der Taufe bereits verbürgt ist, kann die Teilhabe daran bereits jetzt den Gläubigen zugesprochen werden. Durch diese Sichtweise gelangt der Verfasser zu einer vertieften Wahrnehmung des Seins, nach welcher er Leben gerade von seiner Teilhabe am transzendenten Heil her beurteilt, während Leben, das am transzendenten Bereich keinen Anteil hat, für ihn tot ist (Eph 2,1-3). Daß diese Teilhabe jetzt nur verborgen ist und erst im Eschaton zu einer offenbaren werden soll, wird von ihm nicht eigens erwähnt[161]. Offensichtlich hängt seine Beurteilung allein an der Tatsächlichkeit dieser Teilhabe am Transzendenten. Damit begegnet hier eine ähnliche *Tendenz des Verfassers*, die sich schon in der Generalisierung und Objektivierung paulinischer Gedanken zeigte: Er hat das Bestreben, *die generelle theologische Gültigkeit* der Heilsaussagen hervorzuheben. Was jetzt schon gilt, wird als vollgültig ausgesagt, auch wenn sich seine Gültigkeit erst zukünftig erweisen wird.

Gerade von diesem Anliegen des Verfassers aus, das Heil in seiner generellen Gültigkeit auszusagen, läßt sich auch das dritte Unterscheidungsmerkmal gegenüber der paulinischen Darstellung leicht erklären: das *Fehlen des paränetischen Rahmens*. Die Ermahnung zum heiligen Wandel kommt erst am Ende des Abschnitts in den Blick (Eph 2,10). Die Teilhabe an der Herrlichkeit Christi ist dagegen ein reines Geschenk, dessen gnadenhafter Charakter durch den Einwurf χάριτί ἐστε σεσῳσμένοι deutlich hervorgehoben wird. Das Zurückdrängen der Paränese fügt sich nahtlos in die generelle Tendenz des Verfassers ein, die gegenwärtig bereits eröffnete Heilsteilhabe betont hervorzuheben.

---

[161] Vgl. dagegen Kol 3,3f!

Zusammenfassend läßt sich festhalten, daß hinter den Veränderungen in Eph 2,5f ein einheitliches Anliegen steht: Die Gegenwart des Heils, die tatsächliche Anteilhabe an der Herrlichkeit Christi soll nachdrücklich hervorgehoben werden. Dieses Anliegen des Verfassers wird ausgelöst durch die bereits in Eph 2,14ff beobachtete *Objektivierung der Heilsaussagen.* Aus dem objektiven Charakter resultiert die generelle Gültigkeit des Heils. Darum erlangen die Gläubigen bereits in der Gegenwart vollen Anteil am Heil. Die präsentische Eschatologie, die in der Umformung der Verben in den Aorist zum Ausdruck kommt, ist eine *notwendige Konsequenz* dieser Objektivierung. Auch der Wegfall der Aussagen, die eine Teilhabe am Leiden Christi ausdrücken, läßt sich aus der Objektivierung verstehen. Parallel zu den Änderungen in der Gesetzesaussage (Eph 2,15), nach der Christus das Gesetz vernichtet und nicht mehr der einzelne dem Gesetz stirbt, begegnet auch hier kein Sterben des einzelnen mit Christus, sondern wird bereits vom *Totsein in den Sünden* gesprochen (Eph 2,4): Die objektive Tat des Christusleidens eröffnet bereits die Teilhabe am Heil, an der Herrlichkeit. Aus der Betonung des in der Tat Christi eröffneten Heils resultiert die präsentische Fassung der Eschatologie ebenso wie das Zurückdrängen der Paränese. Im uneingeschränkten Zuspruch himmlischer Herrlichkeit drückt sich der Geschenkcharakter des Heils aus, das von Christus allein geschaffen wurde. Durch die Teilhabe der Glaubenden an der himmlischen Präsenz in Christus kommt zum Ausdruck, daß der alte Äon überwunden ist. Somit zeigt der Epheserbrief eine einheitliche Interpretation der paulinischen Aussagen, die sowohl in Eph 2,11-18 als auch in Eph 2,1-10 von einer grundlegenden Tendenz getragen ist. Diese einheitliche Tendenz weist darauf hin, daß im Epheserbrief eine Interpretation der paulinischen Theologie begegnet, die aus einer neuen, späteren Perspektive erwachsen ist, in der auf die Präsenz des Heils besonderen Wert gelegt wird.

Aus diesen Überlegungen läßt sich folgern: (1) Das *eigentliche Anliegen* ist in der bereits beobachteten *Objektivierung* zu suchen und äußert sich in der *Umwandlung der Verbformen.* Die Gegenwart des Heils, die tatsächliche Anteilhabe an der Herrlichkeit Christi wird betont hervorgehoben.

(2) Aufgrund der Betonung der Heilsgegenwart durch die Aoriste ist eine Umwandlung der zeitlichen in räumliche Kategorien *nötig* geworden, wie sie in Kol 3,1-4 wie auch in Eph 2,5f begegnet. Dadurch soll gerade

eine Unterscheidung gewahrt bleiben, die Paulus bisher in zeitlichen Kategorien festgehalten hatte.

(3) Die Untersuchung von Eph 2,5f machte deutlich, daß das Programm des Epheserbriefes nicht eine „Aufhebung der Zeit" sein kann, in der „die Vollendung bereits geschehen" ist und es „keine Entwicklung auf ein noch Ausstehendes mehr gibt"[162]. Entscheidend ist statt dessen die Betonung der Präsenz des Heils. Darum verfehlt der Vorwurf, daß nach dem Epheserbrief die Auferstehung schon geschehen sei[163], die Intention des Verfassers, denn es geht ihm um ein *eschatologisches Verständnis der Gegenwart*, nicht dagegen um eine Vorwegnahme von Ereignissen der Zukunft! Schon jetzt, in den Bedrängnissen der Gegenwart (Eph 4,30; 5,16; 6,10ff), partizipieren die Christen bereits an der Herrlichkeit, die Gott Christus in den Himmeln geschenkt hat. In den Himmeln liegt das Auferstehungsleben Christi für die Glaubenden bereit, an dem sie jetzt im Glauben[164], dereinst aber sichtbar (vgl. Eph 2,7) Anteil erhalten[165].

(4) Sofern nicht schon die paulinische Darstellung in Röm 6,1-11 im Sinne einer präsentischen Eschatolgie interpretiert werden muß, tritt jedenfalls in Eph 2,5f eine *präsentische Fassung der Eschatologie* deutlich in den Blick. Keinesfalls ist dadurch jedoch die Hoffnung auf die zukünftige allgemeine Totenauferstehung aufgehoben! Der Rückbezug der Herrlichkeitsaussagen von Eph 2,5f auf Eph 1,20 macht klar, daß die Auferstehung Christi gerade die Bürgschaft für die Zuverlässigkeit der ἐλπίς darstellt: An der Auferstehung Christi wird die Wirkmächtigkeit der Kraft Gottes erwiesen (Eph 1,20), durch welche die Glaubenden die Herrlichkeit des Erbes erlangen sollen (Eph 1,19)[166].

(5) Damit ist deutlich: Eph 2,5f läßt sich nicht nur formal, sondern auch inhaltlich als eine traditionsgeschichtliche Weiterentwicklung von Röm 6,1-11 über Kol 2,12-3,4 verstehen, bei welcher sich als Tendenz eine zunehmende Betonung der Gegenwart des Heils abzeichnet.

---

[162] A. LINDEMANN, Aufhebung 239.
[163] Gegen H. E. LONA, Die Eschatologie 360-364, 368-374, der der Meinung ist, daß in Eph 2,5f die Taufe als Ort der Auferweckung der Gläubigen verstanden werde, und daraus schließen will, daß der Epheserbrief kein Endereignis der Auferstehung mehr im Blick habe, auch wenn die Zeitvorstellung damit nicht eliminiert sei.
[164] W. GRUNDMANN, Art. σύν – μετά κτλ., in: ThWNT 7, 795, spricht von „einem im Vollzug befindlichen Geschehen", das als ein „im Glauben sich vollziehende(r) Vorgang" (ebd. Anm. 129) zu verstehen sei.
[165] Vgl. E. GAUGLER, Eph. 95f.
[166] S.u. 223f.

c) Die Interpretation der Rechtfertigung durch den Verfasser in Eph 2,8-10

Die Darstellung der Partizipation am Heil mündet in Eph 2,8-10 in generelle Aussagen über die Rettung aus Glauben. Hierbei scheint der Verfasser an die paulinische Rechtfertigungslehre anknüpfen zu wollen. Die bereits in Eph 2,5f eingeworfene Aussage „aus Gnade seid ihr gerettet" wird hier wieder aufgenommen und vom Verfasser expliziert. Doch die Beurteilung dieser wenigen Verse fällt in der Forschung höchst unterschiedlich aus. Für einige Ausleger klingt Eph 2,8-10 „überhaupt gut paulinisch wie eine Zusammenfassung seiner Rechtfertigungslehre"[167]. Gerade in diesen Versen zeige der Verfasser seine gute Pauluskenntnis und vermittele so „bestes paulinisches Erbe"[168]. C. L. Mitton sieht in diesem Stück sogar „the most effective summary we have of the Pauline doctrine of salvation by grace through faith"[169]. Gegen dieses Urteil wird eingewendet, daß hier die für Paulus typische Rechtfertigungsterminologie (δικαιόω, δικαιοσύνη) fehlt[170]. Deshalb stellen U. Luz und J. Gnilka letztlich einen Bezug zu Paulus in Frage. Nach Luz sei im Epheserbrief „die paulinische Rechtfertigungsbotschaft primär als Taufrechtfertigung und nicht im Lichte der paulinischen Kreuzestheologie" verstanden und damit die „polemische Funktion (scil. des sola gratia) als Krisis aller menschlicher Selbstansprüche ... verkürzt" worden[171]. Auch nach Gnilka besteht die Nähe zu Paulus an dieser Stelle lediglich „in der Wahrung des Primates der Gnade"[172]. Trotz der fehlenden Rechtfertigungsterminologie ist nach A. Lindemann zwar „in der Struktur der Aussage ... das paulinische Vorbild unübersehbar"[173]; aber Lindemann nimmt den Einbau von zwei paulinischen „Glossen" an, „mit deren Hilfe der V(er)f(asser) die Vereinbarkeit seiner Eschatologie mit dem paulinischen Rechtfertigungs-... Verständnis demonstrieren will"[174]. Auch K. M. Fischer sieht in den

---

[167] So die Darstellung der Position bei K. M. FISCHER, Tendenz und Absicht 130.
[168] F. MUSSNER, Eph 2 als ökumenisches Modell 327. Eine ähnliche Position vertritt auch E. GAUGLER, Eph. 96-100.
[169] C. L. MITTON, The Epistle 155.
[170] Vgl. J. GNILKA, Eph. 129f; F. HAHN, Taufe und Rechtfertigung 102; A. LINDEMANN, Paulus 123; U. LUZ, Rechtfertigung bei den Paulusschülern 369, 372; R. SCHNACKENBURG, Eph. 98.
[171] U. LUZ, Rechtfertigung bei den Paulusschülern 375.
[172] J. GNILKA, Eph. 130.
[173] A. LINDEMANN, Paulus 123.
[174] A. LINDEMANN, a.a.O. 124. So auch F. HAHN, Taufe und Rechtfertigung 102, der in den Aussagen V 5fin.8a.8b.9 „das genuin paulinische Erbe noch klar erkennen" kann. Für Hahn fehlt jedoch die „entscheidende Korrelation zur πίστις", weshalb „Eph 2,4-10 trotz aller Paulinismen ein so unpaulinisches Gepräge" trägt (a.a.O. 103). Ähnlich

Anklängen an Paulus ein bewußt eingesetztes Stilmittel, woraus er schließt, „daß paulinische Formulierung nicht heißen muß, daß noch paulinisch gedacht wird"[175]. Insbesondere V 10 hat zu der Vermutung Anlaß gegeben, daß hier eine „moralisierende Verengung der Rechtfertigungslehre"[176] eingetreten sei. Wird in den vorangehenden Versen die Gnadenhaftigkeit der Errettung „mit paulinischen Begriffen ... unterstrichen", so kommt es in V 10 zu „einer fast gewaltsamen Umwendung ... zum verantwortlichen Tun der Christen"[177].

Faßt man die ausufernde Kontroverse zusammen, so geht es um die Frage, ob mit den Anklängen an die paulinische Tradition in Eph 2,8-10 tatsächlich Grundgedanken der paulinischen Rechtfertigungslehre im Epheserbrief übernommen wurden oder nicht. Trotz der gegensätzlichen Beurteilung ist die Verarbeitung paulinischer Begrifflichkeit grundsätzlich nicht umstritten. Wie wir bereits gesehen haben[178], liegt in V 8-10 ein Wechselspiel zwischen Anspielung und Kommentar vor. V 8a.9 ließ sich als Aufnahme von Formulierungen aus paulinischer Tradition[179], V 8b.10 als kommentierende Weiterführung durch den Verfasser erweisen. Beachtet man die vom Verfasser bewußt gesetzten Indizien, die im Satzbau Traditionsstücke und ihre Kommentierung voneinander abheben, ergibt sich eine zweistufige Fragestellung. *Erstens* muß untersucht werden, ob die Anspielungen die paulinische Tradition richtig wiedergeben. Die *zweite* Frage muß sich damit beschäftigen, ob die Kommentierung der Anspielungen die paulinischen Grundgedanken interpretierend weiterführt

---

D. LÜHRMANN, Rechtfertigung und Versöhnung 446, der in Eph 2,8-10 das paulinische Rechtfertigungsverständnis „geradezu klassisch zitiert" findet. Dennoch sind diese Aussagen im Epheserbrief seiner Meinung nach „mit Hilfe von Traditionen" interpretiert, „die Paulus selbst den Rechtfertigungsaussagen unterordnet; was für *Paulus* Tradition ist, wird im *Eph*(eserbrief) zum Interpretament, was für *Paulus* Interpretament ist, wird im *Eph*(eserbrief) zur Tradition" (a.a.O. 448).

[175] K. M. FISCHER, Tendenz und Absicht 130f; vgl. auch F. HAHN, Taufe und Rechtfertigung 103.
[176] K. M. FISCHER, a.a.O. 131.
[177] R. SCHNACKENBURG, Eph. 97.
[178] S.o. 89ff.
[179] τῇ γὰρ χάριτί ἐστε σεσῳσμένοι (Eph 2,5b.8a) läßt sich auf Röm 3,24 zurückführen, die Ergänzung διὰ πίστεως ist ebenfalls typisch paulinisch, vgl. Röm 3,22.25.30; 4,13; Gal 2,16, 3,14.26. Die Formulierung οὐκ ἐξ ἔργων entspricht den paulinischen Wendungen Röm 3,20; 9,12; 11,6; Gal 2,16. Die Aussage ἵνα μή τις καυχήσηται (Eph 2,9) läßt sich durch Röm 3,27; 1Kor 1,29(31); 3,21 als ein aus Jer 9,23 abgeleiteter Gedanke des Paulus belegen. Betrachtet man die Zusammenstellung der verschiedenen paulinischen Aussagen, zeichnet sich in den Zitaten des Epheserbriefes durchaus der Gedankenzusammenhang der paulinischen Rechtfertigungslehre ab. Vgl. dazu auch F. MUSSNER, Petrus und Paulus 91-95.

oder nicht. Erst von hier aus läßt sich beurteilen, ob der Verfasser des Epheserbriefes sich mit der paulinischen Rechtfertigungstheologie inhaltlich auseinandergesetzt hat.

(1) Die Anspielungen aus der paulinischen Tradition
Die Einschübe V 8a.9 sollen die paulinische Position skizzieren. Mit der Aufnahme des Einwurfs von V 5 τῇ γὰρ χάριτί ἐστε σεσῳσμένοι möchte der Verfasser den entscheidenden Grundgedanken der paulinischen Rechtfertigungslehre nochmals zum Ausdruck bringen. Allerdings ersetzt er das aus Röm 3,24 bekannte δικαιούμενοι durch σεσῳσμένοι. Mit Recht heben die meisten Ausleger[180] diese Änderung als auffallend hervor, fehlt doch damit gerade das wesentliche Stichwort der paulinischen Rechtfertigungsterminologie. F. Mußner hat diese Substitution von δικαιοῦσθαι durch σῴζεσθαι der paulinischen Unterscheidung von Rechtfertigung und Rettung in Röm 5,9f gegenübergestellt, wonach die Rettung in der eschatologischen Zukunft liegt, die Rechtfertigung dagegen schon stattgefunden hat[181]. Durch den πολλῷ μᾶλλον-Schluß ist dabei in Röm 5,9f die Rettung schon durch die Rechtfertigung verbürgt, wird aber – wie M. Wolter hervorhebt – „gerade in ihrer Zukünftigkeit belassen"[182]. Durch das von Paulus angewendete Schlußverfahren erscheint die künftige Errettung „als logische Konsequenz aus der schon erfolgten Rechtfertigung"[183]. In Röm 5,9f stellen also die unterschiedlichen Zeitstufen die entscheidende Differenz zwischen Rechtfertigung und Rettung dar. Daß beide Verben bereits bei Paulus im Horizont der Rechtfertigung als Fachtermini präzise gebraucht werden, spricht eigentlich eher dagegen, daß der Austausch dieser Verben in Eph 2,5.8 auf die Unkenntnis der paulinischen Lehre zurückzuführen ist. Viel wahrscheinlicher ist es, dahinter eine bewußte Änderung zu vermuten. Berücksichtigt man die von uns mehrfach beobachtete Tendenz, Heilsaussagen objektiv zu fassen, so wird die Substitution von δικαιοῦσθαι durch σῴζεσθαι verständlich. Ist nach Röm 5 der Unterschied beider Verben in der Zeitstufe zu suchen, der Sache nach

---

[180] Vgl. F. Hahn, Taufe und Rechtfertigung 102f, Anm. 32; A. Lindemann, Aufhebung 254; U. Luz, Rechtfertigung bei den Paulusschülern 372; R. Schnackenburg, Eph. 98.
[181] Vgl. F. Mussner, Petrus und Paulus 93.
[182] M. Wolter, Rechtfertigung und zukünftiges Heil 189.
[183] F. Mussner, Petrus und Paulus 93.

jedoch die Rettung in der Rechtfertigung bereits verbürgt[184], so ist mit der Rechtfertigung – objektiv gesprochen – die Rettung schon gegeben. Die Substitution des einen Verbs durch das andere stellt also einen logischen, durch die Objektivierung begründeten Schritt dar. Nicht Unkenntnis oder Verwässerung der paulinischen Lehre haben zu dieser Änderung geführt, sondern eine bewußte Neuinterpretation der paulinischen Aussagen[185].

In V 8a wird dieser Einwurf nun durch διὰ πίστεως erweitert. Gerade darin zeigt sich wiederum die enge Verbundenheit mit der paulinischen Rechtfertigungsterminologie, stellt doch πίστις für Paulus den entscheidenden Korrelatbegriff zu χάρις dar. Das διὰ πίστεως ist „nur die Kehrseite" von τῇ χάριτι, wie E. Gaugler[186] unter Hinweis auf Röm 4,16 (διὰ τοῦτο ἐκ πίστεως, ἵνα κατὰ χάριν) hervorhebt: „Das Glauben kommt ... in solchem Zusammenhange nur in Betracht als der Verzicht auf alle eigene Kausalität in Sachen des Heils."[187] Der energische Vorwurf von F. Hahn, in Eph 2,8 fehle „die für Paulus so charakteristische Korrelation zwischen Rechtfertigung und Glaube"[188], erweist sich damit als gegenstandslos, da gerade in der Verbindung von πίστις und χάρις die alleinige Verursachung des Heils durch Gott ausgesprochen wird und somit das wesentliche Anliegen paulinischer Rechtfertigungstheologie übernommen ist[189].

Auch der zweite Einschub in V 9, der aus paulinischen Formulierungen besteht, hat Gottes alleiniges Heilsschaffen zum Thema. Jede menschliche

---

[184] Bereits bei Paulus kann σῴζεσθαι/σωτηρία a) realpräsentisch gebraucht werden, weil die Entscheidung im Christusgeschehen gefallen *ist* (vgl. Röm 8,24; 11,11; 2Kor 6,2) oder b) Gegenwart und Zukunft umfassend verwendet werden (vgl. Röm 1,16; 1Kor 1,18.21; 2Kor 2,15 u.a.). Damit ist auch die Substitution von δικαιοῦσθαι durch σῴζεσθαι schon bei Paulus angelegt.

[185] Als weitere auffällige Wandlung im Sprachgebrauch wird der ethisch verstandene Begriff δικαιοσύνη in Eph 4,24 angeführt. Hierbei schließt sich der Verfasser dem Sprachgebrauch seiner Zeit an und verläßt die spezifisch paulinische Terminologie. Darin könnte jedoch ein weiteres Indiz für die Substitution von δικαιοῦσθαι durch σῴζεσθαι in Eph 2,5.8a vermutet werden. Ob zur Zeit der Abfassung der Wortstamm δικαιοσύνη/δικαιοῦσθαι ethisch geprägt war und der Verfasser durch die Substitution der Verben einem moralisch verengten Verständnis der Rechtfertigung vorbeugen wollte? Die starke Betonung der Alleinursächlichkeit Gottes in Eph 2,8f stützt diese Vermutung.

[186] E. Gaugler, Eph. 97.

[187] E. Gaugler, Eph. 97.

[188] F. Hahn, Taufe und Rechtfertigung 103.

[189] Unverständlich ist mir, warum nach F. Hahn in Eph 2,4-10 statt dessen „die Verbindung von Glaube und Taufe eine konstitutive Bedeutung erhält" (ebd.), wo doch gerade im Unterschied zu Röm 6,1-11 und Kol 2,12ff ein Hinweis auf die Taufe gänzlich unterbleibt. Daß συν-Komposita nicht von vornherein mit der Taufe zu verbinden sind, zeigt bereits Röm 8,17. Vgl. auch 2Tim 2,3.11f.

Mitwirkung wird zurückgewiesen, wie es Paulus im Konflikt um die Einhaltung des Gesetzes schon den Galatern eingeschärft hatte. Wie in Gal 2,16 wird auch hier der Wendung διὰ πίστεως betont ein ἐξ ἔργων (νόμου) gegenübergestellt (vgl. Gal 3,4; Röm 3,20.28). Diese doppelte Hervorhebung der Ausschließlichkeit göttlichen Heilshandelns verbindet beide Stellen. Wenn in Eph 2,9 nicht mehr von Gesetzeswerken, sondern allgemein von menschlichen Werken gesprochen wird, so kommt darin die paulinische Position durchaus angemessen zu Wort. War die Situation des Paulus von der Auseinandersetzung um die Stellung des Gesetzes geprägt, so formuliert Eph 2,9 jetzt allgemeingültig[190]. Offensichtlich scheint das Problem der Gesetzesobservanz keine Rolle mehr zu spielen[191]. In dem sich anschließenden Zusatz ἵνα μή τις καυχήσηται begegnet eine für Paulus ganz charakteristische Aussage (vgl. Röm 3,27; 1Kor 1,29; 3,21). Mit dieser Wendung, in der alttestamentliche Tradition zu Wort kommt[192], wird nicht das Rühmen im zwischenmenschlichen Bereich angeprangert[193], sondern der Selbstruhm des Geschöpfes vor seinem Schöpfer streng zurückgewiesen: Nichts gibt es, was den Menschen des göttlichen Erbarmens würdig machen könnte und dessen er sich rühmen könnte.

Betrachtet man die aus der Paulustradition übernommenen Wendungen, so läßt sich feststellen, daß hier zwar nicht wörtlich, aber inhaltlich die *Grundgedanken der paulinischen Rechtfertigungslehre adäquat wieder-*

---

[190] Gegen U. LUZ, Rechtfertigung bei den Paulusschülern 374f. Vgl. F. MUSSNER, Petrus und Paulus, 92: „Die Weglassung des Genitivattributs νόμου radikalisiert hier ... die p(au)l(i)n(ische) Gesetzestheologie, indem nun jeglichen 'Werken' die rettende Kraft abgesprochen wird." Entsprechend schon E. HAUPT, Eph. 68, Anm. 1; E. GAUGLER, Eph. 99.

[191] Bereits in Eph 2,15 zeigte sich durch die thesenartige Zusammenfassung der Rolle des Gesetzes, daß die Gesetzesobservanz offensichtlich kein diskutiertes Problem mehr darstellt; s.o. 145.

[192] Vgl. den Selbstruhm als Grundhaltung des törichten Menschen Ps 10,3; 52,3; 97,7; Hes 35,13; im Gegensatz zum Rühmen Gottes als Grundhaltung der Frommen Ps 22,23f; 32,7.11; 34, 3 usw. Beide Arten des Rühmens werden in Jer 9,22f paradigmatisch gegenübergestellt. Vgl. R. BULTMANN, Art. καυχάομαι, in: ThWNT 3, insbes. 646-648.

[193] Gegen R. SCHNACKENBURG, Eph. 98, der aus dem Fehlen der Genitivbestimmung νόμου, wodurch seiner Meinung nach in V 9 keine Abweisung der Toraobservanz als Heilsweg mehr vorliegt, auf ein allgemeines Rühmen der Menschen untereinander schließt. Doch die schon alttestamentlich belegte Alternative zwischen menschlichem Selbstruhm und dem Rühmen Gottes durch die Frommen zeigt, daß im Rühmen der Mensch immer eine Position gegenüber Gott einnimmt. Vgl. besonders die Gegenüberstellung der beiden Arten des Rühmens in Jer 9,22f! „Im Rühmen bekundet der Mensch, worauf er sich im Leben stützt und verläßt, worauf er seine Existenz baut" (J. ZMIJEWSKI, Art. καυχάομαι, in: EWNT 2, 686); – in dieser Überzeugung stimmen Paulus, der Epheserbrief und das Alte Testament überein.

gegeben sind. In der Zusammenstellung dieser Grundaussagen über die Rechtfertigung kann dem Verfasser nicht der Vorwurf einer unpaulinischen Denkweise gemacht werden.

Entscheidend ist aber nun die Frage, ob der Verfasser auch in seiner Kommentierung dieser „Basissätze" den paulinischen Ansatz weiterführt und er dabei „das theologische Erbe des Apostels zu bewahren"[194] versteht, oder ob für ihn diese eingesprengten Sätze „Alibifunktion" tragen und er versucht, sein „Heilsverständnis durch jene 'paulinistischen' Sätze abzusichern"[195].

(2) Die Kommentierung durch den Verfasser in Eph 2,8b.10

Untersucht man die Kommentierung der zitierten Aussagen, läßt sich die Intention des Verfassers leicht mit der Rechtfertigungslehre des Paulus vergleichen. V 8b führt die Aussage von der Rettung aus Gnade V 8a durch καὶ τοῦτο οὐκ ἐξ ὑμῶν, θεοῦ τὸ δῶρον weiter. Hierdurch wird die Gnade als reines Gottesgeschenk interpretiert, das von menschlichem Tun völlig losgelöst ist. Damit gibt der Verfasser aber nicht nur die paulinische Aussage von V 8a adäquat wieder[196], sondern setzt auch einen eigenen Akzent. Wir hatten schon beobachtet, daß Eph 2,1-10 das Heilsgeschehen aus der Perspektive Gottes darstellt. Durch das vorangestellte θεοῦ wird dieser Aspekt betont hervorgehoben. Dieser eigene Akzent des Verfassers, die Alleinursächlichkeit Gottes hervorzuheben, steht durchaus im Einvernehmen mit der paulinischen Theologie[197]. Die Kommentierung V 8b unterstreicht damit das paulinische Anliegen.

V 10 stellt nun einen Kommentar zu der paulinischen Aussage von V 9 dar. Hatte V 9 scharf abgelehnt, daß menschliche Werke zur Rechtfertigung dienen können, so wird das hier auf die Werke im Glauben übertragen. V 10 stellt zunächst fest, daß die Glaubenden Gottes neue Schöpfung sind. Diese Neuschöpfung umfaßt die gesamte Existenz und schließt – die paulinische Vorstellung vertiefend – auch das menschliche Tun mit ein. Durch die angefügte partizipiale Bestimmung κτισθέντες ... ἐπί[198] werden Handeln und Sein zu einer von Gott geschaffenen Einheit zusammen-

---

[194] F. MUSSNER, Petrus und Paulus 95.
[195] A. LINDEMANN, Aufhebung 136, ähnlich auch 106.
[196] Schon Röm 3,24 wird der Geschenkcharakter durch δωρεάν zum Ausdruck gebracht.
[197] Vgl. etwa 2Kor 5,18a: τὰ δὲ πάντα ἐκ τοῦ θεοῦ ...
[198] ἐπί mit Dativ gibt den Zweck, die Folge an; vgl. F. BLASS/A. DEBRUNNER/F. REHKOPF, Grammatik § 235.4.

gefügt. Das ganze Leben der Glaubenden hat seine Ursache in Gott, und das gilt auch von den vom Menschen geschaffenen Werken[199]. Wieder hebt der Verfasser die Alleinursächlichkeit Gottes hervor, auf die er schon in seiner kommentierenden Bemerkung V 8b entscheidenden Wert legte. Gott ist es, der alles schafft, den Glauben und die Werke[200]. Bereits das auffällig vorangestellte αὐτοῦ macht deutlich, daß die Christen ganz Gott gehören. Durch den Relativsatz οἷς προητοίμασεν ὁ θεός wird nochmals sichergestellt, daß es im Leben der Gerechtfertigten nichts gibt, was nicht aus Gott wäre: „auch 'unsere Werke' sind Gottes Werk!"[201]

Kritische Stimmen verstehen allerdings V 10 als eine „moralisierende Verengung"[202], als einen „Appell zum sittlichen Wandel"[203], doch haben sie mit diesem Vorwurf gerade die durchgehende Betonung der Initiative Gottes verkannt. In V 10 liegt kein Subjektswechsel vor, und so kommt es hier eben nicht zu einer „gewaltsamen Umwendung vom göttlichen Heilshandeln zum verantwortlichen Tun der Christen"[204], von der R. Schnackenburg spricht. Vielmehr bringt προητοίμασεν ὁ θεός die *ungebrochene Kontinuität des göttlichen Wirkens* zum Ausdruck. Gottes Heilsschaffen erstreckt sich bis in das Handeln der Erlösten[205].

Das Wirken Gottes bei der Bereitung der Werke ist nach E. Haupt so zu verstehen, daß die menschlichen Taten das *Abbild eines himmlischen Urbildes* darstellen[206]: Die Werke bestehen bereits bei Gott, bevor der Mensch sie abbildhaft vollzieht. Haupt vergleicht diese Aussage mit dem Verständnis der Stiftshütte im Hebräerbrief, die „Abbild und irdische

---

[199] Paulus selbst gebraucht nur den Singular ἔργον ἀγαθόν/καλόν Röm 2,7; 13,3; 2Kor 9,8; (Phil 1,6), während die pluralische Verwendung eine spätere Spracheigentümlichkeit der Paulusschule darstellt, ohne daß dabei entscheidende inhaltliche Veränderungen zu erkennen sind. Jedenfalls kann in den Pastoralbriefen singularische und pluralische Form abwechseln; Plural: 1Tim 2,10; 5,10.25; 6,18; Tit 2,7.14; 3,8.14; Singular: 1Tim 3,1; 5,10; 2Tim 2,21; 3,17; Tit 1,16; 3,1.
[200] Keinesfalls dürfen die guten Werke als eine „Bedingung des Heils" (P. POKORNÝ, Eph. 111, Anm. 86) verstanden werden. Die Formulierung κτισθέντες ... ἐπί sowie der ἵνα-Satz sind streng final zu verstehen und beschreiben das Ziel der Schöpfungstat *Gottes*, nicht eine vom Menschen zu erbringende Leistung.
[201] E. GAUGLER, Eph. 99.
[202] K. M. FISCHER, Tendenz und Absicht 130.
[203] R. SCHNACKENBURG, Eph. 97.
[204] R. SCHNACKENBURG, ebd.
[205] Sehr fragwürdige Konsequenzen zieht K. M. FISCHER, Tendenz und Absicht 130f, aus Eph 2,10, wenn er aus dem Plural 'gute Werke' und aus der Vorstellung einer Vorbereitung der Werke durch Gott eine „eigenartige Verselbständigung der Werke" folgert und darin eine „moralisierende Verengung der Rechtfertigungslehre" sieht (a.a.O. 131).
[206] Vgl. E. HAUPT, Eph. 68. Ähnlich auch E. GAUGLER, Eph. 100.

Verwirklichung eines himmlischen Urbildes ist". So sei auch die menschliche Tat als äußeres Geschehen „die Projektion eines Überweltlichen in das Weltliche"[207]. Gerade in einer solchen göttlichen Bereitung der guten Werke zeigt sich das Interesse des Autors an der Verbindung von irdischer und himmlischer Existenz. Wie bereits in der auffälligen Formulierung ἐν τοῖς ἐπουρανίοις (Eph 1,3.20; 2,6)[208] sowie in der Hervorhebung der himmlischen Existenz der Getauften V 5f, so begegnet auch hier die Durchdringung irdischen Geschehens durch die Gegenwart des Himmlischen. Dies ist ein für das Verständnis des Epheserbriefes typischer Charakterzug. Für V 10 ist dabei entscheidend, daß durch diese Neuformulierung dennoch das paulinische Anliegen weitergeführt wird, „daß auch die guten Taten, die der Getaufte vollbringt, das ausschließliche Werk Gottes sind"[209]. Wie E. Haupt mit Recht bemerkt[210], wird trotz der ungewöhnlichen Formulierungen von V 10 ein durchaus paulinischer Gedanke aufgenommen. Die Präsenz des Göttlichen im Irdischen wird bei Paulus dadurch zum Ausdruck gebracht, daß Gott in uns wirkt *durch seinen Geist*. Dies ist eine grundlegende paulinische Überzeugung, die etwa in Röm 8,9.11.14, aber auch in Gal 5,22.25ff deutlich zum Ausdruck kommt. Gottes Geist ist die Kraft, die im Menschen das gute Werk vollbringt. So läßt sich auch V 10 in Kontinuität zu paulinischen Aussagen verstehen. Hier wird die Ablehnung des Rühmens von V 9 noch gesteigert. Kein Mensch kann sich rühmen vor Gott, denn alle Wohltaten, auch die, die im Glauben vollbracht werden, haben ihren Ursprung allein in Gott. Selbst die „Heiligkeit der Gerechtfertigten"[211] hat keinen Ruhm vor Gott.

Zusammenfassend läßt sich für die vom Verfasser vorgenommene Kommentierung der paulinischen Sätze festhalten, daß hier das Anliegen des Paulus zwar in veränderter, aber dennoch in adäquater Weise weiterge-

---

[207] E. HAUPT, Eph. 68.
[208] Vgl. F. MUSSNER, Christus, das All und die Kirche 9-12.
[209] F. MUSSNER, Eph. 66. Mußner weist ebd. auf eine parallele Vorstellung in 1QH 16,8 hin: „Gepriesen seist du, Herr, der alles bildet und die Tat erschafft". Zu denken wäre aber auch an 4Esr 8 (6), 52: „Denn für euch ist das Paradies eröffnet, der Lebensbaum gepflanzt, der zukünftige Äon zugerüstet, die Seligkeit vorherbestimmt, die Stadt erbaut, die Heimat auserwählt, die guten Werke geschaffen, die Weisheit bereitet" (Übersetzung nach H. GUNKEL, in: E. KAUTZSCH, Die Apokryphen Bd. 1, 382; H. GUNKEL verweist auf die Nähe zu Eph 2,10; anders die Übersetzung von J. SCHREINER, Das 4. Buch Esra 369: „... die Stadt erbaut, die Ruhe zugerüstet, die Güte vollkommen gemacht, die Weisheit vollendet").
[210] E. HAUPT, Eph. 68.
[211] E. GAUGLER, Eph. 99.

führt worden ist. Die Kommentierung erfolgt deutlich unter *Aufnahme des paulinischen Ansatzes*. Sie zeigt aber auch eine *eigene Akzentuierung* der Aussagen. Betont wird das *alleinige Gnadenhandeln Gottes* herausgestellt. Dies wird deutlich an der Hervorhebung der Initiative *Gottes*, die sich vom Geschenk der Gnade V 8b bis hinein in die Verwirklichung guter Taten V 10 verfolgen läßt. Damit kommt eine Betonung der *theozentrischen Perspektive* als entscheidende Intention des Verfassers zum Ausdruck. In dieser Ausschließlichkeit des göttlichen Heilshandelns wird das Anliegen des paulinischen *sola gratia* vom Verfasser aufgenommen und pointiert herausgestellt. Keinesfalls läßt sich darum behaupten, daß in Eph 2,1-10 das sola gratia in seiner polemischen Funktion „als Krisis aller menschlichen Selbstansprüche ... verkürzt" sei[212].

Das Verhältnis der aufgenommenen Zentralsätze paulinischer Rechtfertigungslehre zu der vom Verfasser vorgenommenen Kommentierung zeigt außerdem, daß der Verfasser nicht nur mit der paulinischen Theologie vertraut ist, sondern daß er diese auch in seinen eigenen Ausführungen übernimmt und weiterführt. Schon formal macht der Wechsel von Zitat und Interpretation in Eph 2,8-10 deutlich, wie bewußt der Verfasser sich an der paulinischen Theologie orientiert. Da er aber auch mit seiner inhaltlichen Akzentsetzung genau die Intention des Paulus aufnimmt, ist deutlich, daß der Verfasser sich auch theologisch ganz in die paulinische Tradition einreiht. Zwei Hypothesen müssen darum abgelehnt werden. Einmal erweist sich die These von A. Lindemann als unzutreffend, die paulinischen 'Basissätze' trügen eine Art 'Alibifunktion', durch welche der Verfasser sein eigenes Heilsverständnis absichern wolle[213]. Auch die These von H. Merklein, der Verfasser habe „nicht-paulinische theologische Vorstellungen als zu interpretierende Basis mit Hilfe paulinischer Theologumena paulinisieren" wollen[214], läßt sich gerade an Eph 2,1-10 nicht verifizieren. Zuzustimmen ist dagegen dem Ergebnis von F. Mußner, nach dessen Meinung es dem Verfasser in Eph 2,1-10 gelingt, „das theologische Erbe des Apostels zu bewahren"[215].

---

[212] U. LUZ, Rechtfertigung bei den Paulusschülern 375; ähnlich auch R. SCHNAKKENBURG, Eph. 100.
[213] Vgl. A. LINDEMANN, Aufhebung 136.
[214] H. MERKLEIN, Paulinische Theologie 38.
[215] F. MUSSNER, Petrus und Paulus 95.

d) Ergebnis

In der vorangehenden Untersuchung zeigte sich, daß der Verfasser des Epheserbriefes im Unterschied zu Paulus die Beschreibung des Heilsgeschehens nach subjektivem (Eph 2,1-10) und objektivem Aspekt (Eph 2,11-18) aufteilt. Bereits die parallele Struktur beider Abschnitte macht auf die ursprüngliche Einheit aufmerksam. Inhaltlich bildet die Schilderung der persönlichen Rettung des einzelnen in Eph 2,1-10 das Gegenstück zur Darstellung der objektiven Heilstat Christi in Eph 2,11-18. Auch die theologischen Änderungen des Verfassers in den beiden Abschnitten bedingen sich gegenseitig. So resultiert aus der *Objektivierung des Heils* in Eph 2,11-18 die *präsentische Eschatologie* in Eph 2,1-10: Wenn Christus das Heil bereits objektiv geschaffen hat, so muß für die Empfänger die tatsächliche Teilhabe am Heil betont werden. Als Konsequenz der Objektivierung ist die Konzeption einer präsentischen Eschatologie nur folgerichtig. Durch das Ausblenden der Aussagen des Mitleidens, das Zurückdrängen der Paränese sowie durch die Entfaltung der Herrlichkeitsaussagen wird dieser Charakterzug deutlich unterstrichen. Mit der präsentischen Eschatologie ist der eschatologische Vorbehalt jedoch keinesfalls preisgegeben, da der Bereich, für den die Heilsaussagen gelten, nicht mit der gegenwärtigen Existenz der Christen verwechselt wird. Wie sich an der Lokalisation der Herrlichkeitsaussagen „in den Himmeln" (Eph 2,6) zeigen ließ, unterscheidet der Autor klar zwischen der vorfindlichen innerweltlichen Situation der Gläubigen und dem transzendenten, jedem menschlichen Zugriff enthobenen Leben in Christus.

Auffällig bleibt jedoch, daß durch den Wegfall des Mit-Christus-Gekreuzigt-Seins auch das paulinische Motiv des Herrschaftswechsels eliminiert ist. Während die Gläubigen nach Paulus einst in Adam unter der Herrschaft der Sünde lebten, mit Christus diesem Leben aber abgestorben sind, hält der Epheserbrief die Menschen bereits im Sündenzustand für tot. Diese Änderung des Epheserbriefes hat ihren Grund in der ekklesiologischen Konzeption des ἐν Χριστῷ, die weiter unten eingehend untersucht werden muß. Wie sich noch zeigen wird, legt der Verfasser Wert auf die einzigartige Stellung Christi für die Gläubigen, die über die Zeit vor der Bekehrung hinaus schon seit Grundlegung der Welt besteht (Eph 1,4). Ein Herrschaftswechsel der Gläubigen von Adam zu Christus würde als Einschränkung der universalen Bedeutung Christi empfunden[216]. Mit dieser

---

[216] S. u. 183f.

umfassenden Bedeutung Christi für die Glaubenden hängt ebenfalls zusammen, daß der Verfasser sich in Eph 2,5f nicht mit präsentischen Verbformen begnügt, um die Gegenwart des Heils anzusagen, sondern bewußt den Aorist wählt. Wie die Parallelität der Verbformen mit Eph 1,20 es nahelegt, sind in Christus die Glaubenden so fest in das bereits geschehene Ereignis der Auferstehung Christi miteingeschlossen, daß zwischen ihrer Auferweckung und der Auferstehung Christi nicht mehr unterschieden wird.

Auch die *Interpretation der Rechtfertigung* durch den Verfasser ließ sich als eine *Weiterführung des paulinischen Ansatzes* verstehen. Während in Eph 2,5b.8a.9 Sätze der paulinischen Tradition aufgenommen werden, in denen die paulinische Position pointiert zum Ausdruck kommt[217], bezieht der Verfasser in den kommentierenden Einschüben Eph 2,8b.10 seine eigene, den paulinischen Ansatz weiterführende Position. Hier fiel die betonte *Alleinursächlichkeit Gottes* auf, die nicht allein die Rettung der Menschen bewirkt, sondern auch den alltäglichen Lebenswandel betrifft. Der in Christus neu geschaffene Mensch vollbringt die guten Werke nicht in eigener Regie, sondern vollzieht *abbildhaft* das, was von Gott her vorgezeichnet ist. Diese eigene Konzeption des Verfassers stellt nicht etwa eine „moralisierende Verengung" dar, sondern radikalisiert gerade den paulinischen Ansatz. Auch die im Glauben erbrachten Werke können keinen Ruhm vor Gott begründen. Gott allein ist verantwortlich für das Gute, das im Glauben geschieht. Durch das Motiv des abbildhaften Handelns bleibt Gott Subjekt auch der aus dem Glauben fließenden Taten. Indem der Verfasser die Alleinursächlichkeit Gottes hervorhebt, verstärkt er ein fundamentales Anliegen der paulinischen Verkündigung.

Mit diesem Motiv der *Abbildhaftigkeit* treffen wir auf einen *generellen Zug* in der Paränese des Epheserbriefes. So schimmert an verschiedenen Stellen des paränetischen Teiles die Vorstellung durch, daß die Glaubenden in ihrem Leben abbildhaft das bereits im Himmel Verwirklichte vollziehen. Innerhalb der Haustafel stellt etwa das Verhältnis von Christus und Kirche das *Urbild* für die Beziehung zwischen Mann und Frau in der Ehe dar (Eph 5,22-33). Das Motiv kehrt wieder, wenn die Christen in Eph 5,1 dazu aufgerufen werden, μιμηταὶ τοῦ θεοῦ zu werden. Konkret begegnet diese Vorstellung in der Mahnung von Eph 6,10-17, die Waffenrüstung

---

[217] Mit der Substitution von δικαιοῦσθαι durch σῴζεσθαι sowie mit der Weglassung von νόμου in der Wendung ἐξ ἔργων (νόμου) spitzt der Verfasser des Epheserbriefes die paulinischen Leitsätze zu.

Gottes anzuziehen. Auch die durch καθώς eingeleiteten Vergleiche zwischen himmlischer und irdischer Realität weisen auf den Urbild-Abbild-Charakter hin (Eph 4,21.32;5,2.25.29). Besonders auffällig ist die Gebetsanrufung Eph 3,14f, in der Gott als Vater bezeichnet wird, „von dem her jeder Vaterstamm (bzw. jede Vaterschaft) im Himmel und auf Erden den Namen hat"[218]. Gottes Vater-Sein ist das *Urbild* eines jeden Vaterverhältnisses, das es im Himmel und auf Erden geben kann. Da Gott allem vorgeordnet ist, läßt sich die Welt von ihm her gliedern und ordnen[219]. Auch die Tatsache, daß zur Eröffnung der Paränese die göttliche Heilsordnung vorangestellt wird (Eph 4,4-6), spricht dafür, daß mit ihr das Urbild jeder christlichen Lebensführung umrissen sein soll[220].

Mit dieser Konzeption der *Ethik als abbildhafter Handlung*[221] begegnet ein eigenständiger Entwurf des Verfassers, der – wie die Verbindung von Rezeption und Interpretation zeigt – auf den Grundlagen des paulinischen Verständnisses der Rechtfertigung aufbaut. Entscheidend für diese Konzeption ist die Vorstellung des in Christus bereits gegenwärtigen Heils. Diese Vorstellung und ihre Verbindung mit der Ekklesiologie muß im folgenden eingehend untersucht werden. Nur von da aus kann letztendlich beurteilt werden, ob die weiterführende Interpretation des Epheserbriefes dem paulinischen Ansatz tatsächlich entspricht oder nicht.

II. Die Heilsgemeinde

1. Die Verankerung der Ekklesiologie im Heilsgeschehen: Die Formel ἐν Χριστῷ

Bereits in der Untersuchung des Heilsgeschehens *Eph 2,11-18* zeigte sich, welche Bedeutung die Kirche für die Theologie des Epheserbriefes er-

---

[218] Übersetzung von F. STIER, in: Das Neue Testament 419 (Einfügung von mir).
[219] Vgl. E. GAUGLER, Eph. 151.
[220] Zur Darstellungsform von Eph 4,4-6 s.u. 204.
[221] Ein weiterer Hinweis auf die Vorstellung des abbildhaften Nachvollzuges läßt sich im Abschnitt Eph 4,20-24 erkennen: Mit καθώς (Eph 4,21) wird die himmlische Ebene angedeutet. Der κατὰ θεὸν κτισθεὶς ἄνθρωπος (Eph 4,24) ist der nach dem himmlischen Urbild geschaffene neue Mensch. Sofern sich die im ethischen Zusammenhang eigenwillige Wendung „den Christus lernen" (Eph 4,20) ebenfalls auf diese Vorstellung zurückführen läßt, versteht der Epheserbrief unter 'lernen' die Nachahmung im Sinne einer Conformitas, einem Christusförmig-Werden.

langt. Sie ist *die* Bezugsgröße, die den historischen Abstand zwischen der Gegenwart der Glaubenden und der Heilstat Christi überbrückt. Als eine am Kreuz geschaffene, objektive Größe repräsentiert sie die erlöste Menschheit im Heilsgeschehen und hält das Heil für kommende Generationen bereit[222]. Mit dieser Konzeption baut der Epheserbrief auf den christologischen Grundaussagen des Kolosserbriefes auf, jedoch unter einer gewandelten Perspektive. Die christologischen Grundgedanken des Kolosserbriefes werden ekklesiologisch interpretiert, wie sich das bereits in der literarischen Verarbeitung des Epheserbriefs nachweisen ließ[223]. Dies zeigt, daß mit der Uminterpretation ein entscheidender *Perspektivenwechsel* im Epheserbrief vollzogen wird.

Doch genauso wie der Verfasser die Beschreibung des Heilsgeschehens auf die ekklesiologische Perspektive zuspitzt, läßt sich auch in den ekklesiologischen Ausführungen des Epheserbriefes immer jener *enge Bezug zu Christologie und Soteriologie* erkennen. In seinen ekklesiologischen Ausführungen geht der Verfasser über Paulus hinaus. Auch wenn er die Bilder, in denen er die Kirche beschreibt, den paulinischen Ausführungen entlehnt, so betrachtet er sie doch unter einer *neuen Fragestellung*. Während Paulus etwa im Bild des Leibes und im Bild des Baus besonders auf die gestiftete Gemeinschaft untereinander Wert legt, interessiert den Epheserbrief vorrangig das *Verhältnis der Glaubenden zu Christus*. Gerade auf diese Frage hin werden die von Paulus gebrauchten Bilder neu durchdacht und entsprechend abgewandelt.

Bereits die *terminologischen Veränderungen* im Epheserbrief weisen darauf hin, daß in der ekklesiologischen Perspektive die eigentliche Intention des Verfassers zu suchen ist. Hier fällt einmal auf, daß der Begriff ἐκκλησία nur noch für die *Universalkirche* verwendet wird[224], wodurch

---

[222] S.o. 141ff.
[223] Die ekklesiologische Umformung des christologischen Entwurfes zeigt sich an folgenden Umformulierungen (s.o. 50ff): a) Der Kreuzesleib Christi (Kol 1,22) wird zum Leib der Kirche (Eph 2,16). b) Der Inhalt des Mysteriums, der nach Kol 1,27 als „Christus in euch" bestimmt ist, wird in Eph 3,6 als Zugehörigkeit der Heiden zur ekklesiologischen Gemeinschaft ausgesagt. c) Aus der realen Präexistenz Christi Kol 1,15ff folgert der Verfasser in Eph 1,4 eine ideale Präexistenz der Glaubenden in Christus. d) Christus, der sich für die Gläubigen hingibt, hat sich nach Eph 5,25 für die Kirche hingegeben. Die ekklesiologische Perspektive formt aber auch Aussagen über die einzelnen Glaubenden zu Aussagen über die Kirche um: a) nach Kol 3,18 soll jeder zum vollkommenen Mensch werden, nach Eph 4,13 wird die Kirche zum vollkommenen Mann. b) In Kol 2,10 werden die einzelnen in Christus erfüllt, nach Eph 1,23; 3,19; 4,13 ist die Kirche die Fülle.
[224] Der Begriff ἐκκλησία wird bei Paulus und im Kolosserbrief übereinstimmend gebraucht a) für die Ortsgemeinde (1Kor 1,1f; 2Kor 1,1; Gal 1,1f; Kol 4,16) b) für die

Die Heilsgemeinde 173

insbesondere die Einheit der Kirche hervorgehoben ist. War für Paulus die Einheit der jeweiligen Gemeinde ein Zeichen für die Gemeinschaft untereinander, so hat die Einheit der Gesamtkirche im Epheserbrief die Aufgabe, die Kirche als Ganze in ihrem Verhältnis zu Christus darzustellen.

Eine entscheidende Bedeutung erlangt außerdem die Wendung ἐν Χριστῷ, die im Epheserbrief nicht nur auffallend häufig vorkommt[225], sondern geradezu zum ekklesiologischen Terminus technicus wird. Bei *Paulus* begegnet noch ein uneinheitlicher Gebrauch dieser Wendung. Die Grundbedeutung ist zwar lokal[226], doch kann sie auch instrumental (Röm 3,24; 2Kor 5,19) oder allgemein im Sinn von „christlich" (Gal 1,22; 1Thess 2,14) verwendet werden. Immer aber schwingt ein lokales Verständnis mit[227]. In den entscheidenden Belegen der Paulusbriefe ist die räumliche Vorstellung vorherrschend[228]. Dort beschreibt ἐν Χριστῷ einen „Bereich, in den Menschen durch die Taufe eingegliedert werden"[229].

Diese lokale Vorstellung ist auch für den *Epheserbrief* grundlegend[230]. Das läßt die Verwendung von ἐν Χριστῷ/ἐν αὐτῷ in *Eph 2,11-18* klar

---

Hausgemeinde (Röm 16,5; 1Kor 16,19; Phlm 2; Kol 4,15) c) für die Gesamtkirche (1Kor 1,2; 10,32; Kol 1,18.24) d) für die gottesdienstliche Versammlung (1Kor 11,18; 14,4f.28.34f; im Kolosserbrief nicht belegt). In dieser unterschiedlichen Verwendung liegt dennoch eine einheitliche Vorstellung von ἐκκλησία vor, da die einzelnen Ortsgemeinden etc. jeweils die Gesamtkirche repräsentieren. Damit ist ἐκκλησία immer eine „übergreifende Größe, die sich in der jeweiligen örtlichen Versammlung darstellt" (J. ROLOFF, Die Kirche 97). Der Epheserbrief dagegen gebraucht ἐκκλησία ausschließlich ortsübergreifend für die Universalkirche. S.o. 144, Anm. 125.

[225] Vgl. die statistische Zusammenstellung bei A. DEISSMANN, Die neutestamentliche Formel „in Christo Jesu" 2.
[226] Vgl. A. OEPKE, Art. ἐν, in: ThWNT 2, 538, 24f.
[227] Vgl. A. OEPKE, a.a.O. 538, 37f.
[228] Röm 6,11.23; 8,1f; 1Kor 1,2.4; 2Kor 5,17; Gal 3,28; 5,6; Phil 2,1.5. Zur Einteilung der Belege vgl. J. ROLOFF, Die Kirche 92.
[229] J. ROLOFF, Die Kirche 92, gegen F. NEUGEBAUER, In Christus 147-149, der eine lokale Bedeutung der Wendung ausschließen möchte und sie durchgehend als Umstandsbestimmung versteht.
[230] Eine lokale Bedeutung der Formel ἐν Χριστῷ bestreiten jedoch J. GNILKA, Eph. 66-69, ähnlich J. ERNST, Eph. 281-283, sowie J. A. ALLAN, The „In Christ" Formula 54ff insbes. 59, und P. POKORNÝ, Eph. 104-108. Diese Interpreten stellen einen uneinheitlichen Gebrauch im Epheserbrief fest und vertreten für den Hauptteil der Belege eine Deutung in instrumentalem Sinn. Diese oft heftige Ablehnung einer lokalen Deutung der In-Christus-Formel scheint eine Reaktion auf die Vereinnahmung dieser Wendung für eine „Christusmystik" zu sein, wie sie von A. DEISSMANN, Die neutestamentliche Formel „in Christo Jesu", M. DIBELIUS, 1Thess. 2, und A. WIKENHAUSER, Die Christusmystik 6ff, 26ff, vertreten wurde (vgl. zur Forschungsgeschichte auch R. SCHNACKENBURG, Eph. 131f). Eine durchgehend lokale Deutung nimmt dagegen E. PERCY, Leib 22, sowie Probleme 107ff, 288ff, an. Jene Interpreten, die für den Epheserbrief eine Verwandtschaft mit gnostischem Gut annehmen, gehen sämtlich von einer lokalen Deutung des ἐν Χριστῷ aus, so etwa H. SCHLIER, Christus und die Kirche 54-56.

erkennen. Aufgrund der Gegenüberstellung zu χωρὶς Χριστοῦ (2,12) sowie des parallelen Gegensatzpaares μακράν – ἐγγύς (2,13) muß die Wendung ἐν Χριστῷ lokal interpretiert werden[231]. Sie beschreibt damit den Heilsraum, in welchem die Getauften Versöhnung mit Gott und Gemeinschaft untereinander erhalten. Daß damit die im Kreuzestod Christi gestiftete Kirche gemeint ist, ergab bereits die Interpretation von Eph 2,11-18. Analog dazu muß auch ἐν ᾧ in Eph 1,7 diesen im Versöhnungsgeschehen gestifteten Heilsraum meinen, so daß sich folglich auch für die stereotyp gereihte Formel innerhalb der Darstellung des Heilsplans Eph 1,3-14 eine lokale Deutung annehmen läßt. Diese Beobachtungen lassen vermuten, daß die Wendung ἐν Χριστῷ vom Epheserbrief als ein *fester Terminus technicus für den Heilsraum der Kirche* verwendet wird. Auch die übrige Verwendung in diesem Brief läßt die Formelhaftigkeit dieses Ausdrucks erkennen: In Christus haben die Glaubenden ihren Ort in den Himmeln (Eph 1,3; 2,6[232]), ja, diese Formel kann geradezu parallel zu ἐν τῇ ἐκκλησίᾳ gebraucht werden (Eph 3,21).

Diese Zuspitzung der paulinischen Wendung trifft genau das Grundanliegen des Verfassers, die Ekklesiologie in der Soteriologie zu verankern: Die Kirche hat ihren Raum *in* Christus. Das paulinische ἐν Χριστῷ wird darum im Epheserbrief zur entscheidenden ekklesiologischen Formel, in der das Anliegen des Verfassers prägnant zum Ausdruck kommt. Mit der Übernahme der Formel wird es dem Verfasser möglich, die Teilhabe an dem von Christus geschaffenen Heil für die Gemeinde der Glaubenden auszusagen und damit eine *ekklesiologische Interpretation christologischer Aussagen* durchzuführen, wie wir oben beobachten konnten[233]. Die Vorstellung von einem in Christus bestehenden Heilsraum verhindert, daß das Heil als selbständige Größe in Konkurrenz zu Christus treten kann. Sie bringt zugleich aber auch die Vorordnung der Christologie vor der Ekklesiologie klar zum Ausdruck. Die Gemeinschaft der Glaubenden hat gerade darum teil am Heil, weil sie „in Christus" in seine Herrlichkeit miteingeschlossen und von ihr umfangen ist.

Diese neue Perspektive des Epheserbriefes wird ebenfalls in den *Bildern* über die Kirche deutlich, die die enge Beziehung zwischen Christus

---

[231] Vgl. E. PERCY, Probleme 288f.
[232] Die Formelhaftigkeit wird an Eph 2,5f besonders deutlich, da hier ἐν Χριστῷ neben συν-... τῷ Χριστῷ auftritt und somit eine gewisse Doppelung der Aussage verursachte, wenn nicht ἐν Χριστῷ als Terminus technicus für den Heilsraum in Christus verstanden wird.
[233] S.o. 172, Anm. 223, die dort genannten Stellenbelege.

und seiner Kirche beschreiben sollen: das Bild des *Tempelbaues*, das Bild des *Leibes*, das Bild der *Braut*. In allen drei Bildern spielt sowohl die enge Verbundenheit mit Christus als auch die strenge Zuordnung auf ihn hin die entscheidende Rolle. Der Gedanke der Partizipation an Christus wird auf diese Weise konsequent zu Ende gedacht. Im folgenden soll darum diesen Bildern nachgegangen werden.

2. Die Kirche als Leib Christi

a) Die traditionsgeschichtliche Entwicklung der Leibvorstellung

H. Merklein hat in einer 1985 erschienenen Studie die These vertreten, daß die Leib-Christi-Vorstellung des Epheserbriefes nicht als „Entfaltung eines durch die Homologumena *vorgegebenen* Konzepts" verstanden werden dürfe, sondern „das *Ergebnis* einer fortschreitenden 'paulinischen' Interpretation einer kosmischen Christologie" darstelle, die Paulus selbst eigentlich fremd gewesen sei[234]. Diese These hat zur Voraussetzung, daß sich von der paulinischen Leib-Christi-Vorstellung keine traditionsgeschichtliche Verbindungslinie zu den Deuteropaulinen finden läßt. Ist aber im Gegensatz zu Merkleins These nicht doch eine Ableitung aus der paulinischen Leib-Christi-Vorstellung möglich? Um dies zu prüfen, soll im folgenden die Entwicklung der Leib-Vorstellung knapp nachgezeichnet werden.

(1) Über die Ursprünge dieser Vorstellung herrscht nach wie vor Unklarheit. Keine der bislang vorgeschlagenen Ableitungen konnte vollkommen überzeugen[235]. Offensichtlich scheinen hier aus verschiedenen Traditionen Elemente zusammengenommen worden zu sein, die in Kombination zur Vorstellung vom Leib Christi geführt haben[236]. Folgende Beobachtungen sind dafür hilfreich:

a) In *1Kor 12,14-26* führt Paulus das *Gleichnis vom Leib* ein, wie es in der gesamten Antike einschließlich des antiken Judentums landläufig bekannt war[237] und die Einheit in der Vielfalt demonstrieren sollte. Gerade

---

[234] H. MERKLEIN, Entstehung 324.
[235] Vgl. die zusammenfassende Darstellung der Ableitungsversuche bei CH. WOLFF, 1Kor. Teil 2, 110-114.
[236] Die neueren Untersuchungen wie z.B. J. ROLOFF, Die Kirche 100-110, versuchen darum die Vorstellung vom Leib Christi als Kombination aus verschiedenen Traditionen zu erklären.
[237] Belegstellen vgl. E. SCHWEIZER, Art. σῶμα, in: ThWNT 7, 1037, 13-28.

die Übertragung auf die Gemeinde in *1Kor 12,27-31* sowie *Röm 12,6-8* macht deutlich, daß hier die klassische Metaphorik vorliegt. Im Unterschied zum antiken Organismusgedanken wird die Einheit jedoch nicht durch die Glieder konstituiert, sondern durch Christus und damit von der Person gestiftet, der dieser Leib zugeordnet ist. Diese Differenz läßt erkennen, daß die Ableitung aus dem Organismusgedanken das Bild nicht vollständig zu erklären vermag.

b) In *Gal 3,28* und *1Kor 12,13* wird von der *Eingliederung in eine neue Gemeinschaft* durch die Taufe gesprochen. Die Aufzählung der überwundenen Unterschiede läßt die Verwandtschaft beider Texte klar erkennen. Der auffällige Unterschied der Darstellungen besteht jedoch in der Benennung der Einheit. Während nach Gal 3,28 die Getauften εἷς ἐν Χριστῷ sind, wird diese Gemeinschaft in 1Kor 12,13 mit ἓν σῶμα bezeichnet. Eine vermittelnde Position nimmt *Röm 12,5* ein, wonach die Glaubenden ἓν σῶμα ἐν Χριστῷ sind. Gal 3,28 macht deutlich, daß die Vorstellung von der Eingliederung in Christus nicht notwendig mit dem σῶμα-Begriff verbunden ist, sondern erst nachträglich damit kombiniert wurde. Bereits E. Percy hat darum in seiner Untersuchung die These aufgestellt, daß die paulinische Leibvorstellung eine *Verbindung* aus dem antiken Leibbild und der Vorstellung der Eingliederung in Christus darstellt[238]. Die Bezeichnug σῶμα wäre damit erst nachträglich aus dem Bild vom Organismus auf die in Christus gestiftete Gemeinschaft übertragen worden, so daß die paulinische Wendung ἐν Χριστῷ nicht eine Kurzform der Rede vom σῶμα Χριστοῦ darstellt[239], sondern umgekehrt die Eingliederung in das σῶμα Χριστοῦ aus der Wendung ἐν Χριστῷ abzuleiten wäre[240]. Doch wie ist diese Eingliederung zu verstehen?

c) In *Gal 3,28* wird die Eingliederung in Christus durchaus *räumlich* gedacht. Es handelt sich um eine „Heilssphäre", „'in' der die Gläubigen zu einer Einheit zusammengefaßt sind"[241]. Diese Einheit bringt ein qualitativ neues Sein zur Sprache, das darin besteht, „daß alle ... in Christus Jesus

---

[238] Vgl. E. PERCY, Leib 45f.
[239] Das war die These, die noch A. SCHWEITZER, Mystik 118, vertreten hatte.
[240] Vgl. E. PERCY, Leib 43. Es ist also H. MERKLEIN, Entstehung 326f, darin zuzustimmen, daß Gal 3,26-28 „nicht als Abbreviatur von 1Kor 12,12f verstanden werden" kann. Dennoch ist unverständlich, warum Merklein ebd. die in Gal 3,28 benannte Einheit als eine qualitative von der in 1Kor 12,13 genannten trennen möchte, die eine quantitative sei. Gerade Röm 12,5 zeigt, daß für Paulus die Einheit ἐν Χριστῷ mit der in der Wendung σῶμα Χριστοῦ angesprochenen Einheit identisch ist.
[241] F. MUSSNER, Gal. 265.

E i n e r sind, nämlich Christus selbst"[242]. Diese räumlich verstandene Eingliederung in Christus als Person legt nahe, daß in Gal 3,28 auf die Vorstellung von der „*corporate personality*", der Stammvatervorstellung, zurückgegriffen wird[243]. Danach sind die Nachkommen in das Schicksal ihres Stammvaters so eingeschlossen, daß ihr Ergehen mit dem seinen identisch ist. Paulus verwendet diese Vorstellung in der Adam-Christus-Typologie in Röm 5,12-21 und 1Kor 15,20-22.45-49. Er beschreibt darin Adam als den ersten Stammvater, in dem alle Menschen von der Sünde bestimmt sind und den Tod finden. Christus ist dagegen der eschatologische Stammvater, der zweite Adam, in dem die Glaubenden eine neue Identität und ein neues Leben erlangen. Wie es die bildhafte Wendung vom „Anziehen Christi" in Gal 3,27 nahelegt, findet gerade in der Taufe die Aufnahme in die neue Christusidentität statt. Wie ein Gewand, das den Menschen einhüllt und so verwandelt, bekommen die Getauften in Christus teil an seinem Geschick. Diese Eingliederung wird als eine *seinshafte Verwandlung* verstanden[244].

d) Konnten wir erkennen, daß in Gal 3,28 die Eingliederung in Christus auf die Stammvatervorstellung zurückzuführen ist, so läßt sich dies auch auf die Briefstellen übertragen, in denen von der Gemeinde als Leib Christi die Rede ist. Wie ja in Röm 12,5 deutlich wird, ist das Sein ἐν Χριστῷ von Paulus mit der Zugehörigkeit zum σῶμα Χριστοῦ identifiziert worden, so daß die Vorstellung des Stammvaters auch auf die Existenz der Glaubenden im Leib übertragen werden kann[245]. In der paulinischen Vorstellung vom Leib Christi treten darum die Vorstellung einer Existenz im Stammvater und der Vergleich mit dem Organismus zusammen. Sie durchdringen sich nicht gegenseitig, sondern bleiben unverbunden nebeneinander stehen, weshalb es bis heute umstritten ist, ob die paulinischen Aussagen vom Leib Christi metaphorische oder eigentliche Rede sind[246].

---

[242] H. SCHLIER, Gal. 175.
[243] So F. MUSSNER, Gal. 265; J. ROLOFF, Die Kirche 93; gegen H. MERKLEIN, Entstehung 326.
[244] Gegen J. ROLOFF, Die Kirche 93. Mit H. SCHLIER, Gal. 174, der von einer „ontische(n) ... Einverleibung jedes Getauften in Christus" spricht.
[245] So bereits E. PERCY, Leib 43f. Eine Ableitung der Leib-Christi-Vorstellung aus der Stammvater-Vorstellung nimmt ebenfalls E. SCHWEIZER, Art. σῶμα, in: ThWNT 7, 1069, 20ff an. S. auch ders., Homologumena 274-290, wo ausführlich die frühjüdischen Parallelstellen angeführt werden.
[246] Vgl. die Kommentare zu 1Kor 12,27. CH. WOLFF, 1Kor. Teil 2, 110, spricht von einer „durchgehend *bildlichen* Vorstellung", nach H. CONZELMANN, 1Kor. 261, kehrt Paulus in 1Kor 12,27 „zum eigentlichen Sinn ... zurück".

e) Die theologische Bedeutung von Christus als dem Stammvater der neuen Menschheit läßt sich aus der schon alttestamentlich belegten Anschauung vom Stammvater erklären. Grundlegend ist dafür das Bewußtsein der „Zusammengehörigkeit des gegenwärtigen Volkes mit seinen Vorfahren"[247]. Bereits in der Segensverheißung an die Patriarchen kommt das zum Ausdruck, die allen Nachkommen Israels gilt, die aus dem 'Schoß Abrahams' entsprossen sind[248]. Wie die Patriarchen die Stammväter Israels sind, so ist es Adam für die gesamte Menschheit bzw. für das Gottesvolk Israel[249]; immer gilt, daß der erste Vertreter einer Gruppe diese als Ganzes in sich schließt.

Wenn Paulus in Röm 5,12-21 und 1Kor 15,20-22.45-48 dem ersten Menschen, an dessen Übertretung alle Menschen durch ihre Abstammung teilhaben, Christus gegenüberstellt, so ist dieser der zweite Adam, in dessen Gerechtigkeit alle miteingeschlossen sind, die durch die Taufe zu ihm gehören. Wie E. Percy in seiner Studie herausgearbeitet hat[250], *gründet in der Stammvatervorstellung der Gedanke der Stellvertretung*: Christus schließt in seinen Tod und in seine Auferstehung die mit ihm Verbundenen ein. Durch die Taufe bekommen die Glaubenden Anteil an dem, was um ihretwillen in Christus bereits geschah; „wenn einer für alle gestorben ist, so sind alle gestorben" (2Kor 5,14). „Das ἐν Χριστῷ liegt somit

---

[247] T. SCHMIDT, Der Leib Christi 223 (im Original gesperrt).
[248] Das wird deutlich, wenn in Gen 12,3 die Volksverheißung an Abraham mit einem universalistischen Ausblick abgeschlossen wird: *„In dir sollen gesegnet werden alle Geschlechter auf Erden"* (vgl. Gen 28,14). Im Leben des Stammvaters kommt darum auch das künftige Geschick des Volkes zur Sprache (Gen 15,13-16), ein Charakterzug, der durch die Umbenennung Jakobs in Israel (Gen 32,29; 35,10) noch verstärkt wird. Wenn die zwölf Stämme Israels auf die Söhne Jakobs zurückgeführt werden, steht dahinter die gleiche Vorstellung, die sich auch in den Stammessprüchen des Jakobsegens wiederholt (Gen 49): Bereits im Segensspruch an den Stammvater kündigt sich das Geschick des Stammes an (ähnlich auch Gen 29f, wo sich in der Geburt des Stammvaters das Geschick des Stammes spiegelt). Dieses Motiv läßt sich weiterverfolgen in der frühjüdischen Schrift 'Testamente der zwölf Patriarchen' (vgl. J. BECKER, in: Die Testamente der Zwölf Patriarchen 16). Interessant auch das Wortspiel Ex 1,1.7, nach welchem einmal die leiblichen Söhne Jakobs, dann aber die Israeliten gemeint sind. Neutestamentlich läßt sich diese Vorstellung etwa in Matth 3,9; Luk 3,8; 13,16; 16,22ff; Joh 8,31-59; Hebr 7,5 belegen. Zu den Belegen für die Vorstellung Adams als Stammvater s. E. SCHWEIZER, Art. σῶμα, in: ThWNT 7, 1069f.
[249] Auffällig ist die frühjüdische Vorstellung, die insbes. 4Esr 6,54 und AntBibl 32,15 belegt ist, nach der das Gottesvolk Israel bereits aus Adam hervorgegangen ist. Den Schriftbeleg dazu bietet Gen 2,21f, die Erschaffung Evas aus der Rippe des Adam. Eva, die aus dem Leib Adams entnommen ist, stellt die Symbolfigur des Gottesvolkes dar: Die Gemeinde Israel ist aus Adams Rippe erschaffen. Vgl. dazu P. STUHLMACHER, Biblische Theologie des Neuen Testaments Bd. 1, 358 sowie H.-W. PARK, Die Kirche als „Leib Christi" 175-187.
[250] Vgl. E. PERCY, Leib 41-43.

schon in dem ὑπὲρ ἡμῶν eingeschlossen ... *Der paulinische Gedanke des Seins der Gläubigen in Christus wurzelt also letzthin im Gedanken der stellvertretenden Selbsthingabe Christi um unsertwillen; dieser Gedanke ist das Zentrum der ganzen paulinischen Theologie, von dem aus erst sich diese recht verstehen lässt.*"[251]

Wie oben in Kürze aufgezeigt wurde, ist in der Darstellung der Kirche als Leib Christi der Organismusgedanke wie die Stammvatervorstellung verarbeitet worden. Vom *Organismusgedanken* her kommt das Verhältnis der Getauften *untereinander* in den Blick, das die Einheit in der gegenseitigen Angewiesenheit zum Ziel hat. Durch die *Stammvatervorstellung* wird deutlich, daß diese Einheit in Christus *vorgegeben* ist. In der Taufe werden die Glaubenden zu einer Gemeinschaft zusammengeschlossen, die *real* an Christus teilhat. Christus ist der Raum, in dem die Gläubigen eine neue Identität gewinnen: *Er ist Grund und Wesen ihres Seins* (Gal 2,19f)[252]. Da Paulus diese beiden Vorstellungen kombiniert, wird verständlich, wieso er dem Vergleich von Leib und Gliedern gegenüberstellen kann: οὕτως καὶ ὁ Χριστός (1Kor 12,12). Christus umfängt die Gläubigen, die untereinander Glieder sind (Röm 12,5; 1Kor 12,27), und schließt sie in sich ein. Er ist alles in allem.

(2) Auch über die echten Paulusbriefe hinaus bleibt die *Wesensgemeinschaft* zwischen Christus und den Glaubenden als entscheidendes Motiv der Leib-Christi-Vorstellung erhalten. Im *Kolosserbrief* wird die Leibmetaphorik konsequent weiterentfaltet. Der Organismusgedanke und die Stammvateridee, die bei Paulus nur schwach miteinander verkettet waren, durchdringen sich gegenseitig[253]. Der Leib Christi wird zu einem lebendigen Körper, durchzogen von Bändern und Gelenken, die den Zusammenhalt und die gegenseitige Unterstützung der Glieder zur Darstellung bringen (Kol 2,19). Ja, dieser Leib ist von solch einer Lebendigkeit, daß er sogar wächst[254]!

---

[251] E. PERCY, Leib 42f (die kursiv gestellten Stücke sind im Original gesperrt).
[252] Die hiermit vollzogene enge Anbindung der Ekklesiologie an die Christologie bedeutet noch lange nicht, daß dadurch der absolute Vorrang der Christologie vor der Ekklesiologie gefährdet würde. Im Gegenteil wird gerade durch die enge Verbindung, durch die im Leib Christi allein Christus der Handelnde ist, die Souveränität Christi hervorgehoben; gegen H. MERKLEIN, Entstehung 340-344.
[253] Vgl. E. PERCY, Leib 53.
[254] Deutlich ist hierbei der Einfluß von 1Kor 3,5-9 zu erkennen. Die Gemeinde wird dort mit einem Ackerfeld verglichen (steht hier das alttestamentliche Bild von Gottes Weinberg im Hintergrund?), bei welchem Gott das Wachstum schenkt. Da auch in Kol 2,19 betont das Wachstum Gottes hervorgehoben wird, ist ein Einfluß aus 1Kor 3,6

Mit dieser zunehmenden Ausgestaltung der Leibmetaphorik geht eine differenziertere Verhältnisbestimmung zwischen Christus und den Glaubenden einher. Um eine mißverständliche Identifikation von Christus und den Seinen zu vermeiden, wird *erstens* Christus zum *Haupt* dieses Leibes. Eine solche Zuschreibung eines Körperteils war für Paulus noch nicht im Blick[255], doch ist im Kolosserbrief nicht die Fixierung auf ein bestimmtes Körperteil das Entscheidende, sondern die eindeutige Vorordnung Christi vor den übrigen Gliedern. Als κεφαλή zieht Christus seine Präsenz nicht aus den übrigen Teilen zurück, sondern bleibt eindeutig das bestimmende und herrschende Haupt dieser Wesensgemeinschaft[256]. Christus ist der Ursprung, aus dem alle Wachstumskräfte des Leibes strömen (Kol 2,19). Die Präsenz Christi erhält auf diese Weise ihre notwendigen Konturen und bleibt so vor einem diffusen Verschwimmen innerhalb des Leibbildes bewahrt. Eine *zweite* Veränderung zeigt sich an Kol 3,11. Auch hier wird nun deutlicher zwischen Christus und den Glaubenden unterschieden. Hatten nach Gal 3,27 die Adressaten Christus wie ein Gewand angelegt, so sollen sie sich hier nicht mehr in Christus selbst, sondern in das Kleid des neuen, nach dem Bild des Schöpfers erneuerten Menschen hüllen. Durch die konkretere Ausgestaltung der Leibmetaphorik ist diese präzise Unterscheidung notwendig geworden.

Dennoch bleibt die Konzeption im Kolosserbrief den Paulusbriefen ganz verwandt. Organismusgedanke und Stammvatervorstellung finden hier zu einer lebendigen Einheit. Wenn dabei Christus als das Haupt dem übrigen Leib gegenübergestellt wird, ist dies eine Präzisierung, die aus der Verbindung beider Vorstellungen notwendig geworden ist[257]. Auch in der Beschreibung des Kolosserbriefes umfaßt Christus damit den Leib als Ganzes, bleibt ihm als das eigentliche Lebensprinzip vorgeordnet und ist letztlich „alles in allem" (Kol 3,11). So stellt die Konzeption des Kolos-

---

sehr viel wahrscheinlicher als eine Ableitung der Leibvorstellung im Kolosserbrief aus der hellenistischen Allgott-Vorstellung; gegen H. MERKLEIN, Entstehung 324.

[255] Vgl. nur 1Kor 12,21, wo κεφαλή noch ganz im Bild des herkömmlichen Vergleichs bleibt.

[256] Dies bringt der relative Anschluß ἐξ οὗ Kol 2,19 zum Ausdruck, der sich grammatisch auf Christus bezieht, nicht dagegen auf κεφαλή. Dadurch wird das Interesse des Verfassers an der Vorrangstellung Christi signalisiert, das für die Identifikation von Christus und κεφαλή ausschlaggebend ist. Da aus Christus der ganze Leib sein Wachstum erhält, unterstützt Kol 2,19 auch inhaltlich diese Vorordnung Christi. Zur Interpretation vgl. E. SCHWEIZER, Kol. 125f.

[257] Vgl. E. PERCY, Leib 53, der die Identifikation Christi mit der κεφαλή als Konsequenz aus den paulinischen Hauptbriefen versteht.

serbriefes eine *konsequente Ausformung* der bei Paulus angelegten Leibvorstellung dar.

(3) Deutlichere Veränderungen begegnen in der Darstellung des *Epheserbriefes*. Hier hat eine Umformung stattgefunden, die auf einen *Perspektivenwechsel* aufmerksam macht. Erstmals wird jetzt der σῶμα-Gedanke fest im Heilsgeschehen selbst verankert. Wie die Interpretation von *Eph 2,16* zeigte, ist der Leib der Kirche am Kreuz gegründet als eine Art Platzhalter für spätere Generationen. Die Kirche repräsentiert damit die erlöste Menschheit im Kreuzesgeschehen. Gerade in diesem Verständnis von Kirche wird bewahrt, was Paulus mit ὑπὲρ ἡμῶν in seinen Versöhnungsaussagen festhält. Bringt Paulus mit ὑπὲρ ἡμῶν die stellvertetende Bedeutung des Leidens Christi für die Gläubigen zum Ausdruck, so wird – wie wir bereits beobachten konnten[258] – in der Darstellung des Heilsgeschehens nach dem Epheserbrief die Kirche als die Bezugsgröße beschrieben, durch die die Stellvertretung des Leidens Christi für die Gläubigen deutlich gemacht wird. Damit umschließt das Leiden Christi auch die Generation, die zum Zeitpunkt des Kreuzesgeschehens noch nicht geboren war. Daß in dieser Uminterpretation ein grundlegendes Element der paulinischen σῶμα-Ekklesiologie zum Tragen kommt, läßt sich aus der traditionsgeschichtlichen Ableitung erkennen. Wie E. Percy in seiner Studie hervorhebt[259], hat die Stammvatervorstellung ihren entscheidenden theologischen Sinngehalt im *Stellvertretungsgedanken*. Genau dieses Motiv wird vom Verfasser durch die Gründung der Kirche im Heilsgeschehen wieder zur Geltung gebracht. Im Leib Christi sind die Getauften eingeschlossen in die Heilsgemeinschaft, die durch das stellvertretende Christusleiden eröffnet ist. Der Einbau des σῶμα-Gedankens im Kreuzesgeschehen erweist sich als *adäquate weiterführende Interpretation*, durch die die von Paulus mit ὑπὲρ ἡμῶν zum Ausdruck gebrachte Stellvertretung des Leidens Christi auch eine kommende Generation miteinschließen kann.

Daß diese Substitution der ὑπέρ-Formulierungen durch den Leib-Christi-Gedanken auf der Stammvatervorstellung beruht, bestätigen die Parallelbegriffe in *Eph 2,15*. Der Parallelismus von Neuschöpfung und Versöhnung stellt der Formulierung ἐν ἑνὶ σώματι V 16 die Wendung εἰς ἕνα καινὸν ἄνθρωπον V 15 gegenüber. Die Begriffsbildung εἷς καινὸς

---
[258] S.o. 141ff.
[259] Vgl. E. Percy, Leib 43.

ἄνθρωπος ἐν αὐτῷ (scil. Χριστῷ) macht deutlich, daß der Verfasser bewußt an die Stammvatervorstellung εἷς ἐν Χριστῷ von Gal 3,28 anknüpft. Die traditionsgeschichtlichen Bezüge des Leib-Christi-Gedankens zur Stammvatervorstellung sind bei ihm also nach wie vor lebendig. Wie für Paulus bringt auch für ihn der Leibgedanke die alle Menschen einschließende Stellvertretung Christi zum Ausdruck. Im Unterschied zu Paulus leitet er jedoch aus diesem theologischen Verständnis die Möglichkeit zur *Substitution* der Stellvertretungsaussage durch den Leibgedanken ab. Da dem Verfasser daran liegt, daß das Heil auch für die kommenden Generationen bereitgehalten wird, führt er diese Substitution konsequent durch. Das führt ihn zu einer ekklesiologisch geprägten Soteriologie[260].

Prägnant tritt die Substitution des Stellvertretungsgedankens durch den Leibgedanken in der Beschreibung zutage, in der das Mysterium inhaltlich gedeutet wird. Ist nach Paulus und dem Kolosserbrief das Mysterium christologisch bestimmt, wird es in Eph 3,6 ekklesiologisch umformuliert: Es ist die Teilhabe der Heiden am Heil, welche der Verfasser durch drei συν-Komposita zum Ausdruck bringt. Am auffälligsten ist dabei die Wortschöpfung σύσσωμα. Doch gerade sie läßt sich als Umformung der Tradition verstehen: Paulus verkündete den gekreuzigten Christus als Mysterium, also den Christus *pro nobis* (1Kor 2,2); im Kolosserbrief wird daraus Χριστὸς ἐν ὑμῖν (Kol 1,27), der universale Christus, der selbst unter den Völkern gegenwärtig ist[261]. Diese Aussage wendet der Epheserbrief ekklesiologisch und spricht vom σύσσωμα der Heiden. Auch hier ist also die Substitution der Stellvertretung Christi durch die Teilhabe am Leib konsequent durchgeführt. Entscheidend ist in allen drei Beschreibungen das *Eingeschlossensein in das Kreuzesgeschehen* Christi, das bei Paulus *von Christus her* und im Epheserbrief *auf die Glaubenden zu* ausgesagt wird. *Der Leibgedanke ist die Kehrseite des Stellvertretungsgedankens*.

Die Stammvatervorstellung wird aber vom Verfasser des Epheserbriefes noch auf andere Weise über Paulus hinausgeführt. In Röm 5,12-21 stellt Paulus Adam, dem alten Stammvater der Menschheit, Christus als den eschatologischen Stammvater gegenüber. Nach Paulus hat die Menschheit damit eigentlich zwei Stammväter. Durch die in der Taufe

---

[260] Bestätigt wird diese vom Verfasser intendierte Umformung dadurch, daß in Eph 5,2 noch die klassisch-paulinische Dahingabeformel (παρέδωκεν ἑαυτὸν ὑπὲρ ἡμῶν) zitiert, in Eph 5,25 dann aber ebenfalls *ekklesiologisch umgeformt* wird, so daß sich Christus *für die Kirche* dahingibt (ἑαυτὸν παρέδωκεν ὑπὲρ αὐτῆς).

[261] Vgl. E. SCHWEIZER, Kol. 88.

vollzogene Partizipation am Tod Christi sind die Glaubenden dem alten Stammvater Adam abgestorben und Christus als dem neuen einverleibt worden[262]. Der Epheserbrief korrigiert diese paulinische Vorstellung. Für ihn ist Christus nicht der zweite, der letzte Adam, wie es Paulus noch in 1Kor 15,45.47 beschreibt, sondern Christus ist der *eigentliche* Stammvater[263]. Bereits vor der Schöpfung der Welt sind wir *in Christus* erwählt (Eph 1,4). Aufgrund der Stammvatervorstellung wird damit die Aussage der Präexistenz Christi (Kol 1,15) konsequent ekklesiologisch entfaltet. Doch in Christus sind wir nicht nur erwählt, in ihm sind wir auch berufen (Eph 1,11) und erlöst (Eph 1,7). Die Vorstellung, daß die Glaubenden in Christus als ihrem Stammvater geborgen sind, zieht sich durch die Geschichte vom Ursprung der Welt bis zu ihrem Ziel. Darum kann es auch in der Taufe *nicht mehr zu einem Herrschaftswechsel von Adam zu Christus kommen*. Vor der Taufe gehören die Menschen nicht mehr dem Bereich Adams an, sondern sind sie bereits tot (Eph 2,1-4). Im Vorgang der Taufe nehmen die Glaubenden deshalb auch nicht am Sterben Christi teil, sondern werden zum neuen Leben in Christus auferweckt und partizipieren ausschließlich an Christi Herrlichkeit (Eph 2,5f). Somit läßt sich festhalten: In der Interpretation des Epheserbriefes wird Christus zu einer *Kollektivpersönlichkeit*, in der die Gläubigen zu einer Einheit zusammengeschlossen sind und so am Heil partizipieren. Die *ekklesiologische Perspektive* dieses Briefes läßt sich damit von ihrem Ansatz her als eine *kollektive Deutung der paulinischen Christologie* verstehen.

Die traditionsgeschichtliche Untersuchung zeigt, daß durchaus *Verbindungslinien* zwischen der Leibvorstellung des Epheserbriefes und der paulinischen Konzeption bestehen. Die charakteristischen Unterschiede lassen sich als Veränderungen verstehen, die bewußt durch den Verfasser des Epheserbriefes vorgenommen wurden, so etwa der Einbau der σῶμα-Vorstellung in das Heilsgeschehen und die Umwandlung christologischer Grundgedanken in ekklesiologische Aussagen, wie sie in der Substitution der Stellvertretungsaussage durch die Leibvorstellung zum Ausdruck kommen. All das läßt erkennen, daß es sich bei der Leibvorstellung des Epheserbriefes um eine *weiterführende Interpretation der paulinischen*

---

[262] Diesen Herrschaftswechsel beschreibt Paulus in dem an Röm 5,12-21 anschließenden Stück Röm 6,1-11; siehe auch Röm 7,5f. Vgl. dazu E. PERCY, Leib 25-35.
[263] Wenn Paulus in Röm 5,14 von Adam als τύπος τοῦ μέλλοντος spricht, zeigt er bereits die Tendenz, nur Christus als eigentlichen Stammvater anzuerkennen, dessen vorläufiges Abbild Adam gewesen sei.

Tradition handelt. Eine Herleitung aus anderen Traditionszusammenhängen, wie dies etwa H. Merklein vorschlägt, ist also keineswegs notwendig.

Doch mit dieser Feststellung muß sich noch einmal die kritische Rückfrage verbinden, ob durch diese Umwandlungen, auch wenn sie sich aus paulinischer Tradition ableiten lassen, nicht doch die Christologie in die Ekklesiologie aufgelöst wird. Muß man etwa doch H. Merklein recht geben in der Annahme, daß hier die Ekklesiologie zur Voraussetzung der Christologie geworden ist[264]? Steht eine solche Konzeption, die die Ekklesiologie so eng mit der Christologie verbindet, nicht in der Gefahr, die Kirche zu einer das Heil verwaltenden Institution werden zu lassen? Reicht die in diesem Brief erkennbare Rückbindung der Kirche an Christus aus, die Souveränität Christi zu wahren[265]? Doch um diese Fragen angemessen beantworten zu können, soll die Vorstellung vom Leib Christi im Epheserbrief umfassend betrachtet werden und erst dann eine abschließende Beurteilung erfolgen.

b) Die Ausgestaltung des Leibbildes nach Eph 4,7-16 und Eph 1,22f

Die Abschnitte Eph 1,22f und Eph 4,7-16 bringen beide den Leibgedanken im Verhältnis zum Kosmos zur Sprache. Dabei steht in Eph 1,22f die kosmische Perspektive im Vordergrund, Eph 4,7-16 beschreibt dagegen die ekklesiologische Seite eingehender. Beide Stellen sind unter Aufnahme von Psalmzitaten verfaßt, wollen also bewußt als Schriftauslegung verstanden werden.

(1) Eph 4,7-16

Der Abschnitt Eph 4,7-16 trägt eindeutig die Charakterzüge einer Schriftexegese. Einzelne Worte werden vom Autor wieder aufgenommen und direkt ausgelegt. Das anfangs zitierte Stück stammt aus Ps 68,19, einem Psalm, der den eschatologischen Triumphzug Jahwes zum Zion besingt[266]. Nach landläufiger Meinung soll der zitierte Psalm vom Verfasser recht willkürlich in diesen Kontext aufgenommen worden sein, worauf schon die sinnentstellende Änderung von ἔλαβες in ἔδωκεν hinweise[267]. Doch

---

[264] Vgl. H. MERKLEIN, Christus und die Kirche 64.
[265] So die Anfragen von J. ROLOFF, Die Kirche 237, an die Konzeption des Epheserbriefes.
[266] Vgl. H. GUNKEL, Ps. 283-287.
[267] So etwa R. SCHNACKENBURG, Eph. 179f; J. GNILKA, Eph. 206-209; E. GAUGLER, Eph. 168-173. Die Textänderung innerhalb des Zitates wird gewöhnlich auf den Ein-

Die Heilsgemeinde 185

das Gegenteil ist der Fall. Bereits die in Eph 4,8-11 angeschlossene, eingehende Textuntersuchung weist darauf hin, daß es dem Verfasser um eine präzise Interpretation der Psalmstelle geht. Der Vorwurf eines Mißverständnisses von Ps 68,19 zerfällt, sobald deutlich ist, daß es sich in dem zitierten Stück Eph 4,8 um eine Kombination von Ps 68,12 und 19 handelt. Die Umwandlung von ἔλαβες in ἔδωκεν läßt sich auf den Einfluß von Ps 67,12 LXX κύριος δώσει ῥῆμα τοῖς εὐαγγελιζομένοις zurückführen, wo – trotz aller textlichen Unsicherheit[268] – von einer Austeilung des Gotteswortes gesprochen wird. Wenn der Verfasser in Eph 4,11 ἔδωκεν auf die von Gott gestifteten Wortämter auslegt, zeigt er, daß er Ps 68,12 durchaus verstanden und offensichtlich bewußt mit Ps 68,19 kombiniert hat, um so den gesamten Psalm 68 *in nuce* anklingen zu lassen.

Das thematische Zentrum dieses Psalms liegt in der Einwohnung Gottes auf dem Zion. Gott kommt aus der Wüste[269] von seinem Erscheinungsort Sinai[270], um in Israel endgültig Wohnung zu nehmen (V 18f). In feierlicher Prozession zieht darum Israel mit seinem Gott zum Tempel hinauf (V 25-28). Aber nicht nur Israel, sondern alle Völker betrifft Gottes Herrschaftsantritt (V 29-36). Gottes Macht erfüllt die ganze Erde. Von Zion geht das universale Heil aus. Gottes herrschaftliches Wort wird von seinen Sendboten in alle Welt getragen (vgl. auch V 12). Damit zeichnet sich in diesem Psalm eine doppelte Richtung des endzeitlichen Geschehens ab. Zieht Gott in seinem Festzug zur Inthronisation *auf den Zion*, so strömt zugleich mit seinem Herrschaftsantritt das Heil *von Zion aus* in alle Welt. Diese zwei Richtungen lassen sich auch in der Auslegung durch den Verfasser des Epheserbriefes wiederfinden. Der Aufstieg Gottes zum Thron auf den Zion

---

fluß jüdisch-rabbinischer Exegese zurückgeführt (Belege vgl. P. BILLERBECK, Kommentar Bd. 3, 596-598), in der Ps 68 auf den Gesetzesempfang des Mose ausgelegt wird. Da in Eph 4,8ff keine Mose-Christus-Typologie vorliegt, ist dieser Einfluß eher unwahrscheinlich.

[268] Unklar ist, ob die Freudenboten, die das Wort Gottes auszurichten haben, selbst im Gottesspruch angeredet sind (so MT) oder nicht (so LXX). Weiterhin ist unklar, ob sich dieser Gottesspruch auf ein zurückliegendes Ereignis im Kampf gegen Sisera (so H. J. KRAUS, Ps. Bd. 2, 631f, der das Wort in den Zusammenhang der Tabortradition stellen möchte) oder auf die eschatologische Epiphanie Gottes bezieht.

[269] Die urtümlichen Gottestitulaturen wie רֹכֵב בָּעֲרָפוֹת (V 5 v.l.; so H. J. KRAUS, Ps. Bd. 2, 627), שַׁדַּי (V 15), זֶה סִינַי (V 9, sofern dies Gottestitulatur; vgl. dazu die folgende Anmerkung) weisen darauf hin, daß dieser Psalm in alten Heilstraditionen aus der Wüstenzeit Israels wurzelt. Auch die Nähe von Ps 68 zu den Ladesprüchen Num 10,35f in V 2ff sowie der Rückgriff auf Wüsten- und Landnahmetradition in V 8ff legt die Kenntnis alter Heilstraditionen aus der Wüste nahe.

[270] Ob die Worte זֶה סִינַי Ps 68,9 als Gottestitulatur verstanden werden dürfen wie in Ri 5,5, ist umstritten. Für das Kommen Jahwes vom Sinai vgl. auch V 18 v.l. sowie Dtn 33,2; Ri 5,4f; Hab 3,3.

wird auf Christi Aufsteigen zum himmlischen Gottesthron gedeutet. Zugleich wird daraus aber auch der Abstieg Christi erschlossen, so daß Christi Erniedrigung und Erhöhung als *ein* Geschehen begriffen werden, das der eschatologischen Einwohnung Gottes auf dem Zion entspricht. Die andere Richtung, das Strömen des eschatologischen Heils von Zion, kommt durch die Änderung des Zitates zur Geltung: Durch die Gabe des Gotteswortes an die Menschen wird von Christi Thron aus die Welt als sein Machtbereich erschlossen. Der Verfasser hat also in Ps 68,12 die universale Evangeliumsverkündigung vorhergesagt gesehen![271] Beide Aussagerichtungen umschließt die Zielbestimmung des Geschehens: ἵνα πληρώσῃ τὰ πάντα (Eph 4,10). Im Abstieg und Aufstieg hat Christus alle Bereiche der Welt in seine Herrschaft einbezogen, durch die universale Verkündigung des Evangeliums ergreift er Besitz von seinem Eigentum. Die Erfüllung der ganzen Welt durch Christus ist das Ziel seines Kommens.

Der Verfasser hat mit dieser christologischen Deutung durchaus das Thema von Ps 68 aufgenommen: In Christi Erniedrigung und Erhöhung hat Gott selbst in dieser Welt Wohnung genommen. Das Heilsgeschehen von Inkarnation, Kreuz und Auferstehung ist die eschatologische Inthronisation Gottes auf dem Zion, die Verkündigung des Evangeliums ist der Antritt seiner Herrschaft von Zion aus. Im Kommen Christi sieht der Verfasser die alttestamentliche Zionstheologie erfüllt. Christus ist der Wohnort Gottes unter den Menschen, er ist der eschatologische Zion, in dessen Herrschaftsbereich die Gläubigen durch die Verkündigung des Evangeliums einbezogen werden. Mit der Deutung seines Zitates offenbart der Verfasser des Epheserbriefes ein tiefgründendes heilsgeschichtliches Verständnis von Psalm 68.

Erst in V 11 führt der Verfasser mit der Auslegung von ἔδωκεν über zu den Aussagen über die Kirche. Damit bringt der Verfasser schon formal zum Ausdruck, daß die Gründung der Kirche aus dem Christusgeschehen hervorgeht und ihm untergeordnet bleibt. Der aus 1Kor 12,28 übernommene Ämterkatalog ist auf die Ämter der Wortverkündigung eingegrenzt. Neben Aposteln, Propheten und Lehrern werden Evangelisten und Hirten genannt, die wohl Ämter aus der Entstehungszeit des Briefes darstellen.

---

[271] Die heilsgeschichtlich geprägte Terminologie in Ps 68,12 הַמְבַשְּׂרוֹת bzw. εὐαγγελιζόμενοι wird vom Verfasser auf die Verkündiger des Evangeliums, die εὐαγγελισταί Eph 4,11 ausgelegt. Diesen Hinweis verdanke ich meinem Freund und Kollegen M. LAUTENSCHLAGER.

Christus hat diese Ämter zum Aufbau der Kirche (V 12-14) eingesetzt (ἔδωκεν), wie es der Verfasser in der zweiten Hälfte des Psalmzitates angekündigt sieht.

Während V 12-14 das Ziel dieses Aufbaus besonders im Auge hat, wird das Wachstum der Kirche in V 15f im Bild des Leibes dargelegt. Auch hier bekommen die Ämter eine besondere Stellung zugesprochen. Bewußt hat der Verfasser die ekklesiologische Zentralaussage Kol 2,19 aufgenommen, sprachlich geglättet[272] und charakteristisch abgewandelt. Dabei fällt auf, daß der Verfasser des Epheserbriefes aus dem Kolosserbrief die Weiterführung des paulinischen Bildes vom Leib und den Gliedern übernimmt. So wird in Kol 2,19 und Eph 4,15f von dem Haupt als dem Zentralorgan gesprochen, das den ganzen Körper versorgt[273]. Wichtig werden in Kol 2,19 wie in Eph 4,16 aber auch die ἁφαί, die nach der Vorstellung der antiken Medizin die „Kontaktstellen" des Organismus bilden. Sie stellen die Verbindung zwischen den einzelnen Gliedern und Körperteilen her, halten den Körper zusammen und versorgen ihn, „indem sie wie Kanäle Nahrung und Lebenskräfte" zuleiten[274].

Doch gegenüber Kol 2,19 fallen an vier verschiedenen Punkten auch wichtige *Unterschiede* auf. a) Während Kol 2,19 den festen Zusammenhalt des Leibes durch Bänder und Sehnen herausstellt, wird in Eph 4,16 die Bedeutung der Bänder zugespitzt. Mit der Wendung διὰ πάσης ἁφῆς τῆς ἐπιχορηγίας sind Bänder gemeint, die die aus Christus stammenden Wachstumskräfte darzureichen haben. Das aber müssen die in V 11 genannten Wortämter sein, die das Wachstum der Kirche durch die Verkündigung des Evangeliums ermöglichen[275]. *Das Wachstum des Leibes wird*

---

[272] S.o. 42. An sprachlichen Glättungen fällt auf: a) die grammatikalische Inkonsequenz Kol 2,19 τὴν κεφαλήν, ἐξ οὗ wird durch die Einfügung von Χριστός aufgehoben; b) die nebeneinander stehenden Partizipien ἐπιχορηγούμενον καὶ συμβιβαζόμενον Kol 2,19 werden durch den Austausch von ἐπιχορηγούμενον gegen συναρμολογούμενον auch vom Inhalt her einheitlich.

[273] Das Bild setzt die Kenntnis der Vorstellungen der antiken Medizin voraus. Die vorhippokratische und hippokratische Medizin erblickt im Kopf (κεφαλή) das Zentrum, von dem aus der ganze Körper (σῶμα) versorgt wird. Im Unterschied zur sizilischen Ärzteschule, die das Herz als Zentralorgan des Gefäßsystems annimmt, hält die hippokratisch-platonische Medizin den Kopf für den Ausgangspunkt aller Adern, aller Nerven sowie für den Sitz der Seelenkräfte. S. F. W. BAYER, Art. Anatomie, in: RAC 1, 430-437 (bes. 433f) sowie J. GNILKA, Eph. 219, Anm. 5.

[274] J. GNILKA, Eph. 219. ἁφή ist in Kol 2,19 und Eph 4,16 als fachmedizinischer Terminus gebraucht; vgl. W. BAUER/K. und B. ALAND, Wörterbuch s.v. 251. Deshalb empfiehlt sich in Eph 2,16 die Übersetzung „Bänder"; gegen E. GAUGLER, Eph. 167; R. SCHNACKENBURG, Eph. 173. So richtig M. DIBELIUS/H. GREEVEN, Eph. 82; J. GNILKA, Eph. 194; F. MUSSNER, Eph 115; H. CONZELMANN, Eph. 107.

[275] So auch R. SCHNACKENBURG, Eph. 192f; H. MERKLEIN, Amt 115-117 u.a.

durch Ämter vermittelt! b) Der Zusatz κατ' ἐνέργειαν zeigt, daß dieses Wachstum aus göttlicher Kraft geschieht. Wie aus den übrigen Stellen des Briefes hervorgeht[276], ist mit ἐνέργεια immer die Kraft Gottes angesprochen, die zur Durchführung der endzeitlichen Heilsverwirklichung wirksam ist. Auch wenn das Wachstum nicht mehr unmittelbar auf Gott zurückgeführt[277], sondern durch Ämter vermittelt gedacht ist, so ist es doch Christus, der als das Haupt das Wachstum wirkt und aus dem die Wachstumskräfte kommen. c) Kol 2,19 hatte im Unterschied zum paulinischen Leibbild statt auf die Glieder auf die den Leib versorgenden und zusammenhaltenden „Bänder und Sehnen" hingewiesen, Eph 4,16 verbindet beides miteinander: Die Bänder sind jetzt die Vermittlungsinstanz; im Zusammenspiel der Ämter mit den einzelnen Gliedern vollzieht sich das Wachstum des Leibes[278]. d) Über Kol 2,19 hinausgehend bekommt in Eph 4,15 das Wachstum des Leibes ein *Ziel*: (ἵνα) αὐξήσωμεν εἰς αὐτὸν τὰ πάντα, ὅς ἐστιν ἡ κεφαλή, Χριστός. Christus, das Haupt, ist also nicht nur der Ursprung, aus dem die Wachstumskräfte strömen, sondern zugleich auch das Ziel des Wachstums. In einem dynamischen Prozeß wächst der Leib auf sein Haupt zu.

Diese *Ausrichtung auf ein Ziel* bestimmt den ganzen Abschnitt von *Eph 4,7-16* und kommt besonders in *Eph 4,13* zum Ausdruck. Mit μέχρι καταντήσωμεν wird auf das endgültige Ziel aufmerksam gemacht, zu der die οἰκοδομὴ τοῦ σώματος (V 12) führen soll. In drei parallelen Aussagen wird dieses Ziel als die *Einheit aller Gläubigen in und mit Christus* verdeutlicht. Nur die mittlere Aussage vom vollkommenen Mann dürfte nicht auf den ersten Blick die christologische Verankerung erkennen lassen. Dieser singularische Begriff ἀνὴρ τέλειος muß im Gegenüber zu οἱ πάντες jedoch eine *kollektive Größe* umschreiben[279], die sich aus der Vorstellung der *corporate personality* heraus am leichtesten verstehen

---

[276] Vgl. etwa Eph 1,11.19f; 3,7.20. S.u. 223ff.
[277] Vgl. dagegen etwa 1Kor 3,7; Kol 2,19.
[278] Auffällig ist die Inclusio zu Eph 4,7; sprachlich liegt hier eine Aufnahme von Röm 12,3; 1Kor 12,7 vor. Das Zusammenspiel von Ämtern und Gliedern im Aufbau der Kirche wird auch in V 12 durch die Variation der Präpositionen πρὸς τὸν καταρτισμὸν τῶν ἁγίων (= alle Glaubenden) εἰς ἔργον διακονίας deutlich. Vgl. zur Bedeutung des Partikelgebrauchs R. SCHNACKENBURG, Eph. 185f; F. MUSSNER, Eph. 127.
[279] Vgl. dagegen noch die individuelle Fassung in Kol 1,28, wo mit der Wendung πᾶς ἄνθρωπος τέλειος ἐν Χριστῷ jeder einzelne als ein solcher gemeint ist, der dem Ziel der Vollkommenheit in Christus entgegengeht.

läßt[280], wie sie bereits in der Ableitung des σῶμα-Gedankens begegnete[281]: Christus umschließt als Gesamtpersönlichkeit die Seinen in sich.

In allen drei Bestimmungen ist damit das Wachstum der Ekklesia als dynamischer Prozeß verstanden, der auf ein *christologisch definiertes Ziel* zuführt. Zunächst wird dieses Ziel als die Einheit im Glauben und in der Erkenntnis des Sohnes Gottes beschrieben, sodann als die Einheit im vollkommenen Mann, zuletzt als das ausgereifte Maß der Fülle Christi. Wie der Begriff πλήρωμα Χριστοῦ verdeutlicht, hat die Kirche ihr Ziel in der intensiven Erfüllung durch Christus selbst. Nur daraufhin ist die Kirche gegründet, daß sie ganz und gar an Christus teilhat. Mit Recht hat darum F. Mußner in diesen drei Bestimmungen das unendlich hohe Ziel herausgehoben, das der Verfasser der Kirche gesteckt habe: „Es ist Christus in seiner Vollendung selbst! ... Die Kirche hat weder einen Selbstzweck, noch ist ihr Ziel die Selbstvollendung. Ihr Maß ist ganz und gar Christus, der Sohn Gottes, in seiner Herrlichkeit."[282] Wie die Kirche in Christus selbst entspringt, so mündet sie an ihrem Ziel auch wieder ganz in Christus ein. Es kann also keinesfalls davon die Rede sein, daß im Epheserbrief die Ekklesiologie sich verselbständige und über die Christologie hinauswachse. In Eph 4,7-16 läßt sich jedenfalls nicht die eingangs befürchtete Gefahr erkennen, die Ekklesiologie sei zu einer Voraussetzung der Christologie geworden[283]. Vielmehr stellt die Kirche die Instanz dar, die auf Christus zuwächst und damit ihr Ziel in der Erfüllung durch Christus findet. Die Kirche ist noch nicht am Ziel ihrer Hoffnung, und sie stellt auch nicht den Endzweck, sondern vielmehr das Instrument

---

[280] Gegen eine gnostische Ableitung wie H. SCHLIER, Eph. 201f, sie vorschlägt, sowie gegen eine Deutung im Sinne von exemplarischen mündigen Christen (gegen F. MUSSNER, Eph. 129). Daß in der Bestimmung ἀνὴρ τέλειος Christus selbst nicht genannt wird, ist ganz parallel zu Eph 4,24 zu sehen, wo im Unterschied zu Gal 3,28 nicht vom Anziehen Christi, sondern vom Anziehen des neuen Menschen gesprochen wird. Auch wenn hier inhaltlich sicher das Christuskleid gemeint ist (vgl. Kol 3,10f), scheint es offensichtlich dem Verfasser darauf anzukommen, daß zwischen der Person Christi und den in Christus eingeschlossenen Gläubigen keine Verwechslung entsteht. Inhaltlich entspricht diese Differenzierung der Unterscheidung von Haupt und Leib Christi. Daß eine Verschmelzung von Christus und den Gläubigen vermieden wird, ist für R. SCHNACKENBURG, Eph. 188, ein wichtiges Argument gegen eine gnostische Ableitung dieses Terminus.

[281] Damit entspricht die Wendung ἀνὴρ τέλειος inhaltlich dem εἷς καινὸς ἄνθρωπος Eph 2,15.

[282] F. MUSSNER, Eph. 129. Ähnlich auch E. GAUGLER, Heilsplan und Heilsverwirklichung, in: ders., Eph. 245: „So sehr die Kirche mit Christus als ihrem Haupt über alle Hoheitsmächte hinaufgerückt ist, die Kirche selbst ist nicht Endziel der Gedanken Gottes."

[283] So die These von H. MERKLEIN, Christus und die Kirche 64. S.o. 184, Anm. 264.

auf dem Weg zur Erfüllung des Alls durch Christus dar, wie dies bereits in der Auslegung von Ps 68 in V 10 angeklungen ist. Das ekklesiologische Ziel, daß die Kirche zum πλήρωμα Χριστοῦ gelange, entspricht ganz dem christologischen Ziel von V 10, der Erfüllung des Alls durch Christus (ἵνα πληρώσῃ τὰ πάντα). Doch wie sich nun das Verhältnis der Kirche zum All darstellt, das kommt wesentlich deutlicher in Eph 1,22f zum Ausdruck.

(2) Eph 1,22f

Auch in der Beschreibung Eph 1,22f greift der Verfasser auf die Sprache der Psalmen zurück. Hatte bereits V 20 die Inthronisation Christi unter Anlehnung an Ps 110,1 dargestellt, so wird in V 22f Ps 8,7 zitiert und auf den Herrschaftsantritt Christi ausgelegt. Doch der ursprüngliche Charakter beider Psalmstellen ist ganz unterschiedlich. Während Ps 110 die Einsetzung des königlichen Herrschers als Gottes irdischer Mandatar und seine Adoption zum Sohn Gottes im Blick hat, handelt Ps 8 von der Würde, die der Schöpfer dem Menschen durch die Gottebenbildlichkeit verliehen hat (vgl. Gen 1,26f). In Ps 8 ist der Mensch allgemein als „urbildlicher Mensch", als „Urmensch" das Thema[284]. Beide Psalmen werden vom Verfasser des Epheserbriefes messianisch gedeutet. In Ps 110 beruht dies auf der Vorstellung vom königlichen Messias, in Ps 8 dagegen kommt die Vorstellung vom messianischen Urmenschen zum Tragen: Über den ursprünglichen Sinn von Ps 8 hinausführend wird Christus als der wahre Adam verstanden, dem die Herrschaft über das All verliehen wird. In dieser Interpretation von Ps 8 klingt damit ein Gedanke an, der der Stammvatervorstellung durchaus verwandt ist.

Durch eine sprachliche Änderung des Zitates wird die Interpretation auf Christus unterstrichen. Statt der Wendung ὑποκάτω τῶν ποδῶν αὐτοῦ Ps 8,7 LXX formuliert Eph 1,22 ὑπὸ τοὺς πόδας αὐτοῦ[285]. In dem richtungsweisenden Aspekt von ὑπό mit Akk. kommt der *Akt der Unterwerfung* eigens in den Blick. Dadurch wird die Inthronisation Christi benannt, bei der die Feinde Christus unter die Füße gelegt werden. Damit aber bringt Ps 8,7 zum Ausdruck, was auch in der Fortführung von Ps 110,1 zur Sprache kommt: die sieghafte Unterwerfung der Feinde beim Herrschaftsantritt. Trotz der unterschiedlichen Tradition, aus der beide Psalmen

---

[284] H.-J. KRAUS, Ps. Bd. 1, 210.
[285] So bereits schon die Textgestalt des Zitates Ps 8,7 in 1Kor 15,27!

stammen, bekommen sie auf diese Weise einen kongruenten Aussagegehalt. Auffällig ist, daß die Kombination beider Psalmzitate schon in 1Kor 15,25.27 begegnet. Hier wie dort deuten sie in der veränderten Textgestalt von Ps 8,7 Christi Herrschaftsantritt[286]. Offensichtlich hat der Verfasser des Epheserbriefes die Verbindung beider Psalmen bereits aus 1Kor 15 übernommen[287].

Doch inhaltlich fallen zwei Unterschiede auf: a) 1Kor 15 bezieht beide Psalmzitate auf die noch zukünftige Parusie Christi, während Eph 1,22f den Herrschaftsantritt Christi bereits verwirklicht sieht. b) Paulus beschreibt in 1Kor 15 den Herrschaftsantritt Christi als ein kosmisches Ereignis, in Eph 1,22f tritt dagegen neben den kosmischen ein ekklesiologischer Aspekt.

Beginnen wir mit dem zweiten inhaltlichen Unterschied! Eph 1,22f scheint auf die enge Verbindung von kosmischem und ekklesiologischem Aspekt besonderen Wert zu legen. Darauf weist bereits die Wendung κεφαλὴν ὑπὲρ πάντα. Sprachlich ergeben sich zwei Deutungsmöglichkeiten. Wird πάντα kosmisch verstanden, so wäre Christus gerade in seiner Funktion als Haupt des Kosmos der Kirche zugeordnet[288]. ὑπὲρ πάντα kann aber auch als modale Beifügung zu κεφαλήν verstanden werden; dann wäre mit dem präpositionalen Ausdruck die alles überragende Stellung Christi innerhalb der Kirche ausgesagt[289]. Eine Entscheidung zwischen beiden Interpretationen ist jedoch erst vom Kontext her möglich. Auffällig ist, daß in V 23 eine *Verschränkung von kosmischer und ekklesiologischer Perspektive* erscheint. Hier wird die Kirche als das πλήρωμα Christi bezeichnet, wobei Christus als der bezeichnet wird, der „das All erfüllt". Da, wie F. Mußner gezeigt hat, πληροῦν τὰ πάντα von der alttestamentlich-jüdischen Tradition her als ein herrschaftliches Durchdringen des Alls verstanden werden muß[290], steht Christus als der Herrscher über das All der Kirche als seinem πλήρωμα gegenüber.

Betrachtet man, in welcher Weise der Verfasser in Eph 1,22f die Aussagen aus *Kol 2,9f* verarbeitet, wird deutlich, daß die für V 22b vermutete und in V 23 beobachtete Verschränkung von kosmischer und ekklesiologi-

---

[286] Der einzige sprachliche Unterschied gegenüber Eph 1,20-22 ist, daß in 1Kor 15,25 von Ps 110,1 nicht die erste, sondern die zweite Vershälfte zitiert wird, so daß sich in 1Kor 15,27 eine direkte Stichwortverbindung zu Ps 8,7 ergibt.
[287] S.o. 66.
[288] So H. Schlier, Eph. 89; R. Schnackenburg, Eph. 79; J. Gnilka, Eph. 97; A. Lindemann, Aufhebung 212.
[289] So F. Mussner, Christus, das All und die Kirche 30f.
[290] Vgl. F. Mussner, a.a.O. 47-61, insbes. 59. Vgl. auch Eph 4,10.

scher Perspektive auf eine bewußte Intention des Verfassers zurückzuführen ist. In Kol 2,9f wird das zu dem Hymnus Kol 1,15-20 gehörende christologische Bekenntnis Kol 1,19 durch die Worte ἐν αὐτῷ κατοικεῖ πᾶν τὸ πλήρωμα τῆς θεότητος σωματικῶς aufgenommen und sodann zum einen auf die Gemeinde hin ausgelegt: καὶ ἐστὲ ἐν αὐτῷ πεπληρωμένοι, zum anderen kosmologisch gedeutet: ὅς ἐστιν ἡ κεφαλὴ πάσης ἀρχῆς καὶ ἐξουσίας. Die auf die Gemeinde bezogene wie die kosmologische Deutung werden in Eph 1,22f aufgenommen:

a) Den Worten καὶ ἐστὲ ἐν αὐτῷ πεπληρωμένοι entspricht in Eph 1,23 die Aussage über die Kirche als das πλήρωμα Christi. Nun ist aber die Erfüllung in Christus nicht mehr auf die einzelnen Christen, sondern auf die Kirche als Gesamtgröße bezogen.

b) Die kosmische Aussage ὅς ἐστιν ἡ κεφαλὴ πάσης ἀρχῆς καὶ ἐξουσίας war schon in Eph 1,21 durch πᾶσα ἀρχὴ καὶ ἐξουσία angeklungen und wird nun in Eph 1,22 durch κεφαλὴν ὑπὲρ πάντα aufgenommen. Die traditionsgeschichtliche Ableitung legt damit die kosmologische Deutung dieser Wendung nahe.

c) Durch einen *doppelten Sprachgebrauch* sind die ekklesiologische und die kosmologische Auslegung des Christusbekenntnisses von Kol 2,9f in Eph 1,22f nicht nur übernommen, sondern zugleich ineinander verschränkt worden. Dies läßt sich *einerseits* an dem doppelten Gebrauch von πλήρωμα bzw. πληροῦν zeigen. Wird von Kol 2,10 her die Kirche als Fülle Christi verstanden, so ist hiermit an eine innere, wesenhafte Erfüllung der Kirche durch Christus gedacht. Durch die christologische Bezeichnung τοῦ τὰ πάντα ἐν πᾶσιν πληρουμένου fügt der Verfasser die kosmische Dimension hinzu: Christus ist zugleich der, der den Kosmos erfüllt. *Andererseits* begegnet auch ein doppelter Gebrauch von κεφαλή. Legt sich durch die traditionsgeschichtliche Ableitung von κεφαλὴν ὑπὲρ πάντα eine kosmologische Deutung nahe, so tritt durch die Zufügung von ἥτις ἐστιν τὸ σῶμα αὐτοῦ der ekklesiologische Gebrauch von κεφαλή hinzu[291]. Neben der herrschenden Macht, die Christus als das Oberhaupt über die kosmischen Mächte hat, wird die tiefere, innere Verbindung sichtbar, die zwischen dem Haupt und seinem Leib besteht: kosmologischer und ekklesiologischer Aspekt treten hier zusammen.

Dem skizzierten sprachlichen Befund entspricht die Beobachtung, daß in V 22b.23 eine *chiastische Stellung* vorliegt, durch die die *doppelte Per-*

---

[291] Hierbei liegt eine Brachylogie vor, da κεφαλή trotz der doppelten Bedeutung nur einmal genannt wird.

spektive stilistisch hervorgehoben wird: Die kosmologischen Aussagen bilden einen Rahmen um die ekklesiologischen.

κεφαλὴν ὑπὲρ πάντα   τῇ ἐκκλησίᾳ, ἥτις ἐστὶν τὸ σῶμα αὐτοῦ,
(kosmolog. Aussage über Christus) (ekklesiologische Aussage)
τὸ πλήρωμα   τοῦ τὰ πάντα ἐν πᾶσιν πληρουμένου.
(ekklesiologische Aussage)   (kosmolog. Aussage über Christus)

Von der formalen Analyse aus klärt sich auch die inhaltliche Bedeutung der Begriffe. Es zeigte sich bereits, daß πληροῦν τὰ πάντα als das herrschaftliche Durchdringen der Welt und damit als ein Ausdruck für die Weltherrschaft Christi verstanden werden muß. Die Erfüllung des Alls durch Christus ist also sachlich identisch sowohl mit der durch das Zitat von Ps 8,7 angesprochenen Unterwerfung des Alls unter seine Füße[292] als auch mit der Vorstellung vom herrscherlichen Haupt über das All (κεφαλὴ ὑπὲρ πάντα). Auch die ekklesiologische Ebene der Begriffe weist eine inhaltliche Entsprechung auf. Die Bezeichnung der Kirche als πλήρωμα Christi muß passivisch aufgelöst und wie in Kol 2,10 als Teilhabe an der göttlichen Lebensfülle verstanden werden[293]. Der ekklesiologische Begriff πλήρωμα als Erfüllung durch Christus spiegelt somit das Verhältnis von κεφαλή und σῶμα wider: Christus als Haupt erfüllt mit seinen Wachstumskräften den ganzen Leib der Kirche (Eph 4,16). In beiden Wendungen – πλήρωμα Christi und σῶμα des Hauptes Christus – kommt gleichermaßen die innere Verbundenheit von Christus und seiner Kirche zum Ausdruck. F. Mußner betont darum zu Recht die enge sachliche Verwandtschaft der beiden Begriffe: „Die Kirche wird das Pleroma Christi *nur als der Leib Christi* genannt."[294] Diese inhaltliche Entsprechung bringt bereits die Parallelität der Glieder innerhalb des Chiasmus zum Ausdruck: Durch die doppelte Verwendung der Begriffe wird jeweils Christus als Herr über das All in seinem Verhältnis zur Kirche beschrieben.

Damit kommen wir zu dem anderen Unterschied von Eph 1,22f gegenüber 1Kor 15, zu der Frage nämlich, warum Eph 1,22f den Herrschaftsantritt Christi nicht erst in der Parusie, sondern schon gegenwärtig verwirklicht sieht. Bezieht man den gesamten Epheserbrief in diese Fragestellung mit ein, so trifft man auf ganz uneinheitliche Aussagen. Nach Eph 3,19;

---

[292] Vgl. dazu F. MUSSNER, Christus, das All und die Kirche 59.
[293] Vgl. F. MUSSNER, a.a.O. 59f.
[294] F. MUSSNER, a.a.O. 59.

4,13 ist die Kirche als πλήρωμα noch nicht vollendet, sondern das zu erstrebende Ziel. Auch scheint Eph 4,10 erst für die Zukunft zu erwarten, daß Christus das All erfüllt, obwohl er es nach Eph 1,23 bereits jetzt erfüllt. Es zeigt sich, daß die unterschiedliche Zeitauffassung eigentlich nicht zwischen Paulus und unserem Verfasser, sondern innerhalb des Epheserbriefes selbst besteht. Offensichtlich will der Verfasser mit diesen differierenden Aussagen eine bestehende Spannung ausdrücken. Auch wenn der Verfasser des Epheserbriefes den futurischen Aspekt der Eschatologie gegenüber Paulus oft ins Präsentische verschiebt, hat er dennoch, wie von F. J. Steinmetz herausgearbeitet wurde, nach 'Äquivalenten' für die futurische Eschatologie gesucht, um die Spannung zwischen Heilsgegenwart und Heilszukunft aufrecht zuerhalten. Steinmetz sieht dies in den „Kategorien des Wachstums und der Erfüllung" gegeben[295]. Diese Kategorien betreffen genau die in den oben genannten Begriffen angesprochenen Vorstellungen. Während der durch κεφαλή angesprochenen Leibmetaphorik das Wachstum entspricht, ist mit πλήρωμα die Kategorie des Erfüllens schon angesprochen. Sowohl die Kirche als auch die Welt sind in diesen Prozeß einbezogen, sie haben beide noch nicht ihre abgeschlossene Gestalt, doch hat bereits in der Gegenwart eine Entwicklung begonnen, die sie zu ihrem Ziel führt. Durch die Kategorien von Wachstum und Erfüllung bekommt die Eschatologie gegenüber Paulus einen prozessualen Charakter. Die künftigen Ereignisse brechen nicht mehr abrupt herein, sie sind vielmehr vorbereitet in einem Reifungs- und Wachstumsprozeß. In dieser Änderung gegenüber Paulus wird das Anliegen deutlich, die gegenwärtige Situation ganz von der zukünftigen Vollendung her zu verstehen. Schon jetzt hat begonnen, was in der Zukunft erst zu seinem Ziel kommen wird. Auf diese Weise sind die Glaubenden bereits jetzt in einen Prozeß eingebunden, der sie eng mit dem Eschaton verbindet.

Von diesem Anliegen her, die Gegenwart in den Anbruch des Eschatons einzubeziehen, wird auch verständlich, warum der Verfasser im Unterschied zu Paulus den Herrschaftsantritt Christi nicht allein in universalkosmischer Dimension beschreibt, sondern den ekklesiologischen Aspekt hinzunimmt. Nicht, daß in der Kirche bereits realisiert sei, was für das All erst in Zukunft gilt; entscheidend ist vielmehr, daß Kirche und Welt in den Prozeß der eschatologischen Erfüllung durch Christus eingebunden sind.

---

[295] F. J. STEINMETZ, Protologische Heilszuversicht 113.

Doch die Kirche ist dem All auf dem Weg der Erfüllung durch Christus insofern voraus, als in sie die Wachstumskräfte Christi einströmen. In ihr wirkt Christus als der Herr aller Welt *in die Welt hinein*[296]. Durch ihre Ausbreitung in der Welt greift Christus Platz in seiner Schöpfung. Darum soll die Kirche sich auf das All ausweiten, damit letztlich die ganze Welt von der Fülle Christi erfüllt sei. So wird verständlich, wieso die Intention des Verfassers in einer Verschränkung von ekklesiologischer und kosmologischer Aussage liegt. Die Kirche ist weder Selbstzweck noch Endziel der Taten Gottes, sondern sie hat vielmehr eine wesentliche Bedeutung auf dem Weg der *endgültigen Erfüllung des Alls* durch Christus. Auch in Eph 1,22f ist die Ekklesiologie darum eingebunden in den Prozeß der herrschaftlichen Durchdringung der Welt durch Christus. Doch diese Verzahnung im Motiv des doppelten Erfüllens von Kirche und Welt wird erst vollends verständlich, wenn die Tempelvorstellung des Epheserbriefes genauer untersucht wird[297].

3. Die Kirche als Tempel Gottes

a) Traditionsgeschichtliche Überlegungen

Mit der Vorstellung der Kirche als Tempel ist ein umfassender Vorstellungskomplex angeschnitten. Allein der Wandel des Bildes innerhalb von *Eph 2,19-22* läßt die Verarbeitung mehrerer unterschiedlicher Motive erkennen. Mag die Darstellung der Glaubenden als „Mitbürger der Heiligen und Hausgenossen Gottes" auf die Vorstellung der kultischen Gemeinschaft von Engeln und Menschen zurückgehen[298] und das Motiv der himmlischen Gottesstadt verarbeiten[299] (V 19), so klingt in den Begriffen „Fundament" und „Eckstein"[300] die Tempelbausymbolik eines aus Men-

---

[296] Vgl. F. MUSSNER, Eph. 57.
[297] Vgl. insbes. das Motiv des Erfüllens innerhalb der Tempelmetaphorik unten 202f.
[298] So G. KLINZING, Umdeutung 186; F. MUSSNER, Eph. 90f; H. SCHLIER, Eph. 140f; J. GNILKA, Eph. 154; A. LINDEMANN, Aufhebung 183; R. SCHNACKENBURG, Eph. 121f; J. ROLOFF, Die Kirche 239. Zur parallelen Vorstellung in Qumran vgl. A. M. SCHWEMER, Gott als König 76.
[299] So G. KLINZING, Umdeutung 184-187.
[300] Zur Bedeutung von ἀκρογωνιαῖος als Eckstein vgl. die Darstellung der Diskussion, wie sie bei R. SCHNACKENBURG, Die Kirche als Bau insbes. 262-264, zu finden ist. J. JEREMIAS, Art. ἀκρογωνιαῖος, in: ThWNT 1, 792f, hat für ἀκρογωνιαῖος den Deutungsvorschlag „Schlußstein" in die Diskussion eingebracht. Einer der ersten Kritiker der These von J. Jeremias war E. PERCY, Probleme 328-335. Der Meinung von E. Percy zustimmend: F. MUSSNER, Christus, das All und die Kirche 108-111. Das alttestamentliche Vorbild für ἀκρογωνιαῖος findet sich in Jes 28,16; Ps 118,22f.

schen erbauten, lebendigen Tempels an (V 20), in dem Gott Wohnung nimmt (V 21f). Durch die Nähe dieser Darstellung zu Beschreibungen aus *Qumran*[301] wurde die Ableitung aus dem alttestamentlich-jüdischen Traditionskreis zweifelsfrei erwiesen. Beide, die Qumranschriften wie das Neue Testament, greifen auf die in der Zionstheologie verankerte Vorstellung vom Wohnen Gottes in seinem Volk, die Schechina-Vorstellung[302], zurück. Dennoch zeigen sie jeweils einen ganz unterschiedlichen Ansatz in der Entwicklung des Tempelgedankens[303]. Da die Gemeinschaft von Qumran den Jerusalemer Tempel als verunreinigt und korrumpiert ablehnt, führt sie nach ihrem Verständnis innerhalb der Gemeinde den wahren Kult in spiritualisierter Form weiter. Die neutestamentliche Anschauung rührt dagegen nicht von einer solchen Kritik am Jerusalemer Tempel her, sondern sie hat ihren Ursprung in der Überzeugung, daß – wie *Paulus* es 2Kor 5,18-21 beschreibt – am Kreuz Gott selbst in Christus das Sühnopfer endgültig vollzogen und darin den Opferkult Israels zu seiner Erfüllung gebracht und aufgehoben habe. In der Sendung seines Sohnes (vgl. Röm 8,3; Gal 4,4) hat Gott die Schranken zwischen heilig und profan durchbrochen und so die Heiligung der Welt vollbracht. Darin gründet gerade für Paulus nicht nur eine umfassende Gesetzeskritik, sondern auch ein *neues Tempelverständnis*. Der Tempel, der durch die Gegenwart Gottes in dieser Welt konstituiert wird, stellt nicht mehr einen fest abgegrenzten, heiligen Bezirk auf Erden dar, sondern weitet sich durch Christi grenzüberschreitende Heilstat aus, um die ganze Welt universal zu umfassen. Juden wie Heiden werden durch Christus von der Gegenwart Gottes erfüllt. Gerade weil die Gläubigen aus Juden und Heiden zum Ort werden, an dem Gott Wohnung nimmt, kann Paulus seine Gemeindeglieder als Tempel Gottes ansprechen (1Kor 3,16f; 6,19; 2Kor 6,16). Im Alltag der Welt vollziehen sie den wortgemäßen Gottesdienst (Röm 12,1).

Die Vorstellung vom Tempel ist dabei nicht bloß bildlich als ein Vergleich für die Gemeinde gemeint. Paulus sieht die Kirche vielmehr als den *realen*[304] eschatologischen Gottestempel[305]. Das zeigt sich in seiner Schil-

---

[301] Vgl. G. KLINZING, Umdeutung 167-213; F. MUSSNER, Beiträge aus Qumran 197-211. MUSSNER nennt als Parallelen zu Eph 2,19-22: a) V 19: 1QS 11,7f; 1QH 3,21-23; b) V 20-22: 1QH 8,4-10; 1QS 9,5f; 1QH 6,25-27; 1QH 7,8f; 1QS 5,5f.
[302] Vgl. B. JANOWSKI, „Ich will in eurer Mitte wohnen" 165-193.
[303] Gegen G. KLINZING, Umdeutung 167f, der eine Ableitung der neutestamentlichen Vorstellung direkt aus Qumran erwägt. Zurückhaltender F. MUSSNER, Beiträge aus Qumran; vgl. dazu J. ROLOFF, Die Kirche 112f.
[304] So W. KLAIBER, Rechtfertigung und Gemeinde 39; J. ROLOFF, Die Kirche 113.

derung vom Aufbau der Gemeinde in *1Kor 3,9-17*. War der Tempel ein von Menschenhand aus Steinen errichtetes Gebäude, ist er jetzt ein von Gott aus Menschen gefügter Bau[306]. Paulus versteht sich als Gottes Mitarbeiter (συνεργός 1Kor 3,9), der den Auftrag hatte, als weiser Baumeister das Tempelfundament zu legen (V 10). Nur Jesus Christus, der der Ort der Gotteseinwohnung in dieser Welt ist[307], kann das Felsfundament dieses eschatologischen Tempels sein[308]. Paulus identifiziert auf diese Weise Christus mit dem Zionsfelsen, dem tragenden Fundament des Allerheiligsten (vgl. Röm 9,33). Der Aufbau auf diesem Felsfundament mit Gold und Edelsteinen ruft dabei die Vorstellung vom neuen Jerusalem in Erinnerung, das in prachtvollem Schmuck auf dem Zionsfelsen entstehen soll[309]. Dies zeigt, daß in 1Kor 3,12ff die Tempeldarstellung zum Motiv der himmlischen Gottesstadt überwechselt[310]. Die hohe Verantwortlichkeit, unter der die Aufbauenden in 1Kor 3,13-17 stehen, und die Prüfung ihres Werkes durch das Feuer bestätigen, daß es hier um den Aufbau des wahren, eschatologischen Gottestempels geht.

In dem stark traditionsgeschichtlich geprägten Stück *2Kor 6,16-19*[311] wird die Vorstellung von der Gemeinde als Tempel durch Schriftzitate belegt. Die alttestamentliche Verheißung, daß Gott in seinem Volk wohnen werde[312], hat sich in Christus erfüllt. Gottes Einwohnung ist das entscheidende Motiv für das Verständnis der Gemeinde als Tempel. Nicht nur in der gottesdienstlichen Versammlung der Gemeinde ist der Herr wahrhaftig anwesend (1Kor 14,25[313]), Gott wohnt mit seinem Geist auch in den

---

[305] Die Erwartung eines neuen eschatologischen Tempels ist in der alttestamentlich-jüdischen Tradition deutlich bezeugt. Dazu gehören nicht nur die Visionen Ezechiels Ez 40-48, sondern auch viele Belege aus der apokalyptischen Literatur (z.B. äthHen 90,28f; Jub 1,17.29; Sib 3,290; Tob 14,5; vgl. ROLOFF, Die Kirche 112).
[306] Vgl. 1Kor 3,9: θεοῦ οἰκοδομή ἐστε.
[307] Vgl. 2Kor 5,18: θεὸς ἦν ἐν Χριστῷ.
[308] Vgl. O. BETZ, Felsenmann 59; R. J. MCKELVEY, The New Temple 98-102.
[309] Vgl. Jes 54,11ff; Tob 13,16f; Apk 21,18ff; nach G. KLINZING, Umdeutung 171.
[310] Diese Identifikation der Kirche mit dem himmlischen Jerusalem vollzieht Paulus auch in Gal 4,26f, dort im Rückgriff auf Jes 54,1. Vgl. H. BIETENHARD, Die himmlische Welt 197ff.
[311] Vgl. CH. WOLFF, 2Kor. 146-149, der den Abschnitt 2Kor 6,14-7,1 trotz der Verarbeitung geprägter Tradition durchaus für paulinisch hält.
[312] In V 16 liegt eine Kombination von Lev 26,11f und Ez 37,27 vor.
[313] Vgl. dazu auch die Anweisung zum Schleiertragen der Frau in 1Kor 11,2-16, die auf der Voraussetzung der kultischen Gemeinschaft von Engeln und Menschen basiert. Da im Gottesdienst der christlichen Gemeinde selbst die Engel anwesend sind (V 10), soll es ehrbar zugehen und der der himmlischen Gegenwart geziemende Anstand eingehalten werden. Spekulationen über die Gefahr eines wiederholten Engelsturzes sind hier gänzlich unangebracht! Vgl. O. HOFIUS, Gemeinschaft mit den Engeln 187.

Herzen der Gläubigen (Röm 8,9-11): *Wer „in Christus" ist, ist zum Ort der eschatologischen Gotteseinwohnung* geworden!

b) Die Darstellung Eph 2,19-22

Der ekklesiologische Abschnitt Eph 2,19-22 ist nicht nur durch Stichwortverbindung[314] mit der vorangehenden Heilsbeschreibung verknüpft. Eine wesentliche Voraussetzung für das Verständnis der Kirche als Tempel ist der eröffnete *Zugang zu Gott*, der das Ziel der Heilstat in *Eph 2,18* darstellt. Das Stichwort προσαγωγή weist auf die literarische Verarbeitung von *Röm 5,2*[315] und muß darüber hinaus als kultischer Terminus[316] von der Septuaginta her interpretiert werden[317]. Dort wird der Zutritt zu Gott, der allein den Priestern gestattet ist, durch προσάγω ausgedrückt. Gerade für die Priesterweihe, in der Mose Aaron und seine Söhne[318] wie auch die Leviten in die göttliche Gegenwart treten läßt, wird dieser Begriff gebraucht[319]. Die priesterliche Investitur Josuas in *Sach 3,1-8* bietet trotz terminologischer Differenzen[320] eine sachliche Parallele. Entspricht die Zeremonie in ihren einzelnen Teilen ganz der Priesterweihe Aarons[321], so wird diese zugleich um ein Vielfaches überboten. Während Aaron und seine Söhne den Zutritt zum Allerheiligsten des irdischen Tempels erlangen, darf Josua eintreten in die Versammlung der Himmlischen, hat er Zugang zu Gottes Thron selbst[322]. Dieser Gedanke des kultischen Zugangs zu Gott wird in der christlichen Gemeinde nun für alle Gläubigen Wirklichkeit. Wie *Eph 2,18* darstellt, eröffnet die Heilstat Christi Juden wie

---

[314] Vgl. ξένοι V 19 mit V 12 sowie συμπολῖται V 19 mit πολιτεία V 12.
[315] S.o. 67.
[316] Vgl. G. V. RAD, Theologie des Alten Testaments Bd. 2, 227.
[317] In der Septuaginta wird das Verb προσάγω überwiegend als Äquivalent für קרב hi. verwendet. Während קרב hi. mit dem Akk. der Sache zumeist die Opferdarbringung benennt (Ex 29,3.10; Lev 1,2f.10; 3,1.3.7.12 usw.), wird mit dem Akk. der Person der von Gott gestattete Zutritt bezeichnet. Zur genaueren Begriffsgeschichte von προσάγω/προσαγωγή vgl. M. WOLTER, Rechtfertigung und zukünftiges Heil 107-120.
[318] Daß die Söhne einen Ausdruck für die Sukzessionsfolge darstellen, zeigt Ex 29,29.
[319] Vgl. Ex 29,4.8; 40,12.14; Lev 8,13; Num 8,9.10; 16,5.9.10 usw; vgl. auch Jer 30,21.
[320] Der eröffnete Zugang wird in MT durch מַהְלְכִים (corr.), in LXX mit ἀναστρεφόμενοι wiedergegeben.
[321] a) Das Motiv der Entsühnung, das bei Aaron durch die Waschung, die Einkleidung (Ex 29,4) und das anschließende Opfer (Ex 29,10ff) zum Ausdruck kommt, wird bei Josua durch das Ablegen des schmutzigen Kleides und Anlegen eines reinen, linnenen Priestergewandes angesprochen (Sach 3,4f). b) Durch das Aufsetzen des Turbans mit dem Diadem werden Aaron (Ex 29,4f.8f) wie Josua (Sach 3,5) die Insignien der hohenpriesterlichen Würde übertragen.
[322] Vgl. H. GESE, Die Sühne 99f, 106.

Heiden die *volle Gemeinschaft* mit Gott[323]. Im Versöhnungswerk Christi ereignet sich also die Priesterweihe aller Gläubigen[324]. Im Unterschied zur alttestamentlichen Beschreibung ist dieser Zugang zu Gottes Gegenwart nicht ein einmaliges Ereignis bzw. ein sich immer wieder neu vollziehendes Geschehen, sondern ein *bleibender* Zustand. Darin entsprechen sich Eph 2,18 und Röm 5,2. Für beide Stellen ist in der durch Christus geschaffenen προσαγωγή ein beständiger Friede mit Gott gestiftet[325].

Gerade hierauf baut der ekklesiologische Abschnitt *Eph 2,19-22* auf. Der freie Zugang zu Gott ist die *Voraussetzung* für die Gemeinschaft mit den Engeln und für das Verständnis der Kirche als Tempel. Die enge Verkettung von Eph 2,19-22 mit der vorangehenden Beschreibung des Heilsgeschehens bestätigt wiederum, daß die Ekklesiologie des Epheserbriefes *in strenger Abhängigkeit* von der Soteriologie gedacht ist[326]. Doch diese Verzahnung scheint bereits auf vorgegebene Tradition zurückzugehen. Die Beobachtung von F. Mußner[327], daß der Begriff προσαγωγή parallel zu προσέρχεσθαι in Hebr 4,16; 10,21; 12,22 zu verstehen ist, führt hier weiter. Während die Verse Hebr 4,16 und Hebr 10,21 den kultischen Zugang zum Thron Gottes durch Christus als den wahren Hohenpriester beschreiben und darin eine Parallele zu Eph 2,18 darstellen, wird in Hebr 12,22 dieser Zutritt *ekklesiologisch* gefaßt: Es ist der Zutritt zum eschatologischen Berg Zion, dem himmlischen Jerusalem, die Eröffnung des himmlischen Gottesdienstes in der Gemeinschaft mit den Engeln, genauso wie dies in Eph 2,19 geschildert wird. Auch im Hebräerbrief wird also die Be-

---

[323] Auffällig ist die triadische Formulierung, die in der Wahl der Präpositionen bereits deutlich trinitätstheologische Spuren erkennen läßt.

[324] Bereits in der Gemeinde von Qumran wird das Herantreten in die Gegenwart Gottes, das in der alttestamentlichen Überlieferung den Priestern vorbehalten ist, auf die einzelnen Glieder der Qumrangemeinde übertragen (vgl. M. WOLTER, Rechtfertigung und zukünftiges Heil 113-117). Da sich die Qumrangemeinde als der wahre Tempel versteht, wird der Übertritt zu dieser Gemeinde mit der Priesterweihe gleichgesetzt. Liegt diese Übertragung auf alle Gläubigen in der Umdeutung der Kultusbegriffe in Qumran begründet, zeigt das Neue Testament einen ganz anderen Ansatzpunkt. Hier ist es die *eschatologische Erfüllung* des Kultes durch die Heilstat Christi, die allen Gläubigen den Zugang zu Gott eröffnet.

[325] Beide Stellen verbindet der durative Aspekt der Tempuswahl ἔχομεν bzw. ἐσχήκαμεν τὴν προσαγωγήν sowie das instrumentale δι' αὐτοῦ bzw. διὰ τοῦ κυρίου ἡμῶν Ἰησοῦ Χριστοῦ wie auch die inhaltliche Verbindung mit εἰρήνη (Eph 2,14.15.17; Röm 5,1).

[326] Gegen die bereits mehrfach erwähnte These von H. MERKLEIN, Christus und die Kirche 64, nach der im Epheserbrief die Ekklesiologie zur Voraussetzung der Soteriologie geworden sei.

[327] Vgl. F. MUSSNER, Christus, das All und die Kirche 103; vgl. auch E. PETERSON, Das Buch von den Engeln 13.

schreibung des kultischen Zutritts durch Christus mit der ekklesiologischen Tempelvorstellung verbunden[328]. Der durch die Heilstat Christi eröffnete Zutritt umfaßt damit schon von der Tradition her einen breiten Bildkomplex: Es ist das Motiv der Gemeinschaft mit den Himmlischen, zugleich aber auch das Bild der Gottesstadt, des himmlischen Jerusalem, in dem die Glaubenden Bürgerrecht haben (vgl. πολίτευμα Phil 3,20), und des eschatologischen Zion, auf den sie als lebendiger Tempel gebaut sind (vgl. Ps 74,2).

Eph 2,20 bleibt darum ganz innerhalb des traditionellen Bildkomplexes, wenn hier an die Gemeinschaft mit den Himmlischen die *Tempelbauvorstellung* angefügt wird. Die direkte Wortwahl ließ darüber hinaus schon die literarische Abhängigkeit von 1Kor 3,9-17 erkennen. Neu ist jedoch gegenüber der paulinischen Darstellung die Verschiebung der Begriffe, die sich leicht aus der gewandelten Perspektive der dritten Generation erklärt. Hier kommt das ἐποικοδομεῖν ἐπὶ τὸν θεμέλιον (1Kor 3,12) als gegenwärtige Aufgabe in den Blick: Auf dem apostolischen Fundament muß weitergebaut werden. Daß es sich bei den Aposteln und Propheten um Größen der Vergangenheit handelt, kann man leicht aus Eph 3,5 erschließen[329]. Im Unterschied zur paulinischen Anfangssituation läßt sich bereits ein dreifach gegliederter Bau erkennen: Die gegenwärtige Gemeinde ist auf das Fundament der Apostel und Propheten gestellt, das wiederum auf dem Tempelgrundstein aufruht. Der Verfasser des Epheserbriefes hat das alttestamentlich vorgeprägte Motiv des *Ecksteins* homogen in das paulinische Bild eingearbeitet[330]. Hier steht die Zionserwählung von Jes 28,16 (vgl. auch Ps 118,22f) im Hintergrund: Jesus Christus ist der Grundstein, auf welchem Gott seinen Tempel bauen wird. Er ist der Omphalosstein, der Nabel der Welt, von dem aus die Erde gegründet wurde, der die Pforten der Unterwelt verschließt, der Punkt, an dem die Himmelsachse auf die Erde auftrifft: Mit dem Motiv des Ecksteins verbinden sich die ent-

---

[328] Deshalb legt es sich nahe, die parallele Darstellung in 1Petr 3,18 ebenfalls von diesem kultischen Vorstellungshintergrund her zu interpretieren, wie dies in älteren Kommentaren der Fall ist (so K. H. SCHELKLE, 1/2Petr. 103, B. WEISS, Das Neue Testament Bd. 2, 366); gegen L. GOPPELT, 1Petr. 244, Anm. 21, der diese Deutung entschieden ablehnt. Leider wird bei N. BROX, 1Petr. 167f, diese Fragestellung überhaupt nicht mehr berücksichtigt.

[329] Der Gebrauch von ἅγιος in exklusivem Sinn zur Charakterisierung der Apostel deutet klar auf die Situation rückblickender Beschreibung. In Eph 3,1-7 wird die *vergangene* Situation der apostolischen Verkündigung, in Eph 3,10 dagegen die *gegenwärtige* Verkündigung der Kirche dargestellt. Vgl. dazu unten 228ff.

[330] Zum Problem des Genitivs αὐτοῦ vgl. R. SCHNACKENBURG, Eph. 123.

scheidenden Vorstellungen alttestamentlich-jüdischer Tempelmetaphorik[331]. Eine gute Illustration für die traditionelle Verknüpfung der in Eph 2,18ff genannten Motive bietet *Sach 3,7-9*. Dort ist der Zutritt, der dem Hohenpriester Josua[332] zu Gott gewährt wird, zugleich sein Eintritt in die Gemeinschaft der Himmlischen. Doch damit verbindet sich das Motiv des Steines, auf dem die Augen Jahwes ruhen (Sach 3,8), das sich am besten auf den Tempelgrundstein deuten läßt, an dem die Gegenwart Gottes haftet und aus dem beim Kommen des Messias (Sach 3,9) der neue Tempel entstehen soll. Bereits in Sach 3,7-9 liegt damit die Verbindung der drei in Eph 2,18-20 genannten Elemente vor: *der Zutritt zu Gott, die Gemeinschaft mit den Himmlischen und die Gründung des neuen Tempels*.

In Eph 2,21.22 begegnet uns eine eigene, für den Epheserbrief typische Weiterführung des traditionellen Bildes. Bewußt sucht der Verfasser, die *Tempel*vorstellung mit dem *Leib*gedanken zu parallelisieren. Kennzeichnend dafür ist, daß die Kategorie des Wachstums aus der Leibmetaphorik in die Tempelvorstellung einfließt. Sind die Verse 21.22 im klassischen Parallelismus membrorum gebaut, so läßt sich dessen erste Hälfte (V 21) bis hinein in die Wortwahl von Eph 4,16 her verstehen. Ein schematischer Überblick mag dies verdeutlichen:

Eph 2,21:	ἐν ᾧ	πᾶσα οἰκοδομὴ	αὔξει	εἰς ναὸν ἅγιον
	(=Christus)	συναρμολογουμένη		
Eph 4,16:	ἐξ οὗ	πᾶν τὸ σῶμα	τὴν αὔξησιν	εἰς οἰκοδομὴν
	(=Christus)	συναρμολογούμενον...	ποιεῖται	ἑαυτοῦ

Offensichtlich liegt dem Verfasser daran, die unterschiedlichen ekklesiologischen Entwürfe von Tempel- und Leibvorstellung zu einer *einheitlichen ekklesiologischen Gesamtkonzeption* zusammenzuführen. Die sprachliche Beobachtung läßt sich nämlich auch inhaltlich bestätigen: a) Christus ist als κεφαλή bzw. ἀκρογωνιαῖος eng der Kirche zugeordnet. Doch er geht nicht in der Kirche auf, sondern hat jeweils eine ihr vorgeordnete Bedeutung. In beiden Fällen ist die Einheit in ihm gegründet (ἐν ᾧ/ἐξ οὗ), da er die zusammenhaltende Größe darstellt (συναρμολογέω);

---

[331] Vgl. dazu F. MUSSNER, Christus, das All und die Kirche 107-118; R. J. MCKELVEY, The New Temple 115ff, 118ff; J. JEREMIAS, Golgotha und der heilige Felsen 83f, 91ff; O. BETZ, Felsenmann 59ff. Vgl. ferner zum Vorstellungshintergrund im rabbinischen Judentum: B. EGO, Im Himmel wie auf Erden 73-110; zu den Parallelen in Qumran: G. JEREMIAS, Der Lehrer 245ff; zur Entwicklung der alttestamentlichen Tradition: G. FOHRER, Art. Σιών, in: ThWNT 7, 307-309, 315-317.

[332] Josua tritt hier stellvertretend für Israel auf; vgl. Sach 3,2. Zur Interpretation von Sach 3,7-9 vgl. H. GESE, Die Sühne 99f, 106.

b) Die Ämter haben eine Vermittlungsfunktion. Auf diese Weise sind beide Bilder dreigliedrig geworden: Eckstein – Fundament – Bau bzw. Haupt – Bänder – Glieder. Die Parallelität dieser beiden Entwürfe erkannte bereits J. Jeremias; er ging in seiner Deutung wohl zu weit, wenn er auch den ἀκρογωνιαῖος in strenger Parallelität zum κεφαλή-Gedanken nicht als Eckstein, sondern als Gewölbestein verstehen wollte[333]. Hier jedoch liegt der einzige Unterschied zwischen den beiden Bildern: Christus als *Haupt* stellt das Ziel oben dar, Christus als *Eckstein* die Grundlage unten. Gerade die *Parallelisierung* der beiden Bilder ermöglicht es dem Verfasser, die verschiedenen Elemente von Leib- und Tempelvorstellung untereinander *auszutauschen*. So konnten wir bereits das Motiv des *Wachstums* innerhalb der Tempelmetaphorik wiederfinden (Eph 2,21). Umgekehrt kann Eph 4,12.16 von der *Erbauung* des Leibes sprechen.

Ein weiteres Motiv ist die Kategorie des '*Erfüllens*', die in alttestamentlicher Tradition dem Tempelgedanken zugeordnet wird: Gott 'erfüllt' den Tempel[334] wie die Stiftshütte[335], aber auch die ganze Erde[336]. Das hierfür verwendete hebräische Verbum מָלֵא qal bzw. ni.[337] wird in der Septuaginta durch drei griechische Äquivalente (πίμπλημι[338], πλήρης[339], πληρόω[340]) wiedergegeben, die jedoch keinen Bedeutungsunterschied erkennen lassen[341]. Sie bezeichnen gleichermaßen die 'Erfüllung' des Erdkreises wie des Tempels durch Gott. Aufschlußreich für das Verständnis des göttlichen 'Erfüllens' ist *Jes 6,1-4*, da hier neben der 'Erfüllung' des Tempels von der 'Erfüllung' der Welt gesprochen wird. In der Vision Jesajas, in der ihm die Herrlichkeit Gottes im Tempel erscheint, singen die Seraphen, daß Gottes Herrlichkeit die ganze Erde durchdringt. Vom Tempel aus, in dem Gott schon präsent ist, breitet sie sich über die ganze Welt hin aus. Der Tempel, die Gründung der Gotteswohnung auf der Erde, ist nach Jes 6 der Ausgangspunkt für die herrschaftliche 'Erfüllung' der

---

[333] Vgl. J. JEREMIAS, Art. ἀκρογωνιαῖος, in: ThWNT 1,792f.
[334] Vgl. 1Kön 8,10f; 2Chr 5, 14; 7,1f; Jes 6,1.4; Ez 10,3.4; 43,5; 44,4; Hag 2,7.
[335] Vgl. Ex 40,34f.
[336] Vgl. Num 14,21; Ps 33,5; 72,19; 119,64; Jes 6,3; Jer 23,24.
[337] Nur in Jer 23,24 liegt מָלֵא als Adjektiv zugrunde.
[338] Vgl. Ex 40,34f; 1Kön 8,10f; 2Chr 7,1f; Jes 6,4; Ez 10,3.4; Hag 2,7. Vgl auch Num 14,21; 2Chr 5,14, wo ἐμπίμπλημι gebraucht wird.
[339] Vgl. Ez 43,5; 44,4; Ps 33,5; 119,64; Jes 6,1.3.
[340] Vgl. Ps 72,19; Weish 1,7 (ohne hebräisches Äquivalent); Hag 2,7 (LA Alexandrinus); Jer 23,24.
[341] Bezeichnend dafür ist die unterschiedliche Lesart in Hag 2,7.

Erde³⁴². Das Heiligtum, die Stätte der göttlichen Gegenwart, ist der Palast, von dem aus Gott die Weltherrschaft antritt. Der Tempel repräsentiert darum bereits jetzt die von Gottes Herrlichkeit erfüllte Erde³⁴³.

Von diesem Hintergrund her läßt sich auch der neutestamentliche Begriff πληροῦν als Bestandteil der Tempeltheologie verstehen und muß nicht aus gnostischen Texten abgeleitet werden³⁴⁴. So verwundert es nicht, daß auch im Epheserbrief die alttestamentliche Vorstellung des doppelten 'Erfüllens' anzutreffen ist. Sowohl die Vorstellung der Kirche als πλήρωμα als auch das kosmische πληροῦν gehören eigentlich in den Vorstellungskreis der Tempeltheologie und spiegeln gerade in ihrer engen Bezogenheit aufeinander (vgl. Eph 1,23) die doppelte Struktur der 'Erfüllung' des Tempels und der Welt wider³⁴⁵. Die Kombination von kosmischer und ekklesiologischer Perspektive, wie sie in Eph 1,22f anklingt, läßt sich somit aus der alttestamentlichen Tempeltheologie heraus verstehen. Im Epheserbrief findet dabei eine Übertragung statt. Durch die Einbeziehung der Heiden in das Christusgeschehen geschieht, was im alttestamentlichen Tempelkult bereits symbolisch angelegt war: Die Teilhabe der Heiden an der Christusherrlichkeit (Eph 3,6) ist die 'Erfüllung' der Erde mit dem כְּבוֹד יְהוָה. Damit liegt hier eine weitere Verbindung von Begriffsfeldern vor. Wie wir oben eine Parallelisierung von Tempel- und Leibgedanken beobachten konnten, wird hier das Verständnis der Kirche als Tempel durch den doppelten Begriff des 'Erfüllens' mit der kosmischen Perspektive verbunden.

c) Die Anklänge an die Tempelmetaphorik in Eph 3,17-19

Über Eph 2,19-22 hinaus wird die Tempelmetaphorik innerhalb des feierlichen Fürbittgebets *Eph 3,14-21* verarbeitet, das den lehrhaften Teil abschließt. Hier fallen verschiedene Motive auf: a) Das für die Tempelvorstellung entscheidende Motiv der Einwohnung findet sich jetzt in übertragener Bedeutung: Christus soll in den Herzen der Gläubigen Wohnung nehmen (κατοικῆσαι τὸν Χριστὸν ... ἐν ταῖς καρδίαις ὑμῶν V 17). Sie selbst sind also der lebendige Tempel Gottes. b) Das Motiv des Tem-

---

[342] So lassen sich in der doppelten Erfüllung von Tempel und Welt bereits im Alten Testament ein ekklesiologischer und ein kosmologischer Aspekt unterscheiden. Vgl. das Zionslied Ps 48,10f sowie Jes 4,5.
[343] Zur Entwicklung dieser Vorstellung im Judentum vgl. B. EGO, Gottes Weltherrschaft 267f.
[344] So mit Recht bereits F. MUSSNER, Christus, das All und die Kirche 46-61.
[345] S.o. 195.

pelfundamentes kommt im Partizip τεθεμελιωμένοι (V 17) zur Sprache, wobei als Fundament die Liebe genannt wird. c) Auf ein weiteres Motiv aus der Tempelmetaphorik wird mit dem indirekten Fragesatz τί τὸ πλάτος καὶ μῆκος καὶ ὕψος καὶ βάθος V 18b angespielt. Da es in dieser Bitte um die Erkenntnis der Größe des Heils geht, sind kosmologische Spekulationen über die Größe des Alls ausgeschlossen[346]. Vielmehr handelt es sich um den durch Christus eröffneten Heilsraum, dessen gewaltige Ausmaße die Gläubigen erkennen sollen. Der eigentümliche Fragesatz läßt sich als Aufnahme eines in der Apokalyptik verbreiteten Motives verstehen, in der das eschatologische Heiligtum vermessen wird[347]. Darum legt es sich nahe, daß in Eph 3,18 der Heilsraum als Tempel gedacht ist, dessen vollkommene Maße erkannt werden sollen. Nach apokalyptischer Tradition wird die Vollkommenheit des eschatologischen Heiligtums in der Kubusform zum Ausdruck gebracht: Nach allen Seiten hat das Heiligtum die gleiche Größe. Die Übernahme der dafür typischen Frage nach den Ausmaßen[348] zeigt deshalb, daß dieser Vorstellungshintergrund auch für Eph 3,18 vorauszusetzen ist. d) In der letzten Bitte, die das Ziel aller Glaubenserkenntnis beschreibt, begegnet das Motiv der vollkommenen Erfüllung durch Gott: ἵνα πληρωθῆτε εἰς πᾶν τὸ πλήρωμα τοῦ θεοῦ (V 19). Da auch das Motiv des Erfüllens eine Grundlage der Tempeltradition darstellt, ist deutlich, daß dieses Gebet durchgehend von der Tempelmetaphorik geprägt ist. Offensichtlich hat der Verfasser seine Gedanken ganz aus der apokalyptischen Vorstellungswelt entwickelt.

Anhang: Zur Darstellungsform von Eph 4,4-6

In Eph 3,18 läßt sich der Einfluß einer kubusförmigen Vorstellung des Heilsraumes erkennen, wodurch die Ausgewogenheit des Maßes symbolisch dargestellt werden soll. Offensichtlich versucht die Beschreibung der Heilsfülle in Eph 4,4-6 diese Ausgewogenheit stilistisch nachzuzeichnen. Hier wird in dreimal drei Gliedern das Wesen des Heils dargestellt. Durch ἓν σῶμα – εἷς κύριος – εἷς θεός wird jeweils eine neue Ebene eröffnet, die durch die nachfolgenden Begriffe weiter gefüllt wird. Mit ἓν σῶμα,

---

[346] Gegen eine gnostische Ableitung, wie sie etwa von H. SCHLIER, Eph. 171ff erwogen wird.
[347] Vgl. Sach 2,5-9; Jer 31,39; Ez 40,3ff; Apk 11,1; 21,15-17.
[348] Vgl. etwa die Übereinstimmung der Fragestellung von Eph 3,18 mit Apk 21,16, wo das himmlische Jerusalem durch die Ebenmäßigkeit von Länge, Breite und Höhe kubusförmig beschrieben wird.

ἓν πνεῦμα, ... ἐν μιᾷ ἐλπίδι... wird die unterste Ebene, der den Gläubigen eröffnete Heilsraum der Kirche angesprochen. Darüber liegt in εἷς κύριος, μία πίστις, ἓν βάπτισμα die Ebene der Heilsvermittlung, durch welche die Heilseröffnung geschieht. Die oberste Ebene ist Gott selbst, εἷς θεός, der darum auch als πατὴρ πάντων angesprochen werden kann (vgl. Eph 3,14). Er aber steht nicht nur über allem, sondern ist zugleich die Fülle, die alles durchdringt. Der Heilsraum als Ganzes ist ja πλήρωμα τοῦ θεοῦ (Eph 3,19), und so wird – ebenfalls dreigliedrig – die alle Ebenen durchdringende Fülle Gottes mit ὁ ἐπὶ πάντων καὶ διὰ πάντων καὶ ἐν πᾶσιν zum Ausdruck gebracht[349].

d) Ergebnis

Zusammenfassend läßt sich festhalten, daß der Verfasser die bei Paulus anzutreffende Tempelmetaphorik aufgenommen und weiterentwickelt hat. Ausgangspunkt ist für ihn die paulinische Darstellung der Gemeinde als Tempel (1Kor 3; 2Kor 6), die er jedoch unter Rückgriff auf apokalyptische Tradition vertiefend erweitert. Faßt man die Erweiterungen thematisch zusammen, läßt sich das Anliegen des Verfassers in dreifacher Hinsicht bestimmen. a) *Im Blick auf die neue Generation*: Wenn der Verfasser die paulinische Darstellung der Gemeinde als Tempel durch die Einfügung des alttestamentlichen Motivs vom Eckstein zu einem dreigliedrigen Bild erweitert, so zeigt er damit sein Interesse an der Einbeziehung der neuen Generation. b) *Im Blick auf die zukünftige Vollendung*: In den Fürbitten Eph 3,14-17 beschreibt der Verfasser das zukünftige Heil im Bild der Errichtung des eschatologischen Heiligtums. Durch die Übernahme der Tempelmetaphorik wird die zukünftige Vollendung besonders anschaulich und eindrücklich geschildert, und zugleich kommt die Sorge des Verfassers zum Ausdruck, daß die eschatologische Erwartung der Leser erschlaffen könnte. c) *Im Blick auf eine Vereinheitlichung der Ekklesiologie*: Während Paulus die Ortsgemeinde als Tempel beschreibt, hat der Verfasser des Epheserbriefes ausschließlich die Gesamtkirche im Blick. Ebenso scheint er durch eine Parallelisierung von Tempel- und Leibvorstellung einen inneren Ausgleich der beiden Bilder zu suchen. Verstärkt wird dieser Eindruck durch den Austausch einzelner Bildelemente. Offensichtlich liegt dem Verfasser an einer einheitlichen, in sich geschlossenen Darstellung

---

[349] Die Präpositionen ἐπί, διά, ἐν sind wiederum den drei Ebenen zugeordnet. Daß die Präpositionen theologisch präzise gewählt sind, zeigt parallel dazu Eph 2,18.

der Ekklesiologie. Dabei ermöglicht ihm die Beschreibung der Kirche als Tempel Gottes eine präzise Verhältnisbestimmung von Kirche und Kosmos aufgrund der Thematik des 'Erfüllens'.

4. Die Kirche als Braut Christi

Bei Paulus ist das Bild der Kirche als Braut Christi nur schwach angedeutet. In *2Kor 11,2* dient es als Begründung für den Eifer, mit dem Paulus die korinthische Gemeinde an den von ihm verkündigten Christus binden will[350]. Der Apostel versteht sich als Brautführer, der die Treue und Reinheit der Gemeinde Gott bzw. Christus gegenüber zu verbürgen hat. Er greift dabei auf eine feste alttestamentliche Tradition zurück, nach welcher das Gottesverhältnis Israels im Bild der Ehe dargestellt wird[351]: Israel ist die von Jahwe erwählte Braut, Gott ihr Ehemann, dem sie verlobt ist. In diesem Bild kommt die Ausschließlichkeit und Einzigartigkeit dieser Gottesbeziehung zum Ausdruck, die nichts neben sich duldet, sondern jede Beziehung zu anderen Göttern als Ehebruch brandmarkt. Zugleich spricht aus dieser Vorstellung auch die innige Liebe und Fürsorge, in der sich Gott um sein Volk kümmert. Gott ist erfüllt von brennendem Eifer um seine Braut. Eifersüchtig wacht er über ihre Zuneigung. Bereits bei den alttestamentlichen Propheten spielt dieser Eifer Gottes in bezug auf das Eheverhältnis zu Israel eine entscheidende Rolle[352]: Mit heiligem Zorn straft Gott jede Untreue seines Volks. Dieses Motiv des göttlichen Eifers um die Braut greift Paulus in 2Kor 11,2 wieder auf. Vom Eifer Gottes ist er erfüllt und sorgt sich als Brautführer um die Reinheit der Braut Christi[353]. Da diese Verbindung jedoch als Verlöbnis und nicht als Ehe dargestellt wird, bringt Paulus zugleich den eschatologischen Vorbehalt zur Sprache. Noch ist die Hochzeit nicht gewesen, noch hat Christus seine Braut nicht heimgeführt. Noch lebt sie auf Erden unter Anfechtung und Gefahr. Umso mehr aber kommt Paulus die Aufgabe zu, über die Reinheit und Keuschheit der Braut, über ihre vollkommene Hingabe an Christus zu wachen.

---

[350] Vgl. CH. WOLFF, 2Kor. 210-213.
[351] Das alttestamentliche Bild der Ehe zwischen Jahwe und Israel kommt zur Sprache in Jes 50,1; 54,4-6; 62,5; Jer 3,1; Ez 16,8; Hos 1-3 insbes. 2,18f.
[352] Vgl. zur Vorstellung vom Eifer Jahwes in bezug auf das Eheverhältnis zu Israel Ez 16,38; 23,25f.
[353] Vgl. 2Kor 11,2: ὑμᾶς ... παρθένον ἁγνὴν παραστῆσαι τῷ Χριστῷ.

Der Verfasser des Epheserbriefes greift dieses Motiv auf und verbindet es mit seinen übrigen ekklesiologischen Vorstellungen. In der Haustafel Eph 5,21ff werden die verschiedenen Motive ineinander gefügt. Wie sich in der Analyse des Stils zeigen ließ[354], arbeitet der Verfasser hier mit dem Mittel der Kommentierung. In die durch Kol 3,18f vorgegebenen Mahnungen an die Frauen und Männer fügt er jeweils einen christologisch-ekklesiologischen Vergleich ein, der bereits durch seine Ausmaße erkennen läßt, daß er das eigentliche Anliegen des Verfassers widerspiegelt. So bildet die Aufforderung zum Gehorsam der Frauen in Eph 5,22-24 nur den Rahmen, in den das Bild von Christus als dem Haupt eingefügt ist. Da die paulinische Vorstellung vom herrschenden Haupt (vgl. 1Kor 11,3) um die Leibmetaphorik[355] erweitert wird, ist deutlich, daß der ekklesiologische Vergleich den eigentlichen Skopus dieses Abschnittes bildet. Auch in dem Wort an die Männer (Eph 5,25-33) schießen die Aussagen des christologisch-ekklesiologischen Vergleichs über den Inhalt der Mahnung hinaus. Die dreifache Aufnahme der Aufforderung aus Kol 3,19a in V 25a.28a.33a, die eigenen Frauen zu lieben, grenzt die ekklesiologischen Aussagen voneinander ab. Das *Brautbild* V 25-27 und das *Leibbild* V 28-32 werden durch das in V 31 gebotene Zitat von Gen 2,24 miteinander in Verbindung gesetzt. Durch die Aussage, daß Mann und Frau in der Ehe *ein* Fleisch[356] werden, gelingt es dem Verfasser, das Brautbild homogen in die bisherigen ekklesiologischen Aussagen einzupassen. Auch hier zeigt sich also das Interesse des Verfassers an einer *einheitlichen ekklesiologischen Gesamtkonzeption*, in der sich die verschiedenen Beschreibungen der Kirche gegenseitig ergänzen. Die im Kolosserbrief vorgegebene Haustafel dient dem Verfasser damit zu einer weiteren Präzisierung seines Kirchenverständnisses.

Doch die dreifache Aufnahme von Kol 3,19a in Eph 5,25-33 stellt nicht nur das gliedernde Prinzip dar, sondern liefert auch inhaltlich den roten Faden. Es ist die Aufforderung zur Liebe[357], die in V 25-27 als liebende Hingabe, in V 28-33 als liebende Fürsorge beschrieben wird. Im Duktus der Verse 25-33 wird jeweils mit καθὼς καί (V 25b.29b) der christolo-

---

[354] S.o. 91f.
[355] Da die Erweiterung auf die Leibvorstellung, die durch αὐτὸς σωτὴρ τοῦ σώματος benannt wird, sich nicht auf die Beziehung zwischen Mann und Frau übertragen läßt, ist das eigentliche Interesse des Verfassers am christologisch-ekklesiologischen Vergleich unbezweifelbar.
[356] σάρξ wird hier vom Verfasser im Sinne von σῶμα verwendet.
[357] Vgl. die häufige Verwendung von ἀγαπᾶν in diesem Abschnitt.

gisch-ekklesiologische Vergleich eingeführt, durch den der Aspekt der Liebe speziell *ekklesiologisch ausgelegt* wird: Ist in V 25ff mit der liebenden Hingabe Christi die *Gründung der Kirche* das Thema, so wird durch die liebende Fürsorge Christi in V 29ff die *Erhaltung der Kirche* beschrieben[358].

a) Die Darstellung der Gründung der Kirche V 25-27 gliedert sich in drei Schritte, die als Akte des Brautzuführungsritus gedeutet werden[359]. *Zunächst* wird die eigentliche Gründung der Kirche beschrieben. Dazu wird die paulinische Selbsthingabeformulierung, wie sie etwa in Gal 1,4 bzw. 2,20[360] und im Epheserbrief in Eph 5,2 begegnet, aufgenommen[361], jedoch in ekklesiologischer Umformung: Christus hat sich *für die Kirche* dahingegeben. Wie wir bereits in *Eph 2,16* feststellen konnten, wird der Heilstod kollektiv auf die Kirche bezogen. Am Kreuz hat Christus die Kirche gegründet. Dieser kollektive Zug wird nun auch in den Zielangaben durchgehalten, die jeweils mit ἵνα eingeleitet sind und den Gedanken der Gründung der Kirche fortsetzen. So ist das *zweite* Thema die Bereitung der Kirche, die in ihrer Beschreibung an Taufmotive aus *1Kor 6,11* erinnert und diese kollektiv als *Brautbad* der Kirche deutet[362]. Als *drittes* Element wird das Stehen in der Gegenwart Christi genannt, wobei der Verfasser mit παραστῆσαι die kultische Terminologie des Priesterdienstes vor Gott aufnimmt[363]. Dies wird – wie bereits in *2Kor 11,2* – als die *Präsentation der Braut* und somit als dritter Akt des Brautzuführungsritus

---

[358] Der Abschnitt Eph 5,25-33 läßt sich also folgendermaßen gliedern: a) V 25a Eheparänese; V 25b-27 ekklesiologischer Vergleich; b) V 28.29a Eheparänese; V 29b-32 ekklesiologischer Vergleich; c) V 33 Abschluß der Eheparänese.

[359] Zum Brautzuführungsritus vgl. Gen 2,22; 29,23; Ps 45,15f. Auffällig ist, daß die Brautzuführung, die eigentlich aus Bereitung (Brautbad, Salbung, Einkleidung) und Präsentation der Braut besteht (vgl. die Belege bei P. BILLERBECK, Kommentar Bd. 1, 500-517), hier um den Akt der Erschaffung der Braut erweitert ist. Nimmt diese Erweiterung, die in der theologischen Deutung des Kreuzesgeschehens begründet ist, Bezug auf die Erschaffung Evas? Jedenfalls wird in Gen 2,21-23 die Brautzuführung ebenfalls in drei Akten dargestellt: Erschaffung (V 21), Bereitung (V 22), Präsentation (V 23). Das Zitat von Gen 2,24 in Eph 5,31 sowie die betonte Hervorhebung seiner ekklesiologischen Deutung in Eph 5,32 legen eine solche Bezugnahme durchaus nahe, auch wenn das Vermutung bleiben muß.

[360] Bereits in Gal 2,20 ist die Verbindung der Motive Liebe und Hingabe belegt. Darum ist hier ein literarischer Einfluß auf Eph 5,2.25 nicht auszuschließen; vgl. W. POPKES, Christus traditus 248, insbes. Anm. 681, 197f.

[361] Zur Verarbeitung der Selbsthingabeformulierungen in der Paulusschule (1Tim 2,6; Tit 2,14) vgl. W. POPKES, Christus traditus 278f.

[362] Bereits in Ez 16,9ff wird die Bereitung und Schmückung Israels als Braut beschrieben, wozu das Brautbad, die Salbung und die Einkleidung gehören. Zur rabbinischen Tradition eines Brautbades vgl. P. BILLERBECK, Kommentar Bd. 1, 506, 511.

[363] Vgl. Kol 1,22; 2Kor 4,14.

verstanden[364]. Wichtig für den Aspekt der Präsentation ist dabei das Motiv der Heiligkeit und Makellosigkeit, das in negativer (V 27b) und positiver Aussage (V 27c) zur Sprache kommt. Mit diesem Motiv wird die aus Kol 1,22 und Eph 1,4 bekannte und dort die einzelnen Christen betreffende Aussage kollektiv auf die Kirche bezogen.

Es ist auffällig, daß alle für das Brautmotiv charakteristischen Züge[365] bereits in der paulinischen Tradtition als individuell geltende Aussagen erscheinen, die die Frucht des Sterbens Christi beschreiben. Wenn aber kein Charakterzug spezifisch und ausschließlich an das Brautmotiv gebunden ist, legt sich die Vermutung nahe, daß der Verfasser in Eph 5,25-33 mit der Darstellung des Brautmotivs eine *eigene Interpretation in strenger Bindung an die tradierten Aussagen* vorgenommen hat.

b) Daß ab V 29ff die Erhaltung der Kirche dargestellt werden soll, ist nicht auf den ersten Blick erkennbar. Viel stärker steht der Vergleich der Ehe mit einem *Leib* im Vordergrund. Die Aussagen, die von *Gen 2,24* her gedacht sind, wirken in bezug auf die irdische Ehe jedoch konstruiert[366]. Sie sind – wie die allgemeine Aussage über die Fürsorge für den eigenen Körper – ganz im Hinblick auf den christologisch-ekklesiologischen Vergleich hin formuliert. Mit den Aussagen über das Ernähren und Pflegen des Leibes zielt der Verfasser bereits auf die Fürsorge Christi für seine Kirche. Deshalb ist die *Erhaltung der Kirche* das eigentliche Thema von V 29ff. Von Christus stammen die Kräfte, durch die der Leib ernährt und erhalten wird (vgl. Eph 4,16). Die Einführung der Leibmetaphorik in das Brautbild dient erstens dazu, die *enge Verbundenheit* von Christus und

---

[364] Doch im Unterschied zur paulinischen Darstellung hat nun nicht mehr der Apostel die Aufgabe des Brautführers. Offensichtlich spielt hier der zeitgeschichtliche Aspekt herein, Paulus ist bereits tot. So führt Christus sich selbst die Kirche als Braut zu. Parallelen zu dieser Übertragung von apostolischen Aufgaben auf Christus begegneten bereits in *Eph 2,17*, wo Christus selbst mit dem Wort zu den Heiden kommt und den eschatologischen Freudenboten von Jes 52,7 darstellt, während Paulus dies als Weissagung auf sein Amt bezogen hatte. Daß durch diese Übertragung der eschatologische Vorbehalt aufgehoben sei, wie R. SCHNACKENBURG, Eph. 256 meint, ist nicht einzusehen. Auch wenn der eschatologische Vorbehalt nicht in einer eschatologische Deutung von Eph 5,31 verankert werden kann (gegen J. JEREMIAS, Art. νύμφιος, in: ThWNT 4, 1097f, Anm. 50), ist er dennoch nicht hinfällig, weil die Brautzuführung von Eph 5,25ff nicht als ein abgeschlossener Vorgang dargestellt wird.

[365] Es sind dies das Motiv der Hingabe Christi, das Motiv der Heiligung und Reinigung sowie das Motiv der Präsentation in Heiligkeit und Makellosigkeit.

[366] Bereits nach frühjüdischer Tradition wird die Perikope von der Erschaffung Evas aus der Rippe Adams auf die Gemeinde Gottes bezogen, so etwa AntBibl 32,15. Das ekklesiologische Verständnis von Gen 2,24 lag dem Verfasser des Epheserbriefes also schon in der Tradition vor. Vgl. dazu P. STUHLMACHER, Biblische Theologie des Neuen Testaments Bd. 1, 358.

Kirche zum Ausdruck zu bringen: Wie Gen 2,24 belegt, sind sie *ein* Leib. Darin kommt ebenfalls die *erhaltende Fürsorge* durch Christus zum Ausdruck, der das Leben der Kirche garantiert. Zweitens aber wird durch die Verbindung von Braut- und Leibmetaphorik die *Einheitlichkeit* der ekklesiologischen Konzeption im Epheserbrief unterstrichen.

5. Ergebnis

Der Epheserbrief stellt die Kirche unter vielfältigen Aspekten dar. Ausgehend von der formelhaft gebrauchten Wendung ἐν Χριστῷ betont er den *engen Zusammenhang* der Ekklesiologie mit der Soteriologie. Die Kirche ist ein am Kreuz geschaffener Raum, in dem das Heil für die Glaubenden präsent ist. Dadurch wird das *räumliche* Element der Ekklesiologie stark betont, das im Ausbau der Leib- und Tempelmetaphorik seinen Nachhall findet. Im Unterschied zur These von *H. Merklein* läßt sich *keine* Vorordnung der Ekklesiologie vor der Soteriologie feststellen. Vielmehr knüpfen die Vorstellungen von der Kirche direkt an die Soteriologie an und führen diese im Ansatz weiter. Der ekklesiologischen Zuspitzung der Soteriologie korrespondiert innerhalb der Ekklesiologie eine soteriologische Verankerung.

Die Vorstellung vom *Verhältnis von Christus und Kirche* ist hierbei eingehend bedacht und wird – den paulinischen Ansatz weiterführend – ausgebaut. Sollte nach Paulus die Leibmetaphorik den Zusammenhalt der Glaubenden untereinander illustrieren, so trägt im Epheserbrief das Motiv vom Leib Christi entscheidend zur Verhältnisbestimmung von Christus und Kirche bei: Christus ist das Haupt, aus dem die Wachstumskräfte des Leibes stammen, gleichzeitig ist er auch das Ziel, auf das der Leib zuwächst. Auch in der Darstellung der Kirche als Braut Christi und in der Beschreibung der Kirche als Tempel Gottes ist die Verhältnisbestimmung zwischen Christus und Kirche maßgebend. Entscheidend hierfür ist, daß die bildhaften Umschreibungen nicht nur metaphorisch gebraucht sind, sondern *real* verstanden werden. Die Kirche *ist* der Leib Christi, sie *ist* der wahre Tempel Gottes, sie *ist* die Braut Christi. Liegt dieser Gedanke schon in Ansätzen bei Paulus vor, so wird er hier grundlegend herausgearbeitet. Das zeigt sich einmal darin, daß der Verfasser des Epheserbriefes ausschließlich von der *Universalkirche* spricht und somit eine fest umrissene Größe im Blick hat, die in ihrem Verhältnis zu Christus beschrieben werden kann. Es zeigt sich aber auch darin, daß die verschiedenen *Bilder konvergierend gebraucht* werden. Der Verfasser vermag so die unterschiedlichen Vorstellungen der Kirche als Leib, als Tempel und als Braut miteinander in Verbindung zu setzen, so daß sich eine *einheitliche ekklesiologische Gesamtkonzeption* ergibt.

Dem Verfasser gelingt diese Konvergenz durch eine *interpretierende Entfaltung* der bei Paulus angelegten Vorstellungen. Die strenge Orientierung am paulinischen Vorbild zeigt, daß der Verfasser seine Ekklesiologie als *Auslegung der paulinischen Ansätze* versteht. In der Fortentwicklung der paulinischen Grundlagen läßt sich ein *alttestamentlich-jüdischer Traditionshintergrund* entdecken. Offensichtlich ist der Verfasser in den alttestamentlich geprägten Vorstellungen des Stammvaters sowie der Tempel- und Brautmetaphorik so verwurzelt, daß er über Paulus hinausgehend auf diese zurückgreifen kann. Da Paulus ebenfalls aus der gleichen Tradition schöpft, ist die Interpretation des Epheserbriefes eine angemessene Fortführung.

Doch aus welchem Grund ist eine solche fortschreibende Interpretation paulinischer Gedanken nötig geworden? Es ist wohl aus der *Situation der Entstehung des Epheserbriefes* zu erklären, daß die Ekklesiologie gegenüber der Sicht des Paulus noch einmal neu an Bedeutung gewinnt. Die Kirche erscheint als die Institution, in der die Gemeinde der nachapostolischen Zeit über die Apostel mit Christus verbunden ist. Wie wir erkennen konnten, ist in der Vorstellung von Christus als der alle einschließenden Gesamtpersönlichkeit der Gedanke der Stellvertretung enthalten. Da gerade diese Vorstellung dem Leib-Christi-Gedanken zugrunde liegt, kommt es im Epheserbrief zu einer *Substitution* der Stellvertretungsaussage durch die Leib-Christi-Vorstellung: *Am Kreuz wird der Leib der Kirche geschaffen, der in sich die kommenden Generationen umfaßt.* Es ist somit ein konsequenter Schritt, wenn in der nachpaulinischen Zeit der Kirche die entscheidende Aufgabe zugeschrieben wird, die *Heilsvermittlung* zu verbürgen. Sie hat die Aufgabe eines *Platzhalters*, der für alle künftigen Generationen das Heil bereithält.

Damit gerät jedoch der *eschatologische Vorbehalt* nicht in Vergessenheit. Die Kirche ist nicht der Ort der Heilsvollendung, auch wenn manche Aussagen, die bei Paulus futurisch-eschatologische und also erst bei der zukünftigen Heilsvollendung eintretende Ereignisse beschreiben, im Epheserbrief bereits auf die schon gegenwärtige Heilsverwirklichung bezogen werden. Zwar eröffnet sich durch die Kirche ein Heilsraum, in dem bereits jetzt gilt, was erst künftig offenbar wird; doch besteht auch für den

Epheserbrief ein Unterschied zwischen prinzipieller Gültigkeit und offensichtlicher Durchsetzung. Gerade in der ausgeprägten ekklesiologischen Metaphorik begegnen durchgehend Motive, die den eschatologischen Vorbehalt zur Geltung bringen. In der Rede vom Leib Christi ist es das Motiv des *Wachstums*, in der Tempelvorstellung das Motiv der *Erbauung*, im Brautbild das Motiv der *Brautzuführung*, durch welche die unmittelbar bevorstehende, die gerade anhebende Erfüllung zum Ausdruck kommt. Diese Motive weisen auf die Erwartung einer Vollendung in naher Zukunft hin und lassen erkennen, daß das Wachstum der Kirche auf Christus hin und die herrscherliche Durchdringung der Welt durch Christus zwar im Gange, jedoch keineswegs abgeschlossen sind. Die ausgeprägte Ekklesiologie des Epheserbriefes läßt die Perspektive auf eine eschatologische Vollendung hin offen.

III. Der Heilsplan

1. Vorüberlegungen

Die beiden vorangehenden Kapitel über das Heilsgeschehen und über die Heilsgemeinde machten deutlich, daß die Änderungen des Epheserbriefes gegenüber Paulus auf eine theologische Neuinterpretation zurückzuführen sind. Wie wir sehen konnten, bedingen sich die Neuerungen gegenseitig, so daß der Umformung des Verfassers offensichtlich ein festes Prinzip zugrunde liegt. In der Beschreibung des Heilsgeschehens etwa lassen sich alle weiteren Änderungen aus der Unterscheidung zwischen der Heilstat und der Situation der Adressaten ableiten. Hat dies einerseits eine verobjektivierende Darstellung des Kreuzesgeschehens zur Folge, so resultiert daraus andererseits eine starke Betonung der Heilsgegenwart für die Gläubigen. Auch innerhalb der Ekklesiologie zeigen die Änderungen einen inneren Zusammenhang. Hier werden die Bilder der Kirche so verändert, daß sie konvergent gebraucht werden können und sich gegenseitig ergänzen. Mit dieser Vereinheitlichung kommt die Universalkirche in den Blick, die nun in ihrem Verhältnis zu Christus präzise bestimmt werden kann. Aber nicht nur das. Entscheidend ist, daß durch die Umgestaltung des Autors Soteriologie und Ekklesiologie eng miteinander verzahnt werden. Dies zeigt sich etwa daran, daß der Gedanke der Stellvertretung in der

Leib-Christi-Vorstellung zum Ausdruck kommt. Mit der verobjektivierenden Darstellung der Heilstat wird eine solche Substitution notwendig. Von daher wird aber auch verständlich, warum der Verfasser innerhalb der Ekklesiologie das Verhältnis der Kirche zu Christus herausstellt. Der ekklesiologischen Zuspitzung der Soteriologie entspricht die soteriologische Verankerung der Ekklesiologie. Das aber legt die Vermutung nahe, daß sich hinter den Änderungen des Epheserbriefes ein *einheitliches Transformationsprinzip* verbirgt, das in den Bereichen von Soteriologie und Ekklesiologie zu suchen ist.

In den bisherigen Kapiteln zeichnete sich dieses Prinzip bereits in Umrissen ab. Nun ist die Frage, ob sich dieses Prinzip von anderen theologischen Bereichen her bestätigen läßt. Nur wenn dies gelingt, kann von einem einheitlichen Umformungsprinzip ausgegangen werden, durch das die Änderungen des Epheserbriefes bestimmt sind. In den beiden folgenden Kapiteln sollen darum weitere theologische Themenbereiche untersucht werden, in denen der Verfasser charakteristische Änderungen vorgenommem hat. Hierbei muß geprüft werden, ob auch sie das gleiche, bislang beobachtete Umformungsprinzip erkennen lassen. Ist das der Fall, so kann davon ausgegangen werden, daß der Epheserbrief von einem einheitlichen Umformungsprinzip geprägt ist.

Zur Auswahl dieser Themenbereiche ist folgende Überlegung hilfreich. Sofern die Änderungen des Epheserbriefes auf ein einheitliches Transformationsprinzip rückführbar sein sollten, müßte dies in engem Zusammenhang mit der geschichtlichen Entstehungssituation zu suchen sein. Für ein nachpaulinisches Schreiben ist es sinnvoll, den Tod des Paulus als ein markantes geschichtliches Datum zu berücksichtigen. Darum sollen im folgenden Themenbereiche untersucht werden, die im besonderen Verhältnis zur zeitgeschichtlichen Situation stehen. Nun zeigte schon die Untersuchung der Anspielung aus den Paulusbriefen[367], daß die Themen der Heilsgeschichte und des Apostolatsverständnisses stärkere inhaltliche Korrekturen erfahren haben. Von daher erscheint es sinnvoll, sich in den beiden folgenden Kapiteln diesen Themen zu widmen und sich mit dem Heilsplan und dem Bild des Apostels Paulus zu beschäftigen.

---

[367] S. o. 81f.

2. Der Heilsplan nach Eph 1,3-14

Gerade die nachpaulinische Entstehungssituation des Epheserbriefes macht die Frage nach dem Zeitverständnis dieses Briefes zu einem vieldiskutierten Problem. So wurde in den vorangehenden Abschnitten über das Heilsgeschehen und die Heilsgemeinde diese Fragestellung bereits mehrfach gestreift. In der Untersuchung von *Eph 2,11-18* ließ sich eine zeitliche Differenzierung zwischen Heilstat und Heilswort beobachten. Während die Heilstat Christi am Kreuz für den Verfasser einer vergangenen Zeit angehört, ist die gegenwärtige Situation durch das Heilswort bestimmt. Wie wir feststellen konnten, gelingt es dem Verfasser auf diese Weise deutlich zu machen, daß auch die kommende Generation an dem in Christi Heilsgeschehen geschaffenen Heil Anteil hat. Mit dem eschatologischen νῦν ist die gegenwärtige Zeit des Heilswortes angesprochen. Auch in *Eph 2,5.6* ließ sich eine Betonung der Heilsgegenwart erkennen. Bereits jetzt partizipieren die Christen an der Herrlichkeit der Auferstehung Christi. Entgegen der weit verbreiteten Annahme hatten wir in diesen Aussagen nicht eine „Aufhebung der Zeit", sondern vielmehr den Grundstein für ein eschatologisches Verständnis der Gegenwart erkannt. Die bislang beobachteten Unterschiede ließen sich aus dem Perspektivenwechsel heraus erklären, der mit der nachpaulinische Entstehungszeit gegeben ist. Doch diese einzelnen Beobachtungen müssen von dem Gesamtkontext des Briefes her noch einmal überprüft werden. Hier läßt sich nämlich im Epheserbrief eine nachhaltige Beschäftigung mit der Zeitproblematik erkennen. Neben die Tendenz einer präsentischen Fassung der Eschatologie tritt die Ausbildung eines fest geprägten Heilsplanes. Diesem Aspekt soll im folgenden eingehender nachgegangen werden.

a) Ansätze im paulinischen Denken

Bereits bei *Paulus* läßt sich im Ansatz die *Darstellung eines Heilsplanes* erkennen. Ausgangspunkt des paulinischen Zeitverständnisses ist die Vorstellung von den zwei Äonen, die sich nicht nur in einfachem Nacheinander ablösen, sondern die ineinander verschränkt sind. Mit der Sendung Christi in diese Welt ist der Umbruch der Zeiten markiert (Gal 4,4). In die Herrschaft des alten Äons ist durch Kreuz und Auferstehung das Signum der neuen Welt eingezeichnet, das die Macht der alten Welt als überwunden und ihr Ende als schon besiegelt kennzeichnet[368]. Der Anbruch des Heils in Christus verbürgt darum zuverlässig die künftige Vollendung für die Glaubenden (Röm 5,8-10). Diese Überlagerung der beiden Äonen in der Gegenwart ist von Paulus nicht erst als theologische Antwort auf eine 'Parusieverzögerung' entwickelt worden[369], sondern bereits in seiner Naherwartung präsent. Wie die Zwei-Äonen-Lehre stammt sein eschatolgisches Zeitverständnis aus alttestamentlich-jüdischer Tradition. Besonders deutlich läßt sich in *Qumran* ein „Ineinander von Zukunft und Gegenwart" belegen[370]. Auch wenn die Heilsvollendung von einem endzeitlichen Ereignis erhofft wird, ist diese den Gläubigen deshalb schon gewiß, weil die Gläubigen durch die Gemeinschaft mit Gott bereits gegenwärtig am Heil teilhaben. Die Spannung von Heilsgegenwart und zukünftiger Erfüllung des Heils gründet also in der alttestamentlichen Vorstellung, daß in Gottes Gegenwart Vergangenes wie Künftiges präsent sind. Mit dem Leben in der Heilssphäre Gottes „ist eigentlich alles weitere schon gegeben"[371]. Paulus denkt ganz in dieser Tradition, wenn er im Evangelium das eschatologische Heil Gottes schon angebrochen sieht. Gerade im seinsstiftenden göttlichen Wort eröffnet sich die Wirklichkeit des neuen Äons. Die Ankunft des Heils ist darum an die Verkündigung des Heilswortes gebunden. So wird, wie P. Stuhlmacher heraushebt, „die Zeit des Heils ... zu einer Komponente des Wortes Gottes"[372]. Im Evangelium von der Rechtfertigung des Sünders ist die endzeitliche Erfüllung nicht aufgelöst, sondern dieses wirkmächtige Wort verbürgt, daß gilt, was es verheißt: die Auferstehung aller und die Rettung im künftigen Endgericht.

Von diesem Grundgedanken aus ordnet Paulus in seinen Briefen die gegenwärtige Situation heilsgeschichtlich ein. Charakteristisch sind hierfür zwei Blickrichtungen[373]: der Rückblick auf die vorangegangene Zeit wie der Blick auf die künftige Vollendung. Die Glaubenden leben nach *1Kor 10,11* in einer Epoche, die an das Ende der Zeiten gelangt ist. Für sie ist die Wüstenzeit Israels lediglich τυπικῶς geschehen und dient zu ihrer

---

[368] Vgl. P. STUHLMACHER, Gerechtigkeit Gottes 203f.
[369] Zur Frage einer Entwicklung innerhalb der Eschatologie des Paulus vgl. F. LANG, 1/2Kor. 290-293.
[370] H.-W. KUHN, Enderwartung 179. Kuhn hebt als Belege für ein Nebeneinander von präsentischen und futurischen Aussagen besonders 1QH 3,20-23.23-25; 1QS 11,2-9.9-11 hervor.
[371] G. V. RAD, Theologie des Alten Testaments Bd.1, 420.
[372] P. STUHLMACHER, Gegenwart und Zukunft 431.
[373] Diese zwei Blickrichtungen entsprechen den von P. STUHLMACHER, a.a.O. 435, genannten Denkbewegungen.

Ermahnung. Die gegenwärtige Heilszeit ist in Israels Heilsgeschichte abbildhaft vorgeprägt[374] und darum als Zeit der Erfüllung (Gal 4,4) gekennzeichnet[375]. Paulus versteht seine Zeit in *Kontinuität zur Heilsgeschichte Israels* (Röm 9,4f; Gal 3,14; 4,21-31) und zugleich als *Überbietung alles bisher Gewesenen*: In Christus ist die Verheißung des neuen Bundes Wirklichkeit geworden (vgl. Jer 31,31ff). Das Vergangene ist daher nur ein schwacher Abglanz der gegenwärtigen Herrlichkeit. Paulus bringt dies etwa in der Gegenüberstellung von Buchstabe und Geist (2Kor 3,6)[376] oder von vergänglichem und unvergänglichem Glanz (2Kor 3,13ff) zum Ausdruck.

Im Blick nach vorne zeichnet sich von der alttestamentlichen Heilsgeschichte her Gottes gegenwärtiges und künftiges Heilsschaffen ab. Paulus erahnt im Mysterium, wie die künftige Vollendung sich ereignen wird (Röm 11,25ff), kann aber auch in Aufnahme traditioneller Vorstellungen den Ablauf der letzten Dinge genau skizzieren (1Kor 15,23-28; 1Thess 4,13-18). Durch diese beiden Blickrichtungen ist die Gegenwart in der Heilsgeschichte verankert. Auch wenn Paulus keinen durchgehenden Heilsplan von der Schöpfung an entworfen hat, ist mit der *Verortung der Gegenwart* in der Heilsgeschichte der Grundgedanke bereits gegeben. Die Gegenwart stellt die letzte Epoche dar, die durch das Überlappen von altem und neuem Äon charakterisiert ist.

Für die Verarbeitung im Epheserbrief sind zwei Texte zentral, bei denen diese umfassende Perspektive deutlich wird. In der sog. *Catena aurea Röm 8,29f* kommt die künftige Verherrlichung als letztes Glied einer durch Erwählung, Berufung und Rechtfertigung bereits verbürgten Kette zur Sprache. Wenn hier auch kein ausgeprägter Heilsplan vorliegt, so ist doch in der festen soteriologischen Stufenfolge ein wichtiges Element dafür vorhanden: Bereits mit der Erwählung ist den Glaubenden das volle Heil verbürgt. Die Unverbrüchlichkeit dieser Kette gründet allein in Gottes Souveränität und ist nicht von menschlicher Tat abhängig. Diese göttliche Souveränität bildet auch die Grundlage für einen Heilsplan. Im *Christushymnus Phil 2,6-11* wird eine dynamische Verbindung der Zeiten deutlich. In Erniedrigung und Erhöhung Christi verschmelzen Ver-

---

[374] So begleitet Christus als Fels die Wüstengeneration (1Kor 10,4). Die Taufe auf Mose ist eine Vorausdarstellung der christlichen Taufe (1Kor 10,3) etc. Vgl. dazu CH. WOLFF, 1Kor. Teil 2, 45f; sowie U. LUZ, Geschichtsverständnis 117-123.

[375] Vgl. dazu den Exkurs „Das eschatologische Verständnis des Alten Testaments" in CH. WOLFF, 1Kor. Teil 2, 46-48 (mit Literaturangaben).

[376] Vgl. U. LUZ, Geschichtsverständnis 123-134.

gangenheit und Zukunft, da sie sich in Gottes Gegenwart ereignen: Die Erniedrigung am Kreuz (V 6-8), die nach irdischer Zeit der Vergangenheit angehört, eröffnet bereits den eschatologischen Lobpreis aller Geschöpfe (V 10f), der erst für die Zukunft erwartet wird[377]. Christi Heilstat ist ein die irdischen Zeiten umgreifendes Geschehen. Mit der Vorstellung von Gottes Souveränität, die das Heil über die Zeiten hinweg verbürgt, des Umgriffenseins der Zeiten von Christi Heilsgeschehen und der Verortung der jetzigen Epoche in einer heilsgeschichtlichen Abfolge sind die *wesentlichen Grundgedanken* gegeben, die zur Ausbildung eines festen Heilsplans führen, wie er im Epheserbrief begegnet.

b) Die Weiterführung durch den Verfasser des Epheserbriefes

Im Epheserbrief wird der geschichtliche Ansatz des Paulus wieder aufgenommen. Hierbei greift der Verfasser zusätzlich auf den christologischen Schwerpunkt des Kolosserbriefes zurück, wie er besonders im Christushymnus Kol 1,15-20 deutlich wird: Der präexistente Christus ist aller Welt vorgeordnet, Schöpfung und Erlösung haben ihren Ort in ihm. Diesen Gedanken der kosmischen Universalität Christi nimmt der Epheserbrief auf und interpretiert ihn geschichtlich: Christus ist als Herr der Welt zugleich auch Herr der Geschichte. Bereits an der Arbeitsweise des Verfassers zeigt sich die geschichtliche Interpretation, indem er aus christologischen Zitaten des Kolosserbriefes den Gedanken eines *in Christus gefaßten Heilsplans* entwickelt. Auf diese Weise führt er die bei Paulus und im Kolosserbrief vorgegebenen Ansätze weiter. Um das theologische Proprium des Epheserbriefes zu erkennen, soll darum zunächst die Verarbeitung der christologischen Gedanken aus dem Kolosserbrief nachgezeichnet werden.

(1) Wesentliche christologische *Grundgedanken aus dem Kolosserbrief* begegnen in Eph 1,3-14. Doch sie sind charakteristisch umgewandelt. Das zeigt sich bereits daran, daß im Unterschied zum Kolosserbrief im Epheserbrief kein Christushymnus mehr im Zentrum steht, der durch seine Auslegung auf die Empfänger die gesamte Ausrichtung des Briefes bestimmt[378]. Statt dessen eröffnet der Verfasser seinen Brief mit einer Eulo-

---

[377] Vgl. dazu O. HOFIUS, Der Christushymnus 56-67.
[378] Wie im Kolosserbrief bestimmt auch im Philipperbrief der Christushymnus (Phil 2,6-11) durch seine Auslegung auf die Leser die Ausrichtung des Briefes. Auffällig ist, daß beide Christushymnen ihre christologischen Aussagen in einem heilsgeschichtlichen Abriß schildern. Beide beschreiben Christus ausgehend von seiner Präexistenz

gie, die an Gott, den Vater, gerichtet ist. Schon durch die Ausrichtung auf Gott wird der Hauptakzent verlagert. Christi Heilstat steht zwar auch hier im Zentrum, sie ist aber nun in den Kontext eines umgreifenden Heilsplans gerückt[379], dessen Urheber Gott ist[380]. Die kosmischen Dimensionen, in denen der Kolosserbrief das Sein Christi geschildert hat, sind in die Ausmaße des Heilsplans verwandelt, dessen Horizont sich von der Zeit der Schöpfung bis zur endgültigen Erlösung spannt. Kennzeichnend für die Änderungen im Epheserbrief ist also bereits der völlig neue Rahmen, durch den die universale Christologie in einen universalen Heilsplan gestellt wird, den Gott durchführt.

Von dieser Perspektive aus werden die christologischen Aussagen neu verstanden und konsequent in ihrer Bedeutung für die Glaubenden ausgesagt. So wird die Vorstellung von der Präexistenz Christi (Kol 1,15ff) erweitert um den Gedanken der vorzeitlichen Erwählung der Gläubigen in Christus. Diese Erwählung zielt bereits vor Gründung der Welt auf den heiligen und untadeligen Wandel der Glaubenden vor Gott (Eph 1,4), womit das Ziel der Versöhnungstat Christi wörtlich aus Kol 1,22 aufgenommen ist. Der Verfasser hat damit die universal-kosmische Dimension der Christologie von Kol 1,15-20 geschichtlich ausgelegt: Christi Präexistenz umschließt nun auch die Präexistenz eines Heilsplans. Schon vor der Schöpfung der Welt steht das Heilsziel der Versöhnung fest, in dem die Glaubenden ihr Leben finden sollen.

Auch die Beschreibung der Versöhnungstat Christi ist der Einleitung zum Kolosserhymnus entnommen: Die Worte ἐν ᾧ ἔχομεν τὴν ἀπολύτρωσιν, τὴν ἄφεσιν τῶν ἁμαρτιῶν Kol 1,14 kehren in Eph 1,7 der Sache nach wörtlich wieder (statt τῶν ἁμαρτιῶν steht τῶν παραπτωμάτων), sie werden nur durch den Einschub διὰ τοῦ αἵματος αὐτοῦ (vgl. Kol 1,20) erweitert. Der Verfasser stellt die Heilstat jedoch in Parallele zum Heilswort dar und ordnet sie durch diese Kombination in einen geschichtlichen Zusammenhang ein. Das Versöhnungsgeschehen

---

(Phil 2,6; Kol 1,15f) über das Heilsgeschehen (Phil 2,7f; Kol 1,19.20a) bis hin zur eschatologischen Vollendung (Phil 2,10f; Kol 1,20). Damit ist in den Hymnen die universale Dimension auf christologischer Ebene bereits angelegt.

[379] Daß es sich in Eph 1,3-14 um die Darlegung des Heilsplans handelt, machen die Wendungen mit κατὰ κτλ. in Eph 1,5.7.9.11 (bis) besonders deutlich, die im Unterschied zum übrigen Teil des Briefes nicht die Kraft Gottes (Eph 1,19; 3;7.20; 4,16), sondern den Willen Gottes herausstellen (vgl. auch Eph 3,11).

[380] Vgl. den Gebrauch von αὐτοῦ in Eph 1,3-14, das mit Ausnahme von V 7a durchgehend auf Gott gedeutet werden muß (V 4.5.6.7fin.9(bis).11.12). Dadurch tritt Gott ganz betont als Urheber in den Blick.

wird so zu einer Stufe in der Durchführung des Heilsplans. Auch die kosmische Reihung Kol 1,16b.20c, in der der Kolosserhymnus Christi universalen Herrschaftsanspruch zum Ausdruck bringt, der Himmel und Erde umschließt, wird historisch interpretiert. Der Epheserbrief versteht unter Christi umfassender Herrschaft über Himmel und Erde die endgültige Zusammenfassung des Alls in Christus (Eph 1,10)[381]. Mit dieser Neuinterpretation arbeitet der Verfasser den geschichtlichen Akzent heraus, der im Kolosserhymnus durch die Aussage angedeutet war, daß das All auf Christus hin erschaffen und auf ihn hin versöhnt ist (vgl. Kol 1,16.20). Christi universal-kosmische Dimension ist im Epheserbrief in einen Heilsplan eingegliedert.

(2) Die aus dem Kolosserbrief übernommenen christologischen Aussagen werden in einen Rahmen eingeordnet, der im wesentlichen von *Paulus* her bestimmt ist. Den Leitfaden für die Ausbildung eines Heilsplans bildet eine Kette von Schritten, wie sie bei Paulus in der sog. Catena aurea Röm 8,29f begegnet. Bereits in der paulinischen Darstellung legt eine solche Kette die feste soteriologische Abfolge dar. Die soteriologischen Stufen werden jetzt aber bestimmten Zeiten zugeordnet: Die Erwählung ereignet sich vor Grundlegung der Welt (Eph 1,4) und zeigt sich inhaltlich in der Vorbestimmung zur Sohnschaft (Eph 1,5)[382], die Erlösung wird am Kreuz geschaffen (Eph 1,7f) und zur Zeit des Heilswortes von Gott kundgetan (Eph 1,9). Das Ziel am Ende der Zeiten (πλήρωμα τῶν καιρῶν Eph 1,10) ist die Zusammenfassung aller Dinge in Christus. In einem gewaltigen Bogen spannt sich der Heilsplan von der Zeit vor der Schöpfung bis zur endgültigen Erlösung. Dabei sind die bei Paulus und im Kolosserbrief vorgegebenen Ansätze zusammengeführt. Die Christologie des Kolosserbriefs wird geschichtlich ausgelegt und führt zur *Verortung* des Heilsplans in Christus. Dadurch erlangt der Heilsplan in Christus seine kosmische Universalität. Er umspannt Schöpfung und Erlösung. Die paulinische Schilderung vom Handeln Gottes an den Gläubigen, wie sie etwa aus Röm 8,29f bekannt ist, ist dagegen leitend für die *Gliederung* des Heilsplans. Aufgrund der theozentrischen Perspektive von Röm 8,29f ist Gott, der Vater,

---

[381] In Eph 1,10 wird mit τὰ ἐπὶ τοῖς οὐρανοῖς καὶ τὰ ἐπὶ τῆς γῆς auf die kosmische Reihung in Kol 1,16.20 angespielt.
[382] Die Wendung ἐν ἀγάπῃ V 4fin muß wahrscheinlich zur Aussage von V 5a gezogen werden, da sie wie diese die Erwählung inhaltlich beschreibt und nicht auf das Verhalten der Christen gedeutet werden kann; vgl. R. SCHNACKENBURG, Eph. 45, 52.

derjenige, von dem alles ausgeht, der die Heilstat in Christus durchführt und zu dessen Lob alles geschieht (Eph 1,6.12.14)[383].

(3) Aus der präzisen Stufenfolge des Heilsplans resultiert die *Gliederung* des Abschnittes Eph 1,3-14[384]. Die Einleitung Eph 1,3 entspricht der von der Briefeingangseulogie her geforderten Form[385] und stellt damit den *ersten* Abschnitt dar. Er faßt das göttliche Heilswirken in Christus als εὐλογία πνευματική zusammen. Mit καθὼς ἐξελέξατο Eph 1,4 beginnt wie eine Art Explikation dieses Segenswirkens der *zweite* Abschnitt (Eph 1,4-12), der in sich dreifach gegliedert ist. So beschreibt Eph 1,4-6 die Erwählung vor Grundlegung der Welt. Eph 1,7-10 hat das Heilsgeschehen in Heilstat (V 7f) und Heilswort (V 9)[386] sowie die endzeitliche Zusammenfassung des Alls (V 10) zum Thema. Darin wird die objektive Seite der Erlösung dargestellt. Eph 1,11.12 widmet sich der Berufung der Gläubigen und damit der subjektiven Seite der Erlösung. Der *dritte* Abschnitt Eph 1,13.14 gehört nicht mehr direkt zur Eulogie[387], sondern stellt eigentlich die unmittelbare, in direkter Anrede erfolgende Anwendung auf die Hörer dar, wie das bereits der Subjektwechsel (ὑμεῖς!) zeigt. Dennoch darf der Abschnitt mit dazugezählt werden, da die Satzkonstruktion nicht unterbrochen wird und sich das stilistisch untergliedernde εἰς ἔπαινον δόξης ... (V 6.12) auch am Ende von V 14 findet. Auffällig ist bei diesem „Lobpreis in reiner Prosa"[388], daß er eine einzige, ausgedehnte Satzkonstruktion darstellt, die durch viele Einschübe zwar aufgehalten, aber nie unterbrochen wird. Unter diesen Einschüben sind besonders die κατά-Wendungen hervorzuheben, die mit wechselnden Ausdrücken (εὐδοκία, θέλημα, πρόθεσις, βουλή) betonen, daß alles nach dem Willen Gottes geschieht. Die unablässig wiederholte Formel ἐν Χριστῷ/αὐτῷ/ᾧ, deren räumliche Grundbedeutung uns schon aufgefallen war[389], stellt heraus, daß der ganze Heilsplan allein in Christus seinen Ort hat. Schließlich macht die dreifach wiederkehrende Formulierung εἰς ἔπαινον δόξης ... (V

---

[383] Vgl. auch die Darstellung von Gott als Ziel des Heils in Eph 4,6.
[384] Im folgenden schließe ich mich der von O. HOFIUS in seiner Lehrveranstaltung über den Epheserbrief im Sommersemester 1991 vorgetragenen Gliederung an.
[385] Vgl. R. DEICHGRÄBER, Gotteshymnus 64f. Im Vergleich mit 1Petr 1,3-5 sowie 2Kor 1,3-5 (bzw. 2Kor 1,3-7) läßt sich die Grundform leicht ermitteln. Nach der mit εὐλογητός eingeleiteten Prädikation Gottes folgt ein relativisch angeschlossener Partizipialsatz, der im weiteren expliziert wird (καθώς bzw. ὅτι o.ä.).
[386] ἐν πάσῃ σοφίᾳ καὶ φρονήσει V 8b muß zu V 9 gezogen werden: das noetische Motiv paßt besser zum Heilswort.
[387] So R. DEICHGRÄBER, Gotteshymnus 65.
[388] R. DEICHGRÄBER, a.a.O. 66.
[389] S.o. 171ff.

6.12.14) deutlich, daß das Ziel dieses Heilsplanes ein einziges ist: der immerwährende, eschatologische Lobpreis Gottes.

(4) Durch die Zuspitzung des Heilsplans auf die Hörer (ὑμεῖς) wird in *Eph 1,13f* die Gegenwart als Zeit des Heilswortes besonders herausgehoben. Sie ist nicht nur eine Epoche innerhalb des göttlichen Heilsplans, sondern stellt die letzte Stufe vor der eschatologischen Erfüllung dar. In dem Dreischritt Hören – Glauben – Versiegeltwerden wird die gegenwärtige Situation als Auswirkung des Gotteswortes in Anlehnung an Röm 10,17 entfaltet. Zugleich kommt darin der seelsorgerliche Zuspruch an die Adressaten zum Ausdruck, insofern sie nämlich nachdrücklich daran erinnert werden, daß ihnen der Heilige Geist als Unterpfand eschatologischer Erfüllung zuteil geworden ist.

c) Ergebnis

(1) Die kosmische Universalität Christi, die bei Paulus und im Kolosserbrief durch die Präexistenz zum Ausdruck kam, wird vom Epheserbrief *geschichtlich* gedeutet. Christus ist jenseits aller Zeit, er ist Ursprung und Ziel der Geschichte. Diese zeitliche Universalität *ermöglicht die Ausbildung eines Heilsplans.* Christus ist der über die Zeiten hinweg bestehende Garant der Kontinuität. Nur in ihm kann darum die Heilsgeschichte ihren Ort haben. Durch die Verankerung des Heilsplans in Christus bleibt die Christologie nicht mehr für sich stehen. Sie muß vielmehr in ihrer Bedeutung für die Glaubenden interpretiert werden. Hieraus ergibt sich für den Verfasser des Epheserbriefes eine *enge Verbindung des Gotteshandelns an den Gläubigen mit der Christologie*, was sich formal an der Kombination von Aussagen aus Paulus und dem Kolosserbrief zeigt. Indem jede Stufe des Heilsplans in seiner Bedeutung für die Gläubigen ausgelegt wird, wird das, was ehemals in der christologischen Aussage angelegt war, *verobjektiviert*. Wie in der Beschreibung des Heilsgeschehens Eph 2,11-18 kommt es auch hier zu einer *ekklesiologischen Interpretation christologischer Aussagen*. Die in Christus verborgene Heilsgeschichte wird auf die Gläubigen hin entfaltet und damit *objektiv* benannt.

(2) *Christi Heilstat* am Kreuz bekommt einen Platz innerhalb des Heilsplans zugewiesen, ist also zu einem bestimmten *Element der Heilsgeschichte* geworden. Die grundlegende Voraussetzung für den Einbau des Christusgeschehens in einen Heilsplan ist die Tatsache, daß das Christusereignis selbst zu einem vergangenen Geschehen geworden ist. Gerade

diese neue Perspektive läßt sich als eine Konsequenz aus der *nachpaulinischen Entstehung* dieses Briefes verstehen. Allerdings kann man schon im Aufbau der Christushymnen *Phil 2,6-11* und *Kol 1,15-20* die Anlage eines heilsgeschichtlichen Schemas beobachten. Beide Hymnen spannen den Bogen von der Präexistenz bis zur eschatologischen Vollendung. Daß diese in den Hymnen vorgeprägte heilsgeschichtliche Tendenz im Epheserbrief jedoch bis zur Ausbildung eines Heilsplans weitergeführt wird, läßt sich auf einen Wandel der geschichtlichen Situation zurückführen. Erst in der Zeit *nach* dem Tod der Apostel ist ein so *umfassender Rückblick* möglich. So gibt der Verfasser seinen Lesern einen *Überblick über das gesamte Heilsgeschehen*. Diese Tendenz wird durch die neue Form unterstrichen. Satt eines Christushymnus wählt er die Eulogie, die sich an Gott richtet. Dadurch kann er die Christologie in den Rahmen des allumfassenden Heilsplanes, den Gott mit der Welt vorhat, einordnen. Auf diese Weise kommt hier eine *Gesamtschau* in den Blick, die über die paulinische Beschreibung der Heilsgeschichte hinausführt. Offensichtlich möchte der Verfasser des Epheserbriefs mit seiner Darstellung die *paulinische Tradition vollenden und abschließen*. Durch die Rückführung des Heilsplans auf Gott wird der endgültige Charakter dieser Darstellung betont: Schöpfung und Erlösung, alles ist von Gott ins Werk gesetzt mit dem einen Ziel, daß Gott in immerwährendem Lobpreis angebetet werde.

(3) Ebenso wie Christi Heilstat erhält auch die *gegenwärtige Situation* einen Platz im Heilsplan. Diese Zeit deutet der Verfasser als *Zeit des Heilswortes*. Anders als bei Paulus selbst, der überzeugt war, am Ende der Zeiten zu leben, ist für den Verfasser des Epheserbriefes die Zeit der Kirche eine eigenständige Epoche, die im Heilsplan so vorgesehen ist und den Zeitraum zwischen dem Kreuzesgeschehen und der endgültigen Versöhnung von Himmel und Erde umfaßt. Pointiert wendet sich der Verfasser mit dieser Deutung gegen die Annahme einer Parusieverzögerung. Als Zeit des Heilswortes[390] hat die Gegenwart eine wichtige Funktion in der Erfüllung des Heilsplans. Durch den dritten Abschnitt der Eulogie (Eph 1,13f), der nochmals eigens auf die Situation der Adressaten eingeht, wird dies betont hervorgehoben. Doch diese Interpretation der Gegenwart ist bereits bei *Paulus* angelegt. Wie Stuhlmacher in seiner Untersuchung der paulinischen Eschatologie aufweist, legt das Heilswort des Evangeliums

---

[390] Zum Verständnis der Gegenwart als Zeit des Heilswortes vgl. auch Eph 2,17: Christus kommt im Wort des Evangeliums zu den Heiden.

proleptisch das Kommen Gottes aus[391]. Paulus greift damit auf die alttestamentliche Vorstellung vom Heilswort zurück, das durch seinen *Verheißungscharakter* die künftige eschatologische Erfüllung anbrechen läßt. Wie etwa in der Verkündigung Deuterojesajas läuft das Heilswort einerseits der eschatologischen Erfüllung voraus, eröffnet andererseits aber als seinsstiftendes Wort bereits, was es verheißt. Wird die Gegenwart als Zeit des Heilswortes verstanden, so ist damit gerade diese *eschatologische Spannung* angelegt. Als Zeit des Heilswortes bekommt die apostolisch-nachapostolische Zeit ihren eigenen Ort in der Heilsgeschichte. Sie ist die Zeit, in der Christus durch sein Wort von der Welt Besitz ergreift.

(4) Die Vorstellung eines Heilsplanes hebt die *Unverbrüchlichkeit des Gotteshandelns* in den Vordergrund. Der Heilsplan betont Gottes vorauslaufende Gnade, die sich schon in der protologischen Erwählung ereignet hat und in der Berufung der Glaubenden offenbar wird. Der paulinische Grundgedanke der Erwählung wird hier im Heilsplan weitergeführt: Der Heilsplan betont die Rechtfertigung *sola gratia*. Die πρόθεσις θεοῦ bleibt, sie hat festen Bestand und ist nicht abhängig von menschlichen Werken. Auch die überlange Satzkonstruktion von Eph 1,3-14 dient als Kennzeichen der Unverbrüchlichkeit. Diese umständliche Satzperiode bricht deshalb nie ab, weil sie die ununterbrochene und durch nichts zu unterbrechende Abfolge des göttlichen Heilshandelns zum Ausdruck bringen will. Durch die *Betonung dieser Unverbrüchlichkeit* soll den Empfängern nach dem Tod des Paulus Mut, Hoffnung und Heilsgewißheit zugesprochen werden. Der Heilsplan zeigt auf, daß alles nach dem Willen Gottes abläuft und im Blick auf den Tod der Apostel kein Grund zur Beunruhigung besteht. Aber auch die Hervorhebung der Kraft Gottes, die diesen Heilsplan in die Wirklichkeit umzusetzen fähig ist, dient neben der Beschreibung des fest beschlossenen Heilsplans dazu, die *Gewißheit* der Glaubenden zu stärken.

3. Das Motiv der Kraft Gottes Eph 1,19ff

Nach *Paulus* ist Gottes δύναμις wesentlich in der Auferweckung Christi wirksam: „Gott hat den Kyrios auferweckt ... durch seine Kraft" (1Kor 6,14[392]). An Christus ist so die Kraft Gottes offenbar geworden. Im Rück-

---

[391] Vgl. P. STUHLMACHER, Gegenwart und Zukunft 432f.
[392] Vgl. auch 2Kor 13,4; Phil 3,10.

griff auf weisheitliche Theologie[393] kann Paulus daher Christus als „Gottes Kraft und Gottes Weisheit" (1Kor 1,24) bezeichnen. Diese in der Person Christi eröffnete Kraft Gottes wird weitergetragen im Evangelium und wirkt sich aus an jedem, der glaubt. Die totenauferweckende Macht Gottes, die im Christusgeschehen begründet ist, setzt sich fort in der Glauben stiftenden Kraft zur Rettung der einzelnen (Röm 1,16; 1Kor 1,18; 2Kor 6,7). Damit aber tritt die Kraft Gottes ihren Weg durch die Geschichte an. In der Verkündigung des Evangeliums wird die δύναμις θεοῦ zu der „in der Geschichte, und zwar im Christusgeschehen, wirkende(n) und handelnde(n) Kraft Gottes, die Heilskraft ist"[394]. An diese geschichtliche Dimension der Kraft Gottes knüpft der *Epheserbrief* an. Er versteht die δύναμις θεοῦ als die treibende Kraft, die den von Gott in Christus gefaßten Heilsplan verwirklicht. So betont der Verfasser das kontinuierliche Wirken der δύναμις θεοῦ in der Geschichte. Während die in Eph 1,3-14 eingefügten κατά-Wendungen hervorheben, daß der Heilsplan göttlichem Willen entspricht, weisen die übrigen, im weiteren Verlauf des Briefes auftauchenden κατά-Wendungen (Eph 1,19; 3,7.16.20) darauf hin, daß es Gottes Kraft ist, die diesen Ratschluß vollbringt. Die gesamte Heilsgeschichte durchzieht so das machtvolle Wirken Gottes[395]. Damit wird die in den Paulusbriefen angelegte *Geschichtsmächtigkeit der Gotteskraft* vom Verfasser des Epheserbriefes nicht nur übernommen, sondern geradezu verstärkt. Durch seine Kraft verbürgt Gott die Durchführung des von ihm aufgestellten Heilsplans.

An einem anderen Punkt im Verständnis der Kraft Gottes läßt der Epheserbrief eine *klare Akzentverschiebung* erkennen. So sieht *Paulus* den wesentlichen Erweis dieser Kraft in der eschatologischen Auferweckung aller. Wie Gottes Kraft im Ostergeschehen an Christus offenbar wurde, so *wird* sie an uns allen Leben schaffend am Werk sein (1Kor 6,14; 2Kor 13,4; Phil 3,10f.21). Die Herrlichkeit der Auferstehung bleibt der Zukunft vorbehalten, für die Gegenwart sind gerade menschliche Schwachheit und Bedrängtheit die Kennzeichen dieser Gotteskraft[396]. Anders der *Verfasser des Epheserbriefes*. Zwar ist auch für ihn die Totenauferweckung der ent-

---

[393] Vgl. Weish 7,25.
[394] W. GRUNDMANN, Art. δύναμαι/δύναμις, in: ThWNT 2, 310,30f.
[395] Die Wendung κατὰ πρόθεσιν τοῦ τὰ πάντα ἐνεργοῦντος, Eph 1,11, schließt den vorgefaßten Heilsplan und die Macht zu dessen Durchführung zu einer Gottesprädikation zusammen und betont damit die Zuverlässigkeit des Plans.
[396] Vgl. W. GRUNDMANN, Art. δύναμαι/δύναμις, in: ThWNT 2, 317f; sowie U. HECKEL, Kraft in Schwachheit 243ff.

scheidende Erweis von Gottes Kraft (Eph 1,20). Für die Gegenwart jedoch stellt er seinen Lesern nicht ihre Schwachheit oder die noch zu erwartende künftige Auferstehung aller vor Augen, sondern er unterstreicht die Stärke des in Christus bereits geschehenen Werkes. Besonders klar zeigt sich dies am Abschluß des Proömiums in *Eph 1,19ff.* Während die Proömien der paulinischen Briefe mit einem eschatologischen Ausblick auf die zu erwartende Herrlichkeit schließen, hebt der Verfasser hier die *gegenwärtig wirkende Gotteskraft* hervor[397]. Sie wird in V 19 in vierfacher Weise benannt (δύναμις, ἐνέργεια, κράτος, ἰσχύς) und damit betont hervorgehoben. Um die Größe dieser Kraft zu erkennen, die an den Gläubigen wirksam ist, wird sie in ihren Ausmaßen vorgeführt. Sie hat Christus auferweckt, ihn erhöht und zur Rechten Gottes inthronisiert. Sie hat ihm die Macht über alle Zwischenmächte verliehen, nicht nur im gegenwärtigen, sondern auch im künftigen Äon. Bis zur eschatologischen Vollendung reicht das seit der Auferweckung kontinuierliche Wirken dieser Kraft. Diese räumlich und zeitlich unbegrenzte Kraft ist nun auch an den Glaubenden wirksam. Der inthronisierte Christus ist als Haupt der kosmischen Mächte zugleich auch der Kirche gegeben. Mit seiner Auferstehungskraft ist Christus also auch unter den Gläubigen wirksam. Gegenüber Paulus, der die zukünftige, noch zu erwartende totenauferweckende Kraft Gottes hervorhebt, verschieben sich im Epheserbrief die Akzente: Deutlich wird hier die gegenwärtige Wirksamkeit dieser Kraft betont und ihre Zuverlässigkeit aus der Auferstehung und Inthronisation Christi aufgezeigt[398].

---

[397] S.o. 32f.
[398] In Eph 1,19ff geht es nicht um die Verborgenheit der Gotteskraft, wie das bei Paulus betont wird, sondern um die tatsächliche Vorhandenheit. Es wäre jedoch falsch zu meinen, der Verfasser hätte mit der Betonung der gegenwärtig wirkenden Stärke der Kraft das paulinische Motiv der Verborgenheit sub contrario aufgehoben. Wie U. HECKEL in seiner Dissertation verdeutlicht, weist das paulinische Motiv der Schwachheit auf die Selbstentäußerung Christi hin: „Da die Schwachheit in der biblischen Anthropologie an und für sich ein Wesensmerkmal des Menschen ist, bringt die Rede vom Schwachen Gottes die Menschwerdung Gottes zum Ausdruck" (U. HECKEL, Kraft in Schwachheit 231). Die Auferstehung bleibt dagegen fest mit dem Motiv der Kraft verbunden. Die für Paulus charakteristische Zusammenstellung beider Begriffe, wonach Gottes Kraft gerade in der Schwachheit mächtig ist, weist darauf hin, daß das Schwergewicht der Aussage in der *Überwindung* des alten Äons liegt. Sehr deutlich zeigt sich dies in 1Kor 1,23-25 (vgl. U. HECKEL a.a.O. 229-234). Da der Verfasser des Epheserbriefes das Heilsgeschehen nicht in actu, sondern aus rückblickender Perspektive als vollendete Tatsache (objektiver Charakter) beschreibt, schildert er nicht die Überwindung an sich, sondern den bereits überwundenen Gegensatz (Eph 1,19ff). Konsequenterweise spielt darin auch das Motiv der Schwachheit keine Rolle mehr. Während Paulus in seiner Kreuzestheologie die Überwindung des alten Äons selbst aufzeigt, ist dem Verfasser der Aufweis jener Macht wichtig, die diese Überwindung vollbracht hat. Das veränderte Darstellungsinteresse des Epheserbriefes macht diese

Eine ganz parallele Verschiebung von Paulus zum Epheserbrief begegnet auch im Begriff der Hoffnung. Bei Paulus ist die Hoffnung immer nach vorne ausgerichtet auf die verheißene, künftige Herrlichkeit. Sie ist ἐλπὶς τῆς δόξης[399]. Der Epheserbrief wirft den Blick dagegen zurück. Er spricht von der ἐλπὶς τῆς κλήσεως, der Hoffnung, die in der Berufung gründet (Eph 1,18; 4,4). Auch hier hebt er das Verläßliche hervor, die Berufung, auf die die Glaubenden bauen können. Es wäre falsch, dem Verfasser hieraus den Vorwurf einer Aufhebung der eschatologischen Erwartung zu machen. Aus der Betonung der gegenwärtig wirksamen Kraft Gottes und der festen Verankerung der Hoffnung spricht vielmehr das Anliegen des Verfassers, den Glauben der Empfänger zu stärken und in einer Zeit der zunehmenden Distanz vom Heilsgeschehen nicht an der Zuverlässigkeit des Verheißenen zu verzagen, sondern in unverminderter Intensität auf die künftige Herrlichkeit zu hoffen.

Gerade aus der zeitlichen Situation der Konsolidierung der gegründeten Gemeinden wird die verstärkte *Betonung der Gegenwart* der Gotteskraft im täglichen Leben der Glaubenden verstehbar. Das ist der entscheidende Unterschied zur missionarischen Situation des Paulus, für die das Wirken der Gotteskraft in der Verkündigung des Evangeliums zentrale Bedeutung hat. So ist für Paulus wesentlich, daß die Predigt der Apostel nicht aus eigener, sondern allein aus Gottes Kraft geschieht (Röm 15,19; 1Kor 2,4f; 4,19f; Phil 4,13; 1Thess 1,5). Ihre Botschaft gründet im Wort Christi[400], das den Glauben der Gemeinde schafft (1Kor 2,5; 1Thess 1,5 vgl. Kol 2,12). Daß diese Kraft nun auch das Leben der Christen gestaltet, sie durch gegenwärtige Bedrängnis trägt, die Hoffnung stärkt und Taten der Liebe wirkt (Röm 15,13; vgl. Kol 1,11; Gal 5,6), wird von Paulus durchaus mitbedacht, erlangt aber erst für den *Verfasser des Epheserbriefes* grundlegende Bedeutung. Die bewahrende, stärkende und verbindende Wirksamkeit der Gotteskraft im Leben der Gemeinde ist für ihn in seiner Zeit ein wichtiges Element des Zuspruchs. So betont er die *Kontinuität* der Gotteskraft seit der Auferstehung Christi. Durch das Wort der Apostel ist diese Kraft zu den Heiden gelangt, durch sie werden die Völker eingebun-

---

Akzentverschiebung notwendig. Deshalb wäre es ungerechtfertigt, gegen ihn den Vorwurf einer Theologia gloriae zu erheben. Der gleiche Sachverhalt zeigte sich bereits an Eph 2,5f, wo zwar die Schicksalsgemeinschaft mit Christus, nicht aber der Aspekt des Mit-Christus-Leidens benannt wird. S. o. 147ff.

[399] Vgl. B. MAYER, Art. ἐλπίς, in: EWNT 1, 1069-1072.

[400] Zur Zusammengehörigkeit und Unterschiedenheit von apostolischer Predigt und dem Wort Christi vgl. die Auslegung von Röm 10,17 und 2Kor 5,18-20 in: O. HOFIUS, Wort Gottes und Glaube 152-154.

Der Heilsplan 227

den in die Gemeinschaft der Kirche (Eph 3,7). Gottes Kraft läßt die einzelnen Gläubigen erstarken und schenkt ihnen, am inneren Menschen zu wachsen (Eph 3,16). Gottes machtvolles Wirken strömt vom Heilsgeschehen Christi in kontinuierlichem Fluß bis zum Wachstum des Glaubens im einzelnen fort. Eph 3,20 faßt diese Allwirksamkeit Gottes, die unser Bitten und Verstehen übersteigt, zusammen[401]. Gottes Kraft wirkt im Heilsgeschehen ἐν τῷ Χριστῷ (Eph 1,20); und sie wirkt ἐν ἡμῖν (Eph 3,20); darum entspricht dem auch der Lobpreis ἐν τῇ ἐκκλησίᾳ καὶ ἐν Χριστῷ Ἰησοῦ (Eph 3,21). Die von Gottes Kraft durchgeführte Durchsetzung des Heils in Christus und in uns soll uns in sein πλήρωμα führen (Eph 3,19)[402].

Auch in den paränetischen Ausführungen des Epheserbriefes steht Gottes wirksame Macht im Hintergrund. Der Aufbau des Leibes der Kirche vollzieht sich κατ' ἐνέργειαν (Eph 4,16), womit nur die göttlichen Wachstumskräfte gemeint sein können, die vom Haupt ausgehend den ganzen Leib durchfließen. Die Waffenrüstung im Glauben (Eph 6,10-17) läßt die Christen im endzeitlichen Kampf durch göttliche Kraft erstarken (Eph 6,10). Die Christen tragen die von Gott verliehene Rüstung, die πανοπλία τοῦ θεοῦ (Eph 6,13). Die aufgezählten Waffen[403] sind Elemente, die ausnahmslos die Wirkkraft Gottes zur Darstellung bringen. Gottes Kraft also schenkt Widerstand und Ausharrungsvermögen im Kampf gegen die widergöttlichen Mächte. Wenn der Verfasser des Epheserbriefes hierbei auf das alttestamentlich vorgeprägte Bild von Gott als dem Kriegsmann zurückgreift[404], so stellt er damit lediglich die *geschichtsmächtige Kraft Gottes* in metaphorischer Weise dar. Die δύναμις θεοῦ ist es, die in den Glaubenden wirksam ist.

---

[401] Mit τῷ δὲ δυναμένῳ (Eph 3,20) wird die Doxologie auf Gott eingeleitet (vgl. Röm 16,25; Jud 24): Gott wird für sein unvergleichlich machtvolles Heilswirken in Jesus Christus gepriesen. Das Übermaß der Macht Gottes wird dreifach hervorgehoben: ὑπὲρ πάντα, ὑπερεκπερισσοῦ, ὧν αἰτούμεθα ἢ νοοῦμεν (vgl. H. SCHLIER, Eph. 176). Der Lobpreis mündet in den Gedanken, daß diese heilvolle Macht auch an uns wirksam ist: κατὰ τὴν δύναμιν τὴν ἐνεργουμένην ἐν ἡμῖν.

[402] In dieser Betonung des geschichtsbildenden und geschichtsgestaltenden Charakters der Kraft Gottes, die den festgesetzten Heilsplan in die Tat umsetzt, greift der Verfasser eindeutig auf die alttestamentlich vorgeprägte Vorstellung des Geschichtshandelns Gottes zurück, dessen Machterweise in geschichtlichen Rettungstaten offenbar werden. Vgl. dazu W. GRUNDMANN, Art. δύναμαι/δύναμις, in: ThWNT 2, 292-296.

[403] Vgl. die in Eph 6,14-17 genannten Begriffe: ἀλήθεια, δικαιοσύνη, εὐαγγέλιον τῆς εἰρήνης, πίστις, σωτηρία, πνεῦμα, ῥῆμα θεοῦ.

[404] S.o. 61f; 101ff.

Durch diese Aussagen bringt der Epheserbrief eine Linie zur Geltung, die in dieser Konsequenz von Paulus noch nicht ausgezogen worden ist. Es ist die *Kontinuität von Gottes heilvollem Wirken*, ausgehend vom Heilsgeschehen Christi bis in das gegenwärtige Leben der Gläubigen. Was Paulus in seinen Aussagen von der Kraft Gottes angedeutet hatte, die sich in der Auferstehung Christi eröffnet und im Evangelium durch die Geschichte läuft, begegnet hier als ein *einheitliches Geschichtswirken* der Kraft Gottes, das sich von der Heilstat Christi bis in die Gegenwart der Glaubenden hinein durchzieht. Der Verfasser hat die verschiedenen paulinischen Aussagen über die Kraft Gottes verbunden, systematisiert und *auf die Situation der Kirche zugespitzt*. Er will hervorheben, daß die Kirche von ihrer Gründung in der Heilstat bis zum gegenwärtigen Zeitpunkt durch die Kraft Gottes geleitet ist. Die Situation der Kirche ist damit nicht nur im Heilsplan vorgezeichnet, sondern von Gott selbst ins Werk gesetzt.

4. Die Offenbarung des Mysteriums nach Eph 3,1-13

a) Die Ansätze in der paulinischen Tradition

Neben der Ausprägung eines festen Heilsplans und der Hervorhebung der allwirksamen Gotteskraft, die die Zuverlässigkeit des Heilsplans garantiert, begegnet im Epheserbrief noch ein drittes Element, in welchem die präzisen heilsgeschichtlichen Vorstellungen des Verfassers deutlich werden. Dies ist die Offenbarung und Weitergabe des Mysteriums, die in Eph 3,1-13 unter Verarbeitung einer festen Form beschrieben wird. Seit N. A. Dahl wird diese Form als „Revelations-Schema" bezeichnet, in dem das Mysterium unter dem Gegensatz von „früher verborgen, jetzt aber geoffenbart" dargestellt wird[405]. Gerade die feste Einteilung in zwei Epochen stellt Dahl als typisch für dieses Schema heraus. Für die Belege aus den Deuteropaulinen – Kol 1,26f; Eph 3,4-7.8-11 – sowie den wohl sekundären Briefschluß Röm 16,25f, hat sich die Annahme einer einheitlich vorgeprägten Form in der Forschung durchgesetzt[406]. Umstritten ist dagegen, inwieweit sich diese Form auf die paulinische Weisheitsrede in 1Kor 2,6-10 zurückführen läßt. Drei wesentliche Positionen sind hier zu referieren. H. Conzelmann sieht innerhalb der Paulusschule eine durchgehende Linie

---

[405] N. A. DAHL, Formgeschichtliche Beobachtungen 4.
[406] Unberücksichtigt bleiben die Belege der Pastoralbriefe sowie der katholischen Briefe, in denen Dahl die zweite Variante des Revelationsschemas vorfindet; vgl. N. A. DAHL a.a.O. 4f.

von 1Kor 2 zu den Belegen des fest ausgeprägten Revelationsschemas. Seiner Meinung nach wurde „das Schema im internen Schulbetrieb entwickelt" und ist als solches in 1Kor 2,6ff „in statu nascendi zu erkennen"[407]. D. Lührmann[408] dagegen schreibt das Revelationsschema den korinthischen Gegnern zu: Es sei eine „liturgische Formel", welche Paulus durch die Verbindung mit seiner Kreuzestheologie in 1Kor 2,6-10 zwar übernommen, aber entscheidend korrigiert habe[409]. In den Deuteropaulinen finde sich diese Formel allerdings ohne die paulinische Korrektur. M. Wolter sieht dagegen keinen Einfluß von 1Kor 2,6-10 auf das feste Revelationsschema der Deuteropaulinen. Die zeitliche Gegenüberstellung einst – jetzt, die enge Anbindung an die Person des Paulus und die Hervorhebung der Heidenmission stellten Charakteristika des festen Revelationsschemas dar, die in der Darstellung 1Kor 2,6-10 nicht auftauchten. Vielmehr sei für 1Kor 2,6-10 die exklusive Bindung an das Kreuz kennzeichnend. Wolter folgert, daß man aufgrund dieser Differenzen den „Aussagewillen des Revelationsschemas ... unabhängig von 1Kor 2,6-10 zu bestimmen" habe[410]. Beide Textbereiche seien auf eine eigenständige Verarbeitung weisheitlicher Tradition zurückzuführen.

Durch die Nähe der Begrifflichkeit zu Qumran[411] konnten in den vergangenen Jahren die hellenistisch-gnostischen Ableitungshypothesen widerlegt und eine Verwandtschaft des Revelationsschemas mit weisheitlichen Traditionen wahrscheinlich gemacht werden[412]. Das Revelationsschema rührt deshalb nicht von antiken Mysterienkulten her, sondern hat sich aus der alttestamentlich-jüdischen Vorstellung der bei Gott verborgenen, präexistenten Weisheit entwickelt[413]. Lührmanns Versuch, die Myste-

---

[407] H. CONZELMANN, 1Kor. 81.
[408] Vgl. D. LÜHRMANN, Das Offenbarungsverständnis 113-140.
[409] D. LÜHRMANN, a.a.O. 133.
[410] M. WOLTER, Verborgene Weisheit 306.
[411] Vgl. F. MUSSNER, Beiträge aus Qumran, insbes. 197-200.
[412] Der weisheitliche Hintergrund läßt sich bis in die Terminologie hinein verfolgen. Neben dem Gebrauch offenbarungstheologischer Terminologie (ἀποκαλύπτω, γνωρίζω, φανερόω) wird mit der Vorstellung eines verborgenen Geheimnisses auf apokalyptisch-weisheitliche Tradition zurückgegriffen. Nach dieser Tradition sind Gottes Ratschlüsse im Geheimnis verborgen bereits im Himmel präsent. Sie werden „am Ende nur aus ihrer Verborgenheit heraustreten und offen zum Ereignis werden" (G. BORNKAMM, Art. μυστήριον, in: ThWNT 4, 822). Eng damit verknüpft ist auch die Vorstellung der zwei Äonen, die für die zeitliche Einteilung des Revelationsschemas maßgeblich ist. Vgl. dazu M. WOLTER, Verborgene Weisheit 311ff. CH. C. CARAGOUNIS, Mysterion 121-126, hebt die große Nähe zum Buch Daniel hervor.
[413] Die Vorstellung der bei Gott präexistenten Weisheit und die Entwicklung des Gedankens bis zur paulinischen Theologie untersucht G. SCHIMANOWSKI, Weisheit und Messias 315-317; vgl. dazu auch H. GESE, Die Weisheit 239ff.

riumsvorstellung von Vorstellungen der korinthischen Gegner abzuleiten und von daher einen gnostisch beeinflußten Hintergrund zu vermuten, ist deshalb eher unwahrscheinlich. Somit läßt sich das Problem auf die *Fragestellung* zuspitzen, ob das *Revelationsschema* direkt aus der alttestamentlichen Weisheitstradition *unabhängig von 1Kor 2* abzuleiten ist oder ob *1Kor 2 als notwendige Zwischenstufe vorausgesetzt* werden muß. Zur Entscheidung dieser Frage muß untersucht werden, ob sich gemeinsame Elemente zwischen 1Kor 2,6-10 und dem Revelationsschema finden lassen, die nicht durch einen Rückgriff auf weisheitliche Tradition erklärbar sind.

Im deuteropaulinischen Schema, dessen Verarbeitung in Kol 1,26f; Eph 3,4-7.8-11; Röm 16,25f von der Forschung einheitlich anerkannt wird, lassen sich folgende Formelemente entdecken: 1. Durch den Begriff μυστήριον und dessen appositionelle Erweiterung wird die absolute Verborgenheit des Heilsgeheimnisses seit Schöpfung der Welt zum Ausdruck gebracht (Röm 16,25; Kol 1,26; Eph 3,5.9). 2. Der Epoche der Verborgenheit steht die gegenwärtige Situation als Zeit der Offenbarung des Geheimnisses gegenüber. Durch das eschatologische νῦν wird sie besonders hervorgehoben (Röm 16,26; Kol 1,26; Eph 3,5.10) und eindeutig als Zeit des Offenbarungsereignisses gekennzeichnet[414]. 3. Weiterhin wird betont, daß das Geschehen der Offenbarung sich göttlichem Willen gemäß ereignet (Röm 16,26; Kol 1,26fin; Eph 3,11). 4. Kennzeichnend ist schließlich die Verbindung dieses Geschehens mit dem Amt des Paulus (Röm 16,25[415]; Kol 1,25.28; Eph 3,3.5.7.8). Dabei scheint *einerseits* das apostolische Amt fest an die Offenbarung des Mysteriums geknüpft zu sein. *Andererseits* resultiert aus dem apostolischen Auftrag aber auch die Verkündigung des Mysteriums unter den Heiden. Am schwächsten ist diese Verknüpfung von Apostolat und Heidenmission in Röm 16,25f belegt, aber selbst dort verdeutlicht dies die Aufnahme von Stichworten aus Röm 1,5 in der Wendung (μυστηρίου...) εἰς ὑπακοὴν πίστεως εἰς πάντα τὰ ἔθνη γνωρισθέντος. In Röm 1,5 wird mit den Worten ἀποστολὴν εἰς ὑπακοὴν πίστεως ἐν πᾶσιν τοῖς ἔθνεσιν der Auftrag des Paulus an die Heiden beschrieben, hier dagegen ist von einem Element der Offenbarung des Mysteriums die Rede. Für Röm 16,25f liegt also in der Offenbarung

---

[414] Darauf weisen die Verben φανερόω Röm 16,26; Kol 1,26; γνωρίζω Eph 3,10; ἀποκαλύπτω Eph 3,5, die als Termini technici des Offenbarungsvorgangs zu verstehen sind.

[415] Vgl. die Formulierung κατὰ τὸ εὐαγγέλιόν μου.

des Mysteriums an Paulus bereits der Auftrag an die Heiden begründet. Betrachtet man die Strukturelemente auf dem Hintergrund weisheitlicher Traditionen, fallen zwei entscheidende Neuerungen auf. a) Das deuteropaulinische Schema interpretiert die apokalyptische Vorstellung der zwei Äonen als *überwundenen* Gegensatz. Gott hat durch die Offenbarung seines uranfänglichen Heilsgeheimnisses den alten Äon *schon entmachtet* und den neuen Äon heraufgeführt. b) Die Beendigung des alten Äons ist dabei entscheidend mit dem *Amt des Paulus* verknüpft, er hat als Apostel die Aufgabe, das geoffenbarte Mysterium den Heidenvölkern bekannt zu machen.

Fragen wir nach der Struktur von 1Kor 2,6-10, so fällt dort ebenfalls der Rückgriff auf die apokalyptische Zwei-Äonen-Vorstellung auf. Von zentraler Bedeutung ist der Gegensatz zwischen der Weisheit dieses Äons, der σοφία τοῦ αἰῶνος τούτου, und der im Geheimnis verborgenen Weisheit Gottes, die fundamental von dieser geschieden auch nicht von ihr erkannt werden kann. Allerdings ist, wie Wolter richtig bemerkt, in 1Kor 2,6-10 die zeitliche Differenz nicht so pointiert ausgedrückt wie im Revelationsschema. Statt einer genauen zeitlichen Einteilung hat Paulus stärker die Überwindung des alten Äons im Blick. Die Machthaber des alten Äons sind bereits entmachtet (τῶν καταργουμένων 1Kor 2,6). Da sie die Weisheit Gottes in Christus nicht erkannt haben, hat sich in der Kreuzigung ihre Entmachtung entschieden (1Kor 2,8)[416]. Das Kreuzesgeschehen ist Gottes eschatologisches Heilsgeschehen[417], durch welches die Maßstäbe menschlicher Weisheit als Torheit aufgedeckt werden. Diese seinsstürzende Rolle des Kreuzesgeschehens hebt Paulus in seiner Darstellung hervor. Durch die im Kreuz Christi eröffnete Heilswirklichkeit ereignet sich der Umsturz des alten und der Anbruch des neuen Äons. Während Paulus damit die Bedeutung des Kreuzes betont, ist im Revelationsschema die Gegenüberstellung von altem und neuem Äon entscheidend. Das könnte für einen unabhängigen Rekurs beider auf die weisheitliche Tradition sprechen. Dennoch läßt sich in beiden Fällen im Grunde die *gleiche Aussageintention* entdecken, die entscheidend über die Vorgaben weisheitlicher Tradition hinausführt. Es ist die *endgültige Überwindung des alten und die Eröffnung des neuen Äons* durch die eschatologische Offenbarung Gottes. Damit vollziehen beide, Paulus und das Revelationsschema, den gleichen Schritt der Umformung weisheitlicher Tradition.

---

[416] Vgl. U. WILCKENS, Zu 1Kor 2,1-16 516.
[417] Vgl. M. WOLTER, Verborgene Weisheit 304.

Gerade dieser beiden gemeinsame Interpretationsschritt läßt Zweifel an einem unabhängigen Rückgriff auf weisheitliche Tradition aufkommen. Der Unterschied zwischen beiden scheint in der Ausformung der Interpretation zu bestehen. Beschreibt Paulus den generellen Charakter der Überwindung, ist dem Revelationsschema der Zeitpunkt des Umbruchs wichtig.

Als zweiten grundlegenden Unterschied gegenüber 1Kor 2,6-10 nennt Wolter die *enge Verbindung* des Mysteriums mit dem apostolischen Amt des Paulus, die im Revelationsschema hervorgehoben wird. Hier muß allerdings gegen Wolter eingewandt werden, daß gerade in 1Kor 2,6-10 die Verbindung mit der eigenen Verkündigung des Paulus eindeutig belegt ist. Stellt die Verkündigung des Kreuzesgeschehens doch das Proprium paulinischer Theologie dar, durch welches Paulus sich fundamental von seinen Gegnern unterscheidet! Das zweifach hervorgehobene λαλοῦμεν (1Kor 2,6.7)[418] betont die paulinische Verkündigung des Mysteriums und nimmt Bezug auf die bereits in 1Kor 2,1f geschilderte Definition seiner Verkündigung: Das von ihm verkündigte Mysterium Gottes hat Jesus Christus als den Gekreuzigten zum Inhalt. Da seine Rede nicht in menschlicher Stärke, sondern in Schwachheit, Furcht und Zittern geschieht, wird deutlich, daß in seiner Verkündigung Gottes Kraft sich wirksam ereignet (1Kor 2,3f). Doch nicht nur die Verbindung des paulinischen Apostolates mit der Kreuzesbotschaft, sondern auch seine Sendung zu den Heiden ist in 1Kor 2 bereits vorgeprägt. Paulus weiß sich als Apostel zu den Heiden gesandt und sieht seine Aufgabe darin, Christus als den Gekreuzigten unter ihnen zu verkünden (1Kor 2,1f[419]). Durch das von ihm verkündigte Wort vom Kreuz, den λόγος τοῦ σταυροῦ, wird das im Kreuz begründete Heil unter den Heiden Wirklichkeit. So vollzieht sich unter ihnen der Anbruch des neuen Äons. Es ist damit eine durchaus *adäquate Weiterführung des paulinischen Ansatzes*, wenn das Revelationsschema das Amt des Paulus unter den Heiden bereits im Mysterium angelegt sieht. Dieser Interpretationsschritt läßt erkennen, daß das Revelationsschema in seiner

---

[418] Der Plural ist als ein apostolisches 'wir' zu beurteilen.
[419] Vgl. hier die eindeutigen Wendungen: ἦλθον (Aor. nimmt auf die damalige Missionssituation Bezug) ... καταγγέλλων ὑμῖν τὸ μυστήριον τοῦ θεοῦ (1Kor 2,1), sowie οὐ γὰρ ἔκρινά τι εἰδέναι ἐν ὑμῖν εἰ μὴ Ἰησοῦν Χριστὸν καὶ τοῦτον ἐσταυρωμένον (1Kor 2,2). Diese Formulierungen heben hervor, daß Paulus seinen Sendungsauftrag darin sah, sich mit dem Wort vom Kreuz an die Heiden in Korinth zu wenden.

Darstellung auf die Weisheitsrede 1Kor 2,6-10 zurückgreift und nicht unabhängig davon aus weisheitlicher Tradition abgeleitet werden kann.

Diese Beobachtungen, die statt eines unabhängigen Rückgriffs auf weisheitliche Tradition die Verarbeitung von 1Kor 2 im Revelationsschema nahelegen, werden zudem durch das *inhaltliche Verständnis* von μυστήριον gestützt. Wenn in Kol 1,27 das Mysterium mit Χριστὸς ἐν ὑμῖν umschrieben wird, so ist damit das christologische Verständnis des Mysteriums von 1Kor 2,2 vorausgesetzt. Nach Paulus wird im gekreuzigten Christus der alte Äon überwunden. In der Dahingabe am Kreuz ereignet sich die Offenbarung göttlicher Weisheit (vgl. 1Kor 1,24), das Mysterium ist also der Christus ὑπὲρ ὑμῶν. Das Revelationsschema in Kol 1,27 spitzt die soteriologische Bedeutung auf die heidnischen Adressaten zu, das Mysterium meint hier den Christus ἐν ὑμῖν, den Christus unter den Heiden. Die Fassung des Schemas in Eph 3 läßt sich als eine Weiterinterpretation von Kol 1,27 verstehen[420], Röm 16,26 zielt mit εἰς πάντα τὰ ἔθνη ebenfalls auf die Bedeutung Christi für die Gesamtmenschheit. Mit der Zuspitzung auf die Heiden unterstreicht das Revelationsschema deutlich die *universale Weite* des Christusgeschehens. Der Bedeutungswandel des Mysteriums weist damit die bereits oben beobachtete Interpretationstendenz auf. Wie im apostolischen Auftrag die Sendung an die Heiden betont wird, so wird auch für das Mysterium die weltweite Reichweite herausgestellt. In beidem kommt die *vollkommene Überwindung des alten Äons* zum Ausdruck. Da diese *einheitliche Interpretationstendenz* sich nur als *Konsequenz aus der paulinischen Darstellung 1Kor 2* verstehen läßt, ist das Revelationsschema nicht direkt von der weisheitlichen Tradition ableitbar, vielmehr muß *1Kor 2 eine notwendige Zwischenstufe* darstellen!

Zusammenfassend läßt sich festhalten, daß der Vergleich zwischen dem Revelationsschema und 1Kor 2,6-10 gerade auf eine *Reihe gemeinsamer Elemente* hinweist. a) Beide Textbereiche greifen den traditionellen Gegensatz zwischen altem und neuem Äon auf und stellen die Überwindung des alten und die Aufrichtung des neuen Äons durch Gottes eschatologische Offenbarung in den Mittelpunkt. Während das Revelationsschema besonderes Augenmerk auf den Zeitpunkt des Umbruchs legt[421], stellt

---

[420] S.u. 234ff: b) Die neue Interpretation durch den Verfasser des Epheserbriefes.
[421] Dies entspricht der bereits im Epheserbrief beobachteten Tendenz der Verstärkung zeitlicher Aspekte, wie es in der Einteilung der Zeitstufen in einen Heilsplan zum Ausdruck kommt. Wenn sich die Betonung der Zeitverhältnisse auch im Revelationsschema angelegt findet, scheint offensichtlich der zeitliche Aspekt in der nachpaulinischen Zeit von besonderer Dringlichkeit zu sein.

Paulus den paradoxalen Charakter des Umbruchs durch das Kreuz ins Zentrum. Beide betonen die einstige Verborgenheit im Gegensatz zur Offenbarung in Christus, beide erkennen in diesem Geschehen den göttlichen Willen zum Heil der Glaubenden (1Kor 2,7fin; Kol 1,27 etc.). b) Da Paulus selbst das Zentrum seiner Verkündigung im Wort vom Kreuz sieht, das er aller Welt kundzutun hat, läßt sich auch die enge Verbindung von Mysterium, paulinischer Verkündigung und Heidenmission im Revelationsschema als eine weiterführende Interpretation des paulinischen Ansatzes verstehen. c) Bestätigt wird dies durch das inhaltliche Verständnis des Mysteriums im Revelationsschema, das sich als universalistische Explikation der Christusaussage von 1Kor 2,2 erweisen läßt. *Aus diesen Gründen ergibt sich, daß das Revelationsschema als Weiterführung des paulinischen Ansatzes 1Kor 2,6-10 verstanden werden muß.*

b) Die neue Interpretation durch den Verfasser des Epheserbriefes

Das Revelationsschema des Epheserbriefes ist literarisch eindeutig *abhängig* vom Revelationsschema in Kol 1,26f. Dennoch verrät der Verfasser des Epheserbriefes eine *eigene Kenntnis* dieses Schemas[422]. Darauf weist die Tatsache, daß der Verfasser selbst bei den Änderungen gegenüber der Vorlage die *Formgesetze dieses Schemas beachtet*. Da die Änderungen auf zwei Themenbereiche aufgeteilt werden können, lassen sich hinter der Umgestaltung inhaltliche Gründe vermuten, in denen die Perspektive einer neuen Generation zum Ausdruck kommt.

(1) Zunächst läßt sich eine *neue zeitliche Aufteilung* erkennen. Bereits in der stilistischen Analyse des Epheserbriefes war aufgefallen, daß der Verfasser mit dem Mittel einer Verdopplung von Formschemata arbeitet, um auf weiterführende Differenzierungen aufmerksam zu machen[423]. In Eph 3,1-13 hat er das *Revelationsschema doppelt* ausgeführt. So begegnen in Eph 3,5-7 wie in Eph 3,9-11 die vorgegebenen Formelemente jeweils vollständig. Entscheidender *Unterschied* zwischen beiden sind die jeweils genannten *Adressaten*. Richtet sich die Offenbarung des Mysteriums in der Vorlage Kol 1,26 an „seine Heiligen", d.h. an alle Christen, so schränkt das erste Schema in Eph 3,5 dies ein auf „seine heiligen Apostel und Propheten im Geist". Das zweite Schema nennt in Eph 3,10 die Mächte und Gewalten im Himmel, denen der göttliche Ratschluß durch die Kirche

---

[422] Vgl. M. WOLTER, Verborgene Weisheit 308.
[423] S.o. 94ff.

Der Heilsplan 235

kundgetan werden soll. Diese zunächst eigenartigen Änderungen sind nur verständlich durch das *Scharnier des apostolischen Amtes*, das beide Schemata verbindet (Eph 3,7.8). Im ersten Schema Eph 3,5 bleibt die Offenbarung den Gründergestalten der Gemeinde vorbehalten[424]. Doch die Apostel und Propheten[425] haben das Mysterium durch die Verkündigung den Völkern weiterzugeben (Eph 3,8f). Von dort, d.h. von der nun unter den Heiden gegründeten Kirche aus, wird das Mysterium den Mächten und Gewalten im Himmel bekannt gemacht. Durch die Verdopplung des Revelationsschemas bringt der Verfasser also *zwei Stufen* in der Kundgabe des Mysteriums zum Ausdruck und gewährt damit einen Einblick in sein Verständnis der zeitgeschichtlichen Situation! Offensichtlich gehört für ihn die Offenbarung des Mysteriums an die Apostel einer vergangenen Zeit an, denn sonst ließe sich die Erweiterung um eine zweite Stufe nicht verstehen. Durch die Verdopplung gibt er zu erkennen, daß er die Zeit der Apostel für abgeschlossen hält. Die Gegenwart ist damit als *nachapostolisches Zeitalter* charakterisiert, in der das geoffenbarte Heilswort weitergegeben wird[426]. Der jetzigen Generation wird die Aufgabe zugesprochen, das Mysterium den Mächten zu verkünden. Es ist viel gerätselt worden, ob es sich hierbei um widergöttliche Mächte handelt, die bekehrt werden sollen[427], oder ob damit die Gott untergebenen Engelmächte gemeint sind[428]. Nach 1Petr 1,12 ist das den Christen geschenkte Heil von solcher Herrlichkeit, daß selbst Engel das Geheimnis der Erlösung zu schauen begehren[429]. Vermutlich ist dieser Gedanke auch in Eph 3,10

---

[424] Bereits die Untersuchung von Eph 4,11ff ließ erkennen, daß die von Christus dem Leib der Kirche zufließenden Wachstumskräfte allein durch die Wortämter vermittelt werden. Wie dort wird auch in Eph 3,5 das Amt als feste Größe der Kirche dargestellt, das die göttlichen Kräfte vermittelt. Im Unterschied zu Eph 4,11ff wird hierbei herausgestellt, daß nur die Ämter der Anfangszeit das Mysterium offenbart bekommen haben. Die anderen Ämter müssen dagegen das Mysterium weitergeben. Damit lebt die Kirche der Gegenwart aus der Weitergabe des Mysteriums; sie fußt auf dem Fundament, das die Apostel und Propheten gelegt haben (Eph 2,20). Vgl. dazu H. MERKLEIN, Amt 191f; s.u. 243ff.
[425] Gemeint ist hier das christliche Prophetenamt, das für die Frühzeit der Kirche belegt ist; vgl. R. SCHNACKENBURG, Eph. 123, 135.
[426] Vgl. Eph 1,13f.
[427] Für diese Deutung spricht die parallele Wendung in Eph 1,21, so H. SCHLIER, Eph. 155; R. SCHNACKENBURG, Eph. 140; J. GNILKA, Eph. 175.
[428] So die Deutung von E. HAUPT, Eph. 106; E. GAUGLER, Eph. 144; F. MUSSNER, Eph. 105. Mußner ebd. weist auf slavHen 24,3: „Meinen Engeln offenbarte ich nicht meine Geheimnisse, noch sagte ich ihnen die Geheimnisse, noch ihre Grenzen, noch meine unendlichen und unbegreiflichen Schöpfungspläne" (Übersetzung nach P. RIESSLER, Altjüdisches Schrifttum 461).
[429] Vgl. dazu N. BROX, 1Petr. 71, der darin die Einzigartigkeit der durch die Heilsoffenbarung qualifizierten Gegenwart der Leser hervorgehoben sieht.

angesprochen. Das Heilsgeheimnis, das in der Kirche durch die Hinzunahme der Heiden zur Gottesgemeinschaft sichtbare Gestalt gewinnt (Eph 3,12), bringt Gottes tiefen Ratschluß mit seiner Schöpfung an den Tag. Wie auch immer die himmlischen Mächte gedeutet werden, entscheidend ist, daß nach Eph 3 das Heilsgeheimnis seinen Lauf durch die Welt nimmt. Durch die himmlische Offenbarung haben Apostel und Propheten das Mysterium empfangen und durch seine Verkündigung die Kirche gegründet. Die Kirche gibt dies durch ihre Existenz als Gestalt gewordenes Geheimnis an die himmlischen Mächte weiter. Der Weg der οἰκονομία τοῦ μυστηρίου (Eph 3,9) geht vom Himmel aus und führt über die Erde zum Himmel wieder zurück. Gerade darin läßt sich der Grundgedanke wiederfinden, der nach Eph 1,10 die οἰκονομία τοῦ πληρώματος τῶν καιρῶν kennzeichnet: die Zusammenfassung aller Dinge in Christus, dessen, was im Himmel und dessen, was auf Erden ist. Indem das Mysterium durch die Kirche auf Erden den himmlischen Mächten verkündet wird, ereignet sich ansatzweise, was in der Zusammenfassung von Himmel und Erde als Ziel im Heilsplan Eph 1,10 angedeutet ist[430]! Entscheidend ist hierbei die neue Prägung des Begriffes οἰκονομία[431], der in Eph 1,10; 3,2.9 eine einheitliche Größe darstellt. Diese οἰκονομία wird nicht mehr Paulus zugeteilt, wie in Kol 1,25[432] oder in 1Kor 9,17[433]. Die οἰκονομία bleibt jetzt ganz Gott vorbehalten. Nur durch die χάρις, die Amtsgnade, hat Paulus teil an Gottes οἰκονομία. Das Wort οἰκονομία wird damit zum Terminus technicus für „die göttliche Heilsveranstaltung" und bezeichnet „nicht de(n) göttliche(n) 'Heilsplan', sondern die Durch- oder Ausführung der göttlichen Anordnung"[434]. In dieser begrifflichen Zuspitzung zeigt sich, wie präzise im Epheserbrief die Vorstellung eines Heilsplanes und dessen Verwirklichung durchdacht ist. In der festen Einordnung der verschiedenen Zeiten und der genauen Bestimmung ihrer Abfolge scheint ein grundlegender Charakterzug dieses Briefes zu liegen.

---

[430] Vgl. F. MUSSNER, Eph. 105f.
[431] Vgl. H. KUHLI, Art. οἰκονομία κτλ., in: EWNT 2, 1218-1222.
[432] Im Unterschied zu Kol 1,25 kann in Eph 3,2 unter οἰκονομία nicht mehr das apostolische Amt verstanden werden, da τῆς δοθείσης μοι eindeutig auf χάρις bezogen ist.
[433] Vgl. auch 1Kor 4,1: Paulus sieht sich selbst mit dem Verwalteramt der Geheimnisse Gottes betraut.
[434] H. SCHLIER, Eph. 148; so auch E. GAUGLER, Eph. 129 sowie ders., Heilsplan und Heilsverwirklichung, in: Eph. 234ff. Gegen J. GNILKA, Das Paulusbild im Kolosser- und Epheserbrief 188, der unter οἰκονομία im Epheserbrief fälschlicherweise den Heilsplan versteht.

(2) Auch das inhaltliche *Verständnis des Mysteriums* hat sich im Epheserbrief verändert. a) Wie ein Vergleich mit Kol 1,27 zeigt, spitzt der Verfasser des Epheserbriefes den Inhalt des Christusmysteriums ekklesiologisch zu. Mit der Aussage, daß die Heiden Miterben, Miteinverleibte und Mitteilhaber der Verheißung sind (Eph 3,6), greift der Verfasser auf seine Betonung des *objektiven* Charakters der Versöhnung in Eph 2,14-16 zurück. Da Christus in seiner Person die Wirklichkeit des Friedens ist, bringt er durch sein Kommen im Heilswort (Eph 2,17) die Versöhnung unter die Völker. Die ekklesiologische Zuspitzung des Mysteriums ist darum nur konsequent. In der Heilsgemeinschaft von Heiden und Juden ereignet sich die objektive Friedenswirklichkeit Christi. Durch die Aussage der Heilsteilhabe der Heiden wird die objektive, soteriologische Bedeutung des Χριστὸς ἐσταυρωμένος (1Kor 2,2) hervorgehoben. So kommt in der Existenz der Kirche der Inhalt des Christusmysteriums objektiv zum Ausdruck. Deshalb kann die Kirche allein durch ihr Dasein in der Welt den Mächten die mannigfaltige Weisheit Gottes[435] verkündigen (Eph 3,10). b) Von diesem ekklesiologischen Verständnis des Mysteriums aus läßt sich auch verstehen, warum durch die Verwendung von μυστήριον der Begriff εὐαγγέλιον im Unterschied zu Paulus weniger oft gebraucht wird. Paulus umschreibt den Inhalt seiner Verkündigung durch das absolut gebrauchte εὐαγγέλιον und meint damit die Verkündigung des Heilsereignisses in Christus. Der Epheserbrief dagegen sieht die Verkündigung in einen geschichtlichen Prozeß eingebunden, in welchem die göttliche Offenbarung zu ihrer Verwirklichung gelangt. Nach Gottes festem Plan zieht sich dieses Geschehen von der Heilstat in Christus über die apostolische Verkündigung zur Existenz der Kirche. Im Unterschied zum Begriff εὐαγγέλιον bringt der Begriff μυστήριον diesen geschichtlichen Charakter zur Sprache. Durch die ekklesiologische Zuspitzung des Begriffes wird dieser Aspekt noch gesteigert. So führt die geschichtliche Einbindung des Evangeliums in einen Heilsplan zum Begriff des Mysteriums[436]. c) Um zu zeigen, daß das von Gott beschlossene Heilsmysterium in die Tat umgesetzt wird, fügt der Epheserbrief in die Vorlage des Revelationsschemas die *Wirkmacht der Gotteskraft* ein (Eph 3,7). Wie H. Schlier herausgearbeitet hat, wird damit vom Verfasser die „*eine* große

---

[435] Zur Deutung von πολυποίκιλος σοφία vgl. H. SCHLIER, Eph. 156.
[436] Vgl. auch H. MERKLEIN, Amt 211: „Durch den Begriff Mysterium bekommt das Christusereignis deutlich den Charakter eines in Gottes Plan und Willen beschlossenen Geschehens".

Bewegung der energischen Macht Gottes" herausgestellt, die „von der Auferweckung Jesu Christi von den Toten an über die Abgabe der Gnade Gottes an den Apostel und seinen Dienst zur Einverleibung der Heiden in den Leib Christi unter Erschließung des Erbes der Hoffnung" wirksam ist[437]. Diese eine, durchgehende Bewegung der Gotteskraft garantiert die Verwirklichung des Heilsgeheimnisses. Dies ist der stärkende Zuspruch des Verfassers an seine nachapostolischen Leser.

5. Ergebnis

In der Untersuchung der heilsgeschichtlichen Perspektive kehren zentrale Motive aus den vorangehenden Kapiteln wieder, wodurch die bisherige Beschreibung des Umformungsprinzips bestätigt wird. (1) Ein wesentliches Element ist die *zeitliche Differenzierung* zwischen der Heilstat Christi und der Situation der Adressaten, die wir schon in der Darstellung des Heilsgeschehens Eph 2,11-18 beobachten konnten. Sie wird hier zum Auslöser eines umfassenden heilsgeschichtlichen Aufrisses. In der Darstellung des Heilsplans Eph 1,3-14 konnten wir erkennen, wie der Verfasser aus den paulinischen Wurzeln eine soteriologische Stufenfolge entwickelt. Besonders deutlich zeigte seine geschichtliche Interpretation, wie aus den christologischen Grundgedanken des Kolosserbriefes die heilsgeschichtliche Konzeption des Epheserbriefes erwächst. Die kosmische Dimension der Christologie wird in die universalen Ausmaße eines Heilsplans gewandelt. In diesen Änderungen bestätigte sich das bereits mehrfach beobachtete Prinzip der Umformung: Die historische Situation der nachpaulinischen Entstehung, die auf das Heilsgeschehen Christi wie auf die Verkündigung der Apostel zurückblickt, macht eine eigene geschichtliche Einordnung notwendig.

Ganz entsprechend ließ sich diese Differenzierung auch in der Darstellung des Revelationsschemas Eph 3,1-13 beobachten, in der der Verfasser zwischen apostolischer und nachapostolischer Zeit unterscheidet. Schon äußerlich macht das Prinzip der Verdopplung auf die weiterführende Interpretation aufmerksam. Durch die Wiederholung des Revelationsschemas wird die Zeit der Apostel von der Zeit der Kirche abgesetzt: Auch hier begegnet eine Stufenfolge, durch die die Gegenwart als eine eigene Epoche abgegrenzt wird.

---

[437] H. SCHLIER, Eph. 152.

Ein drittes wesentliches Motiv, das sich aus der zeitlichen Differenzierung ableiten läßt, ist die Betonung des kontinuierlichen Wirkens der Gotteskraft (Eph 1,19ff). Ganz offensichtlich empfindet der Verfasser zwischen der apostolischen und der nachapostolischen Zeit einen so tiefen Einschnitt, daß er die beiden Epochen durch ein Kontinuum wieder aneinanderzubinden versucht. Daß der Verfasser die Kontinuität der Gotteskraft so stark unterstreicht, bestätigt die Intensität der zeitlichen Differenzierung.

(2) Als zweites grundlegendes Element begegnet in der Darstellung des Heilsplans Eph 1,3-14 eine *ekklesiologische Zuspitzung* der christologischen Aussagen. Der Verfasser begnügt sich nicht damit, die kosmische Universalität Christi auf einen geschichtlichen Abriß zu übertragen, sondern er leitet daraus jeweils die Bedeutung für die Glaubenden ab. Die ekklesiologische Formel ἐν Χριστῷ ermöglicht es ihm, die Teilhabe der Glaubenden an der Universalität Christi auszusagen: ἐν Χριστῷ besteht ein Heilsraum, in dem die Glaubenden bereits vor Grundlegung der Welt erwählt sind und in dem sie zur Heilsvollendung gelangen.

(3) Die ekklesiologische Fassung des Heilsmysteriums in Eph 3,6 läßt erkennen, daß hinter der ekklesiologischen Interpretation letztendlich das Motiv der *Objektivierung des Heilsgeschehens* steht. Wie in Eph 2,14ff aufgrund der objektiven Darstellung des Heils der Gedanke der Stellvertretung durch die Vorstellung vom Leib Christi ausgedrückt wird, so tritt in Eph 3,6 an die Stelle des Christusmysteriums die Aussage von der Teilhabe der Heiden: Die Gemeinschaft von Heiden und Juden im Leib Christi ist der objektive Ausdruck für die Wahrheit und Realität des Christus pro nobis, der für uns gekreuzigt wurde (vgl. 1Kor 2,2; 2Kor 5,15). Mit den beiden Elementen, der zeitlichen Differenzierung wie der ekklesiologischen Zuspitzung, bestätigt die Untersuchung der heilsgeschichtlichen Konzeption die bislang beobachteten Prinzipien des Umformungsprozesses im Epheserbrief.

IV. Paulus als Apostel des Heilsmysteriums

1. Die Verarbeitung paulinischer Aussagen zu Amt und Person

Durch das Paulusbild des Epheserbriefs zieht sich nach Meinung der Forschung ein entscheidendes Merkmal: In der gesamten Darstellung finde sich kein originärer Zug, vielmehr bleibe die Beschreibung ganz den traditionellen Vorstellungen von Paulus verhaftet. Daraus hat man gefolgert, daß der Verfasser den Apostel unmöglich selbst gekannt haben könne und der Brief in einem großen zeitlichen Abstand zu Paulus entstanden sein müsse[438]. Das Bild entspreche somit den durchschnittlichen Vorstellungen von Paulus in der nachapostolischen Zeit[439] und stelle geradezu klischeeartig tradierte Elemente des Paulusbildes zusammen. So sei in diesem Brief die Gestalt des Apostels „bereits eingehüllt in eine Wolke der frommen Verehrung"[440]. Uneinigkeit besteht jedoch darüber, ob diese Stilisierung dem Verfasser vorgegeben war und von ihm unreflektiert übernommen wurde, oder ob er sie übernommen und zugleich bewußt verstärkt hat. Während A. Lindemann betont, der Epheserbrief spiegele nur wider, „daß das Ansehen des Paulus zur Zeit der Abfassung dieser Schrift ... in Kleinasien ungebrochen" gewesen sei[441], stellt H. Merklein demgegenüber die These auf, im Epheserbrief sei Paulus „zum Grundpfeiler der ... Heilsgemeinde geworden"[442]. Der Verfasser habe Paulus zum „Ausgangspunkt und Garant der Tradition" gemacht; hier sei Paulus der „'kirchliche' Apostel"[443] schlechthin, dessen Bedeutung – wie J. Ernst meint – „ins Überdimensionale gesteigert" worden sei[444].

Trotz dieser Unterschiede in der Beurteilung des Paulusbildes ist die Abhängigkeit der Paulusdarstellung von vorgegebenem Material allgemein anerkannt[445]. Sie stellt einen charakteristischen Grundzug dar, der jedoch nicht zwingend auf eine Unkenntnis der Person des Paulus selbst schließen

---

[438] Vgl. A. LINDEMANN, Paulus 40f.
[439] Vgl. K. M. FISCHER, Tendenz und Absicht 95; ähnlich A. LINDEMANN, Paulus 42.
[440] J. ERNST, Eph. 260.
[441] A. LINDEMANN, Paulus 130. Ähnlich auch G. SCHILLE, Das älteste Paulus-Bild 67f, der die Übereinstimmungen zwischen der Darstellung des Paulus im Kolosserbrief und im Epheserbrief auf die Entstehung beider Briefe im gleichen historischen Milieu zurückführen möchte.
[442] H. MERKLEIN, Amt 337.
[443] H. MERKLEIN, Amt 343.
[444] J. ERNST, Eph. 331.
[445] Vgl. dazu J. GNILKA, Das Paulusbild im Kolosser- und Epheserbrief 184ff.

läßt. Vielmehr muß auch hier geprüft werden, ob sich nicht der Verfasser in seiner Darstellung des Paulus bestimmten literarischen Vorlagen in den echten Paulusbriefen verpflichtet weiß. Gerade hinsichtlich der Darstellung des Apostels wäre es denkbar, daß der Verfasser sich eigener Bemerkungen enthält – nicht aus Unkenntnis der Person, sondern aus Zurückhaltung, um allein des Paulus autobiographische Notizen für eine kommende Zeit auszulegen. Die folgenden Beobachtungen sollen zu einer Klärung beitragen.

Besonders auffallend im Epheserbrief ist, daß sich die Beschreibung des Apostels *vollständig* auf die *Verarbeitung von Briefstellen* aus den echten Paulinen sowie aus dem Kolosserbrief zurückführen läßt. Durch die Auswahl wie die Zuspitzung der Aussagen werden dabei die thematischen Schwerpunkte des Verfassers deutlich. Schon ein flüchtiger Blick zeigt, daß das *Interesse eindeutig am Amt* des Paulus haftet, während Aussagen zur Person des Paulus in äußerst geringem Umfang verarbeitet sind.

(1) Im Zentrum der Paulusdarstellung steht die besondere *Einsicht des Apostels in das Mysterium* und seine *Aufgabe im Heilsplan*. Hierzu gehört die Bezeichnung des Apostels als διάκονος (scil. τοῦ εὐαγγελίου) Eph 3,7, womit – wie bereits in Kol 1,23 – der Verkündigungsauftrag im Blick ist[446]. Ebenfalls in Verbindung mit der Verkündigung steht der Begriff ὁ δέσμιος τοῦ Χριστοῦ Eph 3,1 bzw. ὁ δέσμιος ἐν κυρίῳ Eph 4,1, der in Phlm 1 und 9 belegt ist und „speziell den verpflichtenden Charakter dieser Funktion betont"[447]. Zur Charakterisierung der Aufgabe des Apostels werden in Eph 3,8 Wendungen aus 1Kor 15,9f und Gal 1,16 verarbeitet, in denen Paulus seine Berufung zum Apostel beschreibt. Dem gleichen Thema ist auch die Darstellung Eph 6,19f gewidmet, die auf 2Kor 5,20 und Kol 4,3f fußt. In der Interpretation dieser Stellen zeigt sich das besondere Apostolatsverständnis des Verfassers, auf das weiter unten eingegangen werden soll. Die reiche Verarbeitung von Aussagen über das Amt des Paulus verrät jedoch schon hier, daß der Verfasser daran interessiert ist, die *Bedeutung des Apostels für die Kirche als ganze* und damit auch für die Generation der Gegenwart herauszustellen.

(2) Wird durch die Verarbeitung der erwähnten Aussagen das Amt des Paulus besonders herausgestellt, so läßt sich hinsichtlich der Übernahme von Aussagen zur Person des Paulus eine deutliche Zurückhaltung feststellen. Dies zeigt sich einmal darin, daß das *Leidensmotiv*, das im Kolosser-

---

[446] Vgl. H. MERKLEIN, Amt 222f; 337ff.
[447] H. MERKLEIN, Amt 337.

brief besonders prägnant hervortritt, *zurückhaltender* formuliert ist. Schon der Abbruch der Satzkonstruktion in Eph 3,1[448], aber auch die abgemilderte Äußerung über das Leiden des Paulus in Eph 3,13 zeigt, daß bei den Aussagen über die Person des Paulus offensichtlich nicht der Hauptakzent des Verfassers liegt. Mag die Andeutung in Eph 3,13, daß die Bedrängnis des Paulus den Empfängern zur Herrlichkeit gereiche, entweder als Kritik an der ausführlichen Leidensaussage in Kol 1,24 zu verstehen sein oder – durch den Tod des Apostels bedingt – als Hinweis auf das nun vollendete Leiden gemeint sein, deutlich ist eines: Die Abschwächung der Leidensaussage läßt erkennen, daß an einzelnen biographischen Motiven nicht das Hauptinteresse des Verfassers besteht.

(3) Ganz entsprechend kann man auch keine Ausschmückung des Briefes durch biographische Charakterzüge beobachten. Statt dessen werden einzelne biographische Notizen, die aus den Paulinen übernommen sind, bewußt von der Person des Paulus gelöst und *neu akzentuiert*. So wird, wie wir bereits sahen[449], die bekannte Aufforderung, den Apostel zum Vorbild zu nehmen (1Kor 4,16; 11,1; Phil 3,17), vom Verfasser in die Mahnung abgewandelt wird, Gott nachzuahmen (Eph 5,1). Ganz entsprechend sind die Gläubigen nicht mehr Kinder des Apostels (1Kor 4,14), sondern Kinder Gottes (Eph 5,1). Die paulinische Selbstbezeichnung, Sklave Christi zu sein (Röm 1,1; Gal 1,10; Phil 1,1), wird auf alle Christen erweitert (Eph 6,6). Schließlich wird sogar die Erwähnung des Paulus, mit eigener Arbeit für den Lebensunterhalt zu sorgen (1Kor 4,12), zur allgemeinen Mahnung abgewandelt, Gutes zu tun (Eph 4,28). Diese *bewußte Ablösung* macht deutlich, daß der Verfasser für eine Generation schreibt, die Paulus nicht mehr kennt. Durch die Zurücknahme persönlicher Elemente will er die bleibende Gültigkeit und Bedeutung der paulinischen Mahnungen bewahren. Aus der Überzeugung heraus, daß der Gesandte den Sendenden repräsentiert[450], hatte Paulus sich als Botschafter an Christi Statt verstanden (2Kor 5,20) und von seinen Gemeinden gefordert, ihn wie Jesus Christus aufzunehmen (Gal 4,14) und seinem Vorbild vollkommen nachzufolgen. Seine apostolische Vollmacht ist Ausdruck von Christi Vollmacht, die Nachahmung des Apostels ein Kennzeichen der

---

[448] S.o. 95ff.
[449] S.o. 82.
[450] Zur Herleitung des Apostelbegriffs aus dem hebräischen Äquivalent שָׁלִיחַ vgl. J.-A. BÜHNER, Art. ἀπόστολος, in: EWNT 1, 345. Bereits in vorneutestamentlicher Zeit galt der Rechtsbrauch, nach dem der Gesandte den Sendenden rechtsgültig repräsentiert.

Nachfolge Christi (vgl. etwa 1Thess 1,6). Dieser Gedanke der im Apostel repräsentierten göttlichen Vollmacht führt den Verfasser des Epheserbriefes dazu, seine Leser in der nachpaulinischen Zeit zur Nachahmung Gottes aufzurufen und damit den paulinischen Gedanken auf seinen eigentlichen theologischen Skopus zurückzuführen[451]. So zeigt sich die Ablösung von der Person des Paulus und die neue Akzentuierung der Mahnungen als eine *theologisch notwendige Konsequenz*, die die paulinischen Aussagen für eine kommende Generation adäquat uminterpretiert und damit einer falschen Paulusverehrung wehrt[452].

Daß sämtliche biographische Züge aus literarischer Verarbeitung genommen sind, kann also nicht als ein Argument gegen eine persönliche Bekanntschaft mit Paulus gewertet werden, sondern unterstreicht die *bewußte Zurückhaltung* in der Darstellung der Person des Paulus. Der Verfasser beschränkt sich in seiner Verarbeitung auf biographische Notizen, in denen Paulus sein eigenes Amtsverständnis anspricht. In der *strengen Bindung an literarisch belegte Äußerungen* zeigt sich das Selbstverständnis des Verfassers als eines Interpreten der Paulusbriefe.

2. Das Apostolatsverständnis im Epheserbrief

Durch die Auswahl und Zuspitzung der vorgeprägten Aussagen aus den Paulusbriefen läßt der Verfasser sein Apostolatsverständnis erkennen. Der entscheidende Grundgedanke des Verfassers ist, daß die an Paulus ergangene Offenbarung nicht nur die Einsicht in die Heilsteilhabe der Heiden schenkt, sondern zugleich den Auftrag an die Heiden enthält. Diese Verbindung von Einsicht und Auftrag in der Offenbarung des Mysteriums gelingt dem Verfasser durch seine *Interpretation von 1Kor 15,9f und Gal 1,16* in Eph 3,8. Wie H. Merklein herausgearbeitet hat, wird die göttliche Gnade im Unterschied zu 1Kor 15,10 durch αὕτη in ihrer Funktion als Amtsgnade präzisiert, so daß sie den Auftrag zur Verkündigung an die Heiden enthält[453]. Die Beschreibung des Auftrags greift auf Gal 1,16 zurück, spezifiziert aber den Inhalt der Verkündigung. Nicht mehr der Sohn Gottes wie Gal 1,16, sondern der unerschöpfliche Reichtum Christi (Eph

---

[451] Vgl. das oben 171 beobachtete Motiv des abbildhaften Handelns als Grundzug der Paränese.

[452] Es kann also keineswegs davon die Rede sein, daß im Epheserbrief „die Gestalt des Apostels bereits ... in eine Wolke der frommen Verehrung (eingehüllt)" sei; gegen J. ERNST, Eph. 260.

[453] Vgl. H. MERKLEIN, Amt 336.

3,8) soll verkündigt werden, oder – wie es parallel dazu in Eph 3,9 heißt – die οἰκονομία τοῦ μυστηρίου, was im Epheserbrief in ekklesiologischer Zuspitzung die Heilsgemeinschaft der Kirche meint. Mit diesen beiden Änderungen wird in der Offenbarung bereits der Auftrag des Paulus verankert. Die Offenbarung verwirklicht sich selbst, indem sie Paulus zur Durchführung dessen beruft, was sie beinhaltet. Hierdurch aber wird die *heilsgeschichtliche Stellung des Paulus* aufgewiesen. Nach dem Heilsplan hat er die Aufgabe, in der Verkündigung an die Völker den Inhalt des Mysteriums Wirklichkeit werden zu lassen. Paulus wird dabei nicht nur als der Geringste der Apostel bezeichnet wie 1Kor 15,9, sondern als der Geringste aller Heiligen. Diese Steigerung stellt nicht mehr den Vorrang des Paulus unter den Aposteln ins Zentrum wie 1Kor 15,9f[454], sondern sie unterstreicht die *Bedeutung* für „alle Heiligen", also *für die Gesamtkirche*, die Paulus durch die Gnade verliehen wurde[455].

Nach dem Epheserbrief definiert das Amt des Paulus, was einen Apostel ausmacht. Er ist – wie Merklein feststellt – „in erster Linie nicht Erscheinungszeuge ..., sondern Empfänger eschatologischer Offenbarung und als solcher Garant der Tradition"[456]. Nach Eph 3,5 ist gegenüber der Vorlage Kol 1,26 die direkte göttliche Offenbarung des Mysteriums *eingeschränkt* auf die „heiligen Apostel und Propheten im Geist". Die Kirche dagegen erhält das Mysterium lediglich über die *Vermittlung* der Apostel. Die Apostel sind der Kirche vorgeordnet als Vermittler des göttlichen Mysteriums.

Dieser Gedanke der Offenbarungsvermittlung durch den Apostel läßt sich auch in der Darstellung Eph 6,19f wiederfinden, in der 2Kor 5,20 und Kol 4,3f anklingen. Während die literarischen Vorbilder die Evangeliumsverkündigung als missionarische Situation vor Augen haben, stellen die Änderungen in Eph 6,19f die Kundgabe des geoffenbarten Mysteriums durch Paulus als Offenbarungsträger ins Zentum. Die Termini der Missionssprache werden durch offenbarungstheologische Ausdrücke ersetzt[457]. Damit wird der Akzent des Verfassers deutlich: *Paulus ist der Offenba-*

---

[454] In 1Kor 15,9f liegt die Pointe darin, daß Paulus durch Gottes Gnade mehr als alle anderen Apostel in der Ausbreitung des Evangeliums tätig war.
[455] Vgl. H. MERKLEIN, Amt 336f.
[456] H. MERKLEIN, Amt 344.
[457] Aus dem Öffnen der Tür des Wortes (vgl. Kol 4,3) als Terminus für eine missionarische Gelegenheit (vgl. Apg 14,27; 1Kor 16,9; 2Kor 2,12; Apk 3,8) wird das Öffnen des verkündigenden Mundes. Statt λαλέω (Kol 4,3) verwendet Eph 6,19 γνωρίζω, das „den Offenbarungscharakter der christl(ichen) Botschaft" herausstellt (O. KNOCH, Art. γνωρίζω, in: EWNT 1, 616).

rungsträger Gottes, der nach dem Heilsplan die Aufgabe hat, das Mysterium an die Kirche weiterzugeben.

Da allein die Apostel die Offenbarung erhalten, ist für die Kirche das durch die Apostel vermittelte Evangelium maßgeblich. Die Verkündigung der Apostel stellt damit die Richtschnur dar, an der sich die Kirche zu orientieren hat. Für die nachapostolische Zeit wird somit der *Begriff des Apostolischen zur Traditionsnorm*. Das aber ist für das Verständnis des Epheserbriefes von weitreichender Bedeutung. Zunächst einmal heißt das für den konkreten Inhalt des Briefes: a) Die Apostel und Propheten (Eph 2,20; 3,5; 4,11) sind als Größe der Vergangenheit der gegenwärtigen Kirche vorgeordnet und bilden das *Fundament dieser Kirche* (Eph 2,20). b) Für die Kirche wird die apostolische Botschaft zur Richtschnur ihrer Verkündigung. Die *Apostolizität* stellt die Norm und auf diese Weise eine *nota ecclesiae* dar. c) Angelegt, wenn auch nicht eindeutig nachweisbar, ist damit der Gedanke der *apostolischen Sukzession*. In diese Richtung deutet *Eph 4,11*, wo Apostel und Propheten zusammen mit den Ämtern der Gegenwart eine Reihe von Verkündigungsämtern bilden, durch die die Kirche vor Irrlehren und falschem Glauben bewahrt werden soll (Eph 4,14). Wahrscheinlich ist auch der Gedanke der apostolischen Sukzession das Motiv für die einzige persönliche Bemerkung dieses Briefes: die Beauftragung des Tychikus durch Paulus (*Eph 6,21f*). Tychikus, der bezeichnenderweise nicht mehr σύνδουλος genannt wird[458], ist der für die Zukunft von Paulus autorisierte Verkündiger[459], der von Paulus zu berichten weiß[460]!

---

[458] Vgl. dagegen die wörtliche Parallele in Kol 4,7. Durch die Tilgung wird die Gleichstellung mit Paulus aufgehoben und so einerseits das apostolische Amt in seiner Einzigartigkeit betont, andererseits Tychikus in eine nachgeordnete Stellung gebracht.

[459] Daß mit Eph 6,21f der Grundgedanke der apostolischen Sukzession angesprochen ist, legt sich deshalb nahe, weil der Verfasser sonst jegliche Art persönlicher Mitteilungen ausblendet. Der Sendung des Tychikus muß darum eine theologische Bedeutung zukommen. In der Wendung ὃν ἔπεμψα πρὸς ὑμᾶς kommt die Sendung durch Paulus, in γνωρίζω, dem Terminus technicus für die Kundmachung des Mysteriums (vgl. Eph 3,3.5.10; 6,19), seine vollmächtige Verkündigung zum Ausdruck.

[460] Auffällig ist die erweiterte Beschreibung der paulinischen Verhältnisse, die über die Vorlage Kol 4,7 hinausgeht und fast den Satzbau sprengt. Dem Verfasser liegt offenbar an der Bemerkung, daß Tychikus bis in die Einzelheiten von Paulus zu berichten weiß.

3. Das Bild des Apostels und das Selbstverständnis des Verfassers

Die Erkenntnis, daß im Epheserbrief die Apostolizität normativen Charakter erhält, hat weitreichende Konsequenzen für das Verständnis der pseudonymen Verfasserschaft. Der Autor stellt sein Schreiben unter die apostolische Autorität. Damit anerkennt er nicht nur für sich das Apostolische als Norm, sondern beansprucht für seine Darlegungen apostolische Gültigkeit. Doch mit welchem Recht kann der Verfasser dies für sein Schreiben beanspruchen? Aufschlußreich ist die redaktionelle Notiz Eph 3,3f, in der der Verfasser den Apostel zu den vorangehenden Abschnitten[461] Stellung beziehen läßt und an ihnen den Einblick in das göttliche Geheimnis hervorhebt. Mit dem Begriff σύνεσις hebt der Verfasser hervor, daß in den vorangehenden Kapiteln des Epheserbriefes seine von Gott verliehene Einsicht in das Mysterium Christi zur Sprache kommt[462]. Da in Eph 1-3 jedoch nicht eine sklavische Wiederholung paulinischer Lehrsätze vorliegt, sondern eine vertiefende Entfaltung paulinischer Theologie, verbindet der Verfasser damit für seine weiterführende Darstellung den Anspruch geistgewirkter Erkenntnis. Offensichtlich versteht sich der Verfasser als einer, dem offenbarende Erkenntnis zuteil wurde. Dieser hohe Anspruch legt die Frage nahe, ob der Verfasser ein besonderer Amtsträger gewesen sein könnte.

Wie H. Merklein vermutet, müßte der Verfasser ein Amt innegehabt haben, das unter einem der in Eph 4,11 genannten Wortämter zu finden wäre[463]. In engster Verbindung mit den Aposteln steht nur das Amt der Propheten. Dieses Amt hat bereits bei Paulus eine hohe Stellung[464], bekommt aber im Epheserbrief eine besondere Dignität. Den Propheten wird wie den Aposteln geoffenbarte Erkenntnis zugesprochen (Eph 3,5)[465]. Gemeinsam bilden sie das Fundament der Kirche (Eph 2,20). Damit kommt dem Wort der Propheten ebenfalls normativer Charakter zu. Für diese besondere Stellung der Propheten fehlt im Epheserbrief jede Erklärung. Die Ausweitung normativer Dignität auf die Propheten widerspricht geradezu der sonst so betonten Einzigartigkeit des apostolischen Amtes.

---

[461] Zur Deutung von καθὼς προέγραψα ἐν ὀλίγῳ s.o. 98.
[462] Vgl. H. BALZ, Art. σύνεσις, in: EWNT 3, 730f, sowie H. MERKLEIN, Amt 218f.
[463] Vgl. H. MERKLEIN, Amt 221.
[464] Vgl. die Aufzählungen in Röm 12,6; 1Kor 12,28 sowie die Aufgabe des Prophetenamtes im Gottesdienst 1Kor 14,26-33.
[465] Gegen H. MERKLEIN, Amt 192f, 358ff, der die Erkenntnisqualität zwischen Aposteln und Propheten auseinanderdividieren möchte. Mit J. GNILKA, Das Paulusbild im Kolosser- und Epheserbrief 184.

Die hohe Würde der Propheten bleibt völlig unerklärlich, sofern man in ihr nicht einen *Hinweis* darauf sieht, *daß der Verfasser sich selbst als Propheten verstanden hat*. Auch die redaktionelle Notiz in Eph 3,3f, nach der die Ausführungen im Epheserbrief eine besondere Einsicht in das Mysterium erkennen lassen, bestätigt dieses prophetische Selbstverständnis[466]. Merklein, der den Verfasser eher einem „Lehrertum mit gewissen prophetischen Zügen"[467] zuordnen möchte, wendet gegen das Verständnis des Verfassers als Propheten ein, daß die Propheten nach Eph 2,20 einer vergangenen Generation angehörten. Doch es läßt sich durchaus vorstellen, daß der Verfasser als Vertreter einer älteren Generation sich mit diesem Brief an die kommende Generation wendet, die Paulus nicht mehr von Angesicht kennt. Weiter führt Merklein an, daß ein Prophet nach Eph 3,5 selbst normative Dignität besitzt und eine pseudonyme Abfassung dadurch überflüssig würde. Damit aber verkennt Merklein die offensichtliche Intention des Verfassers. Mit dem Doppelausdruck „Apostel und Propheten" (Eph 2,20; 3,5 vgl. Eph 4,11) stellt der Verfasser das prophetische Amt bewußt in die direkte Nähe zu den Aposteln. Gerade darin aber kommt eine enge theologische Beziehung zwischen Aposteln und Propheten zum Ausdruck. Darf diese enge Verknüpfung beider Ämter nicht als ein Hinweis auf die tiefe theologische Verbindung des Verfassers des Epheserbriefes zu Paulus gesehen werden? Merkleins Einwand, der Verfasser hätte als Prophet selbst normative Dignität besessen und bedürfe darum nicht eines Pseudonyms, geht von einer falschen Voraussetzung aus. Im Gegenteil zeigt sich hier, daß hinter dem Phänomen der Pseudonymität mehr stecken muß als allein der Anspruch normativer Gültigkeit. Ganz offensichtlich ist die Pseudonymität ein formaler Ausdruck für die tiefe innere Beziehung, in der der Verfasser zu Paulus steht. Er ist ein Schüler, der *sich selbst in den engsten Zusammenhang mit seinem Meister einreiht*.

4. Ergebnis

Die Untersuchung des Apostolatsverständnisses beleuchtet das Umformungsprinzip des Epheserbriefes noch einmal von einer anderen Seite.

---

[466] Zur Deutung des Verfassers als Propheten vgl. W. BIEDER, Geheimnis des Christus 329ff. Bieder dividiert dabei die Offenbarung an Paulus und die an den Verfasser des Epheserbriefes zu sehr auseinander. Durch das Pseudonym stellt sich der Verfasser in die Tradition des Paulus und seiner Offenbarung. Deshalb wird man Bieders These, Eph 3,3f spreche nicht von der Damaskusoffenbarung, sondern von der prophetischen Erkenntnis des Verfassers, nicht zustimmen können.
[467] H. MERKLEIN, Amt 222.

Neben den theologischen Veränderungen fällt hier zusätzlich ein besonderes Licht auf die Intention und das Selbstverständnis des Verfassers.

Betrachtet man die Darstellung des apostolischen Amtes, so zeigt sich, daß hier im Bild des Apostels die verschiedenen Aspekte des Umformungsprinzips gebündelt erscheinen. Das Motiv der *zeitlichen Differenzierung* zwischen apostolischer Zeit und nachapostolischer Gegenwart läßt sich in der völlig blassen Darstellung der Person des Paulus und der stark abschwächenden Schilderung des apostolischen Leidens mit Händen greifen. Während der Verfasser über persönliche Notizen lieber die Decke des Schweigens legt, hebt er die Aussagen über das apostolische Amt mit Nachdruck heraus. Damit nimmt er eine Wertung vor, durch die er das Bild des Paulus für die nachapostolische Zeit prägen will. Offensichtlich soll durch seine Zurückhaltung in der Beschreibung persönlicher Charakterzüge einer falschen, heroisierenden Verehrung des Paulus nach dessen Tod gewehrt werden. Deutlich artikuliert sich dieses Interesse, wenn er autobiographische Notizen des Paulus in grundsätzliche Aussagen umformuliert. Auf diese Weise vollzieht der Verfasser eine bewußte Ablösung von der Person des Paulus, während er inhaltlich die Theologie der paulinischen Verkündigung ungebrochen fortsetzt.

Als zweites Motiv läßt sich in der Beschreibung des Apostels die *ekklesiologische Zuspitzung* entdecken. Insbesondere in Eph 3,8f stellt der Verfasser die Bedeutung des Paulus für die Gesamtkirche heraus. In der Offenbarung des Mysteriums ist dem Apostel nicht nur die Einsicht in die Heilsteilhabe der Heiden verliehen worden (Eph 3,6), sondern zugleich der Auftrag, durch die Verkündigung den Inhalt des Geheimnisses auf Erden zu verwirklichen (Eph 3,8-10). In dieser Bindung an das Mysterium wird der Apostel zum Offenbarungsträger der Kirche (Eph 6,19f), der das Fundament der Kirche darstellt (Eph 2,20).

Mit der engen Bindung des Apostels an die Kirche verknüpft sich ein weiterer Grundgedanke: Das apostolische Amt gewinnt einen *objektiven Charakter*. Als Empfänger der eschatologischen Offenbarung, der in seiner Verkündigung den Inhalt des Mysteriums verwirklicht hat, wird der Apostel zum Garanten der Tradition. Seine Botschaft soll die Richtschnur darstellen für alle weitere Verkündigung, die auf dem Fundament der Kirche aufbauen will. Auf diese Weise wird der Begriff des Apostolischen zur festen Traditionsnorm.

Aufgrund des normativen Charakters ist es ein verständliches Anliegen des Verfassers, die apostolische Verkündigung in gebündelter Form zusammenzufassen (Eph 3,3f). Eine kurze Darstellung der objektiven paulinischen Tradition will der Verfasser der nachapostolischen Generation mit auf den Weg geben. Die enge sprachliche Verknüpfung von Aposteln und Propheten (Eph 2,20; 3,5) läßt sich bei der sonstigen Hervorhebung der Einzigartigkeit des Apostels nur als ein Indiz dafür verstehen, daß der Verfasser des Epheserbriefes als ein Schüler des Paulus zugleich das Amt eines Propheten einnimmt, der sich zu einer solchen Zusammenstellung berufen sieht. *Das Pseudonym des Paulus ist der formale Ausdruck für den Anspruch der normativen apostolischen Verkündigung dieses Briefes.* Damit bestätigt sich, was wir zu Beginn unserer Untersuchung als These aufgestellt hatten: Die pseudepigraphische Form der Abfassung korrespondiert dem Charakter dieses Briefes als einer Zusammenfassung der paulinischen Tradition. In der engen Verbindung des prophetischen Amtes mit dem Apostolat spiegelt sich die Anlehnung des Verfassers an das paulinische Vorbild, wie es in der Pseudonymität zum Ausdruck kommt.

Vierter Hauptteil

Anlaß und Ziel des Epheserbriefes

I. Die Verarbeitung und Weiterführung der paulinischen Tradition

1. Vorüberlegungen

In der Einleitung zur Fragestellung[1] hatten wir festgehalten, daß nicht eine starre Reproduktion paulinischer Lehrsätze, sondern nur ein *Übersetzungsprozeß* die Theologie des Paulus adäquat weiterführen kann. Neue Formulierungen und neue Akzentsetzungen sind also nötig, wenn das paulinische Anliegen der Sache nach gewahrt bleiben soll. Die bisherigen Untersuchungen zeigen, daß der Epheserbrief sich eindeutig an der paulinischen Tradition ausrichtet, diese jedoch nicht nur nachspricht, sondern nachhaltig umarbeitet. Leitend für die Änderungen schien die neue historische Perspektive zu sein, aus der heraus der Verfasser diesen Brief geschrieben hat. Aus der Untersuchung der inhaltlichen Unterschiede ergab sich ein einheitliches Umformungsprinzip. Kennzeichnend für dieses Prinzip ist die Differenzierung zwischen der Zeit des Heilsgeschehens Christi und der Gegenwart der Adressaten. Aus dieser Differenzierung resultiert eine objektivierende Sicht des Heils, die sich in einer ekklesiologischen Ausrichtung der Heilsaussagen niederschlägt. Diese theologische Umformung ließ sich in den Kapiteln über das Heilsgeschehen und die Heilsgemeinde im einzelnen nachzeichnen. Durch die Hinzunahme der

---

[1] S.o. 18ff.

weiteren, im Epheserbrief nachhaltig veränderten Themenkomplexe – des Geschichtsverständnisses, das im Heilsplan und in der Weitergabe des Mysteriums seinen Ausdruck findet, wie des Apostolatsverständnisses – konnte die Einheitlichkeit der Transformation nachgewiesen werden: Auch die Änderungen innerhalb dieser Themenbereiche lassen sich auf das bereits beobachtete Umformungsprinzip zurückführen.

Nach den bisherigen Vermutungen ist dieses einheitliche Umformungsprinzip durch die veränderte historische Entstehungssituation des Briefes bedingt. Durch Rückschlüsse ergab sich, daß der Brief wohl nach dem Tod des Paulus für die nachrückende Generation verfaßt wurde. Im folgenden muß es nun um die Frage gehen, ob sich diese Ergebnisse von einer Rekonstruktion der nachpaulinischen Situation aus bestätigen lassen. Nur so läßt sich Gewißheit darüber erlangen, ob die erkannten Änderungsprinzipien tatsächlich auf die gewandelten Zeitverhältnisse zurückzuführen sind. Die Änderungen des Epheserbriefes müssen sich ohne Ausnahme aus den geschichtlichen Bedingungen heraus erklären lassen, soll der Epheserbrief eine adäquate Transformation der paulinischen Theologie darstellen. Für die folgende Überprüfung ist es darum notwendig, die historische Entstehungssituation zu entwerfen und von da aus die bisher beobachteten theologischen Wandlungen zu beurteilen.

2. Die Situation nach dem Tod des Paulus

(1) Grundlegend für die Entstehungssituation des Epheserbriefes in der Zeit nach dem Tod des Paulus muß das *Bewußtsein des historischen Abstandes* gewesen sein. Schon allein das Ausbleiben der Parusie und der natürliche Fortgang der Zeit, der eine neue Generation heranwachsen ließ, während die Älteren, die die Anfänge der Gemeindegründung miterlebt hatten, allmählich starben, müssen die eschatologischen Hoffnungen stark erschüttert haben. Die urchristliche Naherwartung kann von der nachfolgenden Generation in ihrer ursprünglichen Gestalt nicht mehr aufrecht erhalten worden sein. An ihre Stelle müssen sich Fragen nach dem Grund der Parusieverzögerung gedrängt haben, die nach einer Klärung und Einordnung der gegenwärtigen Situation verlangten. Eine eigene geschichtliche Standortbestimmung ist ebenso notwendig geworden wie die Umformulierung der eschatologischen Erwartung.

Das Bewußtsein des historischen Abstandes muß sich aber auch im Rückblick auf das Heilsgeschehen Christi auswirken. Das Kreuzesgeschehen gehört nun einer vergangenen Epoche an, die Kluft[2] zwischen ihm und der gegenwärtigen Existenz der Glaubenden wird zunehmend größer. Wie kann Christus für die Menschen gestorben sein, die zu seinen Lebzeiten noch nicht geboren waren? Nicht nur die Verzögerung der Parusie, sondern auch die Überbrückung jener Kluft wird zum theologischen Problem dieser Generation. Die Gegenwart muß als eigener Zeitraum in seiner Verbindung nach vorne wie nach hinten neu bestimmt werden.

(2) Auch für die *äußere Organisation* muß der Tod des Paulus für die Gemeinden aus dem paulinischen Missionsverband einen tiefen Einschnitt bedeuten. Über den ganzen damals bekannten Erdkreis hin verstreut hatte Paulus Gemeinden gegründet. Durch Briefe und Besuche unterhielt er einen regen Kontakt mit ihnen. Diese Gemeinden bleiben jetzt verwaist zurück. Mit Paulus fehlt ihnen das einigende Band, das sie zusammenschließt. Der Kampf rivalisierender Gruppen bereits zu Lebzeiten des Paulus (vgl. 1Kor 1,10-17; 3,1-4) deutet an, welche Probleme auf die jungen christlichen Gemeinden in apostelloser Zeit hereinstürzen werden. Hier lauert einmal die Gefahr, daß die Kirche in kleine konventikelhafte Kreise und enthusiastische Grüppchen zerfällt, während in anderen Teilen der Glaube erschlafft. So läßt sich einige Zeit später bei Ignatius von Antiochien der Kampf gegen die Bildung gnostischer Zirkel beobachten[3]. Des weiteren steht hier das Problem an, in welcher Form die ganz verstreut liegenden Gemeinden zu einer Einheit untereinander finden können[4]. In der nachpaulinischen Zeit muß deshalb nach einer einigenden und zusammenhaltenden Größe gesucht werden, die die Gemeinden verbindet. Der Gedanke einer Universalkirche, die alle Gemeinden des Erdkreises zusammenschließt, ist damit ein notwendiges Postulat. Bereits eine Generation später, unter den Apostolischen Vätern, sind die Vorstellungen über die äußere Ordnung der Kirche präzise ausgebildet. So findet sich der Grundgedanke einer Gesamtkirche in den Ignatiusbriefen[5]. Der 1. Clemensbrief

---

[2] F. MUSSNER, Die Ablösung 169, stellt die besondere Brisanz dieser Zäsur in der Geschichte der Urkirche heraus und charakterisiert die zunehmende zeitliche Distanz von Christi Tod und Auferstehung als das entscheidende Problem der Urkirche neben der Gesetzesfrage.

[3] Die Warnung vor Häresien stellt ein grundlegendes Thema der Ignatiusbriefe dar, so J. A. FISCHER, in: Die Apostolischen Väter 119. Vgl. IgnMagn 9,1f; 11; IgnPhld 2,1f; 7,1; 8,2; 9,1f. Doch bereits die Pastoralbriefe lassen die Warnung vor gnostisierenden Tendenzen erkennen; vgl. 1Tim 4,7; 6,20f; 2Tim 2,17f.

[4] Vgl. die Mahnung zur Einheit der Gemeinde in IgnEph 20,2; IgnMagn 4; 7,1f; IgnPhld 2,1f; 3,1-3; 4; IgnSm 8,1f; 9,1.

[5] In IgnSm 8,1 findet sich erstmals der Begriff ἡ καθολικὴ ἐκκλησία. Zum Gedanken einer universalen Kirche vgl. aber auch IgnEph 20,2; IgnMagn 1,2.

Die Verarbeitung und Weiterführung der paulinischen Tradition 253

zeigt, daß zwischen den Gemeinden Kontakte bestehen, die Gemeinden sich gegenseitig zur Ordnung aufrufen[6].

(3) Doch nicht nur der äußere Zusammenhalt, auch die *innere Verbindung der Gläubigen zu den Grundlagen ihres Glaubens* steht auf dem Spiel. Mit dem Tod des Paulus und seiner Zeitgenossen bleibt eine Generation zurück, die das Heilsgeschehen Christi nur aus der Überlieferung kennt. Zur Zeit Jesu war diese Generation noch nicht geboren. Gerade für sie wird die Frage, wie die Verbindung zu den Heilsereignissen gewahrt bleibt, zum drängenden Problem. Mit diesem Generationswechsel bricht erstmals die entscheidende Frage auf, ob die Stellvertretung des Sterbens Christi auch über seine Zeit hinaus gültig bleibt. Die neue historische Perspektive, die sich im Bewußtsein der zeitlichen Distanz zum Heilsgeschehen zeigt, verlangt nach einem Kontinuum, das das in Christus geschaffene Heil über Zeit und Raum hinweg offenhält. Die Verbindung mit dem Heilsgeschehen, der Einschluß in Christi stellvertretendes Leiden, muß auch für die Nachgeborenen gewährleistet sein. Eine objektive Größe, in der für sie das Heil aufbewahrt wird, ist die notwendige Konsequenz dieser geschichtlichen Entwicklung. In der nachfolgenden Zeit der Apostolischen Väter läßt sich diese Tendenz mit Händen greifen. So spielt etwa bei Ignatius der Gedanke einer objektiven Heilsteilhabe für die Entwicklung des Sakramentsverständnisses eine entscheidende Rolle. In der Beschreibung der Eucharistie als φάρμακον ἀθανασίας[7] tritt das Heil als eine objektive, Zeit und Raum überbrückende Größe entgegen. Es muß gefragt werden, in welcher Weise bereits im Epheserbrief Ansätze vorhanden sind, die zeitliche Distanz durch eine objektive Fassung des Heils zu überbrücken.

(4) Die nachpaulinische Zeit zeichnet sich durch etwas weiteres aus: Sie blickt auf die *Person* und das *Lebenswerk dieses Apostels* zurück. Mit Paulus ist den Gemeinden der Auferstehungszeuge, der Garant für die Wahrheit ihres Glaubens, gestorben. Allein das von ihm verkündigte Wort ist ja das Fundament ihres Glaubens. Paulus ist ihr Vater, der sie durch das Evangelium „gezeugt" hat (1Kor 4,14f; Gal 4,19). Der Tod des Apostels muß zu einem gewaltigen Umbruch innerhalb der Kirche führen. Wodurch ist jetzt die Rechtmäßigkeit des Glaubens verbürgt? Wer führt die

---

[6] Vgl. 1Klem 7,1; 65,1. Zum Kontakt der Gemeinden untereinander vgl. auch IgnPhld 10,1f; IgnSm 11,2f; IgnPol 7,1f; 8,1f.
[7] IgnEph 20,2.

normative Autorität des Paulus weiter? Eine *Ablösung von der Person des Paulus* und eine Neubesinnung auf das Wesen der Tradition, in der die Gemeinden stehen, ist die notwendige Folge. Der Wunsch nach Sicherung der paulinischen Tradition wird zur Bildung von Ämtern führen, die die unterschiedlichen Aufgabenbereiche des apostolischen Amtes weiterführen sollen. Doch damit wird die Frage, wer nun für die Zuverlässigkeit und Rechtmäßigkeit des Glaubens bürgt, nicht gelöst sein. Stellte bislang der Apostel den Gewährsmann dar, so muß die neue Generation diese Funktion des Apostels von der Person des Paulus lösen und zu einer Einrichtung machen, die zeitlos und darum unabhängig von Personen ist. Das 'Apostolische' muß zu einer Norm werden, die den Kirchenbegriff nachhaltig beeinflussen wird. Der Gedanke der Apostolizität der Kirche stellt deshalb eine logische Konsequenz dieser Ablösung von der Person des Paulus dar.

Doch nicht nur eine Abkoppelung von der Person des Paulus wird diese Zeit bestimmen, sondern auch der Rückblick auf seine Mission und Verkündigung, was eine *geschichtliche Einordnung* und abschließende Würdigung seines Werkes ermöglicht. Von großem Interesse muß für diese Generation die Frage nach einem Resümee seiner Botschaft sein. Sein Tod wird darum mit Sicherheit ein erstes Sammeln und Sichten der Briefe und schriftlichen Zeugnisse ausgelöst haben. So wird in dieser Zeit die Fixierung und Sicherung der paulinischen Verkündigung eine wichtige Rolle gespielt haben. Doch dazu gehört nicht nur das Sammeln bereits vorhandener Schriftstücke, entscheidend wird auch sein, die paulinische Theologie zusammenfassend aufzuzeichnen[8]. So ist in dieser Zeit die Entstehung von Werken zu vermuten, die das paulinische Erbe thematisch ordnen, gliedern und systematisieren wollen. Dazu gehört jedoch notwendigerweise auch ein weiterführender Interpretationsprozeß, wenn denn die Bedeutung des Paulus für die kommende Zeit festgehalten werden soll. Nur durch eine weiterführende Interpretation der paulinischen Theologie kann es zu einer abschließenden Würdigung des apostolischen Werkes kommen. Da sich mit dieser Art von zusammenfassendem Rückblick auf das pauli-

---

[8] F. MUSSNER, Die Ablösung 171, nennt feste „Prinzipien", durch die die Tätigkeit der nachapostolischen Generation bestimmt sei: „Sammeln, Bewahren, Tradieren, Fixieren, Interpretieren, Adaptieren, Wegweisung, Rückbesinnung auf den 'Anfang'". Mußner sieht diese Tätigkeit als eine logische Folge aus der Ablösung des apostolischen durch das nachapostolische Zeitalter: „Die Urkirche *mußte* in ihrem nachapostolischen Zeitalter einfach Antworten erarbeiten auf die Fragen, die die geschichtliche Situation selber mit sich brachte" (ebd.).

nische Werk eine neue geschichtliche Perspektive verbindet, muß sich bereits hier die zeitliche Unterteilung in „apostolische" und „nachapostolische Zeit" vollzogen haben[9].

Wesentliche Kategorien für die theologische Ausrichtung jener Zeit liegen damit fest: der Ausbau des Traditionsgedankens, die Setzung des Apostolischen als Norm, die Konzeption einer Gesamtkirche zur Sicherung der Einheit, die Bildung von Ämtern zur Festigung von Lehre und Verkündigung, der Entwurf einer heilsgeschichtlichen Konzeption als Antwort auf die Infragestellung urchristlicher Naherwartung.

3. Die Ergebnisse der vorangehenden Untersuchungen im Hinblick auf die Situation

Im hypothetischen Entwurf der Situation nach dem Tod des Paulus wurden weiter keine historischen Ereignisse berücksichtigt als allein der Tod des Paulus und der sich damit zugleich abzeichnende Generationenwechsel. Wie deutlich wurde, liegen in diesen beiden historischen Veränderungen eine Reihe von Konsequenzen begründet, die durchaus einen *geschichtlichen Perspektivenwechsel* bedeuten können. Lassen sich aber die verschiedenen Änderungen des Epheserbriefes allein auf diese historische Wandlung zurückführen? Wenn dies gelingt, wäre damit eine grundlegende Erkenntnis über Anlaß und Ziel des Epheserbriefes gewonnen! Allein der Tod des Paulus und die damit verbundenen theologischen Konsequenzen wären der Anlaß für die Entstehung dieses Briefes. Gelingt dies aber nicht, so muß nach weiteren Einflüssen gesucht werden, die zur Abfassung dieses Briefes geführt haben. Die formalen Indizien, die die Untersuchung der Arbeitsweise erhob, wie die inhaltlichen Änderungen, die die Untersuchung der theologischen Unterschiede aufwies, sollen deshalb daraufhin überprüft werden, ob sie sich allein aus dem Tod des Paulus verstehen lassen.

(1) Setzt man das *Bewußtsein des historischen Abstands* voraus, das durch den Tod des Apostels mit Sicherheit wachgerufen wurde, so lassen sich eine Reihe von Veränderungen verstehen, die wir im Epheserbrief beobachten konnten. Ganz entscheidend gehört dazu die *zeitliche Differenzierung*, die der Verfasser zwischen der Zeit von Kreuz und Auferstehung Christi und der Gegenwart der Glaubenden vornimmt. Schon die Gliederung des Abschnitts Eph 2,11-18, bei der sich die Verse 14-16 vom

---

[9] Vgl. H. CONZELMANN, Theologie 318.

Kontext abheben und die Heilstat Christi losgelöst von der Situation der Adressaten beschrieben wird, weist auf diese Unterscheidung hin: Das Geschehen von Versöhnung und Neuschöpfung hat sich unabhängig von den Heilsempfängern ereignet. Es gehört der Vergangenheit an; die Gegenwart, in der die Empfänger leben, ist dagegen durch das Kommen Christi im Wort des Evangeliums gekennzeichnet. Diese Unterscheidung von vergangener Heilstat und gegenwärtigem Heilswort ist ein deutliches Indiz für das Bewußtsein des historischen Abstandes. Sie durchzieht den ganzen Brief, so etwa in der Darlegung des Heilsplans, wo in Eph 1,7 und Eph 1,9 die Epoche der Heilstat Christi der Zeit des Heilswortes vorausgeht. Auch in der thematischen Aufteilung von Rechtfertigung und Versöhnung schlägt sich dieses Bewußtsein nieder. Da die Rechtfertigung der Glaubenden in der Gegenwart geschieht, wird sie vom Geschehen der Versöhnung in Eph 2,14-16 unterschieden und in Eph 2,1-10 eigens dargestellt.

Als Konsequenz aus dem Bewußtsein des historischen Abstands lassen sich ebenso die aufwendigen Veränderungen verstehen, durch die die christologischen Aussagen des Kolosserbriefes *geschichtlich interpretiert* werden. Wie wir beobachten konnten, werden die entscheidenden christologischen Aussagen aus dem Kolosserbrief im Epheserbrief nicht nur übernommen, sondern aus ihrem Zusammenhang gelöst und in die Abfolge eines Heilsplans (Eph 1,3-14) eingearbeitet[10]. Dadurch aber gelingt dem Verfasser eine historische Standortbestimmung der Gegenwart. Die kosmische Weite, in der der Kolosserhymnus die Universalität Christi zum Ausdruck brachte, bildet nun den Ausgangspunkt für eine gesamtgeschichtliche Perspektive. In diesen Horizont von der Präexistenz Christi vor Grundlegung der Welt bis zur eschatologischen Vollendung in Christus wird die gegenwärtige Situation eingezeichnet. Wie wir gesehen haben, greift der Verfasser hierbei auf die paulinische Unterscheidung von Heilstat und Heilswort zurück (Eph 1,7.9), um Christi Heilstat der Vergangenheit zuzuordnen, während die Gegenwart als Zeit des Heilswortes gekennzeichnet wird. Doch nicht nur die Einordnung der Gegenwart in einen göttlichen Heilsplan verrät das Bewußtsein des historischen Abstandes, sondern auch die Art, in der die Bedeutung jeder einzelnen Epoche für die Gegenwart hervorgehoben wird. In der Tatsache, daß jede Epoche jeweils auf die Gläubigen ausgelegt wird, zeigt sich die Zuspitzung des Heilsplans auf die Gegenwart. Auch durch die abschließende Übertragung

---

[10] Zur genaueren Analyse s.o. 214ff.

Die Verarbeitung und Weiterführung der paulinischen Tradition 257

auf die Gläubigen (ὑμεῖς) in Eph 1,13f soll der geschichtliche Wert der Gegenwart hervorgehoben werden. Dieses Anliegen des Verfassers ist nichts anderes als ein Versuch, *den zeitlichen Abstand theologisch zu verarbeiten*.

Weiter zeigt das Bewußtsein der historischen Distanz seine Auswirkung auf Eph 3,1-13, auf die Offenbarung und Weitergabe des Mysteriums. Auffällig ist hier die Verdoppelung des überkommenen Schemas, wodurch die Offenbarung auf zwei Stufen verteilt wird. Während der Verfasser die direkte Offenbarung des Mysteriums auf Apostel und Propheten einschränkt, kommt in der zweiten Stufe die Weitergabe des Mysteriums an die Kirche und über die Kirche an die himmlischen Mächte nach dem gleichen Schema zur Sprache. Diese Verdoppelung weist eindeutig auf einen *späteren geschichtlichen Standpunkt* des Autors hin. Hier wird der Gegenwart der Kirche, die aus dem vom Apostel empfangenen Mysterium lebt, eine geschichtliche Aufgabe zugewiesen. In der Weitergabe des Mysteriums an die himmlischen Mächte erhält die Gegenwart ihre historische Bedeutung.

Auch das Bild der Kirche als Bau weist diesen späteren geschichtlichen Standpunkt des Autors auf. Besteht das Bild nach Paulus aus zwei Gliedern, dem Fundament Christus und der Gemeinde, die von den Aposteln erbaut wird, so ist im Epheserbrief das Bild des Kirchengebäudes um ein weiteres Glied aufgestockt (Eph 2,20-22). Mit der Einteilung Eckstein (Christus), Fundament (Apostel und Propheten) und Bau (gegenwärtige Gemeinde) ist das Bild dreigliedrig geworden. Darin spiegelt sich das Geschichtsbewußtsein einer neuen Generation. Aus der Darstellung der Apostel als Offenbarungsempfänger des Mysteriums (Eph 3,5) und des Fundaments der Kirche (Eph 2,20) spricht das *Selbstverständnis* einer Zeit, die sich selbst *als nachapostolisches Zeitalter* einschätzt.

Das Bewußtsein des historischen Abstandes wirkt sich aber noch weiter aus. So hebt der Verfasser für die gegenwärtige Situation die *allwirksame Gotteskraft* hervor, die die eschatologische Vollendung verbürgt (Eph 1,19ff). Nicht nur die auffällige vierfache Umschreibung dieser Kraft (Eph 1,19) sowie die Rede vom Erweis ihrer Mächtigkeit durch Christi sieghafte Auferstehung und Inthronisation (Eph 1,20ff), sondern auch die kontinuierliche Betonung ihrer gegenwärtigen Wirksamkeit (Eph 3,7.16.20; 4,16; 6,10) zeigen, wie sehr dem Verfasser daran liegt, die Gegenwart nicht von einer 'Parusieverzögerung' her zu verstehen, sondern sie als Zeitstufe zu sehen, in der Gottes Kraft am Werk ist, das eschatologische Heil seiner Erfüllung zuzuführen.

(2) Betrachtet man die *äußere Sitation* der Gläubigen nach dem Tod des Apostels, so droht die Zusammengehörigkeit der Gemeinden zu zerbrechen. Nicht nur die Vereinzelung der Gemeinden, sondern auch Spaltungen innerhalb der Ortsgemeinden sind zu befürchten. In der Warnung, sich nicht von jedem Wind der Lehre umwerfen zu lassen (Eph 4,14), aber auch in der Ermahnung zur Standhaftigkeit (Eph 6,10-17) wie in der Fürbitte um Wachstum, Vertiefung und Ausdauer des Glaubens (Eph 1,15-19; 3,14-19; 6,18) spiegeln sich im Epheserbrief die Gefahren der neuen Generation wider. Wie wir sahen, ist die Gefahr des Auseinanderbrechens der Gemeinden in der nachpaulinischen Zeit sicherlich entscheidend durch den Tod des Paulus bedingt. Die einheitsstiftende Funktion des Apostels wird vom Verfasser auf eine Größe übertragen, die die Einzelgemeinden umfaßt. Daß sich die Vorstellung von einer Gesamtkirche bildet, einer Kirche, die die von Gott gestiftete Größe der Einheit darstellt und die in allen Ortsgemeinden präsent ist, läßt sich als eine durch den Tod des Paulus veranlaßte Entwicklung verstehen. Allem Zwiespalt unter den Glaubenden soll die universale Kirche betont entgegenstehen. Das Anliegen des Verfassers zeigt sich schon durch die Änderung des Sprachgebrauchs, nach dem der Begriff ἐκκλησία nicht mehr in seiner Bedeutungsvielfalt für die Hausgemeinde, die Ortsgemeinde wie für die Kirche insgesamt verwendet wird, sondern auf die Bezeichnung der Gesamtkirche eingeschränkt ist[11]. Auch die ekklesiologischen Bilder – der Tempelbau und der Leibgedanke, die Paulus immer auf die jeweilige Ortsgemeinde bezieht – werden jetzt auf die Gesamtkirche übertragen, um einem Auseinanderfallen der Gemeinden zu wehren. Beispielhaft wird diese Einheit der Kirche, die in der Einheit Gottes gründet, in Eph 4,4-6 dargelegt. Gerade diese Einheit gilt es zu bewahren (Eph 4,1-3). Die in Gott selbst verankerte Einheit der Kirche ist das Leitbild allen christlichen Handelns, und der Hinweis auf diese Einheit wird darum der Paränese paradigmatisch vorangestellt.

Die Konzeption der universalen Kirche ist im Epheserbrief deutlich aus dem Rückblick auf die Gemeindegründungen entwickelt, die Paulus im gesamten antiken Weltkreis vorgenommen hat. Indem Paulus das Evangelium gerade den Heiden verkündete, hat sich in der ganzen Welt die Ver-

---

[11] S.o. 144, Anm. 125. Konsequenterweise spricht der Verfasser auch die Ortsgemeinde in Ephesus nicht mehr mit ἐκκλησία an.

söhnung von Heiden und Juden ereignet (Eph 2,15f). Für den Verfasser des Epheserbriefes wurde damit der entscheidende Riß, der durch die Menschheit ging, überwunden. Deshalb ist in der Kirche die umfassende Einheit der Menschheit Wirklichkeit geworden. Aus dem Rückblick auf das paulinische Werk muß die Kirche daher vom Verfasser des Epheserbriefes als eine Größe mit kosmischen Ausmaßen beschrieben werden. So gelingt es dem Verfasser gerade aus der rückblickenden Perspektive heraus, den universal-kosmischen Aspekt und den ekklesiologischen Aspekt der paulinischen Soteriologie miteinander zu verbinden.

(3) Nach dem Tod des Paulus fehlt ein Kontinuum, das die *Verbindung der Gläubigen zum Heilsgeschehen* garantiert. Unserer Vermutung nach muß darum die *Überbrückung der zeitlichen Distanz* zum Heilsgeschehen ein drängendes Problem darstellen. Die bereits oben beobachtete Differenzierung zwischen der Zeit von Kreuz und Auferstehung Jesu und der Situation der Gläubigen erweist, mit welcher Brisanz dieses Problem erfahren wurde. Wie kann Christi Tod und Auferstehung auch künftige Generationen miteinschließen? Die zeitliche Distanz hat eine Abtrennung der Empfänger vom Heilsgeschehen notwendig zur Folge. Die einzige Möglichkeit einer Überbrückung liegt darin, Christi Stellvertretung als einen objektiven Tatbestand zu verstehen, an dem die Glaubenden je und je Anteil erhalten. Genau das ist auch die Antwort des Verfassers. So arbeitet er in der Darstellung des Heilsgeschehens heraus, daß das Heil am Kreuz unabhängig von den Empfängern geschaffen wurde. Das Heil ist eine *objektive Größe*, an der die Generationen jeweils Anteil erlangen. Diese objektive Größe, die das Heil für alle Zeiten bereithält, wird mit der Kirche identifiziert. Die Kirche ist gewissermaßen der Platzhalter, der am Kreuz erschaffen wurde und der die zu erlösende Menschheit repräsentiert (Eph 2,15f). Mit dem Aussterben der Gründergeneration wird der Gedanke der Kirche als Heilsraum, der die Frucht von Christi Sterben für die Glaubenden aller Zeiten bereithält, zu einer notwendigen Erweiterung der paulinischen Verkündigung. Nur dadurch kann die von Christus gestiftete Heilsgemeinschaft auch späteren Generationen zuteil werden.

Die Objektivierung des Heils zieht eine Reihe von Veränderungen im Epheserbrief nach sich. Alle soteriologischen Aussagen müssen objektiv gefaßt werden, d.h. sie dürfen sich nicht mehr direkt auf die Empfänger beziehen, sondern müssen den objektiven Heilsraum im Auge haben. Die

Soteriologie muß also ekklesiologisch umformuliert werden[12]. Die entscheidende Voraussetzung ist für den Epheserbrief die Vergegenwärtigung des Werkes Christi in seiner Person (Eph 2,14). Damit hat er jede Vorordnung der Ekklesiologie vor die Christologie verhindert: Christus selbst *ist* die objektive Versöhnungswirklichkeit. Das „Sein in Christus" ist damit die Definition für den Heilsraum der Kirche, die Christologie die grundlegende Voraussetzung der Ekklesiologie. Von diesem Grundsatz ausgehend führt der Verfasser die Objektivierung konsequent durch. Der für Paulus typische Aussagestil im gemeinchristlichen „wir" fällt in seinen Versöhnungsaussagen Eph 2,11-18 ebenso weg wie die Dahingabeformulierung, daß Christus „sich für uns dahingegeben" hat[13]. Die stellvertretende Funktion des Leidens Christi für die Glaubenden wird von ihm dadurch verobjektiviert, daß er die Soteriologie *kollektiv* faßt. Im Unterschied zu Paulus spricht der Verfasser deshalb bei der Neuschöpfung vom εἷς καινὸς ἄνθρωπος und bei der Versöhnung vom ἓν σῶμα (Eph 2,15f)[14]. Die ekklesiologische Fassung stellt die adäquate Substitution des Stellvertretungsgedankens dar. Auch die paulinische Gesetzesaussage, daß die Gläubigen dem Gesetz sterben (Röm 7,4), bleibt so nicht stehen. Der Verfasser verändert sie in der Weise, daß in Christus das Gesetz objektiv keine Geltung mehr hat (Eph 2,15a) und durch die Teilhabe an Christus die Gläubigen vom Gesetz befreit sind. Die Objektivierung ist auch die Ursache dafür, daß die Heilsaussagen in Eph 2,5f im Unterschied zu Paulus (Röm 6,1-11) präsentisch gefaßt sind. Die Objektivität des Heils, an dem die Glaubenden Anteil erlangen, läßt eine Aussage des Mitsterbens mit Christus nicht mehr zu und führt darum zu einer ersatzlosen Streichung der Aussagen des Mitleidens. Durch die Wendung, daß die Glaubenden in Christus bereits mitauferweckt und miteingesetzt sind in den Himmeln, zeigt der Verfasser die Teilhabe an dem in Christus objektiv geschaffenen Heil auf. Die Parallelität der Aussagen von Christi himmlischer Existenz (Eph 1,20) und der Teilhabe der Christen am Geschick Christi (Eph 2,5f) bringt zum Ausdruck, daß die Gläubigen in Christus am Heil *objektiv* Anteil erlangen. Keinesfalls ist damit der

---

[12] Das bedeutet kein „Primat der Ekklesiologie vor der Soteriologie", gegen H. MERKLEIN, Christus und die Kirche 63, vgl. oben 137ff. Vgl. auch F. MUSSNER, Die Ablösung 172: „Die Entwicklung der Ekklesiologie aus der Kreuzes-Christologie heraus ... zeigt klar, daß in dieser 'frühkatholischen' Schrift von einem hermeneutischen Vorrang der Ekklesiologie keine Rede sein kann."
[13] Vgl. die typisch veränderte Fassung Eph 5,25 gegenüber der überlieferten Form Eph 5,2.
[14] Ebenso wird auch der Inhalt des Christusmysteriums in Eph 3,6 kollektiv gefaßt.

eschatologische Vorbehalt aufgehoben, vielmehr bleibt er durch die Unterteilung in 'himmlisch' und 'irdisch' gewahrt! Im Rückgriff auf die apokalyptische Vorstellung, wonach im Himmel die künftigen Heilsgüter bereitliegen[15], ist der eschatologische Vorbehalt von der zeitlichen Ebene auf die räumliche übertragen worden, um so die Aussage objektiver Heilsteilhabe zu ermöglichen[16].

(4) Der *Rückblick auf die Zeit des Paulus* schlägt sich im Epheserbrief an vielen Stellen nieder. Die Apostel stellen zusammen mit den Propheten das Fundament der Kirche dar (Eph 2,20) und gehören damit einer vergangenen Zeitstufe an. Sie können bereits in exklusivem Sinn als „heilig" bezeichnet werden (Eph 3,5), und der direkte Empfang der Offenbarung wird auf sie eingeschränkt, während die Kirche nur durch sie vermittelt daran Anteil erhält. Diese Elemente weisen auf eine Stilisierung des apostolischen Amtes hin, wie sie nur nach dem Tod der Apostel denkbar ist.

Auch die Darstellung des Paulus läßt diese rückblickende Perspektive erkennen. Auffällig ist die recht allgemein gehaltene Beschreibung seiner Person, deren Charakterzüge sich ausnahmslos auf literarische Vorbilder in den Paulusbriefen zurückführen lassen. Dieser Eindruck wird verstärkt durch die Tatsache, daß eine Reihe autobiographischer Notizen des Paulus umgearbeitet werden zu Aussagen, die für alle Christen gültig sind[17]. Während die persönlichen Züge an die Seite gedrängt werden, gewinnt das Amt des Apostels an Bedeutung. Durch die ekklesiologische Interpretation des Christusmysteriums werden Auftrag und Inhalt der an Paulus ergangenen Offenbarung deckungsgleich (Eph 3,6). So gelingt es dem Verfasser herauszuarbeiten, daß Paulus das göttliche Werkzeug ist, durch welches das Mysterium zu seiner Durchführung kommt. In der paulinischen Verkündigung des Heilsgeheimnisses an die Heiden verwirklicht sich der Inhalt der an den Apostel ergangenen Offenbarung. Damit hat Paulus eine feste Aufgabe im göttlichen Heilsplan: Er ist der *Offenbarungsmittler*. Der Rekurs auf diese Aufgabe in Eph 6,19f macht deutlich, wie wichtig für den Verfasser diese Funktion des Paulus ist. Durch die Zweistufigkeit der Darstellung Eph 3,1-7/Eph 3,8-13 bringt er zum Ausdruck, daß diese Auf-

---

[15] Vgl. O. HOFIUS, Der Vorhang vor dem Thron Gottes 72, Anm. 134: „Gerade für jüdisch-apokalyptisches Denken ... ist die Verbindung von Himmlischem und Zukünftigem charakteristisch."
[16] Die Substitution von δικαιοῦσθαι durch σῴζεσθαι in Eph 2,5.8 muß ebenfalls auf diese Objektivierung der Heilsaussagen im Epheserbrief zurückgeführt werden: durch die Substitution kommt die Anteilhabe am objektiven Heil zum Ausdruck.
[17] Die einzelnen Belege s.o. 82.

gabe des Apostels abgeschlossen und das Mysterium an die Kirche weitergegeben ist. Indem die Kirche vom Apostel das Mysterium empfängt, übernimmt sie zugleich die Aufgabe, das Heilsmysterium in der vom Apostel übermittelten Gestalt weiterzugeben. Damit aber wird für sie die *Apostolizität zu einer normativen Größe*.

Die rückblickende Perspektive zeigt sich auch in dem redaktionellen Hinweis Eph 3,3. Hier gibt der Verfasser zu erkennen, daß er diesen Brief als *theologische Zusammenfassung* verstanden wissen will: Im Epheserbrief soll die von Gott geschenkte Einsicht des Paulus in das Heilsmysterium dargestellt werden (Eph 3,2f). Damit erhebt dieser Brief den Anspruch, die Theologie des Paulus zwar kurz, aber doch umfassend zu beschreiben.

Gerade dieses Anliegen, die paulinische Theologie zusammenfassend zur Sprache zu bringen, erweist sich an einer Reihe formaler Indizien. Allein die Tatsache, daß der Epheserbrief die echten Paulusbriefe wie den Kolosserbrief literarisch verarbeitet, macht auf seine Orientierung an der paulinischen Tradition aufmerksam. Hinter der von uns beobachteten straffenden und glättenden Bearbeitung des paulinischen Textmaterials läßt sich die Intention vermuten, die paulinische Theologie *komprimiert* darzustellen. Durch die auffällige, von C. L. Mitton als „conflation" bezeichnete Eigenart, Anspielungen aus den Paulusbriefen wie aus dem Kolosserbrief miteinander zu kombinieren oder eigenständig abzuwandeln, bringt der Verfasser einerseits seine Gebundenheit an die vorgegebene Formulierung zum Ausdruck, zeigt er andererseits aber auch die Freiheit zu eigenständiger Kombination. Wer so arbeitet, weiß sich der Tradition verpflichtet, die er jedoch nicht sklavisch wiederholt, sondern in einem eigenen Interpretationsprozeß umformt und weiterbildet. Weiterhin ist uns aufgefallen, daß der Verfasser den theologischen Gedankengehalt des Kolosserbriefes *vollständig* rezipiert, den situativen Kontext jedoch konsequent ausfiltert. Im Anspruch auf Vollständigkeit zeigt sich das Anliegen, die theologischen Aussagen der paulinischen Tradition zu sammeln und zusammenfassend zu verarbeiten. Die Ausblendung historischer Bezüge stimmt mit der *Situationslosigkeit* des gesamten Briefes überein. Entsprechend der zurückhaltenden Art, die Person des Paulus kaum näher zu charakterisieren, findet sich in diesem Brief auch keine genauere Beschreibung der Adressaten, vielmehr wendet sich der Brief an „alle, die unseren Herrn Jesus Christus lieben" (Eph 6,24). Gerade darin aber zeigt sich, daß es dem Verfasser darauf ankommt, die paulinische Theologie aus ihrem historischen Kontext herauszulösen und sie als ein *allgemeingültiges Zeugnis zu erschließen, das sich an Leser aller Zeiten richtet.* Die Situationslosigkeit unterstreicht damit den zusammenfassenden Charakter dieses Briefes.

Als Ergebnis läßt sich festhalten, daß allein aus der hypothetischen Situationsbeschreibung alle grundlegenden Veränderungen im Epheserbrief erklärt werden können. Damit wird deutlich, daß der *Tod des Paulus den Auslöser für eine Neuinterpretation der paulinischen Theologie* darstellt. Gerade die mit seinem Tod verbundene neue Perspektive, der zunehmende historische Abstand zum Heilsgeschehen sowie der Übergang zu einer neuen Generation zeichnen sich als Ursache für den Wandel theologischer Aussagen im Epheserbrief ab. Die vielfältigen Unterschiede, die diesen Brief von Paulus abheben, sind damit als *bewußte, durch die neue Situation hervorgerufene Änderungen* anzusprechen. Die Annahme fremder Einflüsse erweist sich als nicht notwendig, vielmehr stellen die Änderungen den *Übersetzungsprozeß* dar, durch welchen der Verfasser die paulinische Theologie der nachrückenden Generation erschließen möchte. Das Verständnis der theologischen Unterschiede dieses Briefes als *konsequente Weiterbildung der paulinischen Theologie* für eine kommende Zeit, wie sie sich in der Untersuchung des dritten Hauptteils nahelegte, wird damit bestätigt.

4. Der Epheserbrief als theologischer Abschluß der paulinischen Tradition

Der hypothetische Entwurf der nachapostolischen Zeit ließ erkennen, daß sich die Änderungen im Epheserbrief *ausnahmslos* durch den historischen Situationswandel erklären lassen. Damit ist deutlich, daß der Epheserbrief eine adäquate Neuinterpretation der paulinischen Theologie für die nachapostolische Generation durchgeführt hat. Im Blick auf die eingangs für die Untersuchung aufgestellten methodischen Vorgaben bleibt mit diesem Ergebnis jedoch noch eine Frage offen: Stellt die Umarbeitung lediglich eine Auslegung für diese eine nachpaulinische Generation dar, oder liegt hiermit eine maßgebliche, von ihrer Zeit unabhängige und darum die paulinische Tradition abschließende Bearbeitung vor? Nun treten an einigen Stellen des Epheserbriefes Indizien zutage, die auf eine solche zusammenfassende und allgemeingültige Intention des Verfassers schließen lassen. Bereits in der Situationslosigkeit, die ja auch die Lage der Empfänger nicht weiter charakterisiert, kann ein solches Indiz erblickt werden. Doch auch die systematisch ordnenden Zusammenstellungen der paulinischen Aussagen weisen darauf hin. Über die bereits beobachtete zusammenfassende Tendenz hinaus ist auffällig, daß innerhalb des Briefes die verschiedenen Bilder, mit denen Paulus die Kirche beschrieben hat, zu einer sachlichen Übereinstimmung gebracht werden. Wie wir erkennen konnten, wird die Rede vom Leib Christi, das Bild vom Tempelbau sowie das Bild der Ehe durch den Austausch von Attributen[18] sowie durch Stichwortverbindungen[19] miteinander verwoben. Während die Beschreibungen bei Paulus durch ganz verschiedene Intentionen veranlaßt und darum auch sehr unterschiedlich ausgeprägt sind, führt der Epheserbrief die paulinischen Aussagen in eine feste ekklesiologische Konzeption über. Dadurch gelingt dem Verfasser eine in sich geschlossene, einheitliche Beschreibung der Gesamtkirche. Auch eine solche Vereinheitlichung weist auf den abschließenden Charakter dieses Briefes hin. Dem Verfasser scheint daran gelegen zu sein, die unterschiedlichen Aussagen des Paulus über die Kirche in eine einheitliche Konzeption zu überführen.

Diese *Tendenz zur Vereinheitlichung* begegnet auch darin, daß der Verfasser die kosmischen und ekklesiologischen Aussagen über die Bedeutung des Heilsgeschehens, die bei Paulus unverbunden nebeneinanderstehen, zu einer kosmischen Ekklesiologie miteinander verschränkt. Besonders deutlich zeigt sich dies in Eph 1,22f, wo durch einen doppelten κεφαλή-Begriff und einen zweifachen Begriff des „Erfüllens" (πληροῦν) die ekklesiologischen wie die kosmologischen Aussagen zu einem inneren Ausgleich geführt werden. Kirche und Welt sind in den Prozeß eschatologischer Erfüllung durch Christus eingebunden.

An einem weiteren Punkt führt der Epheserbrief in seiner Darstellung über Paulus hinaus. Es ist die Verankerung der Ekklesiologie in der Verkündigung des Heilsgeschehens selbst. Gehörten nach Paulus die Aussagen über den Leib Christi immer nur in den paränetischen Zusammenhang, so ordnet der Verfasser die Gründung der Kirche der Verkündigung des Heilsgeschehens selbst zu. Den Anlaß dazu mag sicherlich die Objektivierung der Heilsaussagen geboten haben, weshalb ein direkter Bezug auf die Empfänger nicht mehr möglich ist. Doch die Verankerung der Ekklesiologie in der Soteriologie führt die paulinische Verkündigung zu einem inne-

---

[18] Vgl. die Aussagen, wonach der Bau wächst (Eph 2,21), der Leib auferbaut wird (Eph 4,16), sowie die Interpretation des Ehebildes durch die Leibaussagen (Eph 5,25-33).
[19] S.o. 201.

ren Abschluß. Indem die Stiftung der Kirche einen objektiven Bestandteil des Heilsgeschehens darstellt, ist der Stellvertretungsgedanke auch für die kommende Generation im Leiden Christi fest verankert. Die Funktion der Kirche als Platzhalter im Heilsgeschehen ist die wesentliche Voraussetzung dafür, daß die paulinischen Versöhnungsaussagen in der nachpaulinischen Zeit weiterwirken können. Die ekklesiologische Fassung der Soteriologie stellt eine notwendige Erweiterung dar, durch die die paulinischen Aussagen in einer allgemeingültigen Form festgehalten werden.

Auch in der Weitergabe des Mysteriums zeigt sich die Funktion der Kirche, die Kontinuität zwischen einstigem Heilsgeschehen und gegenwärtiger Verkündigung zu wahren. Übernimmt die Kirche einerseits das verkündigende Amt des Apostels, so bleibt sie doch andererseits an die vom Apostel vorgegebene Größe des Mysteriums gebunden. Durch die Apostolizität der Kirche wird die apostolische Verkündigung des Heilsgeheimnisses unter den Völkern unabhängig von Zeit und Raum gewährleistet. Hatte der Apostel die Aufgabe, den rechtmäßigen Glauben seiner Gemeinden zu garantieren, so erhält nun die Kirche diesen Auftrag. In der Loslösung von der Person des Apostels zeigt sich der Charakter des Epheserbriefes: Er will die paulinische Theologie zu einem *inneren Abschluß* bringen und für die nachapostolische Zeit insgesamt bewahren.

Deutlich kann man dieses Anliegen auch in der generalisierenden Darstellung der Versöhnung finden. Indem die Versöhnung sich nicht nur zwischen Gott und den Menschen ereignet, sondern auch zur Einheit von Juden und Heiden führt, wird die individuelle Perspektive, die sich bei Paulus in der Mahnung zur Versöhnung mit dem Nächsten findet, aufgebrochen und verallgemeinert: Im Heilsgeschehen ist die universale Versöhnung geschehen, die grundlegende Spaltung der Menschheit aufgehoben. Das Versöhnungsgeschehen kommt damit in seiner kosmischen wie in seiner geschichtlichen Heilsbedeutung zur Sprache. Durch die verallgemeinernde Interpretation des Epheserbriefes wird der bei Paulus angelegte universale Anspruch zu seinem Abschluß gebracht. Mit dieser universalen Ausdeutung ist das theologische Anliegen des Paulus zu einem Punkt geführt, über den nicht weiter hinausgegangen werden kann. Der Rückblick auf das Werk des Paulus ermöglicht es dem Verfasser, die *paulinische Tradition zu Ende zu führen*, ihrer historischen Verhaftung zu entnehmen und in allgemeingültiger Form der Nachwelt zu überliefern. Damit aber ist deutlich, daß der Epheserbrief als eine *abschließende*

Darstellung der paulinischen Theologie konzipiert ist, die den *Anspruch auf zeitlose Gültigkeit* in sich trägt.

II. Das Verhältnis zum Kolosserbrief

Die intensive literarische Verarbeitung des Kolosserbriefes stellt ein entscheidendes Merkmal des Epheserbriefes dar. Doch eine schlüssige Erklärung für diese enge Anlehnung konnte bis heute nicht gefunden werden. Erschwerend tritt hinzu, daß die Autorschaft des Kolosserbriefes bis zum gegenwärtigen Zeitpunkt nicht eindeutig entschieden ist[20]. Darum sollen in einer abschließenden Verhältnisbestimmung beide Möglichkeiten, die einer paulinischen Autorschaft wie die einer nachpaulinischen Abfassung, berücksichtigt werden. Stammte der Kolosserbrief aus der Hand des Paulus, so wäre die starke literarische Benützung durch den Epheserbrief noch relativ leicht zu erklären. Der Epheserbrief hätte sich in besonderer Weise am Kolosserbrief orientiert, weil dieser das letzte Schriftstück des Apostels darstellte. Wurde aber der Kolosserbrief von einem Schüler verfaßt, läßt sich das Motiv für die starke Rezeption nur schwer bestimmen. Es könnte sich die Vermutung nahelegen, daß der Verfasser des Epheserbriefes den Kolosserbrief in einer Überarbeitung habe verbessern und weiterführen wollen. Doch die große Ähnlichkeit ließe ebensogut auf die Absicht des Verfassers schließen, den Kolosserbrief zu ersetzen und zu verdrängen.

Mit der Feststellung, daß der Epheserbrief durch den Tod des Apostels veranlaßt ist und die paulinische Theologie zusammenfassen möchte, spitzt sich die Rückfrage nach dem Verhältnis zum Kolosserbrief noch zu. Das gilt insbesondere für den Fall, daß der Kolosserbrief in nachpaulinischer Zeit entstanden ist, denn dann müßte sich bereits in diesem Brief der Tod des Paulus auf die Darstellung der paulinischen Theologie ausgewirkt haben. Wenn sich aber schon im Kolosserbrief Ansätze zu einer Zusammenfassung der paulinischen Theologie finden könnten, stellt sich die Frage noch dringlicher, aus welchem Grund mit dem Epheserbrief nun noch ein weiterer deuteropaulinischer Brief verfaßt wird. Will man die

---

[20] Vgl. dazu die Diskussion der Verfasserfrage bei E. SCHWEIZER, Kol. 20-27.

Änderungen im Epheserbrief auf einen Perspektivenwechsel zurückführen, der durch die Situation nach dem Tod des Apostels ausgelöst ist, muß man entscheidend mitberücksichtigen, inwiefern solche Fragestellungen nicht schon im Kolosserbrief angesprochen sind. Hält man den Kolosserbrief dagegen für paulinisch, ergibt sich diese Fragestellung nicht.

Ob sich im Kolosserbrief der Tod des Paulus inhaltlich auswirkt, wäre das Thema einer eigenen wissenschaftlichen Untersuchung. Deshalb sollen hier nur einige grundsätzliche Beobachtungen angedeutet werden. Es lassen sich im Kolosserbrief durchaus Ansätze zu einer *zusammenfassenden Darstellungsweise* finden. So werden im Christushymnus Kol 1,15-20 die Aussagen über die kosmische Universalität Christi gebündelt zusammengestellt, die in den echten Paulusbriefen nur verstreut zu finden sind. Ebenso werden die Aussagen von der Versöhnung über Juden und Griechen hinaus explizit auf alle Völker ausgedehnt; selbst die für antike Verhältnisse völlig entlegenen Skythen sind nun in das Versöhnungsgeschehen eingeschlossen (Kol 3,11). Auch die Aussagen über die Teilhabe am Geschick Christi im Mitsterben und Mitauferstehen (Kol 2,11-3,4) werden viel umfassender dargestellt als noch in Röm 6,1-11. Auffällig ist auch der allgemeingültige Charakter der Mahnungen in der zweiten Hälfte des Briefes. Besonders deutlich tritt dies in der Haustafel hervor (Kol 3,18-4,1), die bereits von der Form her grundsätzliche Verhaltensregeln aussprechen möchte. An diesen Stellen läßt sich im Kolosserbrief eine generalisierende Tendenz beobachten, durch die die Allgemeingültigkeit herausgestellt wird. Was dagegen fehlt, ist die historische Dimension. *Das Bewußtsein des historischen Abstandes* läßt sich im Kolosserbrief *nicht* greifen. Vielleicht kann man in Kol 1,24 einen ersten Versuch erkennen, den Märtyrertod des Paulus theologisch zu verarbeiten. Da das Motiv des apostolischen Leidens im Vordergrund steht, könnte man diese Notiz aber dem Literalsinn nach auch nur auf die Bedrängnis in der Gefangenschaft deuten. Eine theologische Reflexion über das Fehlen des Apostels aufgrund seines Todes hat dagegen noch nicht eingesetzt. Vielmehr scheint der Brief ganz unter dem Eindruck des paulinischen Leidens abgefaßt worden zu sein. Deshalb kann er, wenn er nach dem Tod des Paulus zu datieren sein sollte, nicht lange danach entstanden sein. Hält man dagegen den Kolosserbrief für paulinisch, so geben diese Beobachtungen ebenfalls wichtige Hinweise. Das Fehlen einer rückblickenden Perspektive könnte als Argument für eine Entstehung des Kolosserbriefes zu Lebzeiten des Paulus gewertet werden und damit die Vermutung einer paulinischen Autorschaft stärken. Doch die generalisierende Tendenz im Kolosserbrief wiederum weist darauf hin, daß in diesem Brief das Interesse an einer umfassenden Darstellung der paulinischen Theologie vorhanden ist. Ein solches Interesse an einer umfassenden Darstellung könnte man zwar dem gefangenen Apostel selbst zusprechen, der kurz vor seinem Ende seine Gedanken zu bündeln versucht. Doch die zusammenfassenden Aspekte legen es nahe – auch für den Fall, daß der Brief zu Lebzeiten des Paulus entstanden ist –, die Abfassung durch einen Schüler des Apostels anzunehmen[21].

Nun zeigt der Epheserbrief eine sehr differenzierte Art, den Kolosserbrief zu rezipieren[22]. Gerade daraus lassen sich einige Hinweise auf sein Verständnis des Kolosserbriefes entnehmen. Entscheidend ist zunächst, daß die *theologischen* Aussagen des Kolosserbriefes trotz ihrer Umarbeitung doch *vollständig rezipiert* werden. Sogar der Aufbau dient dem Verfasser des Epheserbriefes als Leitfaden, wenn er auch, besonders im lehrhaften Teil, starke Veränderungen gegenüber seinem Vorbild vornimmt. Doch selbst die Tatsache der Umarbeitung bringt zum Ausdruck, daß der Kolosserbrief für den Verfasser den *theologischen Ausgangspunkt* darstellt. In dieser Art der Rezeption läßt der Verfasser seine *Hochschätzung gegenüber dem Kolosserbrief* erkennen.

Charakteristisch für die Rezeption durch den Verfasser des Epheserbriefes ist die Umformung des übernommenen Materials. Dazu gehört nicht nur die von uns vielfach beobachtete sprachliche Glättung, sondern auch die als „conflation" bezeichnete Verbindung verstreuter Zitate. In dieser eigenständigen Kombination ließ sich für uns die neue Aussageintention des Epheserbriefes erkennen. Aufschlußreich ist, an welcher Stelle nun die Neuinterpretation des Epheserbriefes ansetzt. Ein grundlegendes Änderungsprinzip des Epheserbriefes, der Einbau einer geschichtlichen Perspektive, begegnet gerade bei der Verarbeitung der kosmischen Christologie des Kolosserbriefes. So werden Aussagen aus dem Christushymnus (Kol 1,15-20) vom Verfasser des Epheserbriefes geschichtlich interpretiert und in einen Heilsplan eingeordnet (Eph 1,3-14). Auch die Offenbarung des Heilsmysteriums (Kol 1,25-27) wird im Epheserbrief in einen geschichtlichen Prozeß eingegliedert, der die Wei-

---

[21] So erwägt E. SCHWEIZER, Kol. 26f, die Möglichkeit einer Abfassung des Kolosserbriefes durch einen Paulusschüler noch zu Lebzeiten des Paulus; ähnlich auch W. H. OLLROG, Paulus und seine Mitarbeiter 232, 236-242.
[22] S.o. die ausführliche Untersuchung 39ff.

tergabe des Mysteriums beschreibt (Eph 3,1-13). Während der Kolosserbrief in der Widerlegung der kolossischen Irrlehre besonders die kosmische Universalität Christi hervorhebt, liegt dem Verfasser daran, diese Universalität auch geschichtlich auszulegen: Christus ist Herr über Zeit und Raum.

Die Umformung christologischer Aussagen zu ekklesiologischen knüpft ebenfalls an die universale Tendenz des Kolosserbriefes an. Betonte der Kolosserbrief die grenzenlose Weite der Versöhnungstat Christi, so wird dieser Gedanke vom Epheserbrief durch die kollektive Deutung der Soteriologie verstärkt. Sind nach Kol 3,11 selbst die Skythen miteingeschlossen, so verarbeitet der Epheserbrief diesen Ansatz in der Aussage von der Versöhnung der gesamten Menschheit. Die grundlegende Trennung von Juden und Heiden ist im Kreuz überwunden (Eph 2,11ff). Gestiftet wird der eine neue Mensch. Diese kollektive Deutung der Soteriologie hat seine Auswirkung in der ekklesiologischen Interpretation des Mysteriums[23], begegnet im ekklesiologischen Verständnis von $\pi\lambda\eta\rho\omega\mu\alpha$[24] und der kollektiven Bezeichnung $\dot{\alpha}\nu\grave{\eta}\rho$ $\tau\acute{\epsilon}\lambda\epsilon\iota\sigma\varsigma$[25]. Auch die Aussage, daß die Glaubenden in Christus bereits vor Schöpfung der Welt erwählt sind[26], weist auf die ekklesiologische Interpretation der Christologie hin.

Der verallgemeinernde Zug in der Paränese des Kolosserbriefes wird vom Epheserbrief noch weiter verstärkt. So lassen seine Ermahnungen keinen direkten Anlaß erkennen, sondern scheinen eine Zusammenstellung allgemeiner, grundlegender Regeln zu sein. Auffällig ist die Auslegung der Haustafel auf das Verhältnis von Christus und Kirche. Bringt der Kolosserbrief durch seine Haustafel die Allgemeingültigkeit der Mahnungen zum Ausdruck, tritt die eigentlich paränetische Intention im Epheserbrief ganz in den Hintergrund. Durch die christologisch-ekklesiologischen Erweiterungen wird die Haustafel Eph 5,21ff zu einer Verhältnisbestimmung von Christus und Kirche. Die paränetische Mahnung hat einem allgemein-theologischen Exkurs Platz gemacht.

Nimmt man die vorliegenden Beobachtungen zusammen, lassen sich *Grundlinien für das Verhältnis des Epheserbriefes zum Kolosserbrief* aufzeigen: a) Aus der Hochschätzung gegenüber der Vorlage läßt sich schließen, daß der Verfasser den Kolosserbrief weder korrigieren noch verdrän-

---

[23] Vgl. Kol 1,27c mit Eph 3,6.
[24] Vgl. Eph 1,23 mit πεπληρωμένοι Kol 2,10.
[25] Vgl. Eph 4,13 im Unterschied zu ἄνθρωπος τέλειος Kol 1,28.
[26] Vgl. Eph 1,4 mit Kol 1,15.17.

gen, sondern die dort angelegte Tendenz weiterführen und entwickeln möchte. b) Gerade die universale, verallgemeinernde Tendenz der Darstellung des Kolosserbriefes wird von ihm aufgegriffen, um die eigene Intention herauszustellen. Der generalisierende Charakterzug des Kolosserbriefes bildet den Ausgangspunkt für die weiterführende Interpretation des Epheserbriefes. c) Das Bewußtsein des historischen Abstandes stellt den grundlegend neuen Interpretationsansatz des Epheserbriefes dar. Er äußert sich in der neuen historischen Perspektive des Epheserbriefes, in der ekklesiologischen Interpretation sowie in seinem Versuch, die Theologie des Paulus für eine neue Zeit zusammenzufassen. *Die zeitliche Distanz zum Leben des Paulus läßt sich damit erst im Epheserbrief belegen.* Hier tritt der Generationenwechsel eindeutig zutage. Der universale Charakterzug des Kolosserbriefes bildet für den Epheserbrief einen günstigen Ansatzpunkt für diese über den Kolosserbrief hinausführende Tendenz. Das völlige Ausblenden aller Situationsbezüge aus dem Kolosserbrief in der Rezeption des Epheserbriefes läßt sich als eine Auswirkung dieser Tendenz verstehen: Der Verfasser möchte die Theologie des Paulus allgemeingültig darstellen.

Unabhängig von der Frage einer deuteropaulinischen Entstehung zeigt sich, daß der Kolosserbrief sich eines zeitlichen Abstandes gegenüber Paulus noch nicht bewußt ist. Die rückblickende Perspektive, wie sie sich im Epheserbrief findet, ist hier noch nicht ausgeprägt, der Tod des Apostels theologisch noch nicht verarbeitet. Mit diesem Brief ist die paulinische Tradition noch nicht abgeschlossen, eine zusammenfassende Darstellung aus dem Rückblick steht noch aus.

Der Vergleich mit dem Kolosserbrief gibt somit ein deutliches Indiz für den *Anlaß* des Epheserbriefes: *Der zeitliche Abstand gegenüber dem Tod des Paulus macht eine abschließende Bewertung und Zusammenfassung des paulinischen Wirkens notwendig.* Es bedarf eines weiteren Briefes, der dieser Aufgabe gewidmet ist. Die Entstehung des Epheserbriefes zusätzlich zum Kolosserbrief beruht auf der Intention, die paulinische Theologie für die kommende Generation zu bündeln und ihre Bedeutung herauszustellen. Damit ließe sich das Verhältnis des Epheserbriefes zum Kolosserbrief als die *Weiterführung eines Interpretationsprozesses* beschreiben, der die paulinische Theologie zusammenfassen und zu einem inneren

Abschluß bringen will[27]. Gerade einige zusätzliche Merkmale, durch die sich der Epheserbrief stärker als der Kolosserbrief an die paulinische Tradition rückbinden möchte, weisen auf diese Funktion hin. Hierzu gehört der Einbau alttestamentlicher Zitate, die sich im Kolosserbrief nicht finden lassen, ebenso wie die über den Kolosserbrief hinausgehende Entfaltung des Briefformulars, obwohl dadurch keinerlei persönliche Verbundenheit zum Ausdruck kommt.

Wenn auch die starke Anlehnung des Epheserbriefes an den Kolosserbrief nicht letztgültig erklärt werden kann, zeichnen sich doch grundlegende Tendenzen ab. Unabhängig von der Verfasserfrage ist der Kolosserbrief zeitlich das letzte Dokument paulinischer Theologie vor dem Epheserbrief. Wenn der Kolosserbrief für den Verfasser des Epheserbriefes eine maßgebliche Autorität darstellt, an der er sich entscheidend ausrichtet, dann liegt das sicher mit daran, daß dieser Brief der Zeit und damit dem Verständnis des Verfassers am nächsten steht. Bereits in ihm sieht er universale Tendenzen angelegt. Darum bilden gerade sie für den Epheserbrief den Ausgangspunkt der theologischen Entfaltung. Seine Korrekturen machen jedoch deutlich, daß er in diesem Brief die *geschichtliche* Perspektive vermißt. Insofern sieht er sich zu einer eigenen Darstellung der paulinischen Tradition veranlaßt, die die Perspektive der nachpaulinischen Generation berücksichtigt und die paulinische Theologie für die nachapostolische Zeit auslegt.

III. Der Epheserbrief als theologisches Vermächtnis der Paulusschule

Die Untersuchungen zur Verarbeitung der paulinischen Tradition haben gezeigt, daß der Epheserbrief nicht nur die paulinische Theologie adäquat weiterführt, sondern sie aufgrund seiner rückblickenden Perspektive zusammenzufassen und zu ordnen vermag. Aus seiner Kenntnis der paulinischen Briefe heraus gelingt dem Verfasser eine *umfassende Gesamtschau* der paulinischen Theologie. Wie wir beobachten konnten, greift er die bei

---

[27] Vgl. die Vermutung von J. ROLOFF, Die Kirche 223, daß das Verhältnis vom Kolosserbrief zum Epheserbrief als „*zwei Phasen* eines theologischen *Interpretationsprozesses*" zu beschreiben sei.

Paulus angelegten unterschiedlichen Tendenzen auf, führt sie zusammen und formt aus ihnen einen in sich geschlossenen Entwurf. Die einzelnen theologischen Aussagen bekommen damit innerhalb der paulinischen Theologie ihren festen Platz zugewiesen. Mit der neu ordnenden Zusammenstellung paulinischer Aussagen beginnt eine *theologische Systematisierung*; der erste Schritt zur Ausbildung eines dogmatischen Systems der paulinischen Theologie ist getan. Dies hat nichts mit einer Erstarrung zu dogmatischen Formeln zu tun, vielmehr konnten wir hinter einer solchen Neustrukturierung einen lebendigen Interpretationsprozeß entdecken. Gerade diese im Epheserbrief vollzogene Umformung ist *notwendig*, um die Verkündigung des Paulus aus ihrer Zeit herauszulösen und allgemeingültig darzustellen. Durch sie wird eine *abschließende Darstellung* der paulinischen Theologie ermöglicht.

In seiner zusammenfassenden Darstellung fühlt sich der Epheserbrief dem Kolosserbrief verpflichtet. Er greift die bereits dort anklingenden Ansätze auf, die paulinische Theologie in ihrer universalen Bedeutung herauszustellen. Aus der rückblickenden Perspektive heraus vermag der Verfasser diese im Kolosserbrief angelegten Tendenzen weiterzuführen. Die geschichtliche Interpretation ist die notwendige Fortsetzung der räumlichen Ausweitung, die bereits der Kolosserbrief vollzogen hat. Nur so kann die paulinische Theologie aus ihrer Verankerung in Raum und Zeit gelöst werden. Da die Paulusbriefe eng mit ihrer historischen Entstehungssituation verknüpft sind, ist eine solche Ablösung ein konsequenter Schritt. Der im Kolosserbrief begonnene Prozeß mußte fortgesetzt werden, sollte das Erbe der paulinischen Verkündigung für die kommenden Generationen erhalten bleiben. Der Epheserbrief stellt damit eine *notwendige Explikation* der paulinischen Theologie für die nachpaulinische Zeit dar.

Mit den bisherigen Untersuchungen wurde das Verhältnis des Epheserbriefes zu den Briefen erhoben, die vor ihm entstanden sind. Um eine abschließende Einordnung des Epheserbriefes innerhalb der paulinischen Tradition zu ermöglichen, ist es nötig, die Bedeutung zu ermessen, die nachfolgende Werke dem Epheserbrief zukommen lassen. Auffällig ist, daß in den *Pastoralbriefen* manche theologische Aussagen auf den ersten Blick den echten Paulinen näher zu sein scheinen als parallele Stellen im Epheserbrief, obwohl sie zeitlich ja noch später entstanden sind. Diese Nähe wurde oftmals als Indiz für eine treuere Bewahrung der Paulustradition verstanden[28]. Doch der Grund für die größere sprachliche Nähe ist darin zu sehen, daß die von Paulus übernommenen theologischen Aussagen wesentlich weniger reflektiert worden sind. In den Pastoralbriefen hat keine Umformung durch eine rückblickende Perspektive stattgefunden. So kann man aus der größeren sprachlichen Nähe mancher Aussagen zu Paulus nicht eine höhere Treue der Überlieferung, sondern nur eine direkte, nicht weiter hinterfragte Übernahme der Aussagen erschließen[29]. Offensichtlich scheint in einer rückblickenden Darstellungsweise nicht das Interesse der Pastoralbriefe zu liegen, denn sonst müßte hier eine stärkere Einflußnahme durch den Verfasser erkennbar sein.

Betrachtet man dagegen, worin sich die Pastoralbriefe von den paulinischen Briefen unterscheiden, läßt sich ihre Intention leicht erkennen[30]. Auffallend ist bereits, daß die Pastoralbriefe keine an Gemeinden gerichtete Briefe sind, wie sämtliche Originalbriefe des Paulus, sondern sich an Mitarbeiter des Paulus richten, die – in seiner Nachfolge stehend – gesamtkirchliche Verantwortung übernehmen. Mit ihrer Adresse setzen sich die Pastoralbriefe bewußt von den Paulinen ab und lassen erkennen, daß sie sich selbst offensichtlich als Ergänzung verstehen. Dieser Eindruck wird durch den Inhalt verstärkt. Hier steht das Organisatorische der Kirche und der Kampf gegen die Irrlehre stark im Vordergrund. Fragen der kirchlichen Struktur, die Bedeutung des Amtes, Mahnungen, die rechte Lehre zu bewahren, sowie konkrete Anweisungen zum Gemeindeleben machen den Hauptinhalt aus. Dagegen sind in ihnen keine umfassenden theologischen Darlegungen enthalten. Die Zeit der theologischen Erörterung scheint innerhalb der paulinischen Tradition abgeschlossen zu sein. Viel

---

[28] Vgl. A. LINDEMANN, Aufhebung 255f; U. LUZ, Erwägungen zur Entstehung des „Frühkatholizismus" 99-101.

[29] Als entscheidende Unterschiede zwischen dem Epheserbrief und den Pastoralbriefen können genannt werden: a) In der Beschreibung der Teilhabe am Geschick Christi entsprechen die Pastoralbriefe ganz der Darstellung von Röm 6,8. Im Unterschied zu Eph 2,5f begegnet in 2Tim 2,11 die Aussage des Mitleidens und die futurische Form des Mitherrschens. b) Auch die Schilderung der Person des Paulus trägt stark persönliche Züge, die den echten Paulinen in nichts nachsteht. Im Unterschied zum Epheserbrief werden die persönlichen Notizen nicht zurückgenommen. Wie G. LOHFINK, Paulinische Theologie 79ff, feststellt, entspringt die persönliche Prägung der Intention, die Person des Paulus als Verkündigungsinhalt darzustellen. c) Auch die spezifische Zuspitzung offenbarungstheologischer Termini wie etwa im Gebrauch des Begriffs μυστήριον wird in den Pastoralbriefen nicht übernommen (vgl. nur die Verwendung von μυστήριον in 1Tim 3,16). An diesen Stellen repräsentieren die Pastoralbriefe paulinischen Sprachgebrauch.

[30] Anhand der neuen Terminologie der Pastoralbriefe läßt sich deren Intention sehr leicht feststellen. Hierzu gehört etwa die Bedeutung der reinen Lehre, der ὑγιαίνουσα διδασκαλία, sowie die wichtige Stellung der Überlieferung, der παραθήκη.

stärker müssen sich die Pastoralbriefe auf den äußeren Zusammenhalt der Gemeinden konzentrieren. Für den Epheserbrief ergibt sich damit aber, daß er dann den letzten Brief innerhalb der paulinischen Tradition darstellt, der sich an eine Gemeinde richtet[31] und der theologische Themen, insbesondere die Ekklesiologie, umfassend behandelt. *Dieser Brief ist damit der einzige, der die paulinische Theologie auf die nachpaulinische Zeit überträgt.*

Aus dem Schweigen der Pastoralbriefe zu den dezidert theologischen Themen hat man bislang zwei Schulkreise innerhalb der paulinischen Tradition erschlossen, die voneinander unabhängig bestanden hätten[32]. Aber muß dieses eigentümliche Schweigen nicht umgekehrt interpretiert werden? Hätte nicht in den zwei voneinander unabhängigen Schulkreisen jeweils eine eigenständige Zusammenfassung der paulinischen Theologie entstehen müssen? Wenn der Epheserbrief als einziger die Theologie des Paulus komprimiert zur Darstellung bringt und unwidersprochen die Aussagen für künftige Generationen erschließt, dann scheint diese Art der Zusammenfassung akzeptiert worden zu sein. Im anderen Fall müßte eine Gegendarstellung erwartet werden. Da die Pastoralbriefe aber zu zentralen Themen des Epheserbriefes nicht das Wort ergreifen, läßt sich in ihnen eine solche Gegendarstellung nicht erkennen. Sie verraten vielmehr ein völlig anderes Darstellungsinteresse. Nicht die theologische Zusammenfassung und Übertragung in eine neue Zeit sind ihr Thema, sondern die Existenz der christlichen Gemeinden im gesellschaftlichen Umfeld der heidnischen Antike[33]. Gerade darum können die Pastoralbriefe nicht so ohne weiteres „als eine Art Korrektiv oder sogar als Antithese"[34] zum Epheserbrief begriffen werden[35]. Beachtet man die völlig verschiedenen Intentionen der Pastoralbriefe und des Epheserbriefes, so legt sich ein sehr viel einheitlicherer nachpaulinischer Traditionsprozeß nahe. Was der

---

[31] Gerade das textkritische Problem der Ortsadresse wie die universale Aufweitung des Segenswunsches Eph 6,23 lassen die Vermutung aufkommen, daß dieser Brief nicht an eine spezielle Gemeinde, sondern letztendlich an die gesamte Kirche gerichtet ist.
[32] So A. LINDEMANN, Aufhebung 255f.
[33] Vgl. dazu M. WOLTER, Die Pastoralbriefe 245ff.
[34] A. LINDEMANN, Aufhebung 255.
[35] Eine wesentliche Voraussetzung für die Behauptung einer Gegendarstellung in den Pastoralbriefen ist die Annahme gnostisierender Tendenzen im Epheserbrief. Nach A. LINDEMANN, Aufhebung 255, würde die antignostische Polemik in 2Tim 2,17f damit auch den Verfasser des Epheserbriefes treffen. Da, wie die vorliegende Untersuchung zeigen konnte, das Verständnis des Epheserbriefes ohne die Annahme gnostischer Einflüsse auskommt, ist Lindemanns Aufspaltung der Paulusschule in „'Rechts-' und 'Linkspaulinismus'" (a.a.O. 255) abzulehnen.

Epheserbrief bereits behandelt hat, muß von den Pastoralen nicht wieder aufgegriffen werden. Das Schweigen der Pastoralbriefe zu dem großen Themenkomplex der Ekklesiologie ist darum nicht notwendig als Ablehnung des Epheserbriefes anzusehen, sondern kann durchaus als Zustimmung gewertet werden, insbesondere deshalb, weil Fragen kirchlicher Praxis engagiert erörtert werden[36]. Durch die zusammenfassende Darstellung des Epheserbriefes scheint ein Abschluß der paulinischen Tradition erreicht zu sein, der wohl auch vom Verfasser der Pastoralbriefe akzeptiert wird[37].

Der kurze Vergleich mit den Pastoralbriefen läßt die Stellung des Epheserbriefes innerhalb des Corpus Paulinum[38] deutlich hervortreten. Unter den nachpaulinischen Briefen bietet der Epheserbrief als einziger eine umfassende und komprimierte Darstellung der paulinischen Theologie, für die zugleich der Anspruch zeitloser Gültigkeit und Verbindlichkeit erhoben wird. Gerade das berechtigt, den Epheserbrief als das *theologische Vermächtnis der Paulusschule* anzusprechen. Von den nachfolgenden Briefen wird dem Epheserbrief dieser Charakter nicht streitig gemacht.

Bereits äußere Indizien zu Anfang unserer Untersuchung haben uns auf den Charakter des Epheserbriefes als eines Vermächtnisses aufmerksam gemacht. Im redaktionellen Hinweis Eph 3,3f ließ der Verfasser erkennen, daß er im Epheserbrief kurzgefaßt die Einsicht des Paulus in das göttliche Mysterium wiedergeben möchte. Dieser Anspruch, die wahre apostolische Tradition zu vermitteln, spiegelt sich auch im paulinischen Pseudonym. Die Abfassung des Briefes unter dem Namen des Paulus beabsichtigt ja nicht eine literarische Fiktion, sondern sie ist der Ausdruck für den normativen Charakter der in diesem Brief festgehaltenen Paulustradition. Wie nach dem Tod des Apostels die Apostolizität zum Kennzeichen für die wahre Kirche wird, so bringt auch das paulinische Pseudonym den Anspruch wahrer apostolischer Verkündigung zum Ausdruck. Durch die bis

---

[36] Nimmt man mit P. TRUMMER, Corpus Paulinum – Corpus Pastorale 122ff, an, daß die Pastoralbriefe eine bewußt gestaltete Einheit darstellen, die aus der Hand *eines* Autors stammt, so könnte man in diesem Briefkomplex den Wunsch nach einer Abrundung des Corpus Paulinum vermuten, in dem Organisatorisches und die Frage des Amtes abschließend geklärt werden.

[37] Gerade das intensive Pochen auf die Bewahrung der paulinischen παραθήκη (1Tim 6,20; 2Tim 1,12.14) macht darauf aufmerksam, daß die Pastoralbriefe dem Anliegen des Epheserbriefes keinesfalls ablehnend gegenüberstehen.

[38] Der 2. Thessalonicherbrief wird aufgrund seiner literarischen Nähe zum 1. Thessalonicherbrief an dieser Stelle nicht weiter berücksichtigt.

heute in ihrer Ursprünglichkeit umstrittene Ortsadresse[39] wird gerade dieser Anspruch unterstrichen. Ephesus war das Zentrum der paulinischen Wirksamkeit und nach dem Tod des Apostels sicherlich der Sitz der Paulusschule. Dieser Ort steht mit seinem Namen für die Kontinuität apostolischer Tradition auch nach dem Tod des Paulus. Die universale Ausweitung der Schlußgrüße auf alle, „die unseren Herrn Jesus Christus lieben" (Eph 6,23), macht die Wahl dieser Ortsadresse verständlich. Selbst wenn der Name Ephesus erst nachträglich in das Präskript eingefügt sein sollte, so bringt er doch das zentrale Anliegen dieses Briefes auf den Punkt: Was Paulus an die für ihn bedeutendste Gemeinde schreibt, muß das *Herzstück seiner Verkündigung* sein, das für alle Zeiten und an allen Orten seine Gültigkeit behält.

---

[39] Vgl. E. BEST, Recipients and Title.

Literaturverzeichnis

Im Literaturverzeichnis wird die in der vorliegenden Arbeit zitierte Literatur vollständig aufgeführt. So lassen sich die in den Anmerkungen abgekürzten Titel verifizieren. Dafür sind folgende Hinweise hilfreich: a) Monographien, Aufsätze und ausgewählte Lexikonartikel werden in den Anmerkungen durch Verfassernamen und einen eindeutigen Kurztitel angegeben; sie finden sich unter Abschnitt 4 im Literaturverzeichnis. b) Bei Kommentaren wird in den Anmerkungen statt eines Kurztitels die Abkürzung des betreffenden biblischen Buches verwendet. Zur Unterscheidung von einer Bibelstelle werden die Kommentare durch einen Punkt abgekürzt. Die Kommentare werden im Literaturverzeichnis unter Abschnitt 3 aufgeführt.

1. Quellen

a) Die biblischen Quellen

Novum Testamentum Graece, hrsg.v. E. und E. Nestle/K. und B. Aland u.a., Stuttgart 27. Aufl. 1993.
Biblia Hebraica Stuttgartensia, hrsg.v. K. Elliger/W. Rudolph, Stuttgart 1967/77.
Septuaginta. Id est Vetus Testamentum graece iuxta LXX interpretes, hrsg.v. A. Rahlfs, 2 Bde., Stuttgart 1982.
Die Bibel. Nach der Übersetzung M. Luthers. Revidierte Fassung von 1984, Stuttgart 1985.
Die Jerusalemer Bibel. Die Heilige Schrift des Alten und Neuen Bundes, hrsg.v. D. Arenhoevel u.a., Freiburg u.a. 1968.
Das Neue Testament. Übersetzt von F. Stier, hrsg.v. E. Beck u.a., München, Düsseldorf 1989.

b) Sonstige Quellen:

Altjüdisches Schrifttum außerhalb der Bibel, übersetzt und hrsg.v. P. Rießler, Freiburg, Heidelberg 5. Aufl. 1984.
Die Apokryphen und Pseudepigraphen des Alten Testaments, 2 Bde., hrsg.v. E. Kautzsch, Tübingen u.a. 1900 (= Darmstadt 1962).
Die Apostolischen Väter. Griechisch und Deutsch, übersetzt und hrsg.v. J. A. Fischer, München 8. Aufl. 1981.

Die Apostolischen Väter. Griechisch-deutsche Parallelausgabe auf der Grundlage der Ausgaben von F. X. Funk/K. Bihlmeyer u.a., übersetzt und hrsg.v. A. Lindemann/H. Paulsen, Tübingen 1992.
Aristeasbrief, übersetzt und hrsg.v. N. Meisner, JSHRZ 2,1, Gütersloh 2. Aufl. 1977, 35-87.
Diogenes Laertius, Vitae Philosophorum, hrsg.v. H. S. Long, SCBO, 2 Bde., Oxford 1964.
Das 4. Buch Esra, übersetzt und hrsg.v. J. Schreiner, JSHRZ 5,4, Gütersloh 1981.
Das äthiopische Henochbuch, übersetzt und hrsg.v. S. Uhlig, JSHRZ 5,6, Gütersloh 1985.
Neutestamentliche Apokryphen in deutscher Übersetzung, 2 Bde., hrsg.v. E. Hennecke/W. Schneemelcher, Tübingen 5. Aufl. 1987/89.
Pseudo-Philo, Antiquitates Biblicae (Liber Antiquitarum Biblicarum) übersetzt und hrsg.v. Chr. Dietzfelbinger, JSHRZ 2,2, Gütersloh 1979.
Die Texte aus Qumran. Hebräisch und Deutsch, übersetzt und hrsg.v. E. Lohse, München 4. Aufl. 1986.
Die Texte vom Toten Meer, 2 Bde., übersetzt und hrsg.v. J. Maier, München, Basel 1960.
Die Testamente der Zwölf Patriarchen, übersetzt und hrsg.v. J. Becker, JSHRZ 3,1, Gütersloh 2. Aufl. 1980.

2. Hilfsmittel und Nachschlagewerke

Bauer, W./ Aland, K. und B., Griechisch-deutsches Wörterbuch zu den Schriften des Neuen Testaments und der frühchristlichen Literatur, Berlin, New York 6. Aufl. 1988.
Blass, F./Debrunner, A./Rehkopf, F., Grammatik des neutestamentlichen Griechisch, Göttingen 17. Aufl. 1990.
Der kleine Pauly. Lexikon der Antike, hrsg.v. K. Ziegler/W. Sontheimer/H. Gärtner, 5 Bde., München 1979.
Exegetisches Wörterbuch zum Neuen Testament, hrsg.v. H. Balz/G. Schneider, 3 Bde., Stuttgart u.a. 2. Aufl. 1992.
Gesenius, W./Buhl, F., Hebräisches und Aramäisches Handwörterbuch über das Alte Testament, Berlin u.a. 17. Aufl. 1954.
Hatch, E./Redpath, H. A., A Concordance to the Septuagint and the other Greek Versions of the Old Testament, 2 Bde., Graz 1975.
Hoffmann, E. G./Siebenthal, H. v., Griechische Grammatik zum Neuen Testament, Riehen 2. Aufl. 1990.
Jacobitz, K./Seiler, E. E., Griechisch-deutsches Wörterbuch zum Schul- und Privatgebrauch, Leipzig 2. Aufl. 1862.
Lisowsky, G./Rost, L., Konkordanz zum Hebräischen Alten Testament, Stuttgart 1958.
Moulton, W. F./Geden, A. S., A Concordance to the Greek Testament, Edinburgh 5. Aufl. 1963.
Rehkopf, F., Septuaginta-Vokabular, Göttingen 1989.
Schmoller, A., Handkonkordanz zum griechischen Neuen Testament, Stuttgart 8. Aufl. 1990.
Schwertner, S. M., Internationales Abkürzungsverzeichnis für Theologie und Grenzgebiete, Berlin, New York 2. Aufl. 1992.
Theologische Realenzyklopädie, hrsg.v. G. Krause/G. Müller, Bd. 1ff; Berlin, New York 1977ff.

Theologisches Wörterbuch zum Neuen Testament, hrsg.v. G. Kittel/G. Friedrich, 10 Bde., Stuttgart 1933-1979.

3. Kommentare

Barth, M., Ephesians, AB 34/34a, New York 1974.
Bengel, J. A., Gnomon Novi Testamenti in quo ex nativa verborum vi simplicitas, profunditas, concinnitas, salubritas sensuum coelestium indicatur, Stuttgart 8. Aufl. 1887.
Brox, N., Der erste Petrusbrief, EKK 21, Zürich, Neukirchen 3. Aufl. 1989.
Bruce, F. F., The Epistle to the Colossians, to Philemon, and to the Ephesians, NIC, Grand Rapids 1984.
Bultmann, R., Der zweite Brief an die Korinther, KEK Sonderband, Göttingen 1976.
Calvin, J., In omnes Pauli Apostoli Epistolas Commentarii II, Epistolas ad Ephesios, Philippenses etc. complectens, hrsg.v. A. Tholuck, Halle 1831.
Conzelmann, H., Der Brief an die Epheser, in: NTD 8, Göttingen 17. Aufl. 1990, 86-124.
Conzelmann, H., Der erste Brief an die Korinther, KEK 5, Göttingen 2. Aufl. 1981.
Dibelius, M., Die Briefe des Apostels Paulus an die Thessalonicher I/II, an die Philipper, HNT 11, Tübingen 2. Aufl. 1925.
Dibelius, M./Greeven, H., An die Kolosser, Epheser, an Philemon, HNT 12, Tübingen 3. Aufl. 1953.
Gaugler, E., Der Epheserbrief, Auslegung neutestamentlicher Schriften 6, Zürich 1966.
Gnilka, J., Der Epheserbrief, HThK 10,2, Freiburg u.a. 2. Aufl. 1977.
Gnilka, J., Der Kolosserbrief, HThK 10,1, Freiburg u.a. 1980.
Goodspeed, E. J., The Meaning of Ephesians, Chicago 1933.
Goppelt, L., Der erste Petrusbrief, KEK 12,1, Göttingen 8. Aufl. 1978.
Gunkel, H., Die Psalmen, HK, Göttingen 5. Aufl. 1968.
Haupt, E., Die Gefangenschaftsbriefe, KEK 8, Göttingen 8. Aufl. 1902.
Holtzmann, H.-J., Die Pastoralbriefe, kritisch und exegetisch behandelt, Leipzig 1880.
Käsemann, E., An die Römer, HNT 8a, Tübingen 1973.
Kraus, H.-J., Psalmen, BK 15/1,2, Neukirchen 6. Aufl. 1989.
Lang, F., Die Briefe an die Korinther, NTD 7, Göttingen 1986.
Lohse, E., Die Briefe an die Kolosser und an Philemon, KEK 9,2, Göttingen 2. Aufl. 1977.
Masson, Ch., L' Epitre de Saint Paul aux Ephesiens, CNT 9,2, Neuchatel u.a. 1953, 133-228.
Michel, O., Der Brief an die Römer, KEK 4, Göttingen 12. Aufl. 1963.
Mitton, C. L., Ephesians, NCeB, London 1976.
Mittring, K., Das Christusgeheimnis. Eine Einführung in den Epheserbrief, Berlin 1936.
Mußner, F., Der Brief an die Epheser, ÖTK 10, Gütersloh 1982.
Mußner, F., Der Galaterbrief, HThK 9, Freiburg u.a. 1988.
Pfammatter, J., Epheserbrief, Kolosserbrief, NEB.NT 10 und 12, Würzburg 1987.
Pokorný, P., Der Brief des Paulus an die Epheser, ThHK 10/2, Berlin 1992.
Pokorný, P., Der Brief des Paulus an die Kolosser, ThHK 10/1, Berlin 1987.
Rad, G. v., Das erste Buch Mose. Genesis, ATD 2.4, Göttingen 7. Aufl. 1964.
Roloff, J., Der erste Brief an Timotheus, EKK 15, Zürich, Neukirchen 1988.
Roon, A. van, De Brief van Paulus aan de Epheziers, De Prediking van het Nieuwe Testament, Nijkerk 1976.
Schelkle, K. H., Die Petrusbriefe, der Judasbrief, HThK 13,2, Freiburg u.a. 1961.

Schlatter, A., Erläuterungen zum Neuen Testament, Bd. 2, Die Briefe des Paulus, Stuttgart 1909.
Schlier, H., Der Brief an die Epheser. Ein Kommentar, Düsseldorf 4. Aufl. 1963.
Schlier, H., Der Brief an die Galater, KEK 7, Göttingen 5. Aufl. 1971.
Schlier, H., Der Römerbrief, HThK 6, Freiburg u.a. 3. Aufl. 1987.
Schnackenburg, R., Der Brief an die Epheser, EKK 10, Zürich, Neukirchen 1982.
Schnackenburg, R., Das Johannesevangelium, 4 Bde., HThK 4,1-4, Freiburg u.a. 1984.
Schweizer, E., Der Brief an die Kolosser, EKK 12, Zürich, Neukirchen 3. Aufl. 1989.
Soden, H. v., Der Brief an die Epheser, Hand-Commentar zum Neuen Testament Bd. 3,1, Freiburg 1891, 78-150.
Staab, K., Die Thessalonicherbriefe, die Gefangenschaftsbriefe, RNT 7, Regensburg 1959.
(Strack, H. L.)/Billerbeck, P., Kommentar zum Neuen Testament aus Talmud und Midrasch, 6 Bde., München 1926-1961.
Stuhlmacher, P., Der Brief an die Römer, NTD 6, Göttingen 1989.
Weiß, B., Das Neue Testament. Zweite Hälfte: Briefe und Offenbarung Johannis, Leipzig 1904.
Westermann, C., Das Buch Jesaja. Kapitel 40-66, ATD 19, Göttingen 1966.
Wette, W. M. L. de, Das Neue Testament griechisch, mit kurzem Commentar Teil II, Halle 1885.
Wilckens, U., Der Brief an die Römer, 3 Bde., EKK 6, Zürich, Neukirchen 2. Aufl. 1989.
Wolff, Ch., Der erste Brief des Paulus an die Korinther. Zweiter Teil: Auslegung der Kapitel 8-16, ThHK 7/2, Berlin 3. Aufl. 1990.
Wolff, Ch., Der zweite Brief des Paulus an die Korinther, ThHK 8, Berlin 1989.
Zerwick, M., Der Brief an die Epheser, GS 10, Düsseldorf 1961.

4. Monographien, Aufsätze und ausgewählte Lexikonartikel

Aland, K., Die Entstehung des Corpus Paulinum, in: ders., Neutestamentliche Entwürfe, TB 63, München 1979, 302-350.
Allan, J. A., The „In Christ" Formula in Ephesians, in: NTS 5 1958/59, 54-62.
Balz, H., Art. σύνεσις, in: EWNT 1, 730-731.
Balz, H. R., Anonymität und Pseudepigraphie im Urchristentum, in: ZThK 66 1969, 403-436.
Barnett, A. E., Paul becomes a Literary Influence, Chicago 1941.
Barrett, C. K., Pauline Controversies in the Post-Pauline Period, in: NTS 20 1974, 229-245.
Bauernfeind, O., Art. μάταιος, in: ThWNT 4, 525-530.
Bayer, F. W., Art. Anatomie, in: RAC 1, 430-437.
Behm, J., Art. καινός κτλ., in: ThWNT 3, 450-456.
Behm, J., Art. νέος, in: ThWNT 4, 899-904.
Benoit, P., L'horizon paulinien de l'épître aux 'Ephésians, in: ders., Exégèse et Théologie Bd. 2, Paris 1961, 53-96.
Berger, K., Apostelbrief und apostolische Rede. Zum Formular frühchristlicher Briefe, in: ZNW 65 1974, 190-231.
Berger, K., Formgeschichte des Neuen Testaments, Heidelberg 1984.
Berger, K., Hellenistische Gattungen im Neuen Testament, in: ANRW II 25.2., Berlin, New York 1984, 1031-1432.

Literaturverzeichnis 281

Best, E., Recipients and Title of the Letter to the Ephesians: Why and When the Designation 'Ephesians'?, in: ANRW II 25.4, Berlin, New York 1987, 3247-3279.
Betz, O., Felsenmann und Felsengemeinde. Eine Parallele zu Mt 16,17-19 in den Qumranpsalmen, in: ZNW 48 1957, 49-77.
Beyer, K., Semitische Syntax im Neuen Testament Bd. 1, StUNT 1, Göttingen 1962.
Bieder, W., Das Geheimnis des Christus nach dem Epheserbrief, in: ThZ 11 1955, 329-343.
Bietenhard, H., Die himmlische Welt im Urchristentum und Spätjudentum, WUNT 2, Tübingen 1951.
Bjerkelund, C. J., Parakalô. Form, Funktion und Sinn der parakalô-Sätze in den paulinischen Briefen, BTN 1, Oslo 1967.
Bornkamm, G., Art. μυστήριον, in: ThWNT 4, 809-834.
Bornkamm, G., Art. πρεσβύς κτλ., in: ThWNT 6, 651-683.
Bornkamm, G., Die Hoffnung im Kolosserbrief. Zugleich ein Beitrag zur Frage der Echtheit des Briefes, in: ders., Geschichte und Glaube II, Gesammelte Aufsätze Bd. 4, München 1971, 206-213.
Bornkamm, G., Paulinische Anakoluthe im Römerbrief, in: ders., Das Ende des Gesetzes. Paulusstudien, Gesammelte Aufsätze Bd. 1, München 5. Aufl. 1966, 76-92.
Bornkamm, G., Paulus, Stuttgart u.a. 7. Aufl. 1993.
Bosenius, B., Die Abwesenheit des Apostels als theologisches Programm. Der zweite Korintherbrief als Beispiel für die Brieflichkeit der paulinischen Theologie, TANZ 11, Tübingen 1994.
Brox, N., Falsche Verfasserangaben. Zur Erklärung der frühchristlichen Pseudepigraphie, SBS 79, Stuttgart 1975.
Bühner, J.-A., Art. ἀπόστολος, in: EWNT 1, 342-351.
Bujard, W., Stilanalytische Untersuchungen zum Kolosserbrief als Beitrag zur Methodik von Sprachvergleichen, StUNT 11, Göttingen 1973.
Bultmann, R., Art. καυχάομαι κτλ., in: ThWNT 3, 646-654.
Bultmann, R., Exegetische Probleme des zweiten Korintherbriefs, in: ders., Exegetica. Aufsätze zur Erforschung des Neuen Testaments, hrsg.v. E. Dinkler, Tübingen 1967, 298-322.
Bultmann, R., Der Stil der paulinischen Predigt und die kynisch-stoische Diatribe, FRLANT 13, Göttingen 1984.
Bultmann, R., Theologie des Neuen Testaments, hrsg.v. O. Merk Tübingen 9. Aufl. 1984.
Burger, Th., Schöpfung und Versöhnung. Studien zum literarischen Gut im Kolosser- und Epheserbrief, WMANT 46, Neukirchen 1975.
Caragounis, Ch. C., The Ephesian Mysterion. Meaning and Content, CB.NT 8, Lund 1977.
Chadwick, H., Die Absicht des Epheserbriefes, in: ZNW 51 1960, 145-153.
Classen, C. J., Paulus und die antike Rhetorik, in: ZNW 82 1991, 1-33.
Conzelmann, H., Grundriß der Theologie des Neuen Testaments, Einführung in die evangelische Theologie Bd. 2, München 3. Aufl. 1976.
Conzelmann, H., Paulus und die Weisheit, in: NTS 12, 231-244 (= ders., Theologie als Schriftauslegung. Aufsätze zum Neuen Testament, 177-190).
Conzelmann, H., Die Schule des Paulus, in: ders., Theologia crucis – Signum crucis, FS E. Dinkler, hrsg.v. C. Andresen u.a., Tübingen 1979, 85-96.
Coutts, J., The Relationship of Ephesians and Colossians, in: NTS 4 1957/58, 201-207.
Dahl, N. A., Adresse und Proömium des Epheserbriefes, in: ThZ 7 1951, 241-264.
Dahl, N. A., Formgeschichtliche Beobachtungen zur Christusverkündigung in der Gemeindepredigt, in: Neutestamentliche Studien FS R. Bultmann, hrsg.v. W. Eltester, BZNW 21, Berlin 1954, 3-9.
Dahl, N. A., Das Volk Gottes. Eine Untersuchung zum Kirchenbewußtsein des Urchristentums, Darmstadt 2. Aufl. 1963.

Deichgräber, R., Gotteshymnus und Christushymnus in der frühen Christenheit. Untersuchungen zu Form, Sprache und Stil der frühchristlichen Hymnen, StUNT 5, Göttingen 1967.
Deißmann, A., Licht vom Osten. Das Neue Testament und die neuentdeckten Texte der hellenistisch-römischen Welt, Tübingen 4. Aufl. 1923.
Deißmann, A., Die neutestamentliche Formel „in Christo Jesu", Marburg 1892.
Dobschütz, E. v., Zum Wortschatz und Stil des Römerbriefs, in: ZNW 33 1934, 51-66.
Eckstein, H.-J., Auferstehung und gegenwärtiges Leben nach Röm 6,1-11. Präsentische Eschatologie bei Paulus? in: ThBeitr 28 1997, 8-23.
Eckstein, H.-J., Der Begriff Syneidesis bei Paulus. Eine neutestamentlich-exegetische Untersuchung zum 'Gewissensbegriff', WUNT II/10, Tübingen 1983.
Eckstein, H. J., „Denn Gottes Zorn wird vom Himmel her offenbar werden". Exegetische Erwägungen zu Röm 1,18, in: ZNW 78 1987, 74-89.
Eckstein, H.-J., „Nahe ist dir das Wort". Exegetische Untersuchungen zu Röm 10,8, in: ZNW 79 1988, 204-220.
Ego, B., Gottes Weltherrschaft und die Einzigkeit seines Namens. Eine Untersuchung zur Rezeption der Königsmetapher in der Mekhilta de R. Yishma'el, in: Königsherrschaft Gottes und himmlischer Kult im Judentum, Urchristentum und in der hellenistischen Welt, hrsg.v. M. Hengel u.a., WUNT 55, Tübingen 1991, 257-284.
Ego, B., Im Himmel wie auf Erden. Studien zum Verhältnis von himmlischer und irdischer Welt im rabbinischen Judentum, WUNT II 34, Tübingen 1989.
Eichholz, G., Die Theologie des Paulus im Umriß, Neukirchen 3. Aufl. 1981.
Fischer, K. M., Rezension zu: A. van Roon, The Authenticity of Ephesians, in: ThLZ 103 1978, 504-506.
Fischer, K. M., Tendenz und Absicht des Epheserbriefes, FRLANT 111, Göttingen 1973.
Fohrer, G., Art. Σιών κτλ., in: ThWNT 7, 291-318.
Friedrich, G., Art. εὐαγγελίζομαι κτλ., in: ThWNT 2, 705-737.
Friedrich, G., Lohmeyers These über das paulinische Briefpräskript kritisch beleuchtet, in: ThLZ 5/6 1956, 343-346.
Funk, R. W., The Apostolic Parusia: Form and Significance, in: Christian History and Interpretation, FS J. Knox, hrsg.v. W. R. Farmer u.a., Cambridge 1967, 249-268.
Gese, H., Die Sühne, in: ders., Zur biblischen Theologie, Tübingen 3. Aufl. 1989, 85-106.
Gese, H., Die Weisheit, der Menschensohn und die Ursprünge der Christologie als konsequente Entfaltung der biblischen Theologie, in: ders., Alttestamentliche Studien, Tübingen 1991, 218-248.
Gnilka, J., Christus unser Friede – ein Friedens-Erlöserlied in Eph 2,14-17. Erwägungen zu einer neutestamentlichen Friedenstheologie, in: Die Zeit Jesu, FS H. Schlier, hrsg.v. G. Bornkamm/K. Rahner, Freiburg 1970, 190-207.
Gnilka, J., Das Kirchenmodell des Epheserbriefes, in: BZ 15 1971, 161-184.
Gnilka, J., Das Paulusbild im Kolosser- und Epheserbrief, in: Kontinuität und Einheit FS F. Mußner, hrsg.v. P. G. Müller u.a., Freiburg u.a. 1981, 179-193.
Goodspeed, E. J., The Key to Ephesians, Chicago 1956.
Goppelt, L., Die Herrschaft Christi und die Welt, in: ders., Christologie und Ethik. Aufsätze zum Neuen Testament, Göttingen 1968, 102-136.
Goppelt, L., Theologie des Neuen Testaments, hrsg.v. J. Roloff, UTB 850, Göttingen 3. Aufl. 1981.
Grundmann, W., Art. δύναμαι, δύναμις, in: ThWNT 2, 286-318.
Grundmann, W., Art. ἰσχύω κτλ., in: ThWNT 3, 400-405.
Grundmann, W., Art. σύν, μετά κτλ., in: ThWNT 7, 766-798.

Hahn, F., Taufe und Rechtfertigung. Ein Beitrag zur paulinischen Theologie in ihrer Vor- und Nachgeschichte, in: Rechtfertigung, FS E. Käsemann, hrsg.v. J. Friedrich u.a., Tübingen, Göttingen 1976, 95-124.

Hainz, J., Ekklesia. Strukturen paulinischer Gemeinde-Theologie und Gemeinde-Ordnung, BU 9, Regensburg 1972.

Hainz, J., Koinonia. „Kirche" als Gemeinschaft bei Paulus, BU 16, Regensburg 1982.

Hammer, P. L., A Comparison of Kleronomia in Paul and Ephesians, in: JBL 79 1960, 267-272.

Harrison, P. N., The Author of Ephesians, in: StEv 2 = TU 87, Berlin 1964, 595-604.

Heckel, U., Das Bild der Heiden und die Identität der Christen bei Paulus, in: Die Heiden. Juden, Christen und das Problem des Fremden, hrsg.v. R. Feldmeier/U. Heckel, WUNT 70, Tübingen 1993, 269-296.

Heckel, U., Kraft in Schwachheit. Untersuchungen zu 2. Kor 10-13, WUNT II/56, Tübingen 1993.

Hengel, M., Anonymität, Pseudepigraphie und „Literarische Fälschung" in der jüdisch-hellenistischen Literatur, in: Pseudepigrapha I. Entretiens sur l'Antiquité classique Bd. 18, hrsg.v. K. v. Fritz, Genf 1972, 229-308.

Hengel, M., Judentum und Hellenismus. Studien zu ihrer Begegnung unter besonderer Berücksichtigung Palästinas bis zur Mitte des 2. Jh.s v. Chr., WUNT 10, Tübingen 3. Aufl. 1988.

Hengel, M., Der vorchristliche Paulus, in: Paulus und das antike Judentum, hrsg.v. M. Hengel/U. Heckel, WUNT 58, Tübingen 1991, 177-293.

Hesse, F., Das Verstockungsproblem im Alten Testament. Eine frömmigkeitsgeschichtliche Untersuchung, BZAW 74, Berlin 1955.

Hofius, O., Der Christushymnus Philipper 2,6-11, WUNT 17, Tübingen 2. Aufl. 1991.

Hofius, O., „Der Gott allen Trostes". Παράκλησις und παρακαλεῖν in 2Kor 1,3-7, in: ders., Paulusstudien, WUNT 51, Tübingen 1989, 244-254.

Hofius, O., Erwägungen zur Gestalt und Herkunft des paulinischen Versöhnungsgedankens, in: ders., Paulusstudien, WUNT 51, Tübingen 1989, 1-14.

Hofius, O., „Erwählt vor Grundlegung der Welt" (Eph 1,4), in: ZNW 62 1971, 123-128.

Hofius, O., Das Evangelium und Israel. Erwägungen zu Römer 9-11, in: ders., Paulusstudien, WUNT 51, Tübingen 1989, 175-202.

Hofius, O., Gemeinschaft mit den Engeln im Gottesdienst der Kirche. Eine traditionsgeschichtliche Skizze, in: ZThK 89 1992, 172-196.

Hofius, O., Das Gesetz des Mose und das Gesetz Christi, in: ders., Paulusstudien, WUNT 51, Tübingen 1989, 50-74.

Hofius, O., „Gott hat unter uns aufgerichtet das Wort von der Versöhnung" (2Kor 5,19), in: ders., Paulusstudien, WUNT 51, Tübingen 1989, 15-32.

Hofius, O., „Rechtfertigung des Gottlosen" als Thema biblischer Theologie, in: ders., Paulusstudien, WUNT 51, Tübingen 1989, 121-147.

Hofius, O., Der Vorhang vor dem Thron Gottes. Eine exegetisch-religionsgeschichtliche Untersuchung zu Hebr. 6,19f. und 10,19f., WUNT 14, Tübingen 1972.

Hofius, O., Wort Gottes und Glaube bei Paulus, in: ders., Paulusstudien, WUNT 51, Tübingen 1989, 148-174.

Holtz, T., Zum Selbstverständnis des Apostels Paulus, in: ders., Geschichte und Theologie des Urchristentums. Gesammelte Aufsätze, hrsg.v. E. Reimuth/Ch. Wolff, WUNT 57, Tübingen 1991, 129-139.

Holtzmann, H. J., Kritik der Epheser- und Kolosserbriefe. Auf Grund einer Analyse ihres Verwandtschaftsverhältnisses, Leipzig 1872.

Hübner, H., Glossen in Epheser 2, in: Vom Urchristentum zu Jesus, FS J. Gnilka, hrsg.v. H. Frankemölle u.a., Freiburg u.a. 1989, 392-406.

Hübner, H., Paulusforschung seit 1945. Ein kritischer Literaturbericht, in: ANRW II 25,4, Berlin, New York 1987, 2649-2840.

Janowski, B., „Ich will in eurer Mitte wohnen". Struktur und Genese der exilischen Schekina-Theologie, in: JBTh 2 1987, 165-193.
Jeremias, G., Der Lehrer der Gerechtigkeit, StUNT 2, Göttingen 1963.
Jeremias, J., Art. γωνία, ἀκρογωνιαῖος κτλ., in: ThWNT 1, 792-793.
Jeremias, J., Art. ἄνθρωπος, in: ThWNT 1, 365-367.
Jeremias, J., Art. νύμφη, νυμφίος, in: ThWNT 4, 1092-1099.
Jeremias, J., Golgotha und der heilige Felsen. Eine Untersuchung zur Symbolsprache des Neuen Testaments, in: Angelos 2 1926, 74-128.
Jülicher, A./Fascher, E., Einleitung in das Neue Testament, Tübingen 7. Aufl. 1931.
Käsemann, E., Epheser 2,17-22, in: ders., Exegetische Versuche und Besinnungen Bd. 1, Göttingen 2. Aufl. 1965, 280-283.
Käsemann, E., Ephesians and Acts, in: Studies in Luke-Acts, FS P. Schubert, hrsg.v. L. E. Keck, Nashville 1966, 288-297.
Käsemann, E., Das Interpretationsproblem des Epheserbriefs, in: ders., Exegetische Versuche und Besinnungen Bd. 2, Göttingen 1964, 253-261.
Käsemann, E., Leib und Leib Christi, BHTh 9, Tübingen 1933.
Käsemann, E., Paulus und der Frühkatholizismus, in: ders., Exegetische Versuche und Besinnungen Bd. 2, Göttingen 1964, 239-252.
Käsemann, E., Rezension zu C. L. Mitton, The Epistle to the Ephesians, in: ThLZ 78 1953, 152-154.
Kamlah, E., Die Form der katalogischen Paränese im Neuen Testament, WUNT 7, Tübingen 1964.
Klaiber, W., Rechtfertigung und Gemeinde. Eine Untersuchung zum paulinischen Kirchenverständnis, FRLANT 127, Göttingen 1982.
Kleinknecht, K. Th., Der leidende Gerechtfertigte. Die alttestamentlich-jüdische Tradition vom 'leidenden Gerechten' und ihre Rezeption bei Paulus, WUNT II/13, Tübingen 1984.
Klinzing, G., Die Umdeutung des Kultus in der Qumrangemeinde und im NT, StUNT 7, Göttingen 1971.
Knoch, O., Art. γνωρίζω, in: EWNT 1, 616-617.
Koskenniemi, H., Studien zur Idee und Phraseologie des griechischen Briefes bis 400 n. Chr., AASF Ser. B, 102.2, Helsinki 1956.
Kümmel, W. G., Einleitung in das Neue Testament, Heidelberg 20. Aufl. 1980.
Kuhli, H., Art. Ἰσραήλ, in: EWNT 2, 495-501.
Kuhli, H., Art. οἰκονομία κτλ., in: EWNT 2, 1218-1222.
Kuhn, H.-W., Enderwartung und gegenwärtiges Heil. Untersuchung zu den Gemeindeliedern von Qumran, StUNT 4, Göttingen 1966.
Kuhn, K. G., Art. πανοπλία, in: ThWNT 5, 297-300.
Kuhn, K. G., Der Epheserbrief im Lichte der Qumrantexte, in: NTS 7 1960/61, 334-346.
Levin, Ch., Tatbericht und Wortbericht in der priesterschriftlichen Schöpfungserzählung, in: ZThK 91 1994, 115-133.
Limbeck, M., Art. ἐντολή, in: EWNT 1, 1121-1125.
Lincoln, A. T., The Use of the OT in Ephesians, in: JSNT 14 1982, 16-57.
Lindemann, A., Die Aufhebung der Zeit. Geschichtsverständnis und Eschatologie im Epheserbrief, StUNT 12, Gütersloh 1975.
Lindemann, A., Bemerkungen zu den Adressaten und zum Anlaß des Epheserbriefes, in: ZNW 67 1976, 235-251.
Lindemann, A., Paulus im ältesten Christentum. Das Bild des Apostels und die Rezeption der paulinischen Theologie in der frühchristlichen Literatur bis Marcion, BHTh 58, Tübingen 1979.
Lohfink, G., Paulinische Theologie in der Rezeption der Pastoralbriefe, in: Paulus in den neutestamentlichen Spätschriften. Zur Paulusrezeption im Neuen Testament, hrsg.v. K. Kertelge, QD 89, Freiburg 1981, 70-121.

Lohmeyer, E., Probleme paulinischer Theologie I. Briefliche Grußüberschriften, in: ZNW 26 1927, 158-173.
Lohse, E., Christologie und Ethik im Kolosserbrief, in: Apophoreta, FS E. Haenchen, hrsg.v. W. Eltester/F. H. Kettler, Berlin 1964, 156-168.
Lohse, E., Christusherrschaft und Kirche im Kolosserbrief, in: NTS 11 1965, 203-216.
Lona, H. E., Die Eschatologie im Kolosser- und Epheserbrief, FzB 48, Würzburg 1984.
Ludwig, H., Der Verfasser des Kolosserbriefes. Ein Schüler des Paulus, Diss. Göttingen 1974.
Lührmann, D., Das Offenbarungsverständnis bei Paulus und in paulinischen Gemeinden, WMANT 16, Neukirchen 1965.
Lührmann, D., Rechtfertigung und Versöhnung. Zur Geschichte der paulinischen Tradition, in: ZThK 67 1970, 437-452.
Luz, U., Erwägungen zur Entstehung des „Frühkatholizismus". Eine Skizze, in: ZNW 65 1974, 88-111.
Luz, U., Rechtfertigung bei den Paulusschülern, in: Rechtfertigung, FS E. Käsemann, hrsg.v. J. Friedrich u.a., Tübingen 1976, 365-384.
Luz, U., Römer 9-11 und das Geschichtsverständnis des Paulus Teil 1, BEvTh 49, München 1968.
Luz, U., Überlegungen zum Epheserbrief und seiner Paränese, in: Neues Testament und Ethik, FS R. Schnackenburg, hrsg.v. H. Merklein, Freiburg 1989, 376-396.
Mack, B. L., Logos und Sophia. Untersuchungen zur Weisheitstheologie im hellenistischen Judentum, StUNT 10, Göttingen 1973.
Mayer, B., Art. ἐλπίς κτλ., in: EWNT 1, 1066-1075.
McKelvey, R. J., The New Temple. The Church in the New Testament, Oxford 1969.
Meade, D. G., Pseudonymity and Canon. An Investigation into the Relationship of Authorship and Authority in Jewish and Earliest Christian Tradition, WUNT II 39, Tübingen 1986.
Merkel, H., Der Epheserbrief in der neueren exegetischen Diskussion, in: ANRW II 25.2, Berlin 1987, 3156-3246.
Merklein, H., Christus und die Kirche. Die theologische Grundstruktur des Epheserbriefes nach Eph 2,11-18, SBS 66, Stuttgart 1973.
Merklein, H., Entstehung und Gehalt des paulinischen Leib-Christi-Gedankens, in: ders., Studien zu Jesus und Paulus, WUNT 43, Tübingen 1987, 319-344.
Merklein, H., Eph 4,1-5,20 als Rezeption von Kol 3,1-17. Zugleich ein Beitrag zur Problematik des Epheserbriefes, in: Kontinuität und Einheit, FS F. Mußner, hrsg.v. P. G. Müller u.a., Freiburg u.a. 1981, 194-210.
Merklein, H., Das kirchliche Amt nach dem Epheserbrief, StANT 33, München 1973.
Merklein, H., Paulinische Theologie in der Rezeption des Kolosser- und Epheserbriefes, in: Paulus in den neutestamentlichen Spätschriften. Zur Paulusrezeption im Neuen Testament, hrsg.v. K. Kertelge, QD 89, Freiburg u.a. 1981, 25-69.
Merklein, H., Zur Tradition und Komposition von Eph 2,14-18, in: BZ NF 17 1973, 79-102.
Meyer, R. P., Kirche und Mission im Epheserbrief, SBS 86, Stuttgart 1977.
Michel, O., Art. οἰκοδομή, in: ThWNT 5, 147-150.
Mitton, C. L., The Epistle to the Ephesians. Its Authorship, Origin and Purpose, Oxford 1951.
Mitton, C. L., The Formation of the Pauline Corpus of Letters, London 1955.
Moffatt, J., An Introduction to the Literature of the New Testament, International Theological Library 8, Edinburgh 3. Aufl. 1927.
Morgan, R., The Significance of 'Paulinism', in: Paul und Paulinism, FS C. K. Barrett, hrsg.v. M. D. Hooker u.a., London 1982, 320-338.
Müller, P., Anfänge der Paulusschule. Dargestellt am zweiten Thessalonicherbrief und am Kolosserbrief, AThANT 74, Zürich 1988.

Müller, U. B., Zur frühchristlichen Theologiegeschichte. Judenchristentum und Paulinismus in Kleinasien an der Wende vom ersten zum zweiten Jahrhundert n. Chr., Gütersloh 1976.
Mußner, F., Die Ablösung des apostolischen durch das nachapostolische Zeitalter und ihre Konsequenzen, in: Wort Gottes in der Zeit, FS K. H. Schelkle, hrsg.v. H. Feld/J. Nolte, Düsseldorf 1973, 166-177.
Mußner, F., Art. Epheserbrief, in: TRE 9, 743-753.
Mußner, F., Beiträge aus Qumran zum Verständnis des Epheserbriefes, in: ders., Praesentia Salutis. Gesammelte Studien zu Fragen und Themen des Neuen Testaments, Düsseldorf 1967, 197-211.
Mußner, F., Christus, das All und die Kirche. Studien zur Theologie des Epheserbriefes, TThSt 5, Trier 1955.
Mußner, F., Eph 2 als ökumenisches Modell, in: Neues Testament und Kirche, FS R. Schnackenburg, hrsg.v. J. Gnilka, Freiburg 1974, 325-384.
Mußner, F., Petrus und Paulus – Pole der Einheit. Eine Hilfe für die Kirchen, QD 76, Freiburg 1976.
Neugebauer, F., In Christus. Eine Untersuchung zum Paulinischen Glaubensverständnis, Göttingen 1961.
Norden, E., Agnostos Theos. Untersuchungen zur Formengeschichte religiöser Rede, Leipzig u.a. 1913.
Norden, E., Die antike Kunstprosa vom VI. Jahrhundert v. Chr. bis in die Zeit der Renaissance, Bd. 1 und 2, Darmstadt 5. Aufl. 1958.
O'Brien, P. T., Introductory Thanksgivings in the Letters of Paul, NT.S 49, Leiden 1977.
O'Brien, P. T., Thanksgiving and the Gospel in Paul, in: NTS 21 1975, 144-155.
Ochel, W., Die Annahme einer Bearbeitung des Kolosser-Briefes im Epheser-Brief in einer Analyse des Epheserbriefes untersucht, Diss., Marburg 1934.
Oepke, A., Art. ἐν, in: ThWNT 2, 534-539.
Ollrog, W. H., Paulus und seine Mitarbeiter. Untersuchungen zur Theorie und Praxis der paulinischen Mission, WMANT 50, Neukirchen 1979.
Osten-Sacken, P. v. der, Die Apologie des paulinischen Apostolats in Kor 15, 1-11, in: ZNW 64 1973, 245-262.
Park, H.-W., Die Kirche als „Leib Christi" bei Paulus, Giessen, Basel 1992.
Penny, D. N., The Pseudo-Pauline Letters of the first two Centuries, Diss., Emory University 1979.
Percy, E., Der Leib Christi (σῶμα Χριστοῦ) in den paulinischen Homologumena und Antilegomena, AUL NF 1 Bd. 38,1, Lund, Leipzig 1942.
Percy, E., Die Probleme der Kolosser- und Epheserbriefe, SHVL 39, Lund 1946.
Percy, E., Zu den Problemen des Kolosser- und Epheserbriefes, in: ZNW 43 1950/51, 178-194.
Peterson, E., Das Buch von den Engeln. Stellung und Bedeutung der heiligen Engel im Kultus, Leipzig 1935.
Peterson, E., Die Kirche, München 1929.
Petzke, E., Art. κτίζω, in: EWNT 2, 803-808.
Pfammatter, J., Art. οἰκοδομή κτλ., in: EWNT 2, 1211-1218.
Pokorný, P., Das theologische Problem der neutestamentlichen Pseudepigraphie, in: EvTh 44 1984, 486-496.
Polhill, J. B., An Introduction to Ephesians, in: RExp 76 1979, 465-480.
Polhill, J. B., The Relationship between Ephesians and Colossians, in: RExp 70 1973, 439-450.
Popkes, W., Christus traditus. Eine Untersuchung zum Begriff der Dahingabe im Neuen Testament, AThANT 49, Zürich 1967.
Rad, G. v., Theologie des Alten Testaments 2 Bde., München 7./8. Aufl. 1960/82.
Radl, W., Art. νῦν κτλ., in: EWNT 2, Stuttgart 2. Aufl. 1992, 1178-1181.

Rese, M., Die Vorzüge Israels in Röm 9,4f - Eph 2,12. Exegetische Anmerkungen zum Thema Kirche und Israel, ThZ 31 1975, 211-222.
Rigaux, B., Paulus und seine Briefe. Der Stand der Forschung, BiH 2, München 1964.
Rohde, J., Art. πρεσβεύω, πρεσβεία, in: EWNT 3, 354-355.
Roloff, J., Art. ἐκκλησία, in: EWNT 1, 998-1011.
Roloff, J., Die Kirche im Neuen Testament, NTD Ergänzungsreihe 10, Göttingen 1993.
Roon, A. van, The Authenticity of Ephesians, NT.S 39, Leiden 1974.
Sand, A., Überlieferung und Sammlung der Paulusbriefe, in: Paulus in den neutestamentlichen Spätschriften. Zur Paulusrezeption im Neuen Testament, hrsg.v. K. Kertelge, QD 89, Freiburg u.a. 1981, 11-24.
Sanders, E. P., Literary Dependency in Colossians, in: JBL 85 1966, 28-45.
Sanders, J. T., Hymnic Elements in Ephesians 1-3, in: ZNW 56 1965, 214-232.
Sasse, H., Art. αἰών, in: ThWNT 1, 197-209.
Schenke, H.-M., Das Weiterwirken des Paulus und die Pflege seines Erbes durch die Paulusschule, in: ders./Fischer, K. M., Einleitung in die Schriften des Neuen Testaments Bd. 1, Gütersloh 1978, 233-247.
Schille, G., Das älteste Paulus-Bild. Beobachtungen zur lukanischen und zur deuteropaulinischen Paulus-Darstellung, Berlin 1979.
Schille, G., Frühchristliche Hymnen, Berlin 1965.
Schimanowski, G., Weisheit und Messias. Die jüdischen Voraussetzungen der urchristlichen Präexistenzchristologie, WUNT II 17, Tübingen 1985.
Schlier, H., Christus und die Kirche im Epheserbrief, BHTh 6, Tübingen 1930.
Schmeller, Th., Paulus und die „Diatribe". Eine vergleichende Stilinterpretation, NTA NF 19, Münster 1987.
Schmid, J., Der Epheserbrief des Apostels Paulus. Seine Adresse, Sprache und literarischen Beziehungen, BSt(F) 22,3.4, Freiburg 1928.
Schmidt, K. L., Art. ἐκκλησία, in: ThWNT 3, 502-539.
Schmidt, K. L./Schmidt, M. A., Art. παχύνω, πωρόω, in: ThWNT 5, 1024-1032.
Schmidt, P. L., Art. Epistolographie, in: Der Kleine Pauly. Lexikon der Antike 2, 324-327.
Schmidt, T., Der Leib Christi (σῶμα Χριστοῦ). Eine Untersuchung zum urchristlichen Gemeindegedanken, Leipzig, Erlangen 1919.
Schnackenburg, R., Gestalt und Wesen der Kirche nach dem Epheserbrief, in: ders., Schriften zum Neuen Testament. Exegese in Fortschritt und Wandel, München 1971, 268-286.
Schnackenburg, R., Die Kirche als Bau. Epheser 2,19-22 unter ökumenischem Aspekt, in: Paul and Paulinism, FS C. K. Barrett, hrsg.v. M. D. Hooker u.a, London 1982, 258-272.
Schnelle, U., Wandlungen im paulinischen Denken, SBS 137, Stuttgart 1989.
Schnider, F./Stenger, W., Studien zum neutestamentlichen Briefformular, NTTS 11, Leiden u.a. 1987.
Schubert, P., Form and Function of the Pauline Thanksgivings, BZNW 20, Berlin 1939.
Schweitzer, A., Die Mystik des Apostels Paulus, UTB 1091, Tübingen 1981.
Schweizer, E., Art. σῶμα κτλ., in: ThWNT 7, 1024-1091.
Schweizer, E., Gemeinde und Gemeindeordnung im Neuen Testament, AThANT 35, Zürich 2. Aufl. 1962.
Schweizer, E., Die Kirche als Leib Christi in den paulinischen Homologumena, in: ders., Neotestamentica, Zürich u.a. 1963, 272-292.
Schweizer, E., Die Kirche als Leib Christi in den paulinischen Antilegomena, in: ders., Neotestamentica, Zürich u.a. 1963, 293-316.
Schweizer, E., Zur Frage der Echtheit des Kolosser- und Epheserbriefes, in: ders., Neotestamentica, Zürich u.a. 1963, 429.
Schwemer, A. M., Gott als König und seine Königsherrschaft in den Sabbatliedern aus Qumran, in: Königsherrschaft Gottes und himmlischer Kult im Judentum,

Urchristentum und in der hellenistischen Welt, hrsg.v. M. Hengel u.a., WUNT 55, Tübingen 1991, 45-118.
Siegert, F., Argumentation bei Paulus. Gezeigt an Röm 9-11, WUNT 34, Tübingen 1985.
Speyer, W., Religiöse Pseudepigraphie und literarische Fälschung im Altertum, in: Pseudepigraphie in der heidnischen und jüdisch-christlichen Antike, hrsg.v. N. Brox, WdF 484, Darmstadt 1977, 195-263.
Stählin, G., Art. νῦν κτλ., in: ThWNT 4, 1099-1117.
Stählin, W., Der Grundgehalt des Epheserbriefes, in: ders., Symbolon Bd. 1: Vom gleichnishaften Denken, Stuttgart 1958, 13-30.
Stegemann, E., Alt und Neu bei Paulus und in den Deuteropaulinen (Kol-Eph), in: EvTh 37 1977, 508-536.
Steinmetz, F. J., Protologische Heils-Zuversicht. Die Strukturen des soteriologischen und christologischen Denkens im Kolosser- und Epheserbrief, FTS 2, Frankfurt a. M. 1969.
Strecker, G., Paulus in nachpaulinischer Zeit, Kairos NF 12 1970, 208-216.
Stuhlmacher, P., Biblische Theologie des Neuen Testaments Bd. 1: Grundlegung. Von Jesus zu Paulus, Göttingen 1992.
Stuhlmacher, P., Christliche Verantwortung bei Paulus und seinen Schülern, in: EvTh 28 1968, 165-186.
Stuhlmacher, P., „Er ist unser Friede" (Eph 2,14). Zur Exegese und Bedeutung von Eph 2,14-18, in: ders., Versöhnung, Gesetz und Gerechtigkeit. Aufsätze zur biblischen Theologie, Göttingen 1981, 224-245.
Stuhlmacher, P., Erwägungen zum ontologischen Charakter der καινὴ κτίσις bei Paulus, in: EvTh 27 1967, 1-35.
Stuhlmacher, P., Erwägungen zum Problem von Gegenwart und Zukunft in der paulinischen Eschatologie, in: ZThK 64 1967, 423-450.
Stuhlmacher, P., Gerechtigkeit Gottes bei Paulus, FRLANT 87, Göttingen 2. Aufl. 1966.
Stuhlmacher, P., Das paulinische Evangelium I. Vorgeschichte, FRLANT 95, Göttingen 1968.
Stuhlmacher, P., Zur paulinischen Christologie, in: ders., Versöhnung, Gesetz und Gerechtigkeit. Aufsätze zur biblischen Theologie, Göttingen 1981, 209-223.
Tachau, P., „Einst" und „Jetzt" im Neuen Testament. Beobachtungen zu einem urchristlichen Predigtschema in der neutestamentlichen Briefliteratur und zu seiner Vorgeschichte, FRLANT 105, Göttingen 1972.
Trilling, W., Literarische Paulusimitation im 2. Thessalonicherbrief, in: Paulus in den neutestamentlichen Spätschriften. Zur Paulusrezeption im Neuen Testament, hrsg.v. K. Kertelge, QD 89, Freiburg 1981, 146-156.
Trobisch, D., Die Entstehung der Paulusbriefsammlung. Studien zu den Anfängen christlicher Publizistik, NTOA 10, Freiburg/Schweiz, Göttingen 1989.
Trummer, P., Corpus Paulinum – Corpus Pastorale. Zur Ortung der Paulustradition in den Pastoralbriefen, in: Paulus in den neutestamentlichen Spätschriften. Zur Paulusrezeption im Neuen Testament, hrsg.v. K. Kertelge, QD 89, Freiburg 1981, 122-145.
Trummer, P., Die Paulustradition in den Pastoralbriefen, BET 8, Frankfurt/M. 1978.
Tscho, K. T., Die ethischen Weisungen und ihre theologische Begründung im Epheserbrief, Diss. Tübingen 1992.
Usteri, L., Die Entwicklung des Paulinischen Lehrbegriffes, Zürich 1824.
Vielhauer, P., Geschichte der urchristlichen Literatur. Einleitung in das Neue Testament, die Apokryphen und die Apostolischen Väter, Berlin 1978.
Vielhauer, P., Oikodome. Das Bild vom Bau in der christlichen Literatur vom Neuen Testament bis Clemens Alexandrinus, in: ders., Oikodome. Aufsätze zum Neuen Testament Bd. 2, hrsg.v. G. Klein, TB 65, München 1979, 1-168.
Vouga, F., Der Brief als Form der apostolischen Autorität, in: Studien und Texte zur Formgeschichte, hrsg.v. K. Berger u.a., TANZ 7, Tübingen 1992, 7-58.

Walter, N., Art. δόγμα, in: EWNT 1, 819-822.
Walter. N., Art. ἔθνος, in: EWNT 1, 924-929.
Weiß, J., Beiträge zur paulinischen Rhetorik, in: Theologische Studien, FS B. Weiß, hrsg.v. C. R. Gregory, Göttingen 1897, 3-85.
Wellmann, B., Das Erbe der paulinischen Verkündigung. Definition und Imitation des paulinischen Apostolates in der nachpaulinischen Schule (Epheser und Kolosser), Diss. Berkeley 1969.
Wengst, K., Christologische Formeln und Lieder des Urchristentums, StNT 7, Gütersloh 1972.
Wette, W. M. L. de, Lehrbuch der historisch kritischen Einleitung in die kanonischen Bücher des Neuen Testaments, Berlin 1. Aufl. 1826.
Wibbing, S., Die Tugend- und Lasterkataloge im Neuen Testament und ihre Traditionsgeschichte unter besonderer Berücksichtigung der Qumran-Texte, BZNW 25, Berlin 1959.
Wikenhauser, A., Die Christusmystik des Apostels Paulus, Freiburg 2. Aufl. 1956.
Wilckens, U., Zu 1Kor 2,1-16, in: Theologia crucis – Signum crucis, FS E. Dinkler, hrsg.v. C. Andresen u.a., Tübingen 1979, 501-537.
Wolter, M., Die Pastoralbriefe als Paulustradition, FRLANT 146, Göttingen 1988.
Wolter, M., Rechtfertigung und zukünftiges Heil. Untersuchungen zu Röm 5,1-11, BZNW 43, Berlin 1978.
Wolter, M., Verborgene Weisheit und Heil für die Heiden. Zur Traditionsgeschichte und Intention des „Revelationsschemas", in: ZThK 84 1987, 297-319.
Zmijewski, J., Art. καυχάομαι κτλ., in: EWNT 2, 680-690.

Stellenregister

I. Altes Testament

Genesis

1,6f	119
1,14-20	119
1,20f	119
1,24f	119
1,26f	119, 190
2,21	178
2,21-23	208
2,22	208
2,24	92, 102, 103, 104, 207, 208, 209, 210
12,3	178
15,13-16	178
28,14	178
29f	178
29,23	208
32,29	178
35,10	178
49	178

Exodus

1,1.7	178
20,12	92, 102, 104
29,3.10	198
29,4	198
29,4.8	198
29,4f.8f	198
29,10ff	198
29,29	198
40,12.14	198
40,34f	202

Leviticus

1,2f	198
1,10	198
3,1.3.7.12	198
8,13	198
26,11f	187

Numeri

8,9.10	198
10,35f	185
14,21	202
16,5.9.10	198

Deuteronomium

5,16	92, 102, 104
33,2	185

Richter

5,4f	185
5,5	185
6,24	126

1. Könige

8,10f	202

2. Chronik

5,14	202
7,1f	202

Psalmen

8	190
8,7	66, 102, 190, 191, 193
8,7 LXX	66, 190
10,3	164
22,23f	164

32,7.11	164	54,1	197
33,5	202	54,4-6	206
33,6.7	119	54,11ff	197
34,3	164	57,18	117
45,15f	208	57,19	103, 117, 124, 126
48,10f	203	59,17	104, 113, 115, 117
52,3	164	59,17 LXX	62
67,12 LXX	185	62,5	206
68	185, 186, 190	65,1.2	103
68,9	185		
68,12	185,186	Jeremia	
68,19	69, 101, 184, 185		
72,19	202	2,5	58
74,2	200	3,1	206
93,11 LXX	58	9,22f	164
94,11	58	9,23	161
97,7	164	23,24	202
110	190	30,21	198
110,1	66, 190, 191	31,31ff	216
110,1a	66	31,39	204
110,1b	66		
118,22f	68, 195, 200	Ezechiel	
119,64	202		
143,2	102	10,3.4	202
		16,8	206
Jesaja		16,9ff	208
		16,38	206
4,5	203	23,25f	206
6	202	37,27	197
6,1.3	202	40-48	204
6,1.4	202	40,3ff	204
6,1-4	202	43,5	202
6,3	202	44,4	202
6,4	202		
6,9	59	Daniel	
8,14	103		
9,5f	126	2,13	128
11,5	62, 104	3-6	128
28,16	68, 103, 195, 200		
40,1	117	Hosea	
44,24ff	120		
44,24.27	119	1-3	206
48,13	119	2,18f	206
49,2	62		
50,1	206	Joel	
52,6-10	120		
52,7	62, 102, 103, 104, 117, 120, 121, 122, 124, 126, 209	3,5	102
		Habakuk	
52,7 LXX	117		
52,15	103	3,3	185

Haggai

2,7 202

Sacharja

2,5-9	204
3,1-8	198
3,2	201
3,4f	198
3,5	198
3,7-9	201
3,8	201
3,9	201

II. Apokryphen und Pseudepigraphen des Alten Testaments

Tobit

| 13,16f | 197 |
| 14,5 | 197 |

Weisheit

1,7	202
5,17	62
5,17f	104
5,18	62
7,25	224
13,1	58
14,12ff	59
14,22ff	59

Antiquitates Biblicae

32,15   178, 209

Aristeasbrief

139	128
142	128
151	128

4. Esra

6,52   167

| 6,54 | 178 |
| 8,52 | 167 |

Äthiopischer Henoch

90,28f   197

Slavischer Henoch

24,3   235

Jubiläenbuch

1,17.29   197

3. Makkabäerbuch

1,3   128

Sibyllinen

3,290   197

III. Qumrantexte

Gemeinderegel (1QS)

5,5f	196
9,5f	196
11,2-9	215
11,7f	196
11,9-11	215

Loblieder (1QH)

3,20-23	215
3,21-23	196
3,23-25	215
6,25-27	196
7,8f	196
8,4-10	196
16,8	167

IV. Neues Testament

Matthäusevangelium

3,9	178
25,34	61

Lukasevangelium

2,1	128
3,8	178
9,57-62	112
12,11	66
13,16	178
16,22ff	178

Johannesevangelium

8,31-59	178
21,15-17	111

Apostelgeschichte

14,27	51, 244
17,7	128

Römerbrief

1-11	38
1	30
1,1	30, 82, 242
1,5	230
1,8-10	77
1,8	32, 33
1,9f	75
1,16	44, 66, 77, 87, 89, 103, 113, 224, 163
1,18-3,20	94, 113, 129, 130
1,18-32	58, 74, 79, 87, 88
1,21-32	58, 60
1,21-24	58
1,21.24.28	78
1,21ff	45, 58, 59
1,21f	59
1,21	58, 59
1,24.26.28	58, 59, 83
1,24ff	59
1,25	57
2,7	166
2,9.10	113
2,28f	77
3,1	113
3,3	152
3,6.19	140
3,9.12.23	140
3,20.28	164
3,20	77, 102, 161, 164
3,20a	152
3,21-26	140, 146
3,21.26	114
3,21ff	94
3,21	114
3,22.25.30	161
3,23	113
3,24f	77
3,24	44, 77, 82, 89, 91, 161, 162, 165, 173
3,25	94
3,26	114
3,27	161
3,30	113, 152
3,31	130
4,13	161
4,16	163
4,25	147
5	124, 162
5,1-11	119, 140
5,1.8-11	139
5,1	67, 199
5,2	67, 74, 77, 79, 87, 198, 199
5,6.8.10	113, 127
5,6-8	96
5,6.8	142
5,6ff	94
5,6	127
5,8-11	146
5,8-10	215
5,8.10	123
5,8	94, 96, 124, 127
5,9.11	114
5,9f	162
5,10	127
5,11	123
5,12-21	177, 178, 182, 183
5,12-19	140
5,14	183
5,15	76
5,17	156
5,19	152
6	149, 150, 151

6,1-11	148, 149, 150, 151, 152, 153, 155, 159, 163, 183, 260, 267	11,30	116
		11,31b	116
		11,33-36	37
6,4-6	144	11,36	78
6,4	149, 152	12-16	38
6,5.8	152	12-15	37
6,5	150	12	54, 70
6,8	150, 273	12,1f	37
6,11.23	173	12,1	45, 74, 78, 196
6,12-14	150	12,2	78, 81
6,19.21	114	12,3-8	70
6,20-22	94, 114	12,3-6	70
7,2	91	12,3ff	70
7,4-6	130, 144	12,3	45, 69, 70, 77, 78, 81, 188
7,4	260		
7,5f	183	12,5	78, 176, 177, 179
7,6	130	12,6-8	70, 176
8,1f	173	12,6	246
8,1	114	12,12	44
8,3	196	13,3	166
8,9.11.14	167	13,11	90, 116
8,9-11	198	13,12	44, 61, 62, 74, 78
8,14	66	13,14	136
8,17	149, 150, 163	15,13	226
8,21f	134	15,15	77
8,23	66	15,19	226
8,24	150, 163	15,21	103
8,29f	216, 219	15,28	65
8,30	152	16,5	173
8,32	78, 143	16,20	3
8,34	44, 77	16,25f	77, 78, 95, 228, 230
9-11	37, 103	16,25	227, 230
9,4.31	129, 130	16,26	230, 233
9,4f	216		
9,4	77, 87, 113, 114	1.Korintherbrief	
9,12	77, 161		
9,32	77	1,1f	172
10	121	1,1	30
10,6.8	114	1,2.4	173
10,6	115	1,2	173
10,12	113	1,4ff	32, 33
10,13	102	1,7f	33
10,14.17	66	1,10-17	252
10,15	102, 121	1,18.21	163
10,17	103, 121, 221, 226	1,18	224
10,20f	103	1,23-25	225
11,5.30.31	114	1,24	113, 224, 233
11,6	77, 161	1,29(31)	161
11,11	163	1,29	77, 164
11,25ff	216	1,30	127, 147
11,30f	116	1,31	77

Stellenregister

2	229, 230, 232, 233	6,6.8	90
2,1.7	76	6,9f	45, 60
2,1f	232	6,10	78, 81, 82
2,1	232	6,11	78, 147, 208
2,2	90, 182, 232, 233, 234, 237, 239	6,14	223, 224
		6,15-17	103, 104
2,3f	232	7,5	3
2,4f	226	7,22	45, 78, 82
2,5	226	8,5	3, 155
2,6-16	77	8,6	78
2,6-10	228, 229, 230, 231, 232, 233, 234	9,11	152
		9,17	236
2,6ff	229	9,20	129, 130
2,6.7	232	10,3	216
2,6	231	10,4	216
2,7	77	10,11	215
2,7fin	234	10,32	113, 173
2,8	231	11,1	78, 82, 89
3	68, 205	11,2-16	197
3,1-4	252	11,3	45, 70, 71, 74, 78, 79, 92, 207
3,5-9	179		
3,6-16	44	11,18	173
3,6	179	12	69, 70, 74, 80, 88
3,7	188	12,4-11.28	74
3,9-17	67, 78, 74, 197, 200	12,4-11	70
3,9-13	77	12,4-6	69, 78
3,9	67, 197	12,6	69
3,10-17	80, 88	12,7.8	70
3,10-12	67	12,7	69, 78, 188
3,10f	73	12,8-11	70
3,10	77	12,8ff	70
3,11	83, 89	12,11	69
3,12ff	197	12,12ff	70
3,12	200	12,12f	176
3,13-17	197	12,12	179
3,16f	67, 196	12,13	44, 77, 78, 113, 176
3,16	67	12,14-26	175
3,21	77, 161, 164	12,21	180
4,1	76, 236	12,27-31	176
4,7	77	12,27	177, 179
4,8	156	12,28ff	70
4,12	78, 82, 242	12,28	78, 81, 186, 246
4,14.16	78	13,13	200
4,14ff	82	14,4f	173
4,14f	253	14,24f	78
4,14	80, 82, 242	14,25	197
4,16	79, 82, 89, 242	14,26-33	246
4,17	35	14,28	173
4,19f	262	14,34f	173
5,5	3	15	67, 191, 193
6,2	156	15,1ff	119

15,7	79	5,14.15.21	142
15,9f	45, 87, 241, 243, 244	5,14b.15	77
15,9	68, 69, 73, 74, 76, 77, 244	5,14f	131, 140
		5,14	178
15,10	68, 243	5,15	239
15,20-22.45-49	177	5,17-21	131
15,20-22.45-48	178	5,17	77, 134, 173
15,23-28	216	5,18-21	118, 119, 122, 139, 146, 196
15,24-27	66, 74		
15,24ff	66	5,18-20	226
15,24	66	5,18	94, 140, 197
15,25.27	191	5,18a	165
15,25	66, 191	5,18aα	77
15,27	66, 77, 190, 191	5,18b.19.21	139
15,45.47	183	5,19	127, 140, 173
15,47	155	5,20	45, 71, 72, 73, 74, 78, 82, 241, 242, 244
16,9f	60, 61		
16,9	51, 244	5,21	140, 147
16,13	78	6	205
16,15-18	34	6,2	114, 116, 163
16,19	173	6,7	44, 66, 224
16,21	35	6,13	79
		6,14-7,1	197
2. Korintherbrief		6,14	78
		6,16-19	197
1	31	6,16	197
1,1	30, 172	9,8	76, 166
1,3-7	31, 32, 38, 220	10,1	77
1,3-5	220	10,3f	78
1,3ff	56, 57	11,2	78, 206, 208
1,3	56, 57, 74, 76	11,14	3
1,3a	56	11,31	57
1,6	78	12,2	155
1,22	65, 66, 74, 77, 89	12,7	3
2,11	3	12,15	78
2,12	51, 244	13,4	223, 224
2,15	163	13,11	35
3,4.12	77, 87		
3,4	67, 74, 77, 79	Galaterbrief	
3,6	216		
3,8	152	1	30
3,13ff	216	1,1	30
3,14	77	1,4	78, 143, 208
4,12.15	78, 97	1,5	78
4,14	208	1,10	82, 242
4,15	76	1,12	77
5	127, 131	1,16	45, 68, 69, 72, 74, 77, 79, 83, 87, 88, 241, 243
5,1f	155		
5,1	3, 67		
5,5	65	1,22	173
5,14-21	140	2,9	77

Stellenregister

2,11ff	145	1,3-12	32
2,16	77, 161, 164	1,3-5	3
2,19f	179	1,3ff	3, 56, 57
2,20	45, 78, 114, 208	1,3	3, 74, 75, 76, 174, 220
3,2	66	1,3a	56, 57
3,4	164	1,4-12	220
3,13f	119	1,4-6	220
3,13	145	1,4	48, 169, 172, 183, 209, 218, 219, 220, 269
3,14.26	161		
3,14	76, 89, 216		
3,26-28	176	1,5.7.9.11	218
3,27f	136	1,5	219
3,27	44, 136, 177, 180	1,6.12.14	76, 154, 220
3,28	44, 77, 113, 135, 136, 173, 176, 177, 182, 189	1,7-10	220
		1,7f.9f	119
		1,7.9	256
4,4-6	119	1,7f	119, 219
4,4	196, 214, 216	1,7	40, 48, 183, 218, 256
4,6f	66	1,8	76
4,14	242	1,9f	119
4,16	78	1,9	72, 76, 219, 256
4,19	82, 253	1,10	48, 52, 219, 236
4,21-31	82, 253	1,11.12	220
4,26f	197	1,11	183, 224
4,29	94, 114	1,13.14	220
5,2	77	1,13f	32, 44, 65, 66, 74, 124, 221, 222, 235, 257
5,5f	100		
5,5	61		
5,6	173, 226	1,13	3, 44, 77, 87, 89
5,16	77	1,14	65, 89
5,19-23	61	1,15-23	32, 33, 100, 110
5,19-21	60, 61	1,15-22	3
5,21	45, 60, 61, 78, 81, 82	1,15-19	258
5,21b	61	1,15ff	32
5,22.25ff	167	1,15f	33, 44, 75, 77
5,22	61, 74, 78	1,15	40, 75
6,11	35	1,17f	77
6,15	135	1,17	75
		1,18f	33
Epheserbrief		1,18	226
		1,19ff	223, 225, 239, 257
1-3	47, 74, 246	1,19f	187
1	48, 57	1,19	3, 77, 99, 159, 218, 224, 257
1,1	30, 51, 187		
1,2	31, 75, 76	1,20-23	57, 63, 75
1,3.20	167	1,20-22	66, 67, 74, 77, 191
1,3-14	3, 31, 32, 48, 52, 86, 98, 99, 154, 174, 214, 217, 218, 220, 223, 224, 238, 239, 256, 268	1,20.22	104
		1,20ff	257
		1,20	3, 44, 66, 98, 110, 147, 159, 170, 225, 227, 260

1,21-23	43	2,8b.10	165, 170
1,21f	43	2,8b	77
1,21	58, 66, 154, 192, 235	2,9	89, 161, 164
1,22f	184, 190, 191, 192, 193, 195, 203, 264	2,9a	77
		2,9b	77
1,22	66, 102, 190, 192	2,10	3, 76, 77, 99, 110, 157, 166
1,23	50, 172, 192, 194, 203, 269	2,11-18	43, 48, 93, 94, 110, 111, 112, 117, 130, 136, 146, 147, 151, 158, 169, 171, 173, 174, 214, 221, 238, 255, 260
2	48, 95, 149, 150, 152		
2,1-10	90, 93, 94, 110, 146, 147, 148, 149, 150, 151, 153, 158, 165, 168, 169, 256		
2,1-7	3	2,11-17	102
2,1.7	174	2,11-13	99, 115, 116, 130, 146
2,1.5f	43, 149	2,11.13	111
2,1-5	40	2,11ff	269
2,1.5	148	2,11-12	94
2,1-4	183	2,11	77, 110
2,1-3	94, 95, 96, 97, 146, 150, 157	2,12.19	99
		2,12	3, 48, 50, 77, 87, 99, 112, 128
2,1	42, 96		
2,2f	76	2,13.17	104
2,2	99	2,13	67, 111, 114
2,3a	77	2,14-18	98, 118, 119, 120, 121, 125
2,4.12	77		
2,4-10	90, 160, 163	2,14-17	103
2,4.8f	76	2,14-16.17	124
2,4ff	94	2,14.15.17	103, 199
2,4	94, 96, 110, 146, 158	2,14-16	3, 44, 94, 122, 125, 131, 141, 142, 143, 144, 146, 237, 256
2,5.8	82, 89, 162, 261		
2,5.8a	163		
2,5.6	147, 214	2,14ff	126, 147, 158, 239
2,5ff	153, 154	2,14f	130
2,5f	147, 148, 149, 150, 151, 152, 153, 154, 155, 158, 159, 160, 170, 174, 183, 226, 260, 273	2,14.15a	145
		2,14	94, 110, 125, 126, 128, 129, 260
		2,14a	126, 142, 144
		2,14b-16	126
2,5	42, 44, 96, 150, 156	2,14b.15a	127
2,5b.8a.9	170	2,14c	128
2,5b.8a	161	2,14d	126
2,5b	89	2,15f	259, 260
2,5c.8a	77	2,15	43, 44, 48, 51, 77, 128, 129, 130, 132, 135, 136, 145, 158, 164, 181, 189
2,6	3, 33, 77, 98, 110, 153, 156, 167, 174		
2,7	153, 154, 159		
2,8-10	49, 92, 160, 161, 168	2,15a	128, 260
2,8f	163	2,15b	126, 134
2,8	163	2,16.18	77
2,8a	89		

Stellenregister

2,16	48, 50, 132, 136, 172, 181, 187, 208	3,6	50, 51, 68, 76, 172, 182, 203, 237, 239, 248, 260, 261, 269
2,16c	126		
2,17	102, 117, 120, 121, 122, 123, 209, 222, 237	3,7.16.20	224, 257
		3,7.20	33, 188, 218
		3,7.8	235
2,18-20	201	3,7	99, 227, 237, 241
2,18ff	201	3,8-13	261
2,18	67, 74, 77, 79, 98, 198, 199, 205	3,8-12	3
		3,8-10	248
2,19-22	98, 195, 196, 198, 199, 203	3,8f	44, 83, 235, 248
		3,8	68, 69, 72, 74, 76, 79, 83, 87, 88, 241, 243
2,19	77, 88, 99, 199		
2,20-22	42, 44, 67, 74, 77, 80, 257	3,8a	77
		3,8b	77
2,20.22	43	3,9-11	234
2,20	51, 67, 73, 83, 88, 89, 103, 200, 235, 245, 246, 247, 248, 249, 257, 261	3,9	83, 88, 95, 236, 244
		3,10	3, 66, 95, 200, 230, 234, 235, 237
		3,11	75, 218, 230
2,21.22	201	3,12	67, 74, 77, 79, 87, 98, 235
2,21	43, 67, 99, 201, 202, 264		
		3,13	97, 99, 242
2,22	67	3,13b	77
3	72, 233, 236	3,14-21	37, 203
3,1-7	3	3,14-19	3, 258
3,1-3	47, 48, 94, 228, 234, 238, 257, 269	3,14-17	205
		3,14ff	98
3,1.7.8.13	47	3,14f	171, 205
3,1.13	97	3,15	3
3,1-7	200, 261	3,16-18	3
3,1	75, 77, 95, 96, 97, 99, 241, 242	3,16	227
		3,17-19	203
3,2.9	236	3,17	42, 43, 87
3,2f	262	3,18	204
3,2	77, 236	3,19	43, 50, 172, 193, 205, 227
3,3.5.10	72, 245		
3,3.5.7.8	230	3,20f	37
3,3f	98, 246, 247, 249, 275	3,20	78, 99, 227
3,3	72, 77, 262	3,21	174, 227
3,4-7.8-11	228, 230	4-6	46, 47, 74
3,4	72, 98	4	69, 70
3,5.10	230	4,1-5,14	46, 47
3,5.9	230	4,1-16	69
3,5	5, 51, 95, 200, 230, 234, 235, 244, 245, 246, 247, 249, 257, 261	4,1-6	37
		4,1-3	46, 258
		4,1	44, 74, 75, 76, 78, 241
		4,3	103
3,5a	95	4,4-16	47
3,5c	95	4,4-11	74, 80

4,4-6	49, 69, 78, 98, 171, 204, 258	5,1-14	47
		5,1f	50
4,4ff	80	5,1	78, 82, 89, 170, 242
4,4	226	5,2.25.29	171
4,6	69, 220	5,2.25	208
4,7-16	33, 49, 70, 88, 98, 184, 188, 189	5,2	78, 98, 143, 182, 208, 260
4,7ff	70	5,3-14	61
4,7	44, 69, 70, 78, 81, 99, 188	5,3-9	61
		5,3-5	60, 61
4,8-11	69, 78, 81	5,5	44, 60, 61, 63, 78, 81, 82, 89
4,8ff	102, 185		
4,8	101, 104, 185	5,6	43
4,9	85	5,8-14	50, 78
4,10	186, 191, 194	5,8	76
4,11-16	3	5,9	3, 61, 74, 78
4,11ff	235	5,10.17	78, 81
4,11	69, 70, 78, 81, 185, 186, 245, 246, 247	5,10	81
		5,14	102
4,12.16	202	5,15-6,20	46
4,12ff	70	5,15f	46
4,12	3	5,16	159
4,13	3, 50, 172, 188, 193, 269	5,17	81
		5,18-20	35, 46
4,14-16	3	5,19-21	3
4,14	245, 258	5,19f	51, 99
4,15f	70, 187	5,20	51, 75
4,15	52, 78, 188	5,21-6,9	40, 46
4,15b.16	42	5,21-33	33
4,16	33, 42, 43, 44, 47, 50, 51, 98, 99, 187, 188, 193, 201, 209, 218, 227, 257, 264	5,21ff	207, 269
		5,22-6,9	79, 207
		5,22-33	170
		5,22-24	71, 79, 207
4,17-19	58, 59, 60, 74, 80, 88	5,22.24	92
4,17	58	5,22f	45
4,18f	78	5,23	70, 71, 74, 78, 92
4,18	44, 58, 59, 87	5,23a.b	71
4,19	58, 59, 83	5,23c	71
4,20-31	47	5,25-33	92, 207, 208, 209, 264
4,20-24	171	5,25ff	209
4,20	43, 171	5,25	45, 98, 143, 172, 182, 260
4,21.32	171		
4,21	171	5,25a.28a.33a	92
4,22-24	3	5,26	78
4,24	44, 136, 163, 171, 189	5,27	78
4,25	78	5,31	102, 103, 104, 208, 209
4,27	3		
4,28	78, 82, 242	5,32	92, 104, 208
4,29	46	6	62
4,30	65, 159	6,1-3	104
4,32	46, 52	6,1	92

6,2.3	92	3,10	223
6,2f	102	3,17	78, 82, 89, 242
6,5	76	3,20	3, 77, 78, 155, 200
6,6	45, 78, 82, 242	3,21	77
6,8f	40	4,2f	34
6,10-20	35	4,6	78
6,10-17	46, 50, 61, 62, 63, 75, 102, 170, 227, 258	4,8	35
		4,10-20	34
6,10ff	61, 78, 159	4,13	226
6,10	32, 35, 227, 257		
6,11.13	62	Kolosserbrief	
6,11	3, 74		
6,12	3, 66	1	48, 52
6,13-17	104	1,1	30, 51
6,13	227	1,2	30
6,14-17	227	1,4.9	75
6,14	62	1,4	40, 44
6,15	62, 63, 103, 121, 122	1,5.16.20	3
6,16	62, 76	1,5	44, 66, 87
6,17	62, 63	1,9	32, 40
6,18-20	3, 35, 45, 46, 99	1,10	44
6,18	44, 78, 258	1,11	226
6,19f	35, 241, 244, 248, 261	1,12-23	48
6,19	51, 72, 76, 83, 244	1,13	156
6,20	71, 72, 73, 74, 78, 82	1,14.20	40
6,21f	35, 36, 39, 51, 245	1,14	48, 218
6,23f	36, 75	1,15-20	51, 192, 217, 218, 222, 267, 268
6,23	76, 274, 276		
6,24	36, 51, 262	1,15.17	269
		1,15ff	172, 218
Philipperbrief		1,15f	218
		1,15	183
1,1	30, 82, 242	1,16.20	219
1,3-6	32	1,16	66
1,3ff	33	1,16b.20c	219
1,6	33, 166	1,18.24	173
1,9f	33	1,19.20a	218
1,10f	33	1,19	192
1,11	76	1,20-22	131
2,1.5	173	1,20.22	44, 138
2,6-11	216, 217, 222	1,20	48, 50, 52, 132, 218
2,6	218	1,21	45, 48, 50, 87
2,7f	218	1,22	48, 50, 114, 129, 132, 139, 172, 208, 209, 218
2,9-11	57, 63, 75		
2,9ff	57, 58		
2,9f	57	1,23	42, 87, 88, 241
2,10f	218	1,23a	42
2,15	78	1,24-29	47, 48
3,4-6	113	1,24.29	47
3,6	129, 130	1,24	97, 242, 267
3,10f.21	224	1,25.28	230

1,25-27	268	3,11	44, 113, 135, 136, 180, 267, 269
1,25	236		
1,26f	95, 228, 230, 234	3,12-15	46
1,26	44, 51, 230, 234, 244	3,12-14	44
1,26fin	230	3,13	52
1,27	50, 68, 172, 182, 233, 237	3,16-4,6	46
		3,16f	46, 99
1,27c	269	3,16	51
1,28	50, 188, 269	3,17	51
2	149, 150, 151, 152	3,18-4,1	40, 46, 91, 267
2,1-5	42	3,18	45, 71, 79, 92, 172
2,2.19	42	3,19	45
2,6-3,4	49	3,19a	92, 207
2,6-23	43	3,20	92
2,6f	37, 43	3,24	45
2,7.19	42	3,25	40
2,7	42, 44, 51, 87	4,2-4	45, 46, 99
2,8b	43	4,2	44
2,9f	43, 191, 192	4,3f	35, 241, 244
2,10.15	66	4,3	51, 244
2,10	50, 172, 192, 193, 269	4,4	72, 83
2,11-3,4	42, 136, 267	4,5	46
2,11	43	4,7f	36, 39, 51
2,12-3,4	148, 149, 150, 152, 159	4,7	245
		4,10-17	42
2,12ff	148, 149, 150, 153, 163	4,15	172
		4,16	9, 40, 172
2,12f	43, 149	4,18	35, 51
2,12	42, 149, 150, 226		
2,13	40, 42, 44, 148, 149, 150	1. Thessalonicherbrief	
2,14	43, 51, 129	1-3	38
2,15	43	1,1	30
2,16-23	150	1,2-5	32
2,19	42, 43, 44, 45, 47, 50, 51, 52, 70, 179, 180, 187, 188	1,2ff	33
		1,2	75
		1,3	100
2,20-23	42	1,5	226
2,20	150	1,6	78, 82, 243
3-4	46	1,10	33, 155
3,1-4	37, 150, 153, 155, 158	2	173
3,1	44, 150	2,11	82
3,3f	157	2,12	44
3,4	40, 153	2,13	32
3,5-15	46, 47	2,14	173
3,5.6	47	2,18	3
3,5	45, 60	3,2ff	35
3,6	40	3,11-13	37
3,8-10	47	4-5	38
3,10f	136, 189	4,1f	37
3,10	44, 136, 137	4,1	35

4,11	78, 82	3,1	66, 166
4,13-18	216	3,5	76
4,13	77	3,8.14	166
4,16	155		
5,5	78	Philemonbrief	
5,8	61, 62, 75, 78, 100, 104	1.9	77, 78
		1	75, 241
2. Thessalonicherbrief		2	173
		4-7	32
1,2	76	4-6	77
1,11	76	4f	33, 75
2,3f.7	76	5	44, 75
2,14	76	6	33, 75
3,1	76	9	75, 241
3,3	76	19	35
1. Timotheusbrief		1. Petrusbrief	
1,15	76, 118	1,3-5	220
2,6	208	1,3	56, 57
2,10	166	1,12	235
3,1	166	3,18	200
3,16	273	5,12	98
4,7	252		
5,10.25	166	Hebräerbrief	
5,10	166		
6,18	166	2,8	91
6,20f	252	3,4	91
6,20	275	4,16	199
		7,5	178
2. Timotheusbrief		10,21	199
		11,12	90
1,1	30	12,22	199
1,8	75	13,22	98
1,12.14	275		
2,3.11f	150, 163	Jakobusbrief	
2,10	97		
2,11f	156	2,5	61
2,11	273		
2,17f	252, 274	Judasbrief	
2,18	148		
2,21	76, 166	24	227
3,17	166		
		Offenbarung	
Titusbrief			
		3,8	51, 244
1,16	166	11,1	204
2,7.14	166	21,15-17	204
2,9	76	21,16	204
2,14	208	21,18ff	197

V. Altkirchliche Zeugnisse

1. Clemensbrief

7,1	253
65,1	253

Hirt des Hermas

mandata
8,4ff (38,4)	61

Ignatiusbriefe

An die Epheser

16,1	61
20,2	252, 253

An die Magnesier

1,2	252
4	252
7,1f	252
9,1f	252
11	252

An die Philadelphier

2,1f	252
3,1-3	252
3,3	61
4	252
7,1	252
8,2	252
9,1f	252
10,1f	253

An Polykarp

7,1f	253
8,1f	253

An die Smyrnäer

8,1f	252
8,1	252
9,1	252
11,2f	253

Polykarpbrief

5,3	61

VI. Antike Schriftsteller

Diogenes Laertius

Vitae Philosophorum

10,3	9

Personenregister

Aland, K. 67, 72, 90, 91, 187
Allan, J. A. 173

Balz, H. 9, 10, 12, 13, 29, 246
Barnett, A. E. 60, 64, 67, 71, 72, 75
Barth, M. 2
Bauer, W. 67, 72, 90, 91, 187
Bauernfeind, O. 58
Bayer, F. W. 187
Behm, J. 137
Bengel, J. A. 71
Berger, K. 29, 31, 32, 89, 90
Best, E. 5, 17, 30, 54, 276
Betz, O. 197, 201
Bieder, W. 247
Bietenhard, H. 197
Billerbeck, P. 58, 185, 208
Bjerkelund, C. L. 38
Blass, F. 68, 90, 128, 134, 165
Bornkamm, G. 15, 72, 85, 86, 92, 96, 229
Bosenius, B. 29
Brox, N. 8, 9, 10, 56, 200, 235
Bruce, F. F. 2
Bühner, J.-A. 242
Bultmann, R. 15, 18, 85, 139, 164

Calvin, J. 118
Caragounis, Ch. C. 229
Classen, C. J. 85
Conzelmann, H. 15, 16, 17, 18, 22, 23, 24, 28, 109, 118, 126, 148, 177, 187, 228, 229, 255
Coutts, J. 4, 40, 42

Dahl, N. A. 31, 56, 93, 94, 95, 228
Debrunner, A. 68, 90, 128, 134, 165
Deichgräber, R. 31, 32, 56, 57, 111, 125, 220
Deißmann, A. 28, 173

Dibelius, M. 5, 41, 46, 49, 57, 69, 75, 110, 127, 154, 173, 187
Dobschütz, E. v. 85

Eckstein, H.-J. 152
Ego, B. 201, 203
Eichholz, G. 118
Erasmus von Rotterdam 1
Evanson, E. 1

Fischer, J. A. 252
Fischer, K. M. 2, 62, 64, 65, 136, 148, 154, 160, 161, 166, 240, 252
Fohrer, G. 201
Friedrich, G. 30, 31, 118
Funk, R. W. 35

Gaugler, E. 35, 62, 68, 71, 97, 98, 100, 110, 118, 128, 132, 134, 154, 156, 159, 160, 163, 164, 166, 167, 171, 184, 187, 189, 235, 236
Gese, H. 198, 201, 229
Gnilka, J. 3, 15, 36, 54, 56, 57, 59, 63, 66, 67, 71, 72, 73, 75, 86, 90, 111, 118, 125, 126, 128, 132, 143, 144, 155, 160, 173, 184, 187, 191, 195, 235, 236, 240, 246
Goodspeed, E. J. 55, 64, 98
Goppelt, L. 200
Greeven, H. 5, 41, 46, 57, 69, 75, 110, 127, 154, 187
Grundmann, W. 159, 224, 227
Gunkel, H. 167, 184

Hahn, F. 7, 19, 90, 109, 150, 160, 161, 162, 163
Hammer, P. L. 66
Harrison, P. N. 85
Haupt, E. 4, 71, 110, 118, 132, 148, 150, 164, 166, 167, 235

306   *Personenregister*

Heckel, U. 224, 225
Hengel, M. 11
Hennecke, E. 9
Hesse, F. 59
Hofius, O. 32, 57, 58, 66, 102, 103, 113, 118, 119, 121, 122, 127, 130, 131, 139, 140, 155, 197, 217, 220, 226, 261
Holtz, T. 121
Holtzmann, H. J. 4, 15
Hübner, H. 90

Janowski, B. 196
Jeremias, G. 201
Jeremias, J. 137, 195, 201, 202, 209
Jülicher, A. 5

Käsemann, E. 2, 18, 19, 47, 118, 143, 148
Kamlah, E. 60
Kautzsch, E. 167
Klaiber, W. 196
Kleinknecht, K. Th. 97
Klinzing, G. 195, 196, 197
Knoch, O. 72
Koskenniemi, H. 29, 32
Kraus, H.-J. 190
Kümmel, W. G. 3, 7, 39, 54, 55, 56
Kuhli, H. 113, 236
Kuhn, H.-W. 215
Kuhn, K. G. 21, 62, 86

Lang, F. 70, 215
Lautenschlager, M. 186
Levin, Ch. 119
Limbeck, M. 129
Lincoln, A. T. 101, 102, 104
Lindemann, A. 6, 17, 19, 20, 40, 44, 54, 55, 56, 57, 58, 60, 61, 63, 65, 67, 70, 71, 72, 73, 74, 90, 101, 109, 134, 145, 147, 148, 153, 154, 155, 159, 159, 160, 162, 165, 168, 191, 195, 240, 273, 274
Lohfink, G. 8, 273
Lohmeyer, E. 30
Lohse, E. 15, 16, 129, 136, 137
Lona, H. E. 23, 41, 148, 149, 150, 154, 159
Ludwig, H. 15, 16
Lührmann, D. 19, 95, 145, 161, 229

Luz, U. 17, 19, 47, 76, 90, 93, 95, 109, 113, 114, 145, 148, 160, 162, 164, 168, 216, 273

Mayer, B. 226
McKelvey, R. J. 197, 201
Meade, D. G. 10, 11, 13, 14, 29
Meisner, N. 128
Merkel, H. 1, 2, 7, 30, 40, 44, 54, 63, 64, 148
Merklein, H. 20, 21, 40, 41, 42, 44, 46, 47, 54, 63, 64, 65, 69, 70, 109, 129, 137, 138, 139, 141, 143, 145, 148, 153, 168, 175, 176, 177, 179, 180, 184, 187, 189, 199, 210, 235, 237, 240, 241, 243, 244, 246, 247, 260
Meyer, R. P. 33
Michel, O. 37, 67, 121
Mitton, C. L. 3, 4, 39, 40, 43, 44, 45, 47, 53, 55, 64, 67, 72, 75, 76, 80, 84, 98, 106, 109, 160, 262
Moffatt, J. 3, 6
Morgan, R. 17
Müller, P. 8, 17
Müller, U. B. 148
Mußner, F. 7, 21, 36, 56, 58, 60, 61, 69, 86, 100, 105, 109, 118, 121, 126, 128, 132, 134, 135, 136, 138, 145, 154, 155, 156, 160, 161, 162, 164, 165, 167, 168, 176, 177, 187, 188, 189, 191, 193, 195, 196, 199, 201, 203, 229, 235, 236, 252, 254, 260

Neugebauer, F. 173
Norden, E. 86

O'Brien, P. T. 31, 33
Ochel, W. 4, 39, 40, 41, 43, 45, 54
Oepke, A. 173
Ollrog, W. H. 16, 17, 268

Park, H.-W. 178
Percy, E. 2, 3, 4, 87, 88, 130, 132, 152, 173, 174, 176, 177, 178, 179, 180, 181, 183, 195
Peterson, E. 199
Petzke, E. 134
Pfammatter, J. 67
Pokorný, P. 4, 5, 8, 12, 17, 21, 35, 54, 57, 63, 65, 66, 86, 98, 118, 125, 132, 166, 173

Personenregister

Polhill, J. B. 40
Popkes, W. 208

Rad, G. v. 198, 215
Radl, W. 114
Rehkopf, F. 68, 90, 128, 134, 165
Rese, M. 114
Rießler, P. 235
Rigaux, B. 28, 32
Rohde, J. 72
Roloff, J. 15, 21, 30, 144, 173, 175, 177, 184, 195, 196, 271
Roon, A. van 2, 40

Sand, A. 16, 17
Sanders, E. P. 44
Sanders, J. T. 125
Sasse, H. 154
Schelkle, K. H. 200
Schenke, H.-M. 15, 16, 17
Schille, G. 20, 86, 90, 118, 125, 148, 184, 240
Schimanowski, G. 229
Schlatter, A. 118
Schlier, H. 2, 60, 98, 100, 111, 125, 134, 154, 173, 177, 189, 191, 195, 204, 227, 235, 236, 237, 238
Schmeller, Th. 85
Schmid, J. 1, 3, 4, 101, 102
Schmidt, K. L. 59, 144
Schmidt, M. A. 59
Schmidt, P. L. 29
Schmidt, T. 178
Schnackenburg, R. 5, 30, 33, 35, 36, 37, 38, 56, 59, 60, 62, 68, 70, 72, 90, 93, 97, 98, 110, 111, 112, 117, 118, 127, 128, 129, 132, 134, 137, 139, 154, 160, 161, 162, 164, 166, 168, 173, 184, 187, 189, 191, 195, 200, 209, 219, 235
Schneemelcher, W. 9
Schnider, F. 29, 30, 31, 33, 34, 35
Schreiner, J. 167

Schubert, P. 32
Schweitzer, A. 176
Schweizer, E. 30, 37, 85, 129, 132, 136, 139, 149, 175, 177, 178, 180, 182, 266, 268
Schwemer, A. M. 195
Siegert, F. 85
Soden, H. v. 41, 110, 117, 132
Speyer, W. 10
Staab, K. 4
Stählin, G. 114, 116
Steinmetz, F. J. 7, 19, 154, 155, 194
Stenger, W. 29, 30, 31, 33, 34, 35
Stier, F. 171
Stuhlmacher, P. 102, 103, 109, 116, 118, 121, 125, 126, 127, 135, 143, 147, 178, 209, 215, 222, 223

Tachau, P. 93
Trilling, W. 8
Trummer, P. 8, 17, 275

Usteri, L. 1

Vielhauer, P. 29, 33, 55, 75
Vouga, F. 29

Walter, N. 113, 128
Weiß, B. 200
Wellmann, B. 40
Wengst, K. 125
Westermann, C. 117, 119, 120
Wette, W. M. L. de 1
Wibbing, S. 60
Wikenhauser, A. 173
Wilckens, U. 58, 67, 70, 231
Wolff, Ch. 31, 65, 67, 131, 175, 177, 197, 206, 216
Wolter, M. 8, 67, 131, 162, 198, 199, 229, 231, 232, 234, 274

Zerwick, M. 118
Zmijewski, J. 164

Sachregister

Aaron 198
Abbild 166, 171, 183 s.a. Urbild
abbildhaft 166, 170, 171, 216, 243
Abbildhaftigkeit
Abraham, 178
Absender 32
Absenderangabe 30
Abstand
- historisch 23, 172, 251, 255, 256, 257, 263, 267, 270
- zeitlich 98, 115, 172, 257, 270
Ackerfeld (Gemeinde) 179, s.a. Weinberg Gottes
Adam 169, 177, 178, 182, 183, 190, s.a. Christus
Adam-Christus-Typologie 177
Ader(n) 187
Adoption 190
Adressaten 5, 31, 32, 33, 36, 37, 39, 82, 94, 98, 111, 112, 114, 115-117, 122-125, 180, 212, 221, 222, 233, 234, 238, 250, 256, 262
Adressatenangabe 51
Adressatengemeinde 38, 146
Adressatenkreis 36, 37
Adscriptio 30
Ämterkatalog 186
Ämtervermittlung 98
Ärzteschule, sizilische 187
Äsop 10
Äon(en)
- gegenwärtiger, alter Äon 158, 214, 216, 225, 231-233
- kommender, zukünftiger Äon 154, 167, 215, 216, 225, 231-233
- Vorstellung von den zwei Äonen 105, 158, 215, 229, 231
Äonenwesen 154
Akklamation 58
Aktualisierung 21, 23, 110

All 132, 190, 191, 193-195, 204, 219
Allerheiligstes 197, 198
Allgott-Vorstellung, hellenistische 180
Amt 30, 50, 68, 121, 232, 240ff, 246, 248, 249, 254, 261, 273, 122, 209, 235, 236, 245, 275
- Amt des Paulus 51, 121, 122, 230, 231, 232, 241, 244
- Ämter 51, 70, 81, 105, 186, 187, 188, 202, 235, 245, 247, 254, 255, s.a. Wortämter
Amtsgnade 70, 236, 243
Amtsstrukturen 70
Amtsträger 246
Amtsverständnis 71, 243
Anakoluth 3, 93, 95, 97, 101, 146
Anspielung
- allgemein 87, 89, 106, 161
- Altes Testament 62, 66, 101, 102, 103, 104, 115, 117, 122, 124
- Kolosserbrief 86, 88, 91, 92, 97, 132,
- Paulus 54, 55, 62, 66, 68, 74, 76-78, 79-81, 83, 84, 86, 87, 100, 106, 161, 162, 213, 262
Apokalyptik 11, 154, 155, 156, 204
apokalyptisch
- allgemein 11, 154, 231, 260
- Denken 155, 261
- Literatur 197
- Tradition 105, 204, 205, 229
- Vorstellungswelt 105, 204
Apostel
- Leiden 47, 97, 248, 267
- Tod 16, 36, 242, 253, 255, 258, 266, 270, 275
Apostel und Propheten 5, 17, 68, 83, 89, 95, 200, 234, 235, 236, 244, 245, 247, 257
Apostolat 30, 69, 87, 213, 230, 232, 247

Apostolatsverständnis 241, 243, 247, 251
apostolisch
- allgemein 21, 28, 29, 36, 68, 121, 200, 209, 230, 233, 242, 245, 246, 254
- Amt 68, 71, 122, 230, 232, 235, 236, 245, 246, 248, 254, 261
- Autorität 36, 246
- Lehre 36
- Leiden 97, 248, 267
- Parusie 34, 35
- Predigt 121,122, 226
- Sukzession 245
- Tradition 275
- Überlieferung 12
- Verkündigung 68, 84, 122, 200, 237, 248, 249, 265, 275
- 'wir' 139, 232, s.a. ekklesiologisches 'wir'
- Zeit 12, 211, 223, 238, 239, 248, 255
- Zeuge 12
Apostolische Väter 252, 253, 255
Apostolisches 12, 14, 245, 246, 248, 254
Apostolizität 13, 245, 246, 254, 262, 265, 275
Aristeasbrief 128
Auferstehung
- Auferstehung (Christi) 114, 124, 149, 151, 159, 170, 178, 186, 214, 225, 226, 228, 252, 255, 257, 259
- Auferstehung (der Menschen)148, 152, 159, 215, 225
Auferstehungszeuge 253
Ausschlußandrohung 60, 61, 63, 89
Authentizität 2, 4, 10, 105
Autor, geistiger 9
Autorschaft 1, 2, 8, 36, 39, 226, 267
- paulinisch 2, 36
Autorität, paulinische 6

Bänder 51, 179, 187, 188, 202, s.a. Leib
Barbar(en) 136
Bau 67, 144, 172, 197, 200, 202, 257
- der Gemeinde 67, s.a. Gemeinde
Baumeister 197
Bauwerk 67
Berufung
- allgemein 69,100, 216, 226

- des Apostels/des Paulus 1, 241
- der Gläubigen/Glaubenden 220, 223
Beschneidung 135, 146
Botschaft 8, 21, 68, 102, 108, 117, 226, 244, 245, 248, 254
Botschafter 71, 72, 82, 242
Bürgerrecht 200
Brachylogie 192
Braut 175, 206, 211
- Christi 206, 210
- Gemeinde/Kirche 105, 209
- Israel 206, 208
- Keuschheit, Reinheit 206
- Präsentation 208
Brautbad 208
Brautbild 92, 175, 207, 209, 212
Brautführer 206, 209
Bautmetaphorik 209, 211
Brautmotiv 209
Brautzuführung(sritus) 208, 209, 212
Briefcorpus 29, 37, 110
Briefeingangseulogie 31, 32, 38, 48, 52, 56, 57, 74, 124, 220, s.a. Eulogie
Briefform 13, 29, 38, 106
Briefformular 25, 28, 29, 31, 34, 38, 39, 46, 75, 105-107, 271
Brieflichkeit der paulinischen Theologie 29, 39
Briefschema 34, 38
Briefschluß 34-36, 106, 228
Buchstabe s. Geist

canon-consciousness 11, 13
Catena aurea 152, 216, 219
Charismentafel 69, 70
Chiasmus, chiastisch 192, 193
Christologie 136, 143, 172, 174, 175, 179, 183, 184, 189, 218, 219, 220, 222, 238, 259, 260, 268, 269
Christozentrik 127
Christus
- Adam - Christus 169, 177, 178, 182, 183, 190
- Anziehen 136, 177, 189, s.a. Gewand
- Auferstehung s. Auferstehung
- Bräutigam 105
- Eckstein, Grundstein 68, 200, 202
- Eingliederung in 176, 177
- Freudenbote 102, 117

- Frieden, Friedenswerk Christi 48, 52, 67, 117, 122, 123, 125-127, 142, 199, 237
- Fundament 257
- Glaubende/Gläubige - Christus 103, 142, 152, 172, 174, 179, 180, 188, 203, 218, 260, 269
- Gott - Christus 51, 81, 82, 127, 159
- Haupt 33, 52, 71, 104, 180, 188, 191-193, 201, 202, 207, 210, 225
- Heilswerk 126, 127, 137, 140
- Herrlichkeit 150, 151, 151, 157, 158
- Herrschaft 67, 147, 148, 186, 190, 219
- Hoherpriester 199
- in Christus 42, 47, 50, 51, 82, 93, 94, 103, 111, 115, 123, 126, 127, 130-144, 146, 152, 156, 158, 169, 170, 171, 174, 176, 177-180, 183, 189, 196-198, 215-221, 224, 225, 227, 231, 234, 236, 237, 253, 256, 260, 269
- Jesus Christus 12, 13, 32, 58, 113, 118, 127, 131, 197, 200, 242, 262, 275
- Kirche - Christus 170, 173, 174, 184, 192, 193, 209, 210, 212, 213, 269
- Kollektivpersönlichkeit, Gesamtpersönlichkeit 183, 189, 211
- mit Christus 136, 139, 147, 150, 152,, 153, 156, 158, 169, 175, 188, 211, 260
- Mit-Christus-Begraben-Sein 149, 152, 153
- Mit-Christus-Gekreuzigt-Sein 149, 152, 169
- Mit Christus-Gestorben-Sein 153
- neuer Mensch 137
- Person 68, 72, 83, 88, 125-127, 142, 144, 155, 176, 177, 224, 237
- Präexistenz 172, 183, 217, 218, 221, 222, 256
- pro nobis 182, 239
- Stammvater 177, 178, 182, 183
Christusbekenntnis 192
Christusgeschehen 140, 186, 203, 221, 224, 233
Christushymnus 48, 51, 52, 216, 217, 222, 267, 268
Christusleben 46

Christusleiden 158, 181
Christuslied 125
Christuslob 48
Christusmysterium 237, 239, 261
(Christus)teilhabe 156, 157, 260
conflation 44, 45, 53, 64, 106, 268
corporate personality 177, 188
Corpus Paulinum 12, 64, 75, 156, 275

Dahingabeformel, Dahingabeformulierung 45, 182, 260
Danksagung 31-33, 57, 100, 110, s.a. Eulogie
David 10
Deuterojesaja 11, 103, 117-120, 223
Deuteropaulinen 7, 19, 23, 151-153, 228, 229
Diatribe, Diatribenstil 16, 85
Differenzierung
- über Paulus hinaus 94, 95, 110, 136, 189, 234
- räumlich 153, 154, 156
- zeitlich 111ff, 115, 116, 123, 124, 146, 153-155, 157, 238, 239, 248, 250, 255, 259
Dimension, kosmische 192, 218, 219, 238
Doxologie 37, 227
dynamische Redeweise 126

Echtheit, Echtheitsfrage (des Epheserbriefes) 1-3, 5, 7, 85, 106
Eckstein 68, 195, 200, 202, 205, 257
Ehe
- Christus - Gläubige 144, 206, 264
- Gott - Israel 103, 206
- Mann - Frau 71, 170, 207, 209
Eifer Gottes 206
Eigenhändigkeitsvermerk 35
Eigentum, geistiges 10, 14
Eingangsgruß 30
einst - jetzt 33, 93-110, 124, 125, 169, 229
Einwohnung (Gottes) 185, 186, 197, 203, s.a. Schechina-Vorstellung
Ekklesiologie 20, 105, 138, 141, 143, 171ff, 174, 179, 181, 184, 189, 195, 199, 205, 206, 210, 211-213, 259, 260, 264, 273, 274, s.a. Kirche
- kosmisch 264

- Verhältnis zu Christologie/Soteriologie 138, 141, 143, 171ff, 174, 179, 195, 199, 210, 212, 213, 259, 260, 264
ekklesiologisch
- Interpretation 46, 137, 174, 261, 269
- Perspektive 50, 139, 172, 183
- ekklesiologisches, gemeinchristliches 'wir' 139, 140, 143, s.a. apostolisches 'wir'
Empfängerangabe 30
Endgericht 60, 215
Engel 11, 195, 197, 199, 235
- Gemeinschaft mit Menschen 195, 197, 199
Entstehung, Entstehungssituation (des Epheserbriefes) 5, 26, 28, 33, 70, 97, 115, 116, 122, 124, 211, 213, 214, 222, 238, 251, 255, 270, 272
Ephesus 5, 15, 16, 258, 275, s.a. Ortsadresse
Epiphanie Gottes 185
Epistel 28, 45
Erbauung 67, 202, 212, s.a. Bau
Erbe
- paulinisch, theologisch 7, 12, 13, 15-18, 108, 160, 165, 166, 254, 272
- eschatologisch 66, 159, 238
Erfüllung
- des Alls 190, 193, 195
- durch Christus 186, 189, 190, 192-195, 264, s.a. Pleroma
- eschatologisch 33, 199, 215, 216, 221, 223, 257, 264
- der Schrift, der Verheißung 102, 120, 124, 222
Erhöhung Christi 58, 66, 100, 186, 216
Erlösung 127, 142, 217-220, 222, 235
Erstlingsgabe s. Geist
Erwählung 113, 216, 218-220, 223
Eschatokoll 34
Eschatologie 19, 22, 23, 84, 143, 148, 152, 153, 156, 158-160, 169, 194, 214, 215, 222
- präsentische Eschatologie 148, 152, 156, 158, 159, 169, 194, 214
eschatologisch
- Futur 148, 152
- Lobpreis 57, 217, 221
- Spannung 19, 154, 223

- Vorbehalt 20, 150-154, 156, 157, 169, 206, 209, 211, 212, 260, 261
Eschaton 150, 157, 194
Ethik 171
Eucharistie 253
Eulogie 31, 32, 57, 218, 220, 222
Eva 178
Evangelium
- allgemein 95, 136, 215, 224, 228, 245, 253, 258
- Gotteskraft 226, 228
- Heilswort 222, 256
- Inhalt 69, 72, 215
- paulinisch 13, 29, 98
- Verkündigung des Evangeliums 28, 82, 122, 186, 187, 224, 226
Ezechiel 197

Fälscher 5, 8, 101
Fälschung 5, 6, 9, 14, 36
Fiktion, literarische 11, 35, 36, 39, 275
Freudenbote 102, 117, 120-122, 185, 209, s.a. Christus
Frieden 48, 52, 67, 102, 103, 117, 108, 122-127, 131, 142, 199, 237, s.a. Christus
Friedensstiftung 115
Friedensverheißung 117, 126
Friedensverkündigung 102
Friedenswirklichkeit 103, 123, 126, 237
Fülle Christi 172, 192, 195, 205
Fürbitte, Fürbittgebet 33-35, 37, 98, 100, 203, 205, 258
Fürsorge Christi 206-210
Fundament 68, 195, 197, 200, 202, 204, 235, 245, 246, 248, 253, 257, 261
Futur
- eschatologisches 148, 152
- logisches 152

Gebäude 67, s.a. Bau
Gebet, Gebetsanrufungen 33, 34, 37, 57, 171, 204
Gebot 104, 128, 129, s.a. Gesetz
Gefangenschaft (Paulus) 13, 97, 267
Geheimnis 229-231, 235, 236, 246, 248, s.a. Mysterium
Geist
- Angeld, Erstlingsgabe, Unterpfand 66, 221
- Buchstabe und Geist 216

- Einheit 69
- Gottes 67, 167, 197
- Heiliger Geist 221
- Versiegelung 65
Geistempfang 65, 66
Geistesgaben 70
Geistmächte 66, s.a. Mächte
Gemeinde, s.a. Kirche
- Bau der Gemeinde s. Bau
- Einzelgemeinde 258
- gottesdienstliche Versammlung 144, 173, 197
- Hausgemeinde 144, 173, 258
- Ortsgemeinde 144, 172, 173, 205, 258
Gemeinschaft
- Engel und Menschen s. Engel
- der Glaubenden 139, 140, 144, 147, 174, 179
- mit Gott 126, 199, 215, s.a. Zugang
- Heiden - Juden 111, 126, 172, 239
- Stiftung 140, 142, 172, 176
Gemeinschaftscharakter 139
Genealogie 10
Generalisierung 43, 157
Generation
- vergangene, paulinische etc. 123, 247
- gegenwärtige, etc. 235, 241-243
- künftige, kommende, nachpaulinische etc. 12, 13, 23, 24, 26, 29, 123, 124, 133, 141, 143, 144, 172, 181, 182, 200, 205, 211, 214, 234, 247, 249, 251-255, 257-259, 263, 265, 270-274
Generationswechsel 253, 255, 270
Genitivus objektivus 66
Genitivus subjektivus 66
Genitivus appositivus 128
Geschichtsbewußtsein 257
Geschichtshandeln 227
Geschichtsmächtigkeit 224
Gesetz
- alttestamentliches Gesetz 10, 128ff s.a. Tora
- anklagende Funktion 128, 129, 130
- Aufhebung 130, 144-146, 158
- fordernder Charakter 128, 129
- Freiheit vom 144-146
- Objektivierung 145, 158, 260
- Schuldbrief 51, 129
- trennende Scheidewand 128
Gesetzesobservanz 164

Gesetzeswerke 164
Gewand 177, 180, s.a. Anziehen
Glättung 187, 268
Glaube 33, 50, 66, 104, 108, 113, 116, 122, 124, 126, 159, 160, 163, 165-167, 170, 189, 221, 224, 226, 227, 252, 253, 258, 265
- falscher Glaube 245
- Rechtfertigung 108, 113
- Wachstum 227
- Werke im Glauben 165-167, 170
Gleichnis vom Leib 175 s.a. Leib
Glosse 90, 154, 160
Gnade 67, 68, 70, 82, 91, 116, 160, 165, 168, 223, 243, 244
- Gottesgeschenk 165, 168
Gnadengabe 69, 70, 81
Gnosis 21, 153
gnostisch 134, 148, 154, 173, 189, 203, 204, 229, 230, 252, 274
Gott
- Alleinursächlichkeit 163, 165, 166, 170
- Eigenschaften 62, 63
- Heiligkeit 129, 130
- Heilsplan 99, 219, s.a. Heilsplan
- Herrlichkeit 113, 159, 202, 203
- Initiative 94, 116, 168
- Kinder 82, 242
- Kraft 99, 100, 159, 167, 188, 223-228, 233, 257
- Kriegsheld 104, 227
- Liebe 96, 139
- Nachahmung 50, 79, 82, 242, 243
- Reich 60, 61, 82
- Sohn 190, 243
- Vater 52, 171, 219
- Waffenrüstung 62, 63, 171
- Wort 28, 120, 121, 122, 185, 215, s.a. Gotteswort
- Zorn 113, 206
Gottebenbildlichkeit 190
Gottesdienst, gottesdienstlich 196, 197, 199
Gotteserkenntnis 58, 59
Gottesferne 59, 146
Gotteslob 33
Gottesname 58
Gottestitulatur 188
Gotteskraft 33, 224-226, 228, 237-239, 257, s.a. Gott

Sachregister

Gottesstadt 105, 195, 197, 200
Gotteswort 11, 122, 185, 186, 221
Grundlegung der Welt 169, 219, 220, 239, 256
Grußliste 34, 42, 106

Haupt s.a. Leib
- als ekklesiologischer Herrschaftsbegriff 71, 191-193, 202, 225
- als kosmologischer Herrschaftsbegriff 191-193, 225
- Christus 33, 52, 71, 104, 180, 188, 202, 207, 225
- Gott 71
- Mann 71
- Zentralorgan 187
Haustafel 35, 40, 46, 70, 91, 92, 99, 170, 207, 267, 269
Hapaxlegomena 3
Heiden 48, 50, 51, 59, 60, 68, 69, 83, 94, 103, 111-114, 116, 124, 128-137, 144-146, 182, 196, 199, 203, 226, 230-233, 235-239, 243, 248, 258, 261, 265, 269
- Heiden und Juden 48, 51, 103, 111-113, 124, 128-136, 144, 145, 196, 199, 258, 265, 269
Heidenpolemik 58
heilig 5, 95, 144, 157, 196, 201, 206, 218, 234, 244, 261
heilig - profan 196
Heiligkeit s. Gott
Heiligung 127, 196, 209
Heilseröffnung 116, 205
Heilsfrieden 122, 127
Heilsgemeinde 171ff, 212, 214, 240, 250, s.a. Kirche
Heilsgeschehen 33, 42, 94, 108ff, 110, 111, 114, 116, 119-123, 125ff, 127, 130, 131, 138, 139, 141, 146, 147, 151, 165, 169, 171ff, 181, 183, 186, 199, 212, 214, 217, 220-222, 226-228, 231, 238, 239, 250-253, 259, 263-265
- Objektivierung 125ff, 239
Heilshandeln Gottes 120
Heilsplan 48, 52, 99, 105, 174, 212-224, 228, 236-239, 241, 244, 245, 256, 261, 268
Heilsraum 137, 143-145, 174, 204, 205, 211, 239, 259, 260, s.a. Kirche

Heilssphäre 176, 215
Heilstat 111, 112-124, 126-128, 131ff, 137, 139, 141-143, 169, 172, 198, 200, 212-214, 217-222, 228, 237, 238, 255, 256, s.a. Heilswort
Heilstradition 120, 185
Heilsuniversalismus 103
Heilswort
- Gegenwart als Zeit des Heilswortes 123, 124, 214, 221-223, 235
- Kommen Christi 104, 120-123, 223, 237
- Verhältnis Heilstat - Heilswort 117-124, 214, 220, 256
- wirkmächtiges Wort 119, 121, 223
Herrschaftswechsel 169
Herz als Zentralorgan 187
Hesiod 10
Himmel 19, 52, 57, 95, 119, 154-156, 159, 169, 170, 171, 174, 219, 222, 229, 234-236, 260
himmlisch
- Existenz 154-157, 167, 169, 174, 260
- Jerusalem 197. 199, 200, 204
- Urbild 166, 167, 170, 171
Hoherpriester 199, 201
Hoffnung 100, 157, 159, 189, 223, 226, 238, 251
Homer 10
Homologumena 138, 175

Ignatius von Antiochien 252, 253
Ignatiusbriefe 252
Imitation 86, 96, 107, s.a. Stil
Inclusio 99, 101, 188
Inthronisation 58, 66, 147, 154, 156, 185, 186, 190, 225, 257, s.a. Christus
Intitulatio 30
Interpretationsprozeß 106, 254, 262, 272
Israel
- Gottesverhältnis 103, 206
- Gottesvolk 114, 178
- Politeia 50
- Unglauben 103
- Vorzüge 113, 130
- Wiederherstellung 120

Jakob 178
Jerusalem, himmlisches s. himmlisch

314 Sachregister

Jesus Christus s.a. Christus
- irdischer Jesus 117
- Leben Jesu 117, 118, 121
Jesaja 10, 11, 202
Jesajabuch 10, 102
Josua 198, 201
Juden s. Heiden und Juden
Judentum 58, 112, 135, 175, 201, 203

Kinder Gottes s. Gott
Kirche
- Braut Christi s. Braut
- Einheit der Kirche 137, 173, 258
- Gemeinschaft der Glaubenden s. Gemeinschaft
- Gesamtkirche 30, 40, 173, 205, 244, 248, 252, 255, 258, 264
- Heilsraum s. Heilsraum
- Leib Christi s. Leib
- Tempel s. Tempel
- Universalkirche 144, 172, 173, 210, 252
- Urkirche 252, 254
Körper 179, 187, 209, s.a. Leib
Körperteil 180, 187
Kombination 53, 64, 67, 71, 79, 80, 84, 87, 106, 175, 185, 191, 197, 203, 221, 262, 268, s.a. Zitatenkombination
Kommentar 90-93, 161, 165
Kommentierung 89ff, 91-93, 100, 161, 165ff, 167, 168, 207
Kopf 187
Korrektur 6, 89ff, 93, 100, 107, 213, 229, 271
Kosmos 184, 191, 192, 206
kosmisch
- kosmische Dimension s. Dimension
Kraft s. Gott, Gotteskraft
Kreuz 114, 124, 137-139, 141-144, 146, 172, 181, 186, 196, 208, 210, 211, 214, 217, 219, 221, 229, 231-234, 255, 259, 269
Kreuzesgeschehen 123, 139, 140, 142, 143ff, 181, 182, 208, 212, 222, 231, 232, 251
Kreuzesleib 50, 132, 139, 172, s.a. Leib
Kreuzestheologie 19, 160, 225, 229
Kreuzestod 174
Kreuzigung 231
Kubus, Kubusform, kubusförmig 204

Kyrios 51, 81, 82, 223

Ladesprüche 185
Landnahmetradition 185
Laodizäa, Brief nach 40
Lasterkatalog 60, 61, 82, s.a. Tugendkatalog
Lehrbetrieb 9, 15
Lehrer-Schüler-Verhältnis 9, 12
Leib, Leib Christi s.a. Kirche
- Aufbau 51, 227
- Bänder und Sehnen s. Bänder
- Gleichnis 175
- Haupt s. Haupt
- Leib der Kirche 50, 132, 172, 181, 193, 211, 235
- Körper s. Körper
- Kreuzesleib s. Kreuzesleib
- Vergleich von Leib und Gliedern 179
- Wachstum 52, 180, 187, 188, 194, 201, 202, 212, s.a. Wachstum
Leiblichkeit 67
Leibmetaphorik 179, 180, 194, 201, 207, 209, 210
Leiden
- des Apostels 47, 97, 248, 267
- Christi 142, 143, 149, 158, 181, 253, 260, 265
- des Gerechten 97
- des Paulus 97, 242, 267
- Teilhabe 143, 158
Leidensaussage 97, 149, 150, 151, 242
Leidensmotiv 47, 181
Leidenstheologie 97
Leviten 198
Lobpreis
- allgemein 19, 37, 220, 227
- gottesdienstlicher 51
- eschatologischer 57, 154, 217, 221, 222
- universaler 58

Macht, Mächte 57, 58, 66, 95, 192, 225, 227, 234-237, 257, s.a. Geistmächte
Macht Gottes 120, 185, 192, 224, 225, 227, 238
Machterweis 227
Makellosigkeit 203
Medizin
- antike Medizin 187
- hippokratische Medizin 187

Sachregister

Mensch, der eine neue 48, 134, 136, 137, 265
Menschheit 94, 112, 113, 129, 133, 136, 139, 140, 143, 173, 178, 181-183, 259, 265
- verlorene Situation 94, 112, 113
Messias 120, 126, 190, 201
Mission, Missionssituation 15, 16, 33, 232, 254
Mitabsender 30, 31, 39, 51
Mitarbeiter 16, 17, 197, 273
Mitbürger der Heiligen 195
Mose 10, 185, 198, 216
Mose-Christus-Typologie 185
Mysterienkult 229
Mysterium, s.a. Geheimnis, Revelationsschema
- apokalyptische Tradition 105
- Inhalt 50, 51, 68, 172, 182, 233, 237, 241, 248
- Einsicht der Leser 72, 98, 246
- Mysterium Gottes 72
- Offenbarung 228ff, 230, 231, 234, 235, 241, 244, 248, 257
- Verkündigung durch Paulus 47, 72, 83, 230, 232, 234, 235, 241, 244

Nabel der Welt 200, s.a. Omphalosstein
Nachahmung
- Gottes 50, 79, 82, 89, 171, 243
- des Apostels 82, 242, 243
nachapostolisch
- Generation 249, 254, 263
- Leser 238
- Zeit 223, 238, 239, 240, 245, 248, 255, 263, 265, 271
- Zeitalter 235, 257, 254
Naherwartung 19, 104, 215, 251, 255
Neuschöpfung 123, 127, 131, 133ff, 134-138, 141, 142, 145, 147, 165, 181, 256, 260
nota ecclesiae 245

Objektivierung
- allgemein 151, 157, 158, 163, 169, 260
- des Heils, Heilsgeschehens, der Heilsaussagen 125ff, 145, 147, 158, 163, 239, 259, 260, 261, 264
- des Gesetzes, der Gesetzesaussage 145, 158

Offenbarung s. Mysterium
Offenbarungsanspruch 11
Omphalosstein 200
Opfer 198
Opferkult 196
Opferdarbringung 198
Organismus, Organismusgedanke 176, 177, 179, 180, 187
Ortsadresse, Ortsangabe 5, 30, 273, 275

Paränese 37, 38, 46-48, 54, 139, 140, 150, 157, 158, 169-171, 243, 258, 269
Partizipation an Christus, am Heil 147ff, 152, 160, 175, 183
Parusie
- (Christi) 153, 156, 193, 251
- apostolisch 34, 35
Parusieerwartung 40, 104
Parusieverzögerung 215, 222, 251, 252, 257
Pastoralbriefe 8, 14, 17, 75, 76, 148, 166, 228, 252, 272, 273, 274, 275
Patriarchen 178
Paulinismus 16, 17, 274
Paulinisierung 20, 21
Paulus
- Amt s. Amt
- Person 5, 21, 229, 240-243, 248, 254, 262, 273, s.a. Apostel
- Schule s. Paulusschule, Schülerkreis, Schulbetrieb
- Tod 5, 15, 29, 108, 213, 251-255, 258, s.a. Apostel
Paulusbild 20, 240
Paulusbriefe
- Sammlung 16
- Herausgabe 24
- Rezeption 84
- Kenntnis 25, 64, 65, 73-76, 84, 243
Paulus-Legende 16
Paulusschule 14-18, 75, 208, 228, 271ff, 274, 275, s.a. Schulbetrieb, Schultradition
Paulusschüler 13, 16, 268, s.a. Schüler
Paulustradition 17, 18, 24, 55, 63ff, 84, 106, 164, 272, 275
Pentateuch 102
Perspektivenwechsel 6, 172, 181, 214, 255, 266
Platzhalter 143, 145, 211, 259, 265

Pleroma 193
Polemik, antignostische 274
Porphyrios 9
Präexistenz
- Christi 172, 183, 217, 218, 221, 222, 256
- ideale 172
- Heilsplan 218
Präskript 29, 30, 31, 275
Priester 198, 199
Priestergewand 198
Priesterschrift 119
Priesterweihe 198, 199
Proömium 31-34, 37, 38, 57, 100, 110, 225
Propheten, neutestamentliche s. Apostel und Propheten
Prophetie, s. Tradition, prophetische
Proselyt 135
Prozession 185
Psalmen 10, 102, 190, 191
Pseudepigraphie 8-14, 22
Pseudonymität 2, 4-6, 8, 10, 11, 13, 15, 39, 106, 247, 249
Pythagoras 9, 10

Querverweise im Epheserbrief 101
Qumran, Qumranschriften, Qumrantexte 21, 62, 86, 154, 195, 196, 199, 201, 215, 229

Ratschluß Gottes 224, 234, 236
Rechte Gottes 33, 119, 146, 225
Rechtfertigungslehre 19, 20, 22, 49, 108, 145, 160-162, 164-166, 168
Reich Gottes 60, 61, 82
Rettung
- allgemein 31, 96, 147, 160, 169, 170, 215, 224
- aus Gnade 91, 165
- Rechtfertigung - Rettung 82, 162, 163
Revelationsschema 228-235, 237, 238
Rezeption, Rezeptionsprozeß 14, 18-24, 29, 40, 41, 42ff, 44, 46, 47, 52, 84, 107, 109, 138, 171, 266, 268, 270
Ruhm, Rühmen
- Gottes 164
- des Menschen vor Gott, Selbstruhm 164, 167, 170
Rüstung 62, 227, s.a. Waffenrüstung

Salomo 10
Salutatio 29-31,34
Sakramentsverständnis 253
Schechina-Vorstellung 196
Schicksalsgemeinschaft 226
Schleiertragen 197
Schlußparänese 34, 35
Schöpfung
- allgemein 134, 183, 195, 236
- neue 139, 165
- Tat, Ereignis 119, 134, 166, 183, 216, 218, 230, 269
- durch das Wort 119
Schöpfung - Erlösung 217-219, 222
Schöpfungsaussage 119, 120
Schöpfungsbericht 119
Schöpfungshandeln Gottes 119, 120
Schoß Abrahams s. Abraham
Schriftauslegung, Schriftexegese 102, 184
Schriftbeweis 102
Schüler, Schülerkreis 5, 9, 10, 12, 15, 16, 20, 25, 108, 247, 249, 266, 268
Schulbetrieb 12, 229
Schuldbrief s. Gesetz
Schultradition 8, 15, 16, 65
Schwachheit 224, 225, 232, s.a. Kraft
Segenswunsch 30, 31, 34-37, 273
Selbsthingabe, Selbsthingabeformulierung 179, 208
Seraphen 202
Sinai 185
Sinaiticus 67
Sisera 185
Situation
- Adressaten 5, 31, 111, 112ff, 114-117, 212, 222, 238, 255
- historische 22, 23, 25, 26, 42, 49, 107, 238, s.a. Entstehungssituation
Situationslosigkeit 5, 262, 269
Sklave Christi 242
Skythe 136, 267, 269
Sohnschaft 66, 219, s.a. Gott
sola gratia 19, 145, 160, 168, 223
Soteriologie 138, 141, 143, 146, 172, 174, 182, 199, 210, 212, 213, 259, 260, 264, 265, 269
soteriologisches Kontrastschema 146, 147
Speisegebote 146
Stammessprüche 178

Sachregister

Stammvater, Stammvatervorstellung 105, 177-183, 190, 211
- Adam 177, 182, 183
- Christus 177, 178, 182, 183

Stellvertretung, Stellvertretungsgedanke 142, 143, 178, 181-183, 211, 212, 239, 253, 260, 264

Stiftshütte 166, 202

Stil 1-3, 25, 85-110, 161, s.a. Diatribe

Sühne, Sühnegedanke, Sühnetod, Sühnopfer 126, 142, 147, 196

Sukzession s. apostolische Sukzession

Superscriptio 29, 30

Synoptiker 61

Systematisierung, theologische 271

Tabortradition 185

Taufe 65, 93, 114, 136, 137, 149, 150, 152, 154, 155, 157, 159, 163, 173, 176-179, 182, 183, 216

Taufliturgie 148, 154

Tautologie 87ff

Tempel, Tempelvorstellung 120, 185, 196, 200-202
- endzeitlich, eschatologisch 120, 197
- Gemeinde, Kirche 80, 195ff, 197, 198, 199, 205
- Gottes 195ff, 203, 206, 210
- irdisch 197, 198
- Jerusalem 196
- lebendig, neu 195, 200, 201, 203

Tempel(bau)metaphorik, Tempelbausymbolik 105, 195, 201, 202, 203ff, 210, 211

Tempelfundament, Tempelgrundstein 197, 200, 201, 204

Testament 13

Testament der zwölf Patriarchen 178

Theologia gloriae 226

theozentrisch 91, 168, 219

Thron (Gottes) 58, 156, 185, 186, 198, 199

Thronname 58

Tora 128-130 s.a. Gesetz

Torheit 59, 231

Tradition
- alttestamentlich-jüdische 10f, 32, 104, 114, 119, 155, 164, 191, 196, 206, 215
- apokalyptische 204, 205
- hymnische 86, 125, 148
- Kristallisationspunkt 10
- mündliche 56, 63, 65
- Offenbarung - Tradition 10, 13
- paulinische 6, 8, 13, 17, 18, 24, 26, 27, 39, 44, 45, 56, 63, 83, 84, 90, 93ff, 101, 106, 107, 109, 110, 127, 131, 149, 156, 161, 162ff, 184, 222, 228ff, 249, 250ff, 262, 263ff, 271-275
- prophetische 10
- vorpaulinische 83
- weisheitliche 229, 231, 232, 233

Traditionsbildung 13, 23

Traditionskreis 11, 13, 14, 86, 196

Traditionsnorm 14, 53, 245, 248

Traditionsprozeß 10, 11, 22, 274

Traditionsstrom 11

Transformation, Transformationsprinzip 26, 41, 213, 251, s.a. Umformungsprinzip

trinitätstheologisch 199

Triumphzug Jahwes 184

Tritojesaja 11, 103, 115, 117-119

Tugendkatalog 61, 74, s.a. Lasterkatalog

Tychikus, Tychikusnotiz 35, 36, 39, 51, 245

Überlieferung 10, 14, 199, 253, 272, 273

Umformung 52, 81, 106, 158, 181, 182, 208, 212, 238, 250, 268, 269, 272

Umformungsprinzip 26, 41, 44, 53, 81, 84, 85, 106, 109, 213, 238, 247, 250, 251, s.a. Transformationsprinzip

Unheilsandrohung 60, 61, 81

Unterpfand s. Geist

Unterwelt 57, 200

Urbild, himmlisches 166, 167, 170, 171

Urbild-Abbild-Charakter 171

Urkirche s. Kirche

Urmensch 190

Verdoppelung 93ff, 101, 107, 110, 234, 235, 238, 257

Vergegenwärtigung 11, 13, 260

Verkündigung s. Evangelium

Vermächtnis 271ff, 275

Versiegelung 65

Versöhnung

- Gott - Mensch 113, 132, 137ff, 174
- Menschengruppen 124, 132, 137ff, 174, 258, 265, 267, 269
- Neuschöpfung - Versöhnung 123, 127, 131ff, 138, 141, 142, 145, 181
- Rechtfertigung - Versöhnung 146ff, 256
- Versöhnungstat 118, 127, 218, 269
- Versöhnungswort 118
Verstockung, Verstockungsmotiv 58

Wachstum
- allgemein 179, 194, 202
- Glauben 33, 227, 258
- Kirche 187
- Leib 52, 180, 187, 188, 194, 201, 202, 212
Wachstumskräfte 180, 187, 188, 193, 195, 210, 227, 235
Waffenrüstung 35, 46, 50, 61-63, 75, 104, 170, 227
- Waffenrüstung Gottes s. Gott
Weinberg Gottes 179
Weisheit
- göttlich, Gottes 95, 127, 224, 231, 233, 237
- Israels 10
- menschlich 15, 231
- präexistent 229
Weisheitsliteratur 11
Weisheitsrede 228, 233
Weisheitsschulung 15
Werk(e)
- Gottes, Christi 121, 126, 127, 132, 142, 144, 147, 166, 167, 225, 260

- gute, im Glauben 164-166, 167, 170
- menschliche 164-166, 197, 223
Willen (Gottes) 144, 218, 223, 224, 230, 234, 237
Wortämter 185, 187, 235, 246
Wüste 185

Zeitauffassung, Zeitverständnis 20, 194, 214, 215
zeitliche Differenzierung 111ff, 116, 123, 124, 153, 154, 157, 214, 238, 255
Zion, Zionsfelsen 102, 184, 185, 186, 197, 199, 200
Zionstheologie 11, 186, 196
Zitat
- allgemein 39, 41, 42, 44, 53, 54ff, 61, 64, 79, 80, 83, 84, 86, 87ff, 89ff, 168, 217, 268
- alttestamentlich 49, 54, 66, 100-107, 117, 124, 126, 186, 190, 193, 207, 271
Zitatenkombination 64, 69, s.a. conflation
Zitationsformel 101
Zugang, Zutritt zu Gott 144, 198, 199, 200, 201
Zusammenfassung
- allgemein 80, 88, 137, 164
- der paulinischen Tradition 26, 84, 88, 98, 160, 236, 262, 266, 270, 274
- des Alls, aller Dinge 52, 219, 220, 236

Register der zentralen griechischen Begriffe

ἀγάπη 42, 62, 87, 219
ἅγιος 48, 68, 188
αἷμα 48, 114, 132, 218
αἰών 154, 231
ἀκροβυστία 113, 136
ἀκρογωνιαῖος 195, 202
ἀλήθεια 66, 227
ἁμαρτία 48, 218
ἀμφότεροι 48, 50, 111, 132, 133
ἄμωμος 48
ἀνακεφαλαιόομαι 48, 52
ἀνὴρ τέλειος 50, 71, 188, 189, 269
ἄνθρωπος τέλειος 50, 269
- εἷς καινὸς ἄνθρωπος 133, 134, 135, 136, 137, 139, 142, 181, 189, 260
ἀπαλλοτριόω 48, 50, 59, 112
ἀποκαλύπτω 229
ἀποκαταλλάσσω 48, 50, 131, 132, 133, 138
ἀπολύτρωσις 48, 218
ἀπόστολος/ἀποστολή 51, 68, 230, 242
ἀρραβών 65, 66, 89
ἀρχή 66, 192
αὐξάνω 99, 188
αὔξησις 52, 201
ἄφεσις 48, 218
ἁφή 51, 187

βάθος 204
βάπτισμα 205
βάρβαρος 136
βασιλεία 60, 61
βουλή 219

γῆ 48, 52, 219
γνωρίζω 72, 83, 229, 230, 244, 245
γυνή 71

δέσμιος 75, 96, 241

διάβολος 3
διαθήκη 112, 114
διάκονος 241
διαλογισμός 58
διάνοια 58
δικαιοσύνη 62, 160, 163, 227
δικαιόω 82, 90, 160, 162, 163, 170, 261
δόγμα 128, 129
δόξα 220, 226
δοῦλος 82
δύναμις 66, 223, 224, 225, 227
δῶρον (θεοῦ) 165

ἔθνος 68, 230
εἰρήνη 48, 63, 103, 115, 117, 121, 125, 126, 127, 132, 227
εἰρηνοποιέω 48, 52, 132
εἷς 135, 182
ἐκκλησία 30, 92, 144, 172, 173, 193, 227, 252, 258
ἐλάχιστος 68
ἐλθών 117, 118, 119, 120, 121
Ἕλλην 103
ἐλπίς 62, 112, 205, 226
ἐν Χριστῷ 111, 114, 144, 171ff, 173, 174, 176, 177, 210, 220, 227
ἐνέργεια 188, 225, 227
ἐντολή 128, 129
ἐξουσία 66, 192
ἐπαγγελία 50, 89, 112, 114
ἔπαινος 220
ἐπιχορεγία 51, 187
ἐποικοδομέω 51, 67, 88, 200
ἐπουράνιος 3, 153, 167
ἔργον 91, 161
- ἀγαθόν 3, 166
- νόμου 90, 164, 170
ἑτοιμασία 63
εὐαγγελίζω 68, 117, 118, 121, 185

εὐαγγέλιον 63, 66, 72, 124, 227, 230, 237, 241
- τῆς σωτηρίας 62, 66, 87, 89
εὐδοκία 220
εὐλογητός 31, 220
εὐχαριστέω 32
ἔχθρα 128

ζωή 152

θάνατος 127
θέλημα 220
θεμέλιος/θεμέλιον 51, 67, 68, 83, 200
θεμελιόω 42, 87, 204
θεός 50, 52, 60, 61, 63, 67, 127, 204
θλῖψις 97
θύρα 51
θυρεός 62
θώραξ 62

Ἰουδαῖος 103
Ἰσραήλ 112, 113
ἰσχύς 225

καιρός 52, 236
καρδία 58, 59, 203
καταλλάσσω 140
καταργέω 118, 125, 130, 231
κατενώπιον 48, 50
κατοικέω 203
κατοικητήριον 67
καυχάομαι 90, 91, 161, 164
κεφαλή 71, 180, 187, 188, 191, 192, 193, 202, 264
κληρονομέω 60, 61, 82
κληρονομία 60, 82, 89
κόσμος 112, 140
κράτος 225
κύριος 51, 52, 69, 75, 204, 241

λαλέω 72, 83, 232, 244
λόγος 122, 232
- τῆς ἀληθείας 66, 87, 124
- τῆς καταλλαγῆς 122

ματαιότης 58
ματαιόω 58
μάχαιρα 62
μεσότοιχον 128
μῆκος 204
μιμητής 82, 89, 170

μυστήριον 4, 72, 83, 92, 229, 230, 232, 233, 237

ναός 67, 201
νοῦς 58
νῦν 114, 116

οἰκοδομή 67, 99, 197, 201
οἰκονομία 4, 52, 83, 236
οὐρανός 3, 48, 52, 219

πανοπλία 227
πάντα 50, 69, 132, 186, 188, 190, 191, 193
παραδίδωμι 58, 59, 182
παραθήκη 273, 275
παρακαλέω 38
παράπτωμα 48, 218
παρρησία 87
πατήρ 133, 205
Παῦλος 96
περικεφαλαία 62
περιτομή 113, 136
πίστις 62, 67, 90, 161, 163, 164, 230
πλάτος 204
πληρόω 50, 186, 190, 191, 192, 193, 202, 203, 204, 264, 269
πλήρωμα 50, 52, 189, 190, 191, 193, 194, 204, 205, 219, 236, 269
πνεῦμα 51, 63, 67, 69, 89, 111, 133, 205, 227
πολλῷ μᾶλλον 162
ποτέ - νυνὶ δέ 93, 111, 114, 115, 116
πούς 66, 190
πρεσβεύω 71, 72
προετοιμάζω 166
προσαγωγή 67, 87, 133, 198, 199
προφήτης 51
πώρωσις 59

ῥῆμα 62, 227
ῥιζόομαι 42, 87

σάρξ 50, 126, 132, 207
σατανᾶς 3
σκοτόομαι 58, 59
σκυθίζω 136
σταυρός 48, 132, 232
συγκαθίζω 42, 147
συγκληρονόμος 50
συζωοποιέω 42, 147, 150, 156

συμμέτοχος 50
συναρμολογέομαι 99, 187, 201
σύνδεσμος 51
σύνδουλος 51
συνεγείρω 42, 147, 150
σύσσωμος 50, 182
σφραγίζω 65
σῴζω 82, 89, 90, 157, 161, 162, 163, 170, 261
σῶμα 48, 50, 71, 132, 133, 176, 177, 181, 187, 189, 193, 201, 204
-ἐν σῶμα 133, 142, 176, 181, 204, 260
σωτηρία 62, 66, 163, 227

τέκνον ἀγαπητόν 80, 82
τύπος 183

υἱός 127
ὑπέρ 97, 140, 181
ὕψος 204

φανερόω 229, 230
φραγμός 128

χάρις 36, 51, 69, 90, 157, 161, 162, 163, 236
Χριστός 42, 50, 52, 60, 92, 96, 117, 127, 135, 148, 150, 179, 187, 188, 237, 241
- ἐν Χριστῷ s. ἐν

Wissenschaftliche Untersuchungen zum Neuen Testament

Alphabetische Übersicht der ersten und zweiten Reihe

Anderson, Paul N.: The Christology of the Fourth Gospel. 1996. *Band II/78.*
Appold, Mark L.: The Oneness Motif in the Fourth Gospel. 1976. *Band II/1.*
Arnold, Clinton E.: The Colossian Syncretism. 1995. *Band II/77.*
Avemarie, Friedrich und *Hermann Lichtenberger* (Hrsg.): Bund und Tora. 1996. *Band 92.*
Bachmann, Michael: Sünder oder Übertreter. 1992. *Band 59.*
Baker, William R.: Personal Speech-Ethics in the Epistle of James. 1995. *Band II/68.*
Balla, Peter: Challenges to New Testament Theology. 1997. *Band II/95.*
Bammel, Ernst: Judaica. Band I 1986. *Band 37* – Band II 1997. *Band 91.*
Bash, Anthony: Ambassadors for Christ. 1997. *Band II/92.*
Bauernfeind, Otto: Kommentar und Studien zur Apostelgeschichte. 1980. *Band 22.*
Bayer, Hans Friedrich: Jesus' Predictions of Vindication and Resurrection. 1986. *Band II/20.*
Bell, Richard H.: Provoked to Jealousy. 1994. *Band II/63.*
Bergman, Jan: siehe *Kieffer, René*
Betz, Otto: Jesus, der Messias Israels. 1987. *Band 42.*
– Jesus, der Herr der Kirche. 1990. *Band 52.*
Beyschlag, Karlmann: Simon Magus und die christliche Gnosis. 1974. *Band 16.*
Bittner, Wolfgang J.: Jesu Zeichen im Johannesevangelium. 1987. *Band II/26.*
Bjerkelund, Carl J.: Tauta Egeneto. 1987. *Band 40.*
Blackburn, Barry Lee: Theios Anēr and the Markan Miracle Traditions. 1991. *Band II/40.*
Bockmuehl, Markus N.A.: Revelation and Mystery in Ancient Judaism and Pauline Christianity. 1990. *Band II/36.*
Böhlig, Alexander: Gnosis und Synkretismus. Teil 1 1989. *Band 47* – Teil 2 1989. *Band 48.*
Böttrich, Christfried: Weltweisheit – Menschheitsethik – Urkult. 1992. *Band II/50.*
Bolyki, Jànos: Jesu Tischgemeinschaften. 1997. *Band II/96.*
Büchli, Jörg: Der Poimandres – ein paganisiertes Evangelium. 1987. *Band II/27.*
Bühner, Jan A.: Der Gesandte und sein Weg im 4. Evangelium. 1977. *Band II/2.*
Burchard, Christoph: Untersuchungen zu Joseph und Aseneth. 1965. *Band 8.*
Cancik, Hubert (Hrsg.): Markus-Philologie. 1984. *Band 33.*
Capes, David B.: Old Testament Yaweh Texts in Paul's Christology. 1992. *Band II/47.*
Caragounis, Chrys C.: The Son of Man. 1986. *Band 38.*
– siehe *Fridrichsen, Anton.*
Carleton Paget, James: The Epistle of Barnabas. 1994. *Band II/64.*
Crump, David: Jesus the Intercessor. 1992. *Band II/49.*
Deines, Roland: Jüdische Steingefäße und pharisäische Frömmigkeit. 1993. *Band II/52.*
– Die Pharisäer. 1997. *Band 101.*
Dietzfelbinger, Christian: Der Abschied des Kommenden. 1997. *Band 95.*
Dobbeler, Axel von: Glaube als Teilhabe. 1987. *Band II/22.*
Du Toit, David S.: Theios Anthropos. 1997. *Band II/91*
Dunn, James D.G. (Hrsg.): Jews and Christians. 1992. *Band 66.*
– Paul and the Mosaic Law. 1996. *Band 89.*
Ebertz, Michael N.: Das Charisma des Gekreuzigten. 1987. *Band 45.*
Eckstein, Hans-Joachim: Der Begriff Syneidesis bei Paulus. 1983. *Band II/10.*
– Verheißung und Gesetz. 1996. *Band 86.*
Ego, Beate: Im Himmel wie auf Erden. 1989. *Band II/34.*
Eisen, Ute E.: siehe *Paulsen, Henning.*
Ellis, E. Earle: Prophecy and Hermeneutic in Early Christianity. 1978. *Band 18.*
– The Old Testament in Early Christianity. 1991. *Band 54.*
Ennulat, Andreas: Die ›Minor Agreements‹. 1994. *Band II/62.*
Ensor, Peter W.: Jesus and His ›Works‹. 1996. *Band II/85.*
Feldmeier, Reinhard: Die Krisis des Gottessohnes. 1987. *Band II/21.*
– Die Christen als Fremde. 1992. *Band 64.*
Feldmeier, Reinhard und *Ulrich Heckel* (Hrsg.): Die Heiden. 1994. *Band 70.*

Wissenschaftliche Untersuchungen zum Neuen Testament

Fletcher-Louis, Crispin H.T.: Luke-Acts: Angels, Christology and Soteriology. 1997. *Band II/94.*
Forbes, Christopher Brian: Prophecy and Inspired Speech in Early Christianity and its Hellenistic Environment. 1995. *Band II/75.*
Fornberg, Tord: siehe *Fridrichsen, Anton.*
Fossum, Jarl E.: The Name of God and the Angel of the Lord. 1985. *Band 36.*
Frenschkowski, Marco: Offenbarung und Epiphanie. Band 1 1995. *Band II/79* – Band 2 1997. *Band II/80.*
Frey, Jörg: Eugen Drewermann und die biblische Exegese. 1995. *Band II/71.*
– Die johanneische Eschatologie. Band I. 1997. *Band 96.*
Fridrichsen, Anton: Exegetical Writings. Hrsg. von C.C. Caragounis und T. Fornberg. 1994. *Band 76.*
Garlington, Don B.: ›The Obedience of Faith‹. 1991. *Band II/38.*
– Faith, Obedience, and Perseverance. 1994. *Band 79.*
Garnet, Paul: Salvation and Atonement in the Qumran Scrolls. 1977. *Band II/3.*
Gräßer, Erich: Der Alte Bund im Neuen. 1985. *Band 35.*
Green, Joel B.: The Death of Jesus. 1988. *Band II/33.*
Gundry Volf, Judith M.: Paul and Perseverance. 1990. *Band II/37.*
Hafemann, Scott J.: Suffering and the Spirit. 1986. *Band II/19.*
– Paul, Moses, and the History of Israel. 1995. *Band 81.*
Hartman, Lars: Text-Centered New Testament Studies. Hrsg. von D. Hellholm. 1997. *Band 102.*
Heckel, Theo K.: Der Innere Mensch. 1993. *Band II/53.*
Heckel, Ulrich: Kraft in Schwachheit. 1993. *Band II/56.*
– siehe *Feldmeier, Reinhard.*
– siehe *Hengel, Martin.*
Heiligenthal, Roman: Werke als Zeichen. 1983. *Band II/9.*
Hellholm, D.: siehe *Hartman, Lars.*
Hemer, Colin J.: The Book of Acts in the Setting of Hellenistic History. 1989. *Band 49.*
Hengel, Martin: Judentum und Hellenismus. 1969, [3]1988. *Band 10.*
– Die johanneische Frage. 1993. *Band 67.*
– Judaica et Hellenistica. Band 1. 1996. *Band 90.*
Hengel, Martin und *Ulrich Heckel* (Hrsg.): Paulus und das antike Judentum. 1991. *Band 58.*
Hengel, Martin und *Hermut Löhr* (Hrsg.): Schriftauslegung im antiken Judentum und im Urchristentum. 1994. *Band 73.*
Hengel, Martin und *Anna Maria Schwemer* (Hrsg.): Königsherrschaft Gottes und himmlischer Kult. 1991. *Band 55.*
– Die Septuaginta. 1994. *Band 72.*
Herrenbrück, Fritz: Jesus und die Zöllner. 1990. *Band II/41.*
Hoegen-Rohls, Christina: Der nachösterliche Johannes. 1996. *Band II/84.*
Hofius, Otfried: Katapausis. 1970. *Band 11.*
– Der Vorhang vor dem Thron Gottes. 1972. *Band 14.*
– Der Christushymnus Philipper 2,6-11. 1976, [2]1991. *Band 17.*
– Paulusstudien. 1989, [2]1994. *Band 51.*
Hofius, Otfried und *Hans-Christian Kammler:* Johannesstudien. 1996. *Band 88.*
Holtz, Traugott: Geschichte und Theologie des Urchristentums. 1991. *Band 57.*
Hommel, Hildebrecht: Sebasmata. Band 1 1983. *Band 31* – Band 2 1984. *Band 32.*
Hvalvik, Reidar: The Struggle for Scripture and Convenant. 1996. *Band II/82.*
Kähler, Christoph: Jesu Gleichnisse als Poesie und Therapie. 1995. *Band 78.*
Kammler, Hans-Christian: siehe *Hofius, Otfried.*
Kamlah, Ehrhard: Die Form der katalogischen Paränese im Neuen Testament. 1964. *Band 7.*
Kieffer, René und *Jan Bergman (Hrsg.):* La Main de Dieu / Die Hand Gottes. 1997. *Band 94.*
Kim, Seyoon: The Origin of Paul's Gospel. 1981, [2]1984. *Band II/4.*
– »The ›Son of Man‹« as the Son of God. 1983. *Band 30.*
Kleinknecht, Karl Th.: Der leidende Gerechtfertigte. 1984, [2]1988. *Band II/13.*
Klinghardt, Matthias: Gesetz und Volk Gottes. 1988. *Band II/32.*
Köhler, Wolf-Dietrich: Rezeption des Matthäusevangeliums in der Zeit vor Irenäus. 1987. *Band II/24.*
Korn, Manfred: Die Geschichte Jesu in veränderter Zeit. 1993. *Band II/51.*

Wissenschaftliche Untersuchungen zum Neuen Testament

Koskenniemi, Erkki: Apollonios von Tyana in der neutestamentlichen Exegese. 1994. *Band II/61.*
Kraus, Wolfgang: Das Volk Gottes. 1996. *Band 85.*
- siehe *Walter, Nikolaus.*
Kuhn, Karl G.: Achtzehngebet und Vaterunser und der Reim. 1950. *Band 1.*
Laansma, Jon: I Will Give You Rest. 1997. *Band II/98.*
Lampe, Peter: Die stadtrömischen Christen in den ersten beiden Jahrhunderten. 1987, ²1989. *Band II/18.*
Lau, Andrew: Manifest in Flesh. 1996. *Band II/86.*
Lichtenberger, Hermann: siehe *Avemarie, Friedrich.*
Lieu, Samuel N.C.: Manichaeism in the Later Roman Empire and Medieval China. ²1992. *Band 63.*
Loader, William R.G.: Jesus' Attitude Towards the Law. 1997. *Band II/97.*
Löhr, Gebhard: Verherrlichung Gottes durch Philosophie. 1997. *Band 97.*
Löhr, Hermut: siehe *Hengel, Martin.*
Löhr, Winrich Alfried: Basilides und seine Schule. 1995. *Band 83.*
Maier, Gerhard: Mensch und freier Wille. 1971. *Band 12.*
- Die Johannesoffenbarung und die Kirche. 1981. *Band 25.*
Markschies, Christoph: Valentinus Gnosticus? 1992. *Band 65.*
Marshall, Peter: Enmity in Corinth: Social Conventions in Paul's Relations with the Corinthians. 1987. *Band II/23.*
Meade, David G.: Pseudonymity and Canon. 1986. *Band 39.*
Meadors, Edward P.: Jesus the Messianic Herald of Salvation. 1995. *Band II/72.*
Meißner, Stefan: Die Heimholung des Ketzers. 1996. *Band II/87.*
Mell, Ulrich: Die »anderen« Winzer. 1994. *Band 77.*
Mengel, Berthold: Studien zum Philipperbrief. 1982. *Band II/8.*
Merkel, Helmut: Die Widersprüche zwischen den Evangelien. 1971. *Band 13.*
Merklein, Helmut: Studien zu Jesus und Paulus. 1987. *Band 43.*
Metzler, Karin: Der griechische Begriff des Verzeihens. 1991. *Band II/44.*
Metzner, Rainer: Die Rezeption des Matthäusevangeliums im 1. Petrusbrief. 1995. *Band II/74.*
Mittmann-Richert, Ulrike: Magnifikat und Benediktus. 1996. *Band II/90.*
Niebuhr, Karl-Wilhelm: Gesetz und Paränese. 1987. *Band II/28.*
- Heidenapostel aus Israel. 1992. *Band 62.*
Nissen, Andreas: Gott und der Nächste im antiken Judentum. 1974. *Band 15.*
Noormann, Rolf: Irenäus als Paulusinterpret. 1994. *Band II/66.*
Obermann, Andreas: Die christologische Erfüllung der Schrift im Johannesevangelium. 1996. *Band II/83.*
Okure, Teresa: The Johannine Approach to Mission. 1988. *Band II/31.*
Paulsen, Henning: Studien zur Literatur und Geschichte des frühen Christentums. Hrsg. von Ute E. Eisen. 1997. *Band 99.*
Park, Eung Chun: The Mission Discourse in Matthew's Interpretation. 1995. *Band II/81.*
Philonenko, Marc (Hrsg.): Le Trône de Dieu. 1993. *Band 69.*
Pilhofer, Peter: Presbyteron Kreitton. 1990. *Band II/39.*
- Philippi. Band 1 1995. *Band 87.*
Pöhlmann, Wolfgang: Der Verlorene Sohn und das Haus. 1993. *Band 68.*
Pokorný, Petr und *Josef B. Souček:* Bibelauslegung als Theologie. 1997. *Band 100.*
Prieur, Alexander: Die Verkündigung der Gottesherrschaft. 1996. *Band II/89.*
Probst, Hermann: Paulus und der Brief. 1991. *Band II/45.*
Räisänen, Heikki: Paul and the Law. 1983, ²1987. *Band 29.*
Rehkopf, Friedrich: Die lukanische Sonderquelle. 1959. *Band 5.*
Rein, Matthias: Die Heilung des Blindgeborenen (Joh 9). 1995. *Band II/73.*
Reinmuth, Eckart: Pseudo-Philo und Lukas. 1994. *Band 74.*
Reiser, Marius: Syntax und Stil des Markusevangeliums. 1984. *Band II/11.*
Richards, E. Randolph: The Secretary in the Letters of Paul. 1991. *Band II/42.*
Riesner, Rainer: Jesus als Lehrer. 1981, ³1988. *Band II/7.*
- Die Frühzeit des Apostels Paulus. 1994. *Band 71.*
Rissi, Mathias: Die Theologie des Hebräerbriefs. 1987. *Band 41.*
Röhser, Günter: Metaphorik und Personifikation der Sünde. 1987. *Band II/25.*

Wissenschaftliche Untersuchungen zum Neuen Testament

Rose, Christian: Die Wolke der Zeugen. 1994. *Band II/60.*
Rüger, Hans Peter: Die Weisheitsschrift aus der Kairoer Geniza. 1991. *Band 53.*
Sänger, Dieter: Antikes Judentum und die Mysterien. 1980. *Band II/5.*
– Die Verkündigung des Gekreuzigten und Israel. 1994. *Band 75.*
Salzmann, Jorg Christian: Lehren und Ermahnen. 1994. *Band II/59.*
Sandnes, Karl Olav: Paul – One of the Prophets? 1991. *Band II/43.*
Sato, Migaku: Q und Prophetie. 1988. *Band II/29.*
Schaper, Joachim: Eschatology in the Greek Psalter. 1995. *Band II/76.*
Schimanowski, Gottfried: Weisheit und Messias. 1985. *Band II/17.*
Schlichting, Günter: Ein jüdisches Leben Jesu. 1982. *Band 24.*
Schnabel, Eckhard J.: Law and Wisdom from Ben Sira to Paul. 1985. *Band II/16.*
Schutter, William L.: Hermeneutic and Composition in I Peter. 1989. *Band II/30.*
Schwartz, Daniel R.: Studies in the Jewish Background of Christianity. 1992. *Band 60.*
Schwemer, Anna Maria: siehe *Hengel, Martin*
Scott, James M.: Adoption as Sons of God. 1992. *Band II/48.*
– Paul and the Nations. 1995. *Band 84.*
Siegert, Folker: Drei hellenistisch-jüdische Predigten. Teil I 1980. *Band 20* – Teil II 1992. *Band 61.*
– Nag-Hammadi-Register. 1982. *Band 26.*
– Argumentation bei Paulus. 1985. *Band 34.*
– Philon von Alexandrien. 1988. *Band 46.*
Simon, Marcel: Le christianisme antique et son contexte religieux I/II. 1981. *Band 23.*
Snodgrass, Klyne: The Parable of the Wicked Tenants. 1983. *Band 27.*
Söding, Thomas: Das Wort vom Kreuz. 1997. *Band 93.*
– siehe *Thüsing, Wilhelm.*
Sommer, Urs: Die Passionsgeschichte des Markusevangeliums. 1993. *Band II/58.*
Souček, Josef B.: siehe *Pokorný, Petr.*
Spangenberg, Volker: Herrlichkeit des Neuen Bundes. 1993. *Band II/55.*
Speyer, Wolfgang: Frühes Christentum im antiken Strahlungsfeld. 1989. *Band 50.*
Stadelmann, Helge: Ben Sira als Schriftgelehrter. 1980. *Band II/6.*
Strobel, August: Die Stunde der Wahrheit. 1980. *Band 21.*
Stuckenbruck, Loren T.: Angel Veneration and Christology. 1995. *Band II/70.*
Stuhlmacher, Peter (Hrsg.): Das Evangelium und die Evangelien. 1983. *Band 28.*
Sung, Chong-Hyon: Vergebung der Sünden. 1993. *Band II/57.*
Tajra, Harry W.: The Trial of St. Paul. 1989. *Band II/35.*
– The Martyrdom of St. Paul. 1994. *Band II/67.*
Theißen, Gerd: Studien zur Soziologie des Urchristentums. 1979, [3]1989. *Band 19.*
Thornton, Claus-Jürgen: Der Zeuge des Zeugen. 1991. *Band 56.*
Thüsing, Wilhelm: Studien zur neutestamentlichen Theologie. Hrsg. von Thomas Söding. 1995. *Band 82.*
Tsuji, Manabu: Glaube zwischen Vollkommenheit und Verweltlichung. 1997. *Band II/93*
Twelftree, Graham H.: Jesus the Exorcist. 1993. *Band II/54.*
Visotzky, Burton L.: Fathers of the World. 1995. *Band 80.*
Wagener, Ulrike: Die Ordnung des »Hauses Gottes«. 1994. *Band II/65.*
Walter, Nikolaus: Praeparatio Evangelica. Hrsg. von Wolfgang Kraus und Florian Wilk. 1997. *Band 98.*
Watts, Rikki: Isaiah's New Exodus and Mark. 1997. *Band II/88.*
Wedderburn, A.J.M.: Baptism and Resurrection. 1987. *Band 44.*
Wegner, Uwe: Der Hauptmann von Kafarnaum. 1985. *Band II/14.*
Welck, Christian: Erzählte ›Zeichen‹. 1994. *Band II/69.*
Wilk, Florian: siehe *Walter, Nikolaus.*
Wilson, Walter T.: Love without Pretense. 1991. *Band II/46.*
Zimmermann, Alfred E.: Die urchristlichen Lehrer. 1984, [2]1988. *Band II/12.*

Einen Gesamtkatalog erhalten Sie gern vom Verlag
Mohr Siebeck, Postfach 2040, D–72010 Tübingen